**权威·前沿·原创**

皮书系列为

“十二五”“十三五”“十四五”时期国家重点出版物出版专项规划项目

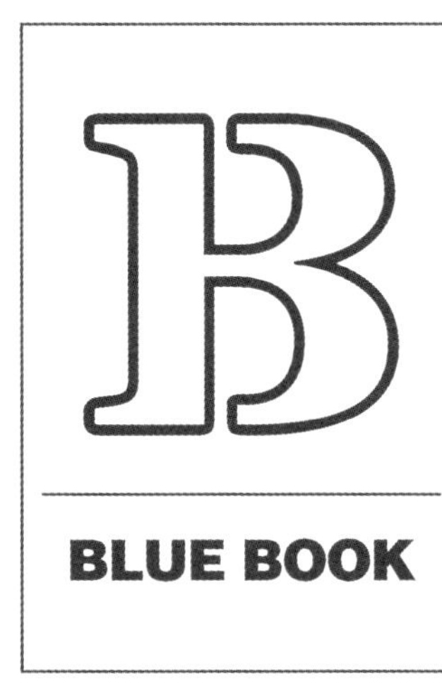


智库成果出版与传播平台

# 中国西部经济发展报告

## （2025）

## ANNUAL REPORT ON ECONOMIC DEVELOPMENT IN WESTERN REGION OF CHINA (2025)

### 西部大开发形成新格局的重点任务与路径

吴振磊　徐璋勇　茹少峰　等／著

社会科学文献出版社
SOCIAL SCIENCES ACADEMIC PRESS (CHINA)

**图书在版编目(CIP)数据**

中国西部经济发展报告．2025：西部大开发形成新格局的重点任务与路径／吴振磊等著．--北京：社会科学文献出版社，2025.2.--（西部蓝皮书）．--ISBN 978-7-5228-5085-6

Ⅰ．F127

中国国家版本馆 CIP 数据核字第 2025CQ9921 号

西部蓝皮书

中国西部经济发展报告（2025）

——西部大开发形成新格局的重点任务与路径

著　　者／吴振磊　徐璋勇　茹少峰 等

出 版 人／冀祥德

组稿编辑／任文武

责任编辑／王玉霞　丁　凡

责任印制／王京美

出　　版／社会科学文献出版社·生态文明分社（010）59367143

地址：北京市北三环中路甲 29 号院华龙大厦　邮编：100029

网址：www. ssap. com. cn

发　　行／社会科学文献出版社（010）59367028

印　　装／天津千鹤文化传播有限公司

规　　格／开　本：787mm×1092mm　1/16

印　张：21.5　字　数：323 千字

版　　次／2025 年 2 月第 1 版　2025 年 2 月第 1 次印刷

书　　号／ISBN 978-7-5228-5085-6

定　　价／138.00 元

读者服务电话：4008918866

教育部人文社会科学重点研究基地——
西北大学中国西部经济发展研究院建设项目
西北大学“双一流”建设项目资助
Sponsored by First-class Universities and Academic
Programs of Northwest University

# 主要编撰者简介

**吴振磊**　西北大学中国西部经济发展研究院教授，博士生导师。兼任中国工业经济学会副理事长、中国数量经济学会副会长、中国技术经济学会副理事长、中国《资本论》研究会常务理事、全国马经史学会理事，人大复印报刊资料《社会主义经济理论与实践》《经济学文摘》学术编辑委员会编委。在核心期刊发表学术论文 40 余篇，独立或参编著作、教材 20 余部。主持完成国家社会科学基金项目、陕西省社会科学基金重点项目等国家级和省部级课题 10 余项，获国家级教学成果奖二等奖、教育部高等学校科学研究优秀成果奖（人文社会科学）二等奖、陕西省哲学社会科学优秀成果奖一等奖、陕西省科学技术奖二等奖等省部级以上教学科研奖励 10 余项。完成多篇咨询建议，获得中央领导肯定性批示或被省部级部门采纳。

**徐璋勇**　现任西北大学中国西部经济发展研究院研究员、西北大学经济管理学院金融学系教授，博士生导师。兼任国家社会科学基金项目通讯评议专家、教育部人文社会科学基金项目评审专家、陕西省发展经济学会会长。近年来在核心刊物发表论文 100 余篇，被人大复印报刊资料全文转载 20 篇；出版专著与合著 6 部，主编研究报告 15 部；主持国家社会科学基金重点项目及其他省部级以上基金项目 8 项，承担及参与地方政府委托咨询规划项目 16 项；获得教学成果奖励 8 项，科研成果奖励 26 项，其中省部级以上科研成果奖励 11 项。

**茹少峰**　现任西北大学中国西部经济发展研究院研究员、西北大学经济管理学院数理经济与统计学系教授，博士生导师。西北大学第八届学术委员会委员，西北大学常青学者，国家社会科学基金项目、教育部基金项目评审专家，第十一届陕西省教学名师。

# 摘要

《中国西部经济发展报告》（西部蓝皮书）是由教育部人文社会科学重点研究基地——西北大学中国西部经济发展研究院组织全国长期研究中国西部经济发展问题的专家学者共同撰写，并由社会科学文献出版社出版的年度专题性研究报告，从2005年起每年出版一部，已经连续出版十九部，《中国西部经济发展报告（2025）》（西部蓝皮书）是第二十部。

西部大开发战略自1999年提出以来，到2024年正好是25周年。根据西部大开发战略总目标下每个时期的重点任务，可以将这25年划分为三个阶段：第一阶段是基础发展阶段（1999~2009年），该阶段西部大开发的重点任务在于通过加大财政投入，加强西部地区基础设施建设、生态环境修复、产业结构调整以及民生改善。其标志是1999年西部大开发战略提出以及2000年国务院印发《关于实施西部大开发若干政策措施的通知》，从而拉开了从资金投入、投资环境、对外对内开放、吸引人才和发展科技教育等方面实施西部大开发的序幕，并明确提出力争用五到十年时间，使西部地区基础设施和生态环境建设取得突破性进展。2001年国务院发布了《关于西部大开发若干政策措施的实施意见》，从加大建设资金投入力度、优先安排建设项目等方面对实施西部大开发战略进行了具体的政策部署。第二阶段是深入发展阶段（2010~2019年），该阶段的重点任务是在继续加强生态环境修复与基础设施建设的基础上，加快综合交通枢纽建设与互联互通、培育特色优势产业集群及促进产业转型升级、推进城镇化建设、打赢脱贫攻坚战。其标志是2010年《中共中央国务院关于深入实施西部大开发战略的若干意见》出台，制定西部地区10年发展规划，强调要在基础设施建设、生态环境保护、产业发展、民生改善等方面持续加大力度，推动西部大开发再上一个新台阶。第三个阶段是高质量发展阶段（2020年至今），该阶段的重点任务是推动西部大开发形成新格局，实现高质量发展。其标志是2020年5月，中共中央、国务院发布了《关于新时代推进西部大开发形成新格局的指导意见》，明确提出西部大开发要贯彻新发展理念，推动高质量发展。其内容包括：以共建"一带一路"为引领，加大西部开放力度；加大美丽西部建设力度，筑牢国家生态安全屏障；深化重点领域改革，坚定不移推动重大改革举措落实；坚持以人民为中心，把增强人民群众获得感、幸福感、安全感放到突出位置；加强政策支持和组织保障。2024年4月23日习近平总书记在重庆主持召开了新时代推动西部大开发座谈会，会上习近平总书记重点强调了"六个坚持"，即坚持把发展特色优势产业作为主攻方向、坚持以高水平保护支撑高质量发展、坚持以大开放促进大开发、坚持统筹发展和安全、坚持推进新型城镇化和乡村全面振兴有机结合、坚持铸牢中华民族共同体意识。2024年8月23日，中共中央政治局会议审议通过了《进一步推动西部大开发形成新格局的若干政策措施》，对西部大开发形成新格局做出了具体的政策安排。因此，西部大开发形成新格局是党中央、国务院在世纪未有之大变局背景下关于西部地区经济社会发展战略的重大调整。基于此，我们将《中国西部经济发展报告（2025）》的主题确定为"西部大开发形成新格局的重点任务与路径"，在对25年来西部大开发战略的演变及取得成效进行总结分析的基础上，重点对新时代西部大开发形成新格局的重点任务与路径进行研究，为政府决策提供参考。

《中国西部经济发展报告（2025）》（西部蓝皮书）分为："总报告""专题报告：西部大开发形成新格局研究""西部地区经济社会发展动态数据（1999~2023）"三部分。其中，"总报告"主要就西部大开发战略25年的演变进行了回顾，对取得的成效进行了总结评价，对新时代西部大开发形成新格局面临的现实约束进行了分析，并聚焦质量变革、效率变革、动力变革，从经济社会发展更高质量、更有效率、更加公平、更可持续角度，提出了西部大开发形成新格局的重点任务与路径。“专题报告”包括“西部地区特色优势产业发展研究”“西部地区生态安全建设研究”“西部地区对内对外开放研究”“西部地区区域创新发展研究”“西部地区城乡融合发展研究”“西部地区民生发展研究”6个专题报告，分别就2024年4月23日习近平总书记在重庆主持召开新时代推动西部大开发座谈会上重点强调的“六个坚持”进行研究，提出贯彻落实“六个坚持”的重点任务与实施路径。“西部地区经济社会发展动态数据（1999~2023）”，整理了自1999年西部大开发战略提出以来至2023年西部地区宏观经济与社会运行的八方面主要指标，对西部大开发以来西部地区经济社会发展的成效及动态变化予以反映，为全面、系统与深入研究西部地区经济社会发展提供数据资料。

**关键词：** 西部地区　形成新格局　高质量发展

# Abstract

*Annual Report on Economic Development in Western Region of China* is a research report published by Social Sciences Academic Press (China), written by experts and scholars who are researching the ecomomic development of western region and organized by Research Institute on Economy and Developmentof Western China at Northwest University, one of Ministry of Education. It has been published every year since 2005, nineteen books have been published in succession, and the Report on Economic Development in Western China (2025) (Western Blue Book) is the twentieth.

Since the Western Development Strategy was proposed in 1999, 2024 will be the 25th anniversary. According to the key tasks of each period under the overall goal, we can divide these 25 years into three stages: The first stage is from 1999 to 2009, which is marked by the proposal of the Western Development Strategy in 1999 and the "Notice on the Implementation of Several Policies and Measures for the Western Development" issued by the State Council in 2000, which opened the prelude to the implementation of the Western Development in terms of capital investment, investment environment, opening up to the outside world and the inside, attracting talents and developing science and technology education, and clearly proposed to strive to make breakthrough progress in the construction of infrastructure and ecological environment in the western region within five to ten years. The key tasks of the Western Development in this stage are to strengthen the construction of infrastructure, ecological environment restoration, industrial structure adjustment and people's livelihood improvement in the western region by increasing financial investment. Subsequently, in 2001, the State Council issued the "Opinions on the Implementation of Several Policies and Measures for the Development of the

Western Region", which made specific policy arrangements for the implementation of the Western Development Strategy from the aspects of increasing investment in construction funds and giving priority to construction projects. The second stage is from 2010 to 2019, which is marked by the release of the "Opinions of the CPC Central Committee and the State Council on Deepening the Implementation of the Western Development Strategy" in 2010, setting a 10-year development plan for the western region, emphasizing the need to continue to increase efforts in infrastructure construction, ecological environmental protection, industrial development, and improvement of people's livelihood, so as to push the Western Development to a new level. The key tasks of this stage are to accelerate the construction and interconnection of comprehensive transportation hubs, cultivate characteristic and advantageous industrial clusters and industrial transformation and upgrading, promote urbanization, and win the battle against poverty on the basis of continuing to strengthen ecological restoration and construction. The third stage is from 2020 to now. Its symbol is that in May 2020, the CPC Central Committee and the State Council issued the "Guiding Opinions on Promoting the New Pattern of Western Development in the New Era", which clearly proposed that the western development should implement the new development concept and promote high-quality development; take the joint construction of the "Belt and Road" as the guide, increase the opening-up of the west; increase the construction of a beautiful west and build a solid national ecological security barrier; deepen reforms in key areas and unswervingly promote the implementation of major reform measures; adhere to the people-centered approach and give prominence to enhancing the people's sense of gain, happiness and security; strengthen policy support and organizational guarantees. On April 23, 2024, the General Secretary presided over a symposium on promoting the development of the western region in the new era in Chongqing. At the meeting, General Secretary Xi Jinping emphasized the "six persistences", namely, persisting in taking the development of characteristic and advantageous industries as the main direction, persisting in supporting high-quality development with high-level protection, persisting in promoting large-scale development with large opening-up, persisting in coordinating development and security, persisting in promoting the organic combination of new urbanization and comprehensive rural revitalization, and persisting in building a strong sense of community for the Chinese nation. Subsequently, on August 23, 2024, the Political Bureau of the CPC Central Committee reviewed and approved the "Several Policy Measures to Further Promote the New Pattern of Western Development", which made specific policy arrangements for the formation of a new pattern of western development. Therefore, the formation of a new pattern of western development is a major adjustment of the Party Central Committee and the State Council on the economic and social development strategy of the western region under the background of a major change that has not been seen in the century. Based on this, we have determined the theme of the "Report on the Economic Development of Western China (2025)" as "Key Tasks and Paths for the Formation of a New Pattern of Western Development". On the basis of analyzing and evaluating the evolution and achievements of the western development strategy over the past 25 years, we focus on the key tasks and paths for the formation of a new pattern of western development in the new era, and provide reference for government decision-making.

*The Annual Report on Economic Development in Western Region of China (2025)* (Blue Book of Western Region) is divided into three parts: "General Report", "Special Report: Research on the formation of a new pattern of western development" and "Dynamic Data on Economic and Social Development in Western Regions (1999-2023)". Among them, the "General Report" mainly reviews the policy evolution of the Western Development Strategy over the past 25 years, summarizes and evaluates the achievements made, analyzes the practical difficulties faced by the formation of a new pattern of Western Development in the new era, and focuses on quality change, efficiency change, and power change. From the perspective of higher quality, more efficient, fairer and more sustainable economic and social development, it proposes the key tasks and paths for the formation of a new pattern of Western Development. The "Special Research Report" includes six special reports, namely "Research on the Development of Characteristic and Advantageous Industries in the Western Region", "Research on the Construction of Ecological Security in the Western Region", "Research on the Opening-up of the Western Region", "Research on Regional Innovation in the Western Region", "Research on the Integrated Development of Urban and Rural Areas in the Western Region" and "People's Livelihood Development in the Western Region". They respectively study the "six insistences" emphasized by General Secretary Xi Jinping at the symposium on promoting the development of the western region in the new era held in Chongqing on April 23, 2024. On the basis of summarizing the achievements of the implementation of the western development strategy for 25 years and analyzing the actual difficulties, they put forward the key tasks and implementation paths for implementing the "six insistences". "Dynamic Data on Economic and Social Development in the Western Region (1999-2023)" mainly organizes eight major indicators of the macroeconomic operation of the western region from 1999 when the western development strategy was proposed to 2023 in the form of data tables, reflects the achievements and dynamic changes of the economic development of the western region since the western development, and provides data for comprehensive, systematic and in-depth research on the economic development of the western region.

**Keywords:** Western Region; Forming a New Pattern; High Quality Development

# 目录

## Ⅰ 总报告



## Ⅱ 专题报告：西部大开发形成新格局研究

## Ⅲ 西部地区经济社会发展动态数据（1999～2023）



皮书数据库阅读**使用指南**

# CONTENTS

## I General Report



## II Research on the Formation of a New Pattern of Western Development

## Ⅲ Dynamic Data on Economic and Social Development in the Western Region（1999-2023）

# 总报告

## B.1
# 西部大开发战略的演进与展望

吴振磊　赵佳源　付琳妮*

**摘　要：**　自1999年党中央启动西部大开发战略以来，中国西部地区经历了从滞后到快速发展的历史性转变，显著提升了区域协调发展水平，保障了国家多项安全。进入新时代，以习近平同志为核心的党中央于2019年将西部大开发推向新高度，西部大开发进入形成大保护、大开放、高质量发展的新格局时期。本报告将西部大开发战略演进分为“基础发展—深入发展—高质量发展”三个阶段，通过厘清西部大开发战略的目标内涵，从形成大保护、大开发新格局以及着力推动高质量发展这“两大一高”的维度，全方位地解析了西部大开发战略实施以来取得的巨大发展成效以及西部地区发展面临的约束。在此基础上，聚焦质量变革、效率变革、动力变革，从经济社会发展更高质量、更有效率、更加公平、更可持续角度，提出了形成西部大开发新格局的路径与政策建议。

* 吴振磊，中国西部经济发展研究院教授，博士生导师；赵佳源，西北大学经济管理学院硕士研究生；付琳妮，西北大学经济管理学院硕士研究生。

**关键词：** 西部大开发　形成新格局　绩效评价　路径选择

中国西部地区拥有丰富的自然资源和广阔的市场，然而受地理区位、经济基础薄弱、交通网络不发达等因素的限制，改革开放后其经济发展相对滞后，是中国区域发展不平衡、不充分的重要体现。为改变这一局面，1999 年 9 月党的十五届四中全会做出实施西部大开发战略的决定，要求通过优先安排基础设施建设、增加财政转移支付等措施，支持中西部地区和少数民族地区加快发展。2000 年 10 月，党的十五届五中全会对西部大开发战略进行了更为深入的规划和部署，标志着该战略全面启动。从“十五”到“十四五”，中央结合西部地区实际制定实施了一系列重大政策、重大项目、重大工程，推动西部地区发生了翻天覆地的变化，全面打赢了脱贫攻坚战，区域协调发展取得重大历史性成就，国家能源安全、粮食安全、生态安全、国防安全得到了有效保障。实践证明，西部大开发战略部署是正确的，是事关中国改革开放和社会主义现代化建设全局、事关国家长治久安、事关中华民族伟大复兴的大战略。

2019 年，以习近平同志为核心的党中央深刻把握西部地区发展的客观规律，顺应中国特色社会主义进入新时代、区域协调发展进入新阶段的新要求，统筹国内国际两个大局，将西部大开发战略安排推向了新的高度，西部大开发进入形成新格局阶段。相对西部大开发前期部署更具针对性与精准性，形成新格局阶段的核心目标是推动大保护、大开放和高质量发展。为实现这一目标，需强化举措，抓重点、补短板、强弱项，确保西部地区全面、协调、可持续发展。这一转变不仅体现了西部地区对可持续发展理念的深入贯彻，也是国家发展战略的重要组成部分，对于推动西部地区乃至全国的经济社会发展具有重要意义。

历经 25 年发展沉淀，西部大开发战略不断完善，取得了显著成就。新时代继续做好西部大开发工作，对于增强防范化解各类风险能力、促进区域协调发展、开启全面建设社会主义现代化国家新征程，具有重要的现实意义和深远的历史意义。2024 年 4 月 23 日，习近平总书记主持召开新时代推动西部大开发座谈会时强调："西部地区在全国改革发展稳定大局中举足轻重。要一以贯之抓好党中央推动西部大开发政策举措的贯彻落实，进一步形成大保护、大开放、高质量发展新格局，提升区域整体实力和可持续发展能力，在中国式现代化建设中奋力谱写西部大开发新篇章。"① 西部地区既是全面建设社会主义现代化、实现高质量发展的重点难点，也是中国发展的重要回旋余地和提升全国平均发展水平的巨大潜力所在，是推进东西双向开放、构建全方位对外开放新格局的前沿，在区域发展总体战略中具有优先地位。

本报告首先基于西部大开发战略所处阶段的转变，聚焦西部大开发进入形成新格局阶段这一重要事实，将西部大开发战略实施以来的演进历程分为基础发展阶段、深入发展阶段和高质量发展三个阶段，总结各个阶段西部大开发战略的不同特征与战略重点，并通过厘清西部大开发战略的目标内涵，从形成大保护、大开发新格局以及着力推动高质量发展这"两大一高"的维度，对西部大开发战略实施的绩效进行全方位分析评价；其次，结合东西部差异对比，对西部大开发形成新格局面临的现实困境进行分析；最后，基于西部大开发进入形成新格局这一重大阶段面临的机遇与重点任务，聚焦质量变革、效率变革、动力变革，从经济社会发展更高质量、更有效率、更加公平、更可持续角度，提出深入推进西部大开发形成新格局的路径与政策建议。

## 一　西部大开发战略演进及发展成效

1999 年西部大开发战略提出以来，国家在区域发展方面实施了一系列政策，其中包括推动投资和产业布局的政策、加强农村地区支持的政策、促进城乡一体化发展的政策等。而西部大开发战略的实施则是国家对西部地区发展的高度重视和长远规划的体现。西部大开发战略的实施过程中，国家审时度势地部署了各阶段的目标与重点任务，并完善和调整了相关政策，从最

① 习近平：《在新时代推动西部大开发座谈会上的讲话》，2024 年 4 月 23 日，新华网，https：//www.news.cn/politics/leaders/20240423/56a64c9cfb224803b987c89bba7a59e7/c.html。

初阶段的基础设施建设与生态环境修复到第二阶段的交通枢纽构建、特色优势产业发展、新型城镇化以及脱贫攻坚，再到第三阶段的加大重点工程建设、构建现代化产业体系、乡村振兴、提升创新发展能力以实现西部地区的高质量发展。如图 1 所示，时间轴上方为 25 年来国家在区域发展层面的相关政策，下方为西部大开发战略实施以来的相关政策演变。在国家发布“十五”计划、“十一五”规划、“十二五”规划、“十三五”规划和“十四五”规划后，相继出台了《“十五”西部开发总体规划》《西部大开发“十一五”规划》《西部大开发“十二五”规划》《西部大开发“十三五”规划》《西部大开发“十四五”实施方案》，为西部大开发战略的实施提供了阶段性的规划和指导。

## （一）西部大开发战略演进

本报告聚焦西部大开发战略实施实际，回顾历史，结合西部大开发形成新格局这一关键节点，将西部大开发战略演进历程划分为以下三个阶段。

### 1. 1999~2009年：基础发展阶段

2000 年初，中共中央、国务院正式发布了关于实施西部大开发战略的通知，这不仅标志着西部大开发战略的全面启动，也向全国乃至全世界传递了中国政府致力于区域均衡发展、共享改革发展成果的坚定决心。随后，一系列优惠政策、重大项目与资金投入相继落地，为西部地区带来了前所未有的发展机遇，西部地区的经济社会面貌发生了翻天覆地的变化，为中国特色社会主义事业的全面发展注入了新的强大动力。

2000~2009 年的十年间，西部大开发战略被赋予了深远的战略考量与实施重点。战略的核心聚焦于基础设施建设与生态环境修复、产业结构调整双重优化，旨在通过加强基础设施建设与生态环境修复，为西部地区经济社会发展提供坚实的硬件支撑；同时通过加强科技教育投入，提升区域可持续发展能力，深化产业结构调整，促进产业升级与转型，构建具有区域特色和竞争优势的现代化产业体系。这一系列战略举措的实施，不仅有效改善了西部地区的投资环境，还初步遏制了生态环境恶化的趋势，使经济运行步入良性

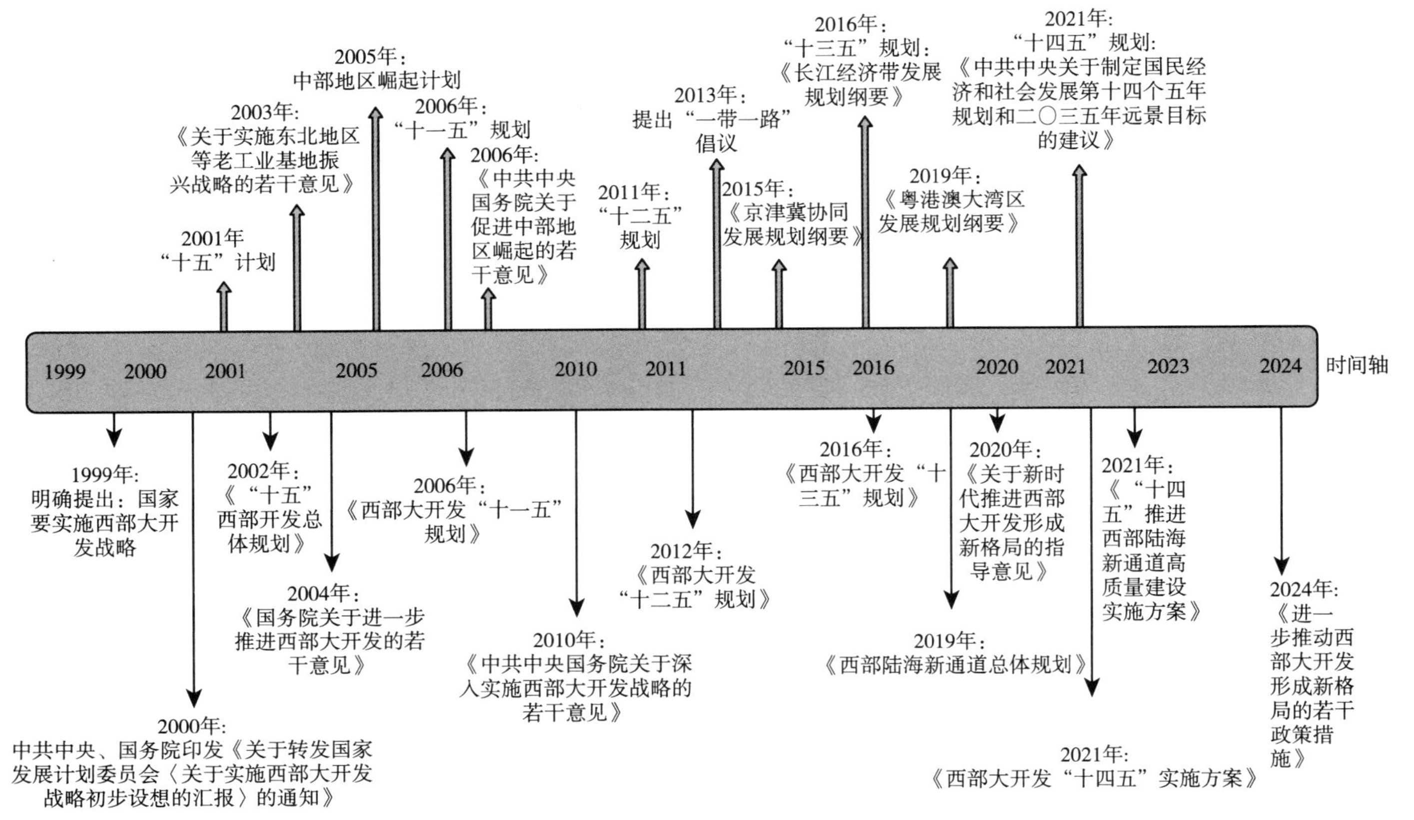


**图 1　区域发展相关政策文件时间轴**

循环轨道，经济增长速度逐步超过全国平均水平。随着“西部大开发”“振兴东北老工业基地”“中部崛起”“鼓励东部地区率先发展”等区域发展战略的协同推进，中国东、中、西部三大区域之间的互动与协作日益加强，形成了优势互补、相互促进、共同发展的良好态势。

尽管西部在这一时期取得了较大进展，但是一些深层次问题仍未完全解决。一是产业结构单一，资源型产业依然是西部主要经济支柱，资源开发导致的环境问题逐渐显现，生态压力持续增加。二是区域内城乡差距、区域间发展不平衡的问题依然存在，部分贫困地区的基础设施和公共服务水平较低。三是教育和医疗资源的短缺导致人才流失严重，科技创新与产业升级等方面的能力不足。四是经济发展的内生动力和抗风险能力依然较弱，缺乏足够的技术支撑和资本积累。因此，在进一步推动西部发展的过程中，仍需加大对多元产业的支持，提升创新能力和公共服务水平，以实现区域的可持续和平衡发展。

2. 2010~2019年：深入发展阶段

2010 年《中共中央国务院关于深入实施西部大开发战略的若干意见》出台，制定了西部地区 10 年发展规划，强调要在基础设施建设、生态环境保护、产业发展、民生改善等方面持续加大力度，推动西部大开发再上一个新台阶。该阶段的重点任务是在继续加强基础设施建设和生态修复的基础上，加快综合交通枢纽建设与互联互通、培育特色优势产业集群及促进产业转型升级、推进城镇化建设、打赢脱贫攻坚战，提高西部地区自我发展能力。

党的十九大报告首次提出要实施“区域协调发展战略”“乡村振兴战略”，开启了中国区域协调发展的新时代。西部地区既是打赢脱贫攻坚战、全面建成小康社会的重点难点，也是中国发展的重要回旋余地和提升全国平均发展水平的巨大潜力所在，是推进东西双向开放、构建全方位对外开放新格局的前沿，在区域发展总体战略中具有优先地位。从国际看，世界经济格局正在发生深刻变化，全球区域经济一体化深入推进，生产要素在全球范围内加快流动和重组，有利于西部地区积极参与国际分工，全面提升内陆开放型经济发展水平和沿边开发开放水平。从国内看，一是中国经济发展方式加快转变，扩大内需战略深入实施，经济结构深刻调整，有利于西部地区充分发挥战略资源丰富、市场潜力巨大的优势，积极承接产业转移，构建现代化产业体系，增强自我发展能力；二是西部地区投资环境和发展条件不断改善，各族干部群众求发展、奔小康的愿望更加强烈，有利于西部地区进一步解放生产力，加快推进工业化、城镇化进程。

这一时期，西部地区贯彻新发展理念，主动融入共建“一带一路”高质量发展大局，在前阶段基础设施改善、产业结构战略性调整和制度建设取得实效的基础上，西部大开发进入加速发展阶段。一是综合交通枢纽建设与互联互通，使西部地区较为落后的基础设施有了质的提升，增强了经济吸引力和区域竞争力。二是特色优势产业集群培育与新型城镇化发展，推动了西部地区产业结构转型升级，经济发展活力与发展内生动力显著增强。三是持续性的生态环境保护与修复，使绿色发展理念逐步树立，“绿水青山就是金山银山”成为全社会共识，生态保护与经济发展得到了平衡。四是脱贫攻坚战取得巨大胜利，截至2019年底，西部地区90%以上的贫困县实现脱贫摘帽，奠定了全面建成小康社会的扎实基础。然而，西部地区的发展仍面临一些未完全解决的问题。一是西部的产业结构尚不合理，部分地区依然过度依赖能源、矿产等资源型产业，导致经济结构单一，抗风险能力不足。二是西部地区的技术水平、创新能力和人才储备与东部发达地区仍有较大差距，特别是在高新技术制造业领域，吸引高端人才和技术的难度较大。三是虽然基础设施建设改善显著，但是部分偏远地区交通和公共服务仍不完善，城乡差距问题较为突出。四是生态环境保护压力大，部分地区因过度开发和气候变化而面临水资源短缺、土地荒漠化等环境问题。

### 3. 2020年至今：高质量发展阶段

2019年中共中央、国务院印发《关于新时代推进西部大开发形成新格局的指导意见》，系统阐述了新时代西部大开发的战略定位、总体要求、重点任务和保障措施，明确提出要通过强化关键举措、聚焦重点任务、补齐发展短板、强化薄弱环节，构建起大保护、大开放、高质量发展的新格局。这一格局旨在推动西部地区经济发展实现质量变革、效率变革、动力变革，促进经济社会发展与人口、资源、环境相协调，确保西部地区在更高水平、更高质量上实现可持续发展。

2020 年中国历史性地实现了全面脱贫，实现了全面建成小康社会的第一个百年奋斗目标，乘势而上开启全面建设社会主义现代化国家新征程、向第二个百年奋斗目标进军的新阶段，这一成就不仅彰显了中国特色社会主义制度的巨大优越性，也为西部地区的后续发展奠定了坚实基础。与此同时，全球经济格局的深刻调整与“一带一路”建设及“西部陆海新通道”建设的持续推进，为西部地区在国际贸易体系中提升生态位、深化国际产能合作、拓宽外向型经济发展边界提出了新的战略要求与广阔空间。

2024 年 4 月 23 日，习近平总书记在主持召开新时代推动西部大开发座谈会时进一步强调，西部地区在全国改革发展稳定大局中具有举足轻重的地位，必须一以贯之地抓好党中央关于西部大开发政策举措的贯彻落实，持续深化大保护、大开放、高质量发展的新格局，全面提升区域整体实力和可持续发展能力。习近平总书记提出：“党中央对新时代推进西部大开发形成新格局做出部署 5 年来，西部地区生态环境保护修复取得重大成效，高质量发展能力明显提升，开放型经济格局加快构建，基础设施条件大为改观，人民生活水平稳步提高，如期打赢脱贫攻坚战，同全国一道全面建成小康社会，踏上了全面建设社会主义现代化国家新征程。同时要看到，西部地区发展仍面临不少困难和挑战，要切实研究解决。”① 这一重要论述不仅为西部地区未来发展注入了强大动力，也为中国式现代化建设在西部地区的生动实践提供了根本遵循，激励着西部地区在新时代新征程上奋力谱写西部大开发的新篇章。

在加快西部大开发形成新格局的进程中，西部地区需深入贯彻新发展理念，顺应国内外经济环境变化的新形势，积极应对全球化逆流与区域发展不平衡的挑战，精准把握新时代赋予的新机遇，从而拓展出更加适应时代要求

① 习近平：《在新时代推动西部大开发座谈会上的讲话》，2024 年 4 月 23 日，新华网，https：//www. news. cn/politics/leaders/20240423/56a64c9cfb224803b987c89bba7a59e7/c. html。

的发展格局，力求实现经济发展的质效双升、社会公平与可持续发展的和谐统一。这一转型过程标志着中国西部大开发战略在目标设定与空间布局上展现出鲜明的新特征与新趋向。

一是深化内循环与外循环互促，构建双循环新发展格局。西部地区需将扩大国内市场需求作为战略基点，通过优化营商环境，激发市场主体的内生动力，特别是强化创新创业生态系统建设，推动“大众创业、万众创新”向纵深发展，打造创新驱动的“双创”升级版，培育新的经济增长点。同时，积极拓展数字经济应用场景，畅通消费渠道，提升消费品质，布局建设具有国际影响力的消费中心，以此促进消费潜力释放，为构建以国内大循环为主体、国内国际双循环相互促进的新发展格局贡献力量。

二是强化开放合作，深化陆海内外联动。在对外开放方面，西部地区须紧密对接国家开放战略，依托陆海新通道等基础设施网络，加速构建高效便捷的物流体系，提升陆海新通道运营效能与物流效率，促进陆海新通道与区域经济深度融合发展。特别要加强与共建“一带一路”国家的互联互通，保障能源通道安全，拓展多元化国际市场，形成更高水平的开放型经济体系。

三是优化空间布局，促进区域协调发展。西部地区需进一步完善国家空间规划体系，着力培育现代化都市圈，强化城市群核心带动作用，构建区域竞争新优势，为经济转型升级提供有力支撑。同时，深化东西部协作机制，创新结对帮扶模式，拓宽合作领域，强化产业对接、资源互补、人才交流等合作内容，动员社会各界力量参与，形成区域间优势互补、协同共进的发展新局面。

四是聚焦高质量发展，加快特殊类型地区振兴。针对西部地区存在的特殊类型地区，如生态脆弱区、贫困地区及边疆地区等，需实施更加精准有效的振兴策略。通过系统规划与精准施策，巩固拓展脱贫攻坚成果，持续缩小城乡区域发展差距，确保这些地区在现代化进程中不掉队。同时，优化区域经济布局，推动形成功能清晰、优势互补、高质量发展的国土空间开发保护新格局，注重发展与安全的平衡，切实维护国家粮食安全、生态安全、能源安全及边疆安全，为西部地区乃至全国的可持续发展奠定坚实基础。

## （二）绩效评价指标体系构建

2024 年 4 月 23 日，习近平总书记主持召开新时代推动西部大开发座谈会，强调“要一以贯之抓好党中央推动西部大开发政策举措的贯彻落实，进一步形成大保护、大开放、高质量发展新格局，提升区域整体实力和可持续发展能力”。① 习近平总书记的重要论述，为加快打造中国式现代化“西部引擎”、在中国式现代化建设中奋力谱写西部大开发新篇章指明了方向。本报告结合西部大开发形成新格局的政策目标、习近平新时代中国特色社会主义思想中与西部大开发相关的内容，从大保护、大开发和高质量发展 3 个维度出发，构建了包括 3 个一级指标、11 个二级指标和 33 个三级指标的指标体系（见表 1），将西部大开发的战略目标以及党中央对西部大开发的要求融入其中，利用熵权法综合测度，对西部大开发的实施效果进行分析评价。

**表 1　西部大开发的绩效评价指标体系**

| 一级指标 | 二级指标 | 三级指标 |
|---|---|---|
| 大保护 | 生产绿色化 | 能源消耗量/GDP * |
| | | 发电量 |
| | | 城市天然气供气总量 |
| | 生活绿色化 | 环境保护支出/一般财政支出 |
| | | 生活垃圾无害化处理能力 |
| | 生态安全 | 森林覆盖率 |
| | | 水土流失治理面积 |
| 大开发 | 对外开放 | 外商投资企业投资总额 |
| | | 进出口总额 |
| | | 进出口贸易总额占 GDP 的比重 |
| | 对内开放 | 市场化指数 |
| | | 营商环境优化 |

① 习近平：《在新时代推动西部大开发座谈会上的讲话》，2024 年 4 月 23 日，新华网，https：//www. news. cn/politics/leaders/20240423/56a64c9cfb224803b987c89bba7a59e7/c. html。

续表

| 一级指标 | 二级指标 | 三级指标 |
| --- | --- | --- |
| 高质量发展 | 经济发展 | 人均 GDP |
| | | 地方财政一般预算收入 |
| | 基础设施建设 | 公路里程——高速公路里程数 |
| | | 铁路营运里程 |
| | | 互联网宽带接入端口数 |
| | | 光缆线路长度 |
| | 产业发展 | 第三产业增加值占比 |
| | | 工业增加值 |
| | 基本公共服务 | 地方财政社会保障和就业支出 |
| | | 医疗卫生机构数 |
| | | 城镇登记失业率* |
| | | 财政支出/各省(区、市)总人口 |
| 高质量发展 | 创新发展 | 规模以上工业企业 R&D 经费/GDP |
| | | 国内专利申请授权量 |
| | | 每百人创新企业数 |
| | | 地方财政科学技术投入 |
| | 共享发展 | 人均可支配收入 |
| | | 人均消费支出 |
| | | 恩格尔系数* |
| | | 人均预期寿命 |
| | | 人口平均受教育年限 |

注：①*代表负向指标，其余均为正向指标。②市场化指数包含总指标以及各个分项：政府与市场关系、非国有经济发展、产品市场的发育程度、要素市场的发育程度、市场中介组织的发育程度和法律制度环境。

### （三）西部大开发战略实施的绩效评价

本部分依据前文所构建的指标体系计算西部各地区经济发展指数，对西部地区内部的经济发展状况与东西部经济发展差异进行比较分析。首先对西部大开发战略进行总体绩效评价，综合考量该战略在推动西部地区整体发展方面的成效；其次通过分解西部大开发绩效评价指标，在“大保护、大开发、高质量发展”三个方面，对西部大开发战略进行细化的绩效评价。研究使用的数据主要来源于 2012~2022 年的《中国统计年鉴》、《中国城市统计年鉴》、《中国区域经济统计年鉴》、《中国能源统计年鉴》、《中国对外经济统计年鉴》、《中国环境统计年鉴》以及各省（区、市）统计年鉴。

1. 总体绩效评价

2012 年，中国共产党第十八次全国代表大会召开，提出了经济发展的新战略和新目标。在西部地区，尽管其整体发展水平相对东部地区较低，但受益于国家政策的倾斜和扶持，西部地区开始逐渐发力，经济发展速度加快。特别是在基础设施建设、资源开发和产业结构调整等方面取得了显著成就。西部地区的平均经济发展指数从 2012 年的 0.09 增长到 2022 年的 0.18，年均增长率为 7.3%，这显示西部地区作为一个整体经济在十年间持续稳定增长（见表 2）。这个增长率略高于全国平均水平的 6.31%和东部地区的 5.61%，意味着西部地区在追赶国家平均水平和东部经济发达地区，显示强劲的增长势头。

2020 年 5 月，中共中央、国务院发布了《关于新时代推进西部大开发形成新格局的指导意见》，标志着西部地区的发展进入了新的阶段。这一政策旨在通过深化改革、扩大开放、加强创新等方式，推动西部地区形成大保护、大开放、高质量发展的新格局。在政策推动下，西部地区在产业发展、科技创新、区域合作等方面取得了显著进步。从数据上来看，2012 年与 2022 年相比，西部各省（区、市）的经济发展指数显著增加，表明“新时代推进西部大开发形成新格局”的战略部署在短时间内对提升西部地区发展水平起到了积极作用。

总体来说，从中国东西部以及全国整体在经济发展上的不同速度和趋势可以看出，虽然东部地区整体上发展水平较高，但是西部地区也在快速发展。西部地区在过去十年里经济发展指数整体呈现正向增长趋势，并且增长速度在某些地区超过了全国平均水平和东部经济发达地区，说明了西部大开发战略以及新时代推进西部大开发形成新格局政策对西部地区发展的促进作用，西部地区开始崭露头角，成为拉动中国经济发展的新引擎。

**表 2　2012~2022 年全国、东部与西部地区各省份经济发展指数**

| 地区 | 2012年 | 2013年 | 2014年 | 2015年 | 2016年 | 2017年 | 2018年 | 2019年 | 2020年 | 2021年 | 2022年 | 年均增长率（%） |
|---|---|---|---|---|---|---|---|---|---|---|---|---|
| 内蒙古 | 0. 12 | 0. 13 | 0. 14 | 0. 15 | 0. 16 | 0. 17 | 0. 17 | 0. 18 | 0. 19 | 0. 20 | 0. 22 | 6. 21 |
| 广西 | 0. 10 | 0. 10 | 0. 11 | 0. 13 | 0. 13 | 0. 15 | 0. 16 | 0. 17 | 0. 18 | 0. 19 | 0. 20 | 7. 71 |
| 重庆 | 0. 11 | 0. 12 | 0. 14 | 0. 14 | 0. 15 | 0. 16 | 0. 18 | 0. 19 | 0. 20 | 0. 22 | 0. 22 | 6. 98 |
| 四川 | 0. 16 | 0. 17 | 0. 19 | 0. 20 | 0. 21 | 0. 24 | 0. 26 | 0. 29 | 0. 30 | 0. 33 | 0. 34 | 8. 07 |
| 贵州 | 0. 07 | 0. 09 | 0. 09 | 0. 11 | 0. 13 | 0. 14 | 0. 15 | 0. 15 | 0. 16 | 0. 16 | 0. 17 | 8. 78 |
| 云南 | 0. 09 | 0. 10 | 0. 11 | 0. 12 | 0. 14 | 0. 14 | 0. 15 | 0. 18 | 0. 19 | 0. 20 | 0. 20 | 8. 14 |
| 西藏 | 0. 05 | 0. 06 | 0. 05 | 0. 06 | 0. 06 | 0. 06 | 0. 07 | 0. 07 | 0. 08 | 0. 08 | 0. 09 | 5. 38 |
| 陕西 | 0. 12 | 0. 13 | 0. 14 | 0. 15 | 0. 16 | 0. 17 | 0. 19 | 0. 20 | 0. 20 | 0. 22 | 0. 23 | 6. 90 |
| 甘肃 | 0. 08 | 0. 08 | 0. 09 | 0. 10 | 0. 11 | 0. 11 | 0. 12 | 0. 12 | 0. 13 | 0. 14 | 0. 14 | 5. 97 |
| 青海 | 0. 05 | 0. 06 | 0. 07 | 0. 08 | 0. 08 | 0. 08 | 0. 09 | 0. 10 | 0. 10 | 0. 10 | 0. 10 | 6. 11 |
| 宁夏 | 0. 05 | 0. 06 | 0. 07 | 0. 07 | 0. 07 | 0. 08 | 0. 09 | 0. 09 | 0. 09 | 0. 09 | 0. 10 | 6. 65 |
| 新疆 | 0. 07 | 0. 08 | 0. 10 | 0. 10 | 0. 11 | 0. 12 | 0. 21 | 0. 14 | 0. 14 | 0. 15 | 0. 17 | 8. 93 |
| 全国 | 0. 14 | 0. 15 | 0. 16 | 0. 17 | 0. 18 | 0. 19 | 0. 21 | 0. 22 | 0. 23 | 0. 25 | 0. 26 | 6. 31 |
| 东部 | 0. 22 | 0. 23 | 0. 24 | 0. 25 | 0. 26 | 0. 28 | 0. 30 | 0. 32 | 0. 33 | 0. 37 | 0. 37 | 5. 61 |
| 西部 | 0. 09 | 0. 10 | 0. 11 | 0. 12 | 0. 13 | 0. 13 | 0. 15 | 0. 16 | 0. 16 | 0. 17 | 0. 18 | 7. 30 |

资料来源：基于西部大开发的绩效评价指标体系计算得到。

### 2. 形成大保护新格局

（1）生产绿色化稳步发展。西部大开发战略实施以来，西部地区在生产绿色化方面的指数呈现出逐年增长的趋势。2012 年西部地区的生产绿色化指数为 1. 71，2022 年这一指数已经增长至 3. 30，增长幅度显著。然而，与东部地区相比，西部地区在生产绿色化方面仍然存在一定的差距。以 2022 年为例，东部地区的生产绿色化指数为 7. 38，远高于西部地区（见图 2）。这表明，尽管西部地区在生产绿色化方面取得了一定的进展，但与东部地区相比，仍然有较大的提升空间。从增长幅度来看，西部地区在生产绿色化方面的增长速度并不低于东部地区。这说明，在西部大开发战略的推动下，西部地区正在逐步加大生态文明建设力度，推动生产方式向更加绿色、可持续的方向转变。

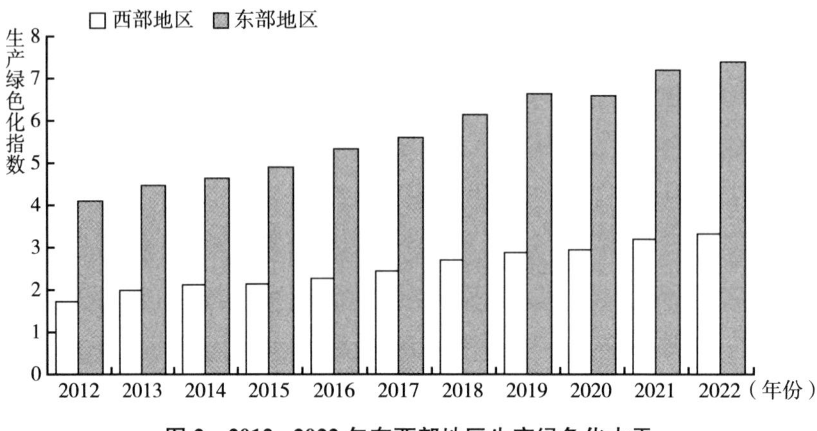


**图 2　2012~2022 年东西部地区生产绿色化水平**

资料来源：基于西部大开发绩效评价指标体系中的生产绿色化水平计算得到。

从西部地区内部发展差异来看，西部地区各省份生产绿色化水平排序的变化反映出各省份在生产绿色化发展中的竞争性和不平衡性。部分省（区、市）如新疆、甘肃等在近年来表现突出，生产绿色化水平相对呈上升趋势，这可能与地方政府加大对生态环保的投入有关。西部各省（区、市）在同一年内生产绿色化得分存在一定差异，部分地区表现突出，而另一部分地区仍需加大努力。这种差异可能与自然条件、经济发展水平、政策支持力度等有关。西部地区生产绿色化平均值的逐年提升表明，西部地区整体的生态保护政策在逐渐取得成效。比如退耕还林、天然林保护工程等政策可能对生产绿色化水平的提升起到了重要作用。尽管西部地区整体生产绿色化趋势向好，但部分省（区、市）的生产绿色化水平提升较为缓慢，需加强地方政府的政策支持和资金投入。

**表 3　2012 年、2019 年、2022 年西部地区各省份生产绿色化水平**

| 地区 | 2012 年 | 2019 年 | 2022 年 |
| --- | --- | --- | --- |
| 内蒙古 | 0. 21 | 0. 35 | 0. 39 |
| 广西 | 0. 11 | 0. 16 | 0. 20 |
| 重庆 | 0. 16 | 0. 25 | 0. 28 |
| 四川 | 0. 29 | 0. 50 | 0. 56 |

续表

| 地区 | 2012 年 | 2019 年 | 2022 年 |
|---|---|---|---|
| 贵州 | 0.11 | 0.18 | 0.21 |
| 云南 | 0.12 | 0.24 | 0.27 |
| 西藏 | 0.12 | 0.11 | 0.11 |
| 陕西 | 0.16 | 0.29 | 0.35 |
| 甘肃 | 0.10 | 0.17 | 0.20 |
| 青海 | 0.06 | 0.11 | 0.12 |
| 宁夏 | 0.11 | 0.16 | 0.17 |
| 新疆 | 0.14 | 0.21 | 0.21 |

资料来源：基于西部大开发绩效评价指标体系中的生产绿色化水平计算得到。

（2）生活绿色化快速提升。西部大开发战略实施以来，西部地区的生活绿色化指标呈现出稳步上升的趋势。2012 年西部地区的生活绿色化指数为 0.22，到 2022 年这一指标已经提升至 0.48，增长了一倍多（见图 3）。这表明，随着西部大开发战略的深入实施，西部地区在提升居民生活质量的同时，也注重生态环境的保护和可持续发展，使得居民的生活方式更加绿色、环保。东部地区在 2012 年的生活绿色化指数为 0.77，2022 年这一指数为 1.64，虽然绝对值上仍然高于西部地区，但从增长速度来看，西部地区在近年来展现出了强劲的发展势头。这种变化与西部大开发战略的实施密不可分。在战略推动下，西部地区加大了对生态环境保护和治理的力度，推动了绿色产业的发展，提高了资源利用效率，同时也加强了环保宣传教育，提升了公众的环保意识。这些因素共同促进了西部地区生活绿色化水平的提升。

从西部地区内部发展差异来看，一些地区如四川、重庆、广西、陕西、云南等省份在政策支持、清洁能源普及以及居民环保意识提升等方面表现突出，生活绿色化水平提升明显，这与地方政府积极落实国家环保政策和生态文明建设目标密切相关。而其他省份受制于经济发展模式、基础设施建设等因素，生活绿色化水平提升较为缓慢（见表 4）。此外，区域间

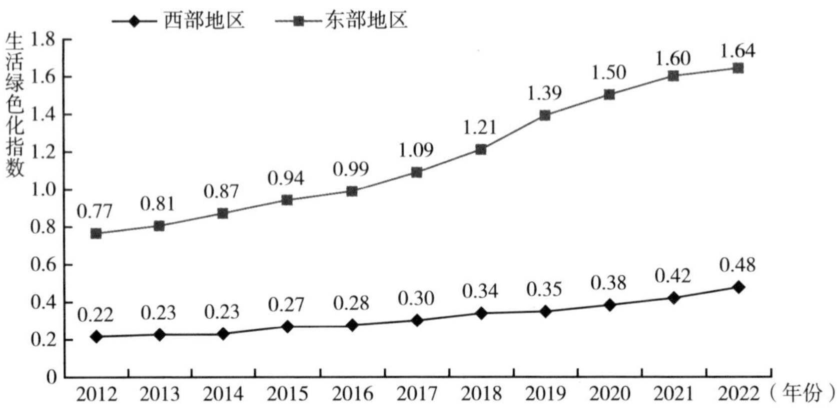


**图 3　2012~2022 年东西部地区生活绿色化水平**

资料来源：基于西部大开发绩效评价指标体系中的生活绿色化水平计算得到。

的基础差异也是影响生活绿色化水平的重要原因，例如资源分布不均、政策落实力度和公众参与度的差异。因此，各省（区、市）需结合自身特点，聚焦绿色转型短板，进一步推动生活绿色化均衡发展。

**表 4　2012 年、2019 年、2022 年西部地区各省份生活绿色化水平**

| 地区 | 2012 年 | 2019 年 | 2022 年 |
| --- | --- | --- | --- |
| 内蒙古 | 0. 02 | 0. 03 | 0. 03 |
| 广西 | 0. 02 | 0. 03 | 0. 06 |
| 重庆 | 0. 02 | 0. 04 | 0. 06 |
| 四川 | 0. 03 | 0. 06 | 0. 09 |
| 云南 | 0. 01 | 0. 03 | 0. 05 |
| 贵州 | 0. 02 | 0. 03 | 0. 03 |
| 西藏 | 0. 01 | 0. 00 | 0. 00 |
| 陕西 | 0. 02 | 0. 04 | 0. 06 |
| 甘肃 | 0. 01 | 0. 02 | 0. 03 |
| 青海 | 0. 01 | 0. 01 | 0. 02 |
| 宁夏 | 0. 02 | 0. 02 | 0. 02 |
| 新疆 | 0. 01 | 0. 02 | 0. 02 |

资料来源：基于西部大开发绩效评价指标体系中的生活绿色化水平计算得到。

（3）生态安全屏障日益完善。西部大开发战略实施以来，西部地区在生态安全上的表现呈现出稳步上升的趋势。2012~2022 年西部地区的生态安全指数从 3.70 逐年增长到 4.94，涨幅达到约 33.5%（见图 4）。这表明，在实施西部大开发战略的过程中，西部地区在生态保护与建设方面取得了显著的成效，生态安全状况得到了有效的改善。与东部地区相比，虽然西部地区的生态安全指标起点较低，但增长速度相对较快。东部地区的生态安全指标虽然也呈现出增长趋势，但涨幅相对较小，且在某些年份出现了波动。这在一定程度上反映了西部地区在生态安全方面的后发优势和巨大潜力。西部大开发战略实施以来，西部地区在生态保护与建设方面采取了一系列有力的措施。这些措施包括退耕还林还草、退牧还草、天然林保护、石漠化地区综合治理、水土保持、湿地保护与恢复以及自然保护区生态保护与建设等。这些工程的持续推进，使得西部地区的生态环境得到了有效的改善，生态安全屏障日益完善。

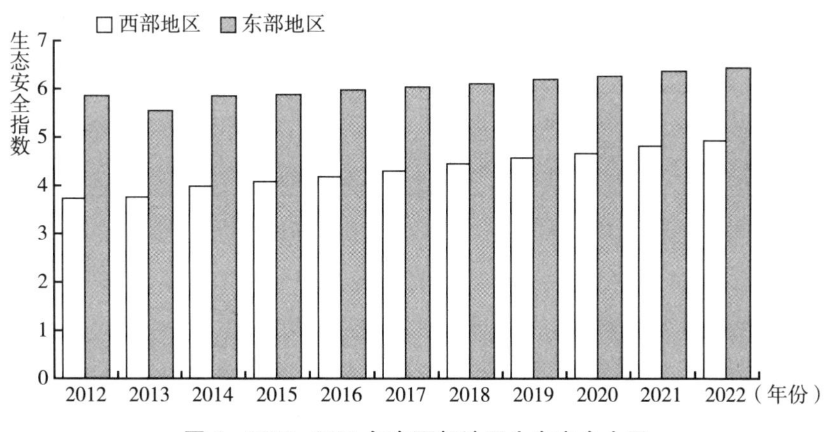


**图 4　2012~2022 年东西部地区生态安全水平**

资料来源：基于西部大开发绩效评价指标体系中的生态安全水平计算得到。

从西部地区内部发展差异来看，2012 年排名较为领先的省份如内蒙古、四川和云南，在 2022 年继续保持优势，这与其较好的生态资源禀赋、强有力的生态保护政策以及生态修复工程的成功实施密切相关。然而，一些省区如新疆、青海、西藏、宁夏其生态安全水平一直较低，主要原因在于自然条件的限制（如干旱和沙漠化问题严重）以及经济发展对资源的高依赖性（见表5）。此外，基础设施和生态治理能力的不均衡也导致了区域间生态安全提升的不均衡。这些变化反映出西部地区在生态安全建设中的整体进步，但同时也强调了区域间协调和差异化策略的重要性。

**表5 2012年、2019年、2022年西部地区各省份生态安全水平**

| 地区 | 2012年 | 2019年 | 2022年 |
| --- | --- | --- | --- |
| 内蒙古 | 0.56 | 0.65 | 0.68 |
| 广西 | 0.39 | 0.42 | 0.44 |
| 重庆 | 0.30 | 0.36 | 0.38 |
| 四川 | 0.43 | 0.60 | 0.66 |
| 贵州 | 0.32 | 0.50 | 0.53 |
| 云南 | 0.48 | 0.66 | 0.73 |
| 西藏 | 0.07 | 0.08 | 0.08 |
| 陕西 | 0.58 | 0.52 | 0.55 |
| 甘肃 | 0.39 | 0.44 | 0.51 |
| 青海 | 0.04 | 0.07 | 0.09 |
| 宁夏 | 0.11 | 0.14 | 0.15 |
| 新疆 | 0.03 | 0.05 | 0.05 |

资料来源：基于西部大开发绩效评价指标体系中的生态安全水平计算得到。

3. 形成大开放新格局

（1）对外开放成效显著。西部大开发战略实施以来，西部地区在对外开放方面取得了显著的发展与变化。虽然与东部地区相比仍有差距，但差距在逐渐缩小，且对外开放对西部经济发展的推动作用日益明显。西部地区对外开放指数从2012年的0.30逐渐增长到2022年的0.69，虽然绝对值仍然相对较低，但增长趋势明显。这表明，随着西部大开发战略的深入实施，西部地区的对外开放程度仍在不断提高，与外界的经济联系日益紧密。2012年东部地区对外开放指数为3.48，而西部地区仅为0.30，两者相差悬殊。

而到了2022年，东部地区开放指数为4.88，西部地区仅增长至0.69，差距仍然存在，且呈现扩大趋势（见图5）。

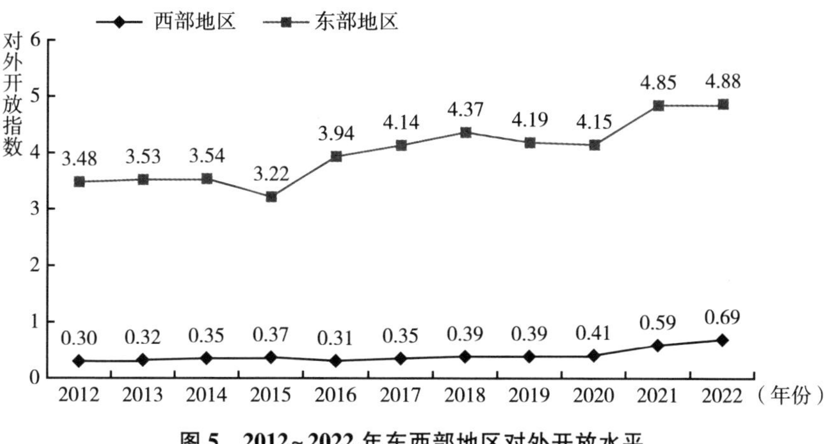


**图5　2012~2022年东西部地区对外开放水平**

资料来源：基于西部大开发绩效评价指标体系中的对外开放水平计算得到。

从西部地区内部发展差异来看，四川和重庆在2022年继续稳居前列，得益于其良好的经济基础、外向型产业优势以及共建“一带一路”政策支持。这些省份通过国际贸易和外资引入力度的加强，显著提升了对外开放水平。相较之下，西藏、甘肃和宁夏等省份对外开放水平相对下降，主要原因是外贸结构单一，更多依赖资源出口，且缺乏高附加值产业的支撑（见表6）。此外，地理位置和交通条件的相对劣势也限制了这些省份融入全球市场的能力。这种相对变化在反映了西部地区对外开放整体进步的同时，也凸显了区域间资源配置与产业发展的不平衡性。

**表6　2012年、2019年、2022年西部地区各省份对外开放水平**

| 地区 | 2012年 | 2019年 | 2022年 |
|---|---|---|---|
| 内蒙古 | 0.01 | 0.01 | 0.02 |
| 广西 | 0.04 | 0.06 | 0.07 |
| 重庆 | 0.07 | 0.09 | 0.11 |
| 四川 | 0.06 | 0.10 | 0.13 |

续表

| 地区 | 2012 年 | 2019 年 | 2022 年 |
|---|---|---|---|
| 贵州 | 0.01 | 0.01 | 0.01 |
| 云南 | 0.03 | 0.02 | 0.03 |
| 西藏 | 0.06 | 0.00 | 0.00 |
| 陕西 | 0.02 | 0.05 | 0.07 |
| 甘肃 | 0.02 | 0.01 | 0.01 |
| 宁夏 | 0.01 | 0.00 | 0.00 |
| 青海 | 0.01 | 0.01 | 0.01 |
| 新疆 | 0.05 | 0.05 | 0.05 |

资料来源：基于西部大开发绩效评价指标体系中的对外开放水平计算得到。

（2）对内开放稳步推进。西部大开发战略实施以来，西部地区在对内开放方面取得了显著进展，与东部地区的差距也在逐步缩小。西部地区对内开放指数从 2012 年的 61.28 增长到 2022 年的 89.61，增长了 46.2%，这表明西部地区在内陆经济合作、市场拓展以及资源配置方面的能力在逐步增强。相比之下，东部地区虽然对内开放的基数较大，但指数仅从 2012 年的 155.60 增长到 2022 年的 192.48，增长 23.7%，明显低于西部地区（见图 6）。

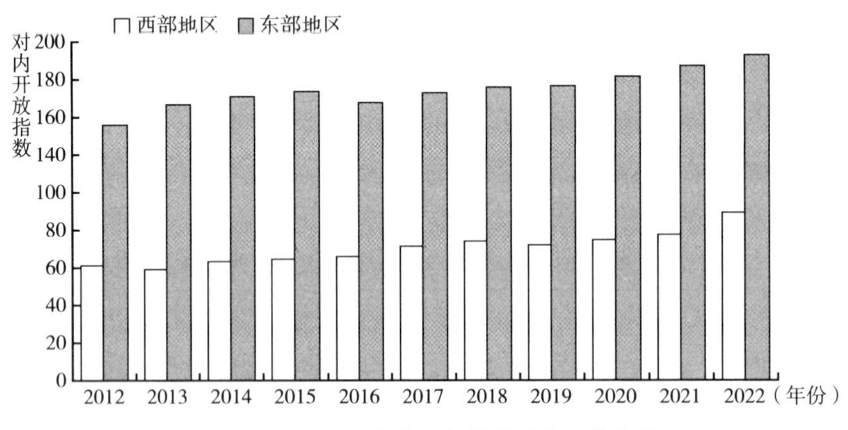


**图 6　2012~2022 年东西部地区对内开放水平**

资料来源：基于西部大开发绩效评价指标体系对内开放水平计算得到。

从西部地区内部发展差异来看，四川和重庆在2022年的对内开放水平较为突出，得益于他们经济基础扎实、交通优势明显以及国家政策的大力支持，这两省（市）通过成渝经济圈等平台显著增强了对内开放能力。而西藏对内开放水平相对下降，主要原因是地理位置偏远、产业结构单一以及经济发展水平相对较低，导致对内开放资源不足和市场竞争力较弱（见表7）。此外，区域间协同不足也是对内开放水平相对变化的一个重要因素，部分省份未能充分融入区域经济协作体系。这些变化反映西部地区在对内开放总体进步的同时，也揭示了区域发展不平衡的问题。

**表7　2012年、2019年、2022年西部地区各省份对内开放水平**

| 地区 | 2012年 | 2019年 | 2022年 |
|---|---|---|---|
| 内蒙古 | 6.64 | 5.81 | 6.59 |
| 广西 | 6.76 | 7.27 | 7.89 |
| 重庆 | 8.55 | 9.16 | 10.17 |
| 四川 | 7.36 | 9.06 | 10.09 |
| 贵州 | 4.57 | 7.38 | 8.52 |
| 云南 | 5.56 | 6.87 | 7.88 |
| 西藏 | 2.11 | 2.71 | 1.13 |
| 陕西 | 5.78 | 8.30 | 9.64 |
| 甘肃 | 4.26 | 6.58 | 7.42 |
| 青海 | 3.56 | 4.75 | 5.75 |
| 宁夏 | 4.98 | 6.59 | 8.02 |
| 新疆 | 3.36 | 3.58 | 3.58 |

资料来源：基于西部大开发绩效评价指标体系中的对内开放水平计算得到。

4. 形成高质量发展新格局

（1）经济发展水平稳步提高。自2000年西部大开发战略实施以来，西部地区的经济发展取得了显著成就。2012~2022年西部地区的经济发展指数的增长幅度超过1倍。尽管西部地区经济快速发展，但与东部地区相比，差距依然显著：2022 年，东部地区的经济发展指数是西部地区的 3 倍。这表明东部地区在全国经济中依然占据绝对主导地位。但也可以看到，2012 年，东部地区的经济发展指数约为西部地区的 4 倍（见图 7）。这表明西部地区在国家政策支持下，与东部地区的差距逐步缩小。

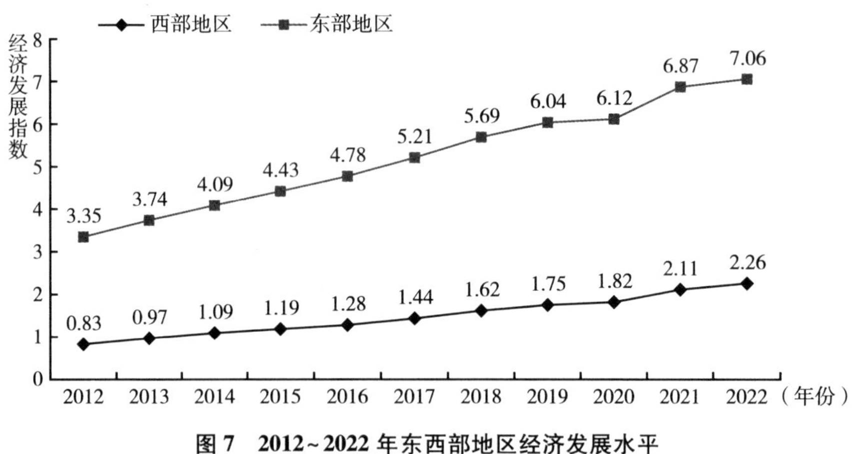


**图 7　2012~2022 年东西部地区经济发展水平**

资料来源：基于西部大开发绩效评价指标体系中的经济发展水平计算得到。

从西部地区内部发展差异来看，四川和陕西等传统经济强省 2012~2022 年的经济发展水平持续向好，且持续保持着区域内的领先优势，这表明其产业结构优化和经济基础稳固。而内蒙古、广西、西藏、云南、宁夏和青海等地发展水平相对有所提升，展现了其基础设施建设和资源开发对经济发展的推动作用。特别是内蒙古、重庆和云南，通过政策支持和区位优势实现了稳步进步。然而，甘肃和新疆经济发展水平相对较低，暴露出其经济结构单一和产业升级乏力的问题（见表 8）。这种动态变化表明，未来西部经济发展的关键在于加强区域协调，推动技术创新和开放合作，通过差异化发展战略，在资源禀赋、产业布局和政策支持上形成优势互补，进一步实现经济高质量发展和共同富裕的目标。

**表 8　2012 年、2019 年、2022 年西部地区各省份经济发展水平**

| 地区 | 2012 年 | 2019 年 | 2022 年 |
| --- | --- | --- | --- |
| 内蒙古 | 0. 10 | 0. 18 | 0. 25 |
| 广西 | 0. 07 | 0. 14 | 0. 17 |
| 重庆 | 0. 10 | 0. 20 | 0. 25 |
| 四川 | 0. 16 | 0. 30 | 0. 37 |
| 贵州 | 0. 05 | 0. 13 | 0. 15 |
| 云南 | 0. 08 | 0. 16 | 0. 20 |
| 西藏 | 0. 01 | 0. 07 | 0. 10 |
| 陕西 | 0. 11 | 0. 20 | 0. 27 |
| 甘肃 | 0. 03 | 0. 07 | 0. 09 |
| 青海 | 0. 02 | 0. 08 | 0. 11 |
| 宁夏 | 0. 04 | 0. 09 | 0. 13 |
| 新疆 | 0. 06 | 0. 08 | 0. 08 |

资料来源：基于西部大开发绩效评价指标体系中的经济发展水平计算得到。

（2）基础设施建设成效突出。西部大开发战略实施以来，西部地区在基础设施建设方面取得了显著进展。西部地区的基础设施建设指数从 2012 年的 1. 41 稳步提升至 2022 年的 3. 89，增长了约 1. 8 倍。这种快速增长得益于高铁、公路和航空枢纽的全面布局，以及“一带一路”和“西部陆海新通道”等国家战略工程的推动，大幅提升了区域间的交通便利性和物流效率。相比之下，东部地区基础设施建设指数从 2012 年的 3. 24 增长至 2022 年的 7. 89，尽管增幅较小，但其基础设施建设水平仍然处于全国领先地位，更多集中于智能化和现代化方向的深度发展，如智慧城市和数字基础设施的布局（见图 8）。尽管西部地区在基础设施覆盖和联通性上取得了显著进步，但在均衡性和智能化水平上仍与东部地区存在差距。未来，西部需进一步推动基础设施高质量发展，缩小东西部差距，为区域经济社会发展提供更强劲的支撑。

从西部地区内部发展差异来看，2022 年四川、广西、内蒙古、云南的基础设施建设水平较高，其中广西和云南等省区的基础设施建设水平相对提升明显，反映了这些地区在交通、能源、通信等基础设施领域的投入和发展

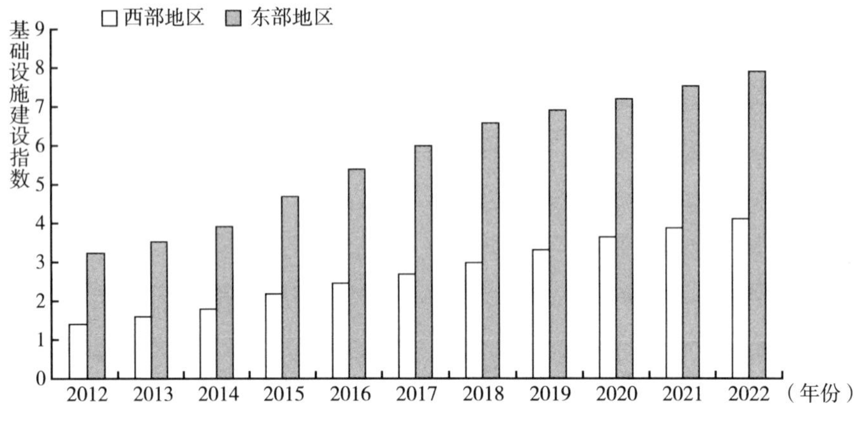


**图 8　2012～2022 年东西部地区基础设施建设指数**

资料来源：基于西部大开发绩效评价指标体系中的基础设施建设水平计算得到。

成效。西藏、青海、宁夏、新疆等地区基础设施建设水平相对较低，但也保持了稳中求进的发展态势。(见表 9)。

**表 9　2012 年、2019 年、2022 年西部地区各省份基础设施建设水平**

| 地区 | 2012 年 | 2019 年 | 2022 年 |
|---|---|---|---|
| 内蒙古 | 0.27 | 0.41 | 0.47 |
| 广西 | 0.13 | 0.37 | 0.49 |
| 重庆 | 0.08 | 0.23 | 0.28 |
| 四川 | 0.20 | 0.60 | 0.70 |
| 贵州 | 0.10 | 0.28 | 0.35 |
| 云南 | 0.12 | 0.35 | 0.46 |
| 西藏 | 0.00 | 0.02 | 0.05 |
| 陕西 | 0.16 | 0.32 | 0.39 |
| 甘肃 | 0.10 | 0.23 | 0.28 |
| 宁夏 | 0.05 | 0.11 | 0.14 |
| 青海 | 0.04 | 0.07 | 0.08 |
| 新疆 | 0.15 | 0.16 | 0.16 |

资料来源：基于西部大开发绩效评价指标体系中的基础设施建设水平计算得到。

（3）产业发展转型加速。西部大开发战略实施以来，西部地区在产业发展方面取得了显著进展。西部地区的产业发展指数从 2012 年的 1.32 增长至 2022 年的 1.93，增长 46%（见图 9）。这一进步得益于资源型经济向新能源、高端制造业等多元化产业转型的推动。此外，“一带一路”倡议和区域协同发展战略为西部产业注入了更多外部市场和投资机会。相比之下，东部地区的产业发展指数从 2012 年的 3.78 增长至 2022 年的 6.02，依然保持领先地位。这种优势主要体现在东部地区完善的产业链布局和高附加值产业（如电子信息和金融服务业）的推动上。尽管西部地区在产业结构优化和发展速度方面取得显著成效，但与东部地区相比，仍在高端产业竞争力和市场联通性方面存在差距。

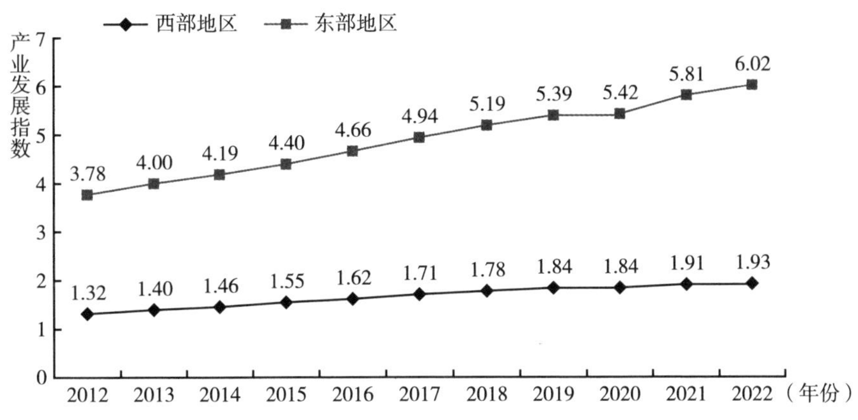


**图 9　2012～2022 年东西部地区产业发展水平**

资料来源：基于西部大开发绩效评价指标体系中的产业发展水平计算得到。

从西部地区内部发展差异来看，各省（区、市）的产业发展状况呈现明显的分化趋势。其中，四川、陕西的产业发展水平较高，且改善明显，表明其在产业发展上取得显著进步。而像西藏和青海，产业发展水平相对有所下降，这可能与地理条件限制、产业结构单一及基础设施欠完善有关（见表 10）。

**表 10　2012 年、2019 年、2022 年西部地区各省份产业发展水平**

| 地区 | 2012 年 | 2019 年 | 2022 年 |
|---|---|---|---|
| 广西 | 0. 10 | 0. 14 | 0. 17 |
| 内蒙古 | 0. 09 | 0. 15 | 0. 16 |
| 重庆 | 0. 12 | 0. 17 | 0. 19 |
| 四川 | 0. 16 | 0. 25 | 0. 29 |
| 贵州 | 0. 10 | 0. 14 | 0. 15 |
| 云南 | 0. 10 | 0. 16 | 0. 16 |
| 西藏 | 0. 16 | 0. 13 | 0. 13 |
| 陕西 | 0. 13 | 0. 18 | 0. 23 |
| 甘肃 | 0. 09 | 0. 15 | 0. 13 |
| 青海 | 0. 10 | 0. 11 | 0. 09 |
| 宁夏 | 0. 09 | 0. 12 | 0. 10 |
| 新疆 | 0. 07 | 0. 09 | 0. 09 |

资料来源：基于西部大开发绩效评价指标体系中的产业发展水平计算得到。

（4）基本公共服务显著增强。西部大开发战略实施以来，西部地区在基本公共服务方面取得了显著进步。从 2012~2022 年的数据来看，西部地区的基本公共服务得分从 2. 43 提升至 3. 66，增长了 51%。与此同时，东部地区的基本公共服务得分虽然起点更高，但增长幅度相对较小，约为 47%（见图 10）。尽管东西部地区在基本公共服务上的绝对差距仍然较大，但西部地区在此期间的快速发展显示出其在缩小与东部地区差距方面的努力与成效。

从西部地区内部发展差异来看，2022 年，四川的基本公共服务水平最高，其次为西藏、陕西、广西和内蒙古，与 2012 年相比，基本公共服务水平提升幅度较大的西藏、青海和内蒙古，反映出其公共服务投入力度的加大。新疆、甘肃基本公共服务的改善相比其他地区提升较慢（见表 11）。整体来看，西部大开发显著缩小了部分地区公共服务水平的差距，但部分省份仍面临发展不均衡的挑战，需要针对性强化支持。

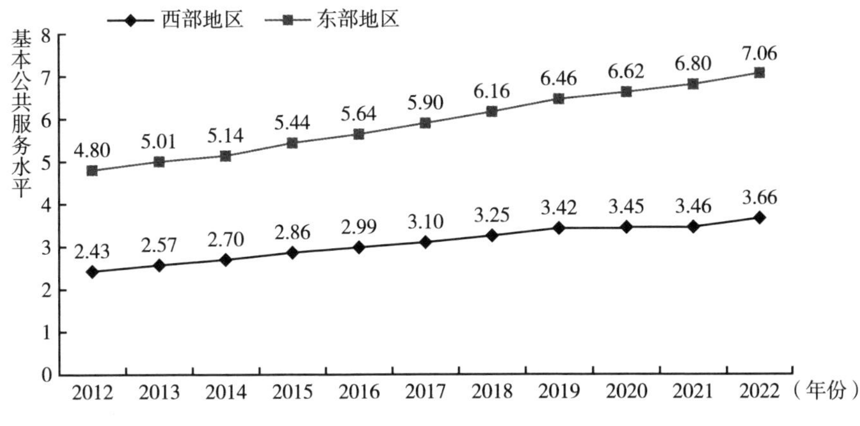


**图 10　2012~2022 年东西部地区基本公共服务水平**

资料来源：基于西部大开发绩效评价指标体系中的基本公共服务水平计算得到。

**表 11　2012 年、2019 年、2022 年西部地区各省份基本公共服务水平**

| 地区 | 2012 年 | 2019 年 | 2022 年 |
|---|---|---|---|
| 内蒙古 | 0. 19 | 0. 25 | 0. 30 |
| 广西 | 0. 23 | 0. 29 | 0. 31 |
| 重庆 | 0. 15 | 0. 25 | 0. 25 |
| 四川 | 0. 45 | 0. 56 | 0. 56 |
| 贵州 | 0. 19 | 0. 25 | 0. 24 |
| 云南 | 0. 17 | 0. 25 | 0. 27 |
| 西藏 | 0. 22 | 0. 40 | 0. 45 |
| 陕西 | 0. 26 | 0. 30 | 0. 32 |
| 甘肃 | 0. 20 | 0. 23 | 0. 23 |
| 青海 | 0. 15 | 0. 25 | 0. 28 |
| 宁夏 | 0. 07 | 0. 14 | 0. 15 |
| 新疆 | 0. 15 | 0. 16 | 0. 16 |

资料来源：基于西部大开发绩效评价指标体系中的基本公共服务水平计算得到。

（5）创新发展进步明显。西部大开发战略实施以来，西部地区在创新发展方面取得了显著进展。2012~2022 年的数据显示，西部地区的创新发展指数从 0. 62 提升至 1. 56，实现了约 1. 5 倍的增长。特别是在近几年，增长趋势更为明显，显示出西部地区在科技创新、产业升级等方面的努力逐渐显现成效。然而，与东部地区相比，西部地区在创新发展上仍存在一定差距。东部地区的创新发展指数在同一时期从 1.96 跃升至 5.47，增长了 1.79 倍，且在绝对值上明显高于西部地区（见图 11）。这表明尽管西部地区在创新发展上取得了显著进步，但东部地区凭借其更为雄厚的经济基础和科技资源，仍然保持着领先地位。

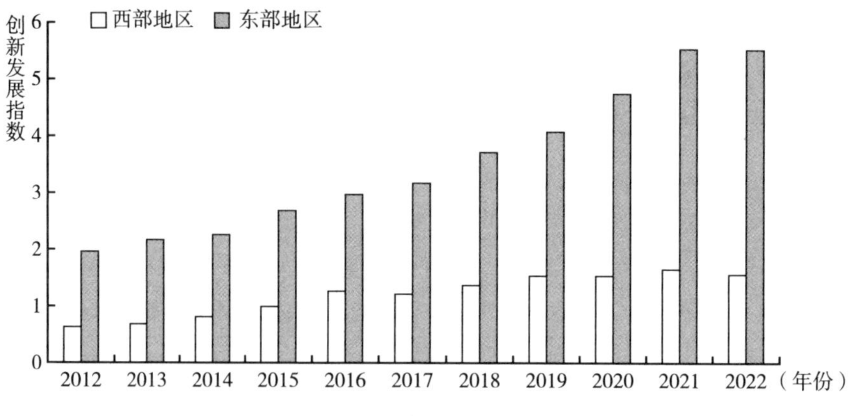


**图 11　2012~2022 年东西部地区创新发展水平**

资料来源：基于西部大开发绩效评价指标体系中的创新发展水平计算得到。

从西部地区内部发展差异来看，重庆、四川、陕西的创新发展水平较高，且提升幅度明显，表明这些地区在科技投入、研发能力和创新成果转化等方面取得了显著成效。新疆、甘肃和西藏的创新发展水平相对较低，这反映了基础条件、政策支持力度或创新资源分布的不均衡。重庆和四川等得益于较好的科教资源基础和工业发展支撑，在创新领域始终保持较强的竞争力（见表 12）。

**表 12　2012 年、2019 年、2022 年西部地区各省份创新发展水平**

| 地区 | 2012 年 | 2019 年 | 2022 年 |
|---|---|---|---|
| 内蒙古 | 0.05 | 0.07 | 0.12 |
| 广西 | 0.04 | 0.13 | 0.12 |
| 重庆 | 0.08 | 0.19 | 0.23 |
| 四川 | 0.06 | 0.15 | 0.21 |

续表

| 地区 | 2012 年 | 2019 年 | 2022 年 |
|---|---|---|---|
| 贵州 | 0. 03 | 0. 16 | 0. 14 |
| 云南 | 0. 03 | 0. 20 | 0. 09 |
| 西藏 | 0. 02 | 0. 06 | 0. 07 |
| 陕西 | 0. 05 | 0. 14 | 0. 16 |
| 甘肃 | 0. 03 | 0. 06 | 0. 06 |
| 青海 | 0. 12 | 0. 20 | 0. 13 |
| 宁夏 | 0. 05 | 0. 11 | 0. 11 |
| 新疆 | 0. 05 | 0. 04 | 0. 04 |

资料来源：基于西部大开发绩效评价指标体系中的创新发展水平计算得到。

（6）共享发展水平持续提高。西部大开发战略实施以来，西部地区在共享发展方面取得了显著进步。2012~2022 年西部地区的共享发展指数从 1. 45 逐年增长至 3. 84，增长了约 1. 65 倍。与此同时，东部地区的共享发展指数从 2012 年的 4. 13 增长至 2022 年的 9. 32，增长了约 1. 26 倍（见图 12）。尽管东部地区的共享发展指数在绝对值上仍然高于西部地区，但西部地区的增长速度更快，显示出在共享发展方面的强劲势头。这一变化不仅反映了西部地区经济社会的全面发展，也体现了政策扶持和区域协调发展的积极成果。

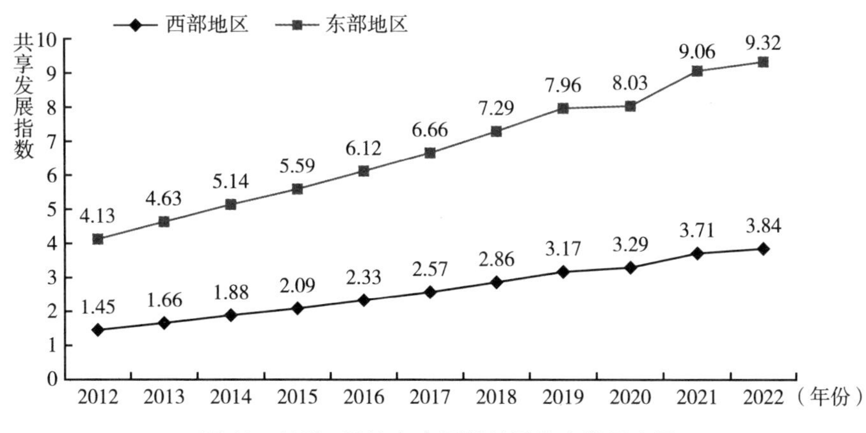


**图 12　2012~2022 年东西部地区共享发展水平**

资料来源：基于西部大开发绩效评价指标体系中的共享发展水平计算得到。

从西部地区内部发展差异来看，重庆、内蒙古的共享发展水平较高，新疆较低。这表明，西部地区在缩小发展差距、促进资源共享方面总体上取得了积极的成效，但省际发展仍然不平衡。结合发展实际，云南通过加强民生投入和公共服务均等化，推动了共享发展的改善；宁夏则在产业结构调整和社会福利政策方面成效显著（见表 13）。

**表 13　西部地区各省份共享发展水平**

| 地区 | 2012 年 | 2019 年 | 2022 年 |
|---|---|---|---|
| 内蒙古 | 0. 19 | 0. 35 | 0. 41 |
| 广西 | 0. 14 | 0. 27 | 0. 31 |
| 重庆 | 0. 17 | 0. 34 | 0. 43 |
| 四川 | 0. 13 | 0. 29 | 0. 36 |
| 贵州 | 0. 08 | 0. 22 | 0. 28 |
| 云南 | 0. 08 | 0. 23 | 0. 29 |
| 西藏 | 0. 06 | 0. 18 | 0. 26 |
| 陕西 | 0. 15 | 0. 28 | 0. 34 |
| 甘肃 | 0. 11 | 0. 22 | 0. 26 |
| 青海 | 0. 11 | 0. 25 | 0. 28 |
| 宁夏 | 0. 13 | 0. 28 | 0. 33 |
| 新疆 | 0. 12 | 0. 14 | 0. 14 |

资料来源：基于西部大开发绩效评价指标体系中的共享发展水平计算得到。

## 二　深入推进西部大开发形成新格局面临的现实约束

### （一）外部约束：大国博弈与外需萎缩

#### 1. 大国博弈带来动荡加剧

从当前的外部发展环境来看，世界正处于百年未有之大变局中，全球范围内的经济疲软加剧了贸易保护主义和逆全球化思潮的涌动。西部地区作为我国主要的陆地边境地区和向西开放主阵地，承受着地区大国博弈带来的外部发展环境变化冲击。首先，大国经济竞争加剧，贸易保护主义兴起，关税壁垒和非关税壁垒频现，导致西部地区出口贸易受阻。其次，一些国家采取投资限制和技术封锁措施，进一步压缩了西部地区的外资流入和技术引进空间，制约了其产业升级和经济发展。

在大国博弈背景下，西部地区需要通过多方面努力应对挑战。第一，西部应依托“一带一路”倡议，加强与周边国家的经贸合作，推动贸易和投资便利化，同时融入多边贸易机制，拓展国际市场。第二，应加大科技投入和人才培养，通过引进国际先进技术与管理经验，推动产业升级和技术突破。此外，还需加强与国际产业链的对接，吸引优质资源和资本流入。面对地缘政治风险，西部应不断统筹发展与安全，切实维护民族团结与地区稳定，营造稳定和谐的地区发展环境。

2. 经济下滑导致外需萎缩

当前全球经济形势复杂多变，主要经济体的增长趋势分化显著，贸易保护主义抬头带来了诸多不确定性。多家国际机构预测 2024 年全球经济增长将低于历史平均水平。联合国贸易和发展会议 2024 年 10 月 29 日发布的《2024 贸易和发展报告》指出，全球经济将进入缓慢增长的新常态，预计 2024 年和 2025 年的增长率仅为 2.7%，低于 2001~2019 年 3.0%的年平均增长率；IMF 则认为 2024 年经济韧性较强，增速或达 3.2%，但指出地缘政治紧张和经济脱钩的潜在风险可能削弱贸易效率，尤其是大国间的经贸摩擦或致全球 GDP 损失高达 7%。此外，2024 年世界范围财政和贸易政策的不确定性因素叠加影响，增加了全球经济的不确定性，特别是对出口导向型经济体将产生深远影响。

外需收缩对中国西部地区的影响尤为突出。西部地区出口贸易对经济增长具有重要作用，但因经济基础薄弱、出口产品附加值较低，对外贸易长期徘徊在低层次水平。主要出口产品以原材料和低附加值工业制成品为主，对发达国家的出口占总额八成。近年来，尽管西部地区对中亚和西亚等新兴市场有所拓展，但外需收缩仍导致出口贸易大幅下降，进一步冲击了就业和经济增长。大量依赖出口的企业面临困境甚至倒闭，失业率上升不仅降低了居民收入水平，还加剧了社会不稳定。此外，出口下滑削弱了西部地区吸引外资和承接产业转移的能力，导致其发展困境更加突出。

为应对外需收缩，西部地区亟须通过多元化市场战略，拓展对新兴市场和发展中国家的出口，减少对发达经济体的依赖。同时，西部地区通过参加国际展会、建立海外营销网络等方式提升产品国际知名度，并推动与周边国家的经贸合作以实现贸易自由化和便利化。加大科技研发投入，推动产业升级，通过引进先进技术和管理经验提高产品质量，同时加强品牌建设，以提升国际市场竞争力。此外，加大对交通和物流设施的投入力度，提高物流效率，降低成本，提高出口竞争力。最后，通过税收优惠、融资支持、知识产权保护等措施，完善政策支持和营商环境为企业发展创造有利条件。

### （二）模式转换：经济增长处于阵痛期

西部地区作为中国经济的重要组成部分，其传统经济增长模式在消费、投资和进出口等领域面临诸多挑战。消费领域，尽管西部地区经济发展水平提高，居民收入稳步增长，但与东部沿海地区相比，消费水平和消费结构仍存在显著差距。西部地区的消费结构以基本生活需求为主，教育、文化娱乐和医疗保健等高层次消费支出占比较低，且城乡居民消费存在“二元化”特征。城市居民消费逐渐向现代化、多元化转变，而农村和偏远地区的消费依旧以基本生活需求为主，制约了整体消费潜力的释放。消费结构的不合理和需求不足使传统经济模式难以适应新的发展形势，造成经济增长动力不足，产业结构单一，创新能力受限。

投资领域，尽管西部地区近年来吸引了大量投资，基础设施建设、能源开发和高新技术产业等领域取得了显著成效，但投资结构和效率问题仍然突出。传统资源型产业和重化工业占主导地位，而高科技产业和现代服务业的投资不足，导致经济对资源消耗和低效益增长模式的依赖依然加重。部分区域的投资效率较低，存在重复建设和产能过剩问题。同时，投资回报率下降对资本持续流入构成障碍，特别是西部地区传统产业受市场需求下降、成本上升等多重因素影响，新兴产业尚未成熟，难以为区域经济提供长期支撑。此外，投资环境不完善、行政审批复杂、市场机制不健全以及高端人才匮乏等问题进一步限制了西部地区投资驱动模式的可持续性。

进出口领域，尽管西部地区外贸总额在“一带一路”倡议的推动下持续增长，但外贸发展面临结构性问题和竞争力不足的困境。西部地区出口产品以劳动密集型产品为主，技术含量和附加值低，难以在国际市场中形成强有力的竞争优势。同时，外贸企业规模小、品牌影响力有限，金融、物流和信息服务等外贸配套支持不足，制约了新兴领域如跨境电商和服务贸易的发展。此外，国际贸易环境的恶化、贸易保护主义抬头和全球需求减弱加剧了外贸增长的压力，特别是传统出口市场如美国和欧洲需求下降，进一步导致西部地区外贸增长乏力。外贸服务体系的滞后性和产品结构的单一性是制约西部地区外贸竞争力提升的主要原因。

为缓解经济增长模式转换产生的阵痛，西部地区需要从消费、投资和进出口多方面推动经济模式转型。在消费领域，应通过优化收入分配结构、提高居民收入水平以及完善消费基础设施和环境，推动消费升级和多元化发展，培育新型消费热点，如绿色消费和健康消费。在投资领域，应加快调整投资结构，减少对传统资源型产业的依赖，加大对高科技产业和现代服务业的投入，通过科技创新和产业升级提高投资效益。同时，简化行政审批流程，优化营商环境，加强人才引进与培养，提升投资吸引力和效率。在外贸领域，应优化出口产品结构，增强高技术含量和高附加值产品的出口竞争力；加强与共建“一带一路”国家的经贸合作，拓展国际市场；完善外贸服务体系，支持跨境电商和服务贸易的发展，推动外贸多样化和高质量发展。

### （三）结构约束：内部失衡与发展矛盾

#### 1. 西南西北分化

从本文测算的西部地区各省（区、市）经济发展指数可以发现，2022年，西南地区发展整体优于西北地区，西北五省除陕西外的其余各省区经济发展指数均排在西部地区倒数位次。西部地区内部西南西北分化现象正在逐渐成为制约西部地区区域协调发展的重要问题。西南地区凭借丰富的自然资源、优越的地理条件以及完善的交通基础设施，经济发展相对领先。相对开放的文化氛围，吸引了大量投资和人才流入，形成较为多元的经济结构。相较之下，西北地区经济发展模式单一，文化相对较为闭塞，主要依赖于传统的农业和畜牧业，导致经济发展速度缓慢，区域间人均收入和就业机会的差距逐渐扩大。

在社会层面，西南地区得益于经济增长带动的城市化进程，公共服务设施如教育、医疗和文化资源日益完善，居民的生活质量显著提高。同时，居民在满足基本生活需求的基础上，对文化和精神生活的追求不断增强。然而，西北地区由于经济发展滞后、公共服务设施建设不足、教育资源匮乏、医疗卫生条件较差，居民生活质量和社会文明程度与西南地区存在较大落差。

文化差异也是西南西北分化的重要表现。西南地区开放包容的文化氛围吸引了多元文化的融合和创新，人们普遍具有较强的接受能力和创新意识，为经济发展和社会进步提供了文化驱动力。而西北地区则更多地保留了传统的文化习俗和观念，文化氛围较为保守和封闭，创新能力和对外合作意识相对薄弱，这在一定程度上影响了西南西北区域间的经济互动与社会交流。从本报告前述章节测算的对外开放指数可以看出，2022 年西部地区对外开放程度较高的省份中大多是西南地区省（区、市），西北地区仅有陕西和宁夏位列总体的前 50。西南西北分化的形成不仅是表面现象，更深层次地受到交通设施发展不平衡以及政策扶持力度差异等多重因素的共同影响。西南地区政策扶持力度相对较大，获得了更多的财政支持和优惠政策，为其经济发展提供了重要保障。

针对西南西北分化现状，西部地区需通过差异化发展战略和资源优化配置来实现区域协调发展。一是西南地区应发挥其资源和交通优势，通过推动产业结构调整和技术升级，提高经济发展的质量和可持续性，同时注重解决资源枯竭和环境污染等问题。西北地区则需加大基础设施建设力度，优化投资环境，吸引更多资本和人才流入，以促进新兴产业发展，推动经济多元化。二是加强西南西北区域间的合作与交流。通过资源共享与优化配置，西南地区可以为西北地区提供能源和原材料支持，而西北地区则可凭借其农业和畜牧业优势为西南地区提供农产品和食品供应。这种优势互补的协作模式有助于增强区域内部的经济活力，提高资源利用效率。三是应加大对西北地区社会服务的投入力度，完善教育、医疗和文化设施，提升居民生活质量，缩小社会层面的差距。同时，通过文化交流促进区域间文化融合，打破传统观念的束缚，为区域经济和社会发展注入新的动力。

2. 城乡差距较大

西部地区城乡之间在经济、教育、医疗、基础设施等领域的差距同样是该地区发展不均衡的主要特征，这种差距不仅影响了城乡居民的生活质量，也制约了区域整体的发展。从经济层面来看，西部城市经济发展较为成熟，工业体系完善，服务业发达，吸引了大量投资和人才流入，形成多元化的经济支撑，创造了大量就业机会和税收收入。相比之下，农村经济则相对滞后，仍以农业为主，产业结构单一，农业生产效益低，农民收入增长缓慢，与城市居民的收入差距不断扩大。这种经济差异直接导致城乡居民在消费水平和生活质量上的显著不同。教育和医疗资源的分布进一步加剧了城乡差距。西部城市教育和医疗体系较为完善，学校和医疗机构数量多、条件优越，教育质量和医疗服务水平较高，能够为城市居民提供优质服务。然而，农村地区的学校和医疗机构数量有限，设施简陋，师资和医疗力量薄弱，教育质量难以保障，医疗服务水平较低，导致农村居民在受教育机会和健康水平上明显落后于城市居民。在基础设施方面，城市中道路、供水、供电等基础设施建设较为完善，为居民提供了便利的生活条件，而农村地区基础设施建设滞后，交通不便，供水供电系统不完善，这种差距进一步制约了农村居民的生产生活质量。

要缩小西部地区的城乡差距，需通过城乡融合发展、新型城镇化和农村经济振兴等综合举措实现城乡协调发展。一是通过促进城乡资源和要素的流动，推动城乡之间的优势互补和协同发展。例如，加强农村地区的交通基础设施建设，提升其对外联通能力，促进城乡人口和产业流动；推动城市产业向农村转移，支持农村产业升级和经济发展；鼓励城市居民到农村投资兴业和旅游，促进城乡经济互动。二是加速新型城镇化，注重以人的城镇化为核心，通过优化城镇布局和提升城镇综合承载能力，推动城乡基本公共服务均等化。例如，推动大中小城市和小城镇协调发展，加强城镇基础设施建设，提高城镇的综合服务能力，逐步实现城乡居民在教育、医疗等基本公共服务上的平等权益。三是通过推动农业科技创新、促进农业产业化发展和加强农村人才队伍建设，提高农业生产效益和农民收入。例如，通过农业科技创新提升农业生产力，推动农业向产业化方向转型；吸引和培养高素质人才，提高农村地区经济创新能力。

3. 安全与发展矛盾

西部地区在发展过程中面临环境保护与经济发展、社会稳定与经济增长之间的矛盾，这些问题成为制约区域持续健康发展的重要因素。首先，环境保护与经济发展的矛盾尤为突出。西部地区作为国家的重要生态屏障，拥有丰富的自然资源和脆弱的生态系统。然而，多年来过度依赖资源开发的经济模式，使得环境保护被忽视，资源无序开采导致植被破坏、水土流失和生态系统失衡。一些高污染、高能耗产业的集中落地进一步加剧了环境污染，导致生态退化严重。为了推动经济增长，西部地区引入了大量资源型产业和基础设施项目，但这也加大了对环境的压力。与此同时，为保护环境，限制部分高污染行业发展势在必行，但这又可能影响经济增长和就业，形成了环境与经济发展之间的两难抉择。在如何兼顾经济发展与生态保护方面，西部地区尚未找到最佳路径，亟须在发展模式上实现转型。

另外，社会稳定与经济发展之间的矛盾也对西部地区构成挑战。由于历史、地理和民族等多重因素，西部地区的社会稳定形势复杂多变。城乡差距和地区发展不平衡导致贫富差距拉大，成为引发社会矛盾的根源。与此同时，一些边疆地区还受到境内外敌对势力的渗透和破坏，进一步加剧了社会的不稳定。这种局势对区域经济发展构成威胁，不仅影响投资环境，还抑制了消费增长和经济活力。社会稳定需要大量资源投入以缓解矛盾，可能减少对经济发展领域的支持。反之，经济发展是社会稳定的基础，只有通过经济增长提供更多的就业机会和更高的生活水平，才能从根源上缓解社会矛盾。因此，西部地区需要在维护社会稳定与促进经济发展之间找到平衡点，通过创造良好的社会环境以推动经济可持续增长。

为实现安全与发展的平衡，西部地区需推动绿色发展与社会治理相结合。一是实现经济与环境协调发展，摒弃以环境为代价换取经济增长的模式，转向绿色、低碳、循环经济。一方面，加强环保法规建设和执法力度，确保资源开发与产业发展符合环保要求；另一方面，优化产业结构，发展清洁能源和绿色制造业，减少对高污染产业的依赖，同时推进生态修复和功能区保护，实现经济与生态的良性循环。二是社会治理方面，应完善治理体系，加强民族团结和社会和谐建设，增进信任与理解，减少社会矛盾。通过推进法治建设和社会保障，提升城乡居民生活质量，为社会稳定提供保障。此外，边疆地区需强化安全防范和应急管理，确保稳定，为经济发展创造良好环境。在这一过程中，政策与制度创新是关键。三是通过生态补偿机制激励生态保护，完善社会稳定风险评估机制，加强区域合作，以实现经济、生态和社会的动态平衡，为经济可持续发展奠定坚实基础。

### （四）动能约束：旧动能破而未立，新动能尚未形成

西部地区在经济转型过程中面临的主要挑战是“旧动能破而未立，新动能尚未形成”的困境。这种现象凸显传统经济增长模式的局限性和新兴动能培育的滞后性，对区域经济高质量发展形成了制约。传统产业曾为西部经济提供重要支撑，但伴随经济环境的变化，传统动能的推动力逐步衰减，原有以资源依赖型和低附加值制造业为主的增长模式已经难以为区域经济发展提供持续的动力。在这一背景下，如何成功培育新动能并实现从传统动能向新动能的转化，成为西部地区亟须解决的核心问题。

旧动能的衰退直接导致了西部经济增长的减速和结构性问题的凸显。一方面，传统动能的减弱表现为企业盈利能力的下降、就业压力的增加以及产

业结构的单一化；另一方面，这种衰退并未被新动能的快速发展弥补，导致经济发展呈现出明显的动力缺口。传统产业主导的经济体系逐步丧失竞争力，而新兴产业尚未形成足够的规模化支撑。新动能的不足不仅表现在产业规模小、竞争力弱，还表现为技术创新的滞后和产业生态的不完善。这种"青黄不接"的现象，使得西部地区的经济发展在动能转换的过程中陷入阶段性的低迷。根据本报告前述章节测算的产业发展指数，2022 年东部地区产业发展指数是西部地区的 3.12 倍，这种优势主要体现在东部地区完善的产业链布局和高附加值产业（如电子信息和金融服务业）的推动力上。尽管西部地区在产业结构优化和发展速度方面取得显著成效，但与东部地区相比，仍在高端产业竞争力和市场联通性方面存在差距。

西部地区在新动能培育过程中具备一定的潜力和条件，但其发展水平与实际需求之间仍存在明显的差距。一方面，西部地区拥有丰富的自然资源和战略区位优势，特别是在新能源、新材料和生物医药等新兴产业领域具备较大的发展潜力。然而，这些资源和区位优势尚未能充分转化为新动能的竞争优势。另一方面，尽管国家出台了一系列支持政策，并推动"一带一路"建设为西部地区发展新动能提供机遇，但由于创新能力不足、人才流失严重以及资金投入有限，西部新动能的培育和发展进程明显低于预期。特别是在技术研发和产业化能力方面，西部地区整体水平落后于东部沿海地区，这使得其在新兴产业领域的市场竞争力较为薄弱，难以形成具有全国乃至国际影响力的产业集群。

西部地区新动能尚未形成的另一个显著表现是区域内经济发展的内生动力不足。传统产业的衰退削弱了经济增长的基础，而新兴产业尚未成为重要增长点，导致经济增长高度依赖外部政策扶持和投资刺激。这种局面使得西部地区的经济发展缺乏可持续性和稳定性。同时，区域内创新体系的构建尚不完善，企业作为创新主体的作用未能有效发挥，科技成果转化率较低，产学研深度融合不足。这进一步削弱了新动能的培育效率，也制约了区域经济的转型升级。此外，新动能的培育过程中还面临着关键性挑战，包括技术、人才和资金等多方面的约束。在技术层面，西部地区的科技创新能力相对薄弱，缺乏具有自主知识产权的核心技术，导致新兴产业在市场竞争中处于劣势。在人才层面，高端人才短缺和人才外流现象突出，使得西部地区在科技研发和产业发展中面临结构性短板。在资金层面，区域内资本积累能力不足，融资渠道有限，企业对新兴产业的投资意愿和能力均受到制约。这些问题的叠加效应使得新动能的形成显得尤为困难，也在一定程度上加剧了旧动能破而未立的困境。本报告前述章节测算，2022 年东部地区创新发展指数是西部地区的 3.5 倍，这种巨大差距反映出西部地区在新动能培育上存在较大短板。

总体而言，西部地区“旧动能破而未立，新动能尚未形成”的现状反映了区域经济转型升级的深层次问题。在当前阶段，传统产业的衰退已经显现出不可逆转的趋势，而新动能的培育和发展需要时间、资源和政策的持续支持。如何加快新动能的培育步伐，形成稳定、可持续的经济增长动力，直接关系西部地区未来的发展潜力和区域经济竞争力的提升。为此，西部地区需要以系统化、长周期的战略思维来推动新动能的培育。通过优化产业结构，扶持战略性新兴产业，提升技术创新能力，加强人才引进与培养，促进产学研协同创新，加快新动能的形成过程。同时，应充分利用区域内的资源禀赋和政策支持，着力打造绿色低碳发展模式和高附加值产业体系，以此推动西部地区经济实现从资源依赖型向创新驱动型的转变。

## （五）体制约束：市场活力有待激发

### 1. 市场化程度较低

市场化程度直接关系资源配置的效率、经济发展的活力以及区域竞争力的提升。西部地区，作为中国经济发展的重要板块，其市场化进程既展现出一定的成就，也面临着诸多挑战。依据本报告在第二部分的测算，西部地区的对内开放指数于 2022 年提升至 89.61，但东部地区仍保持在 192.48 的高水平，二者差距显著。西部地区市场机制的建设与完善，近年来取得了显著进展。一方面，随着国家西部大开发战略的深入实施，西部地区的基础设施建设得到了显著加强，交通、通信、能源等关键领域的瓶颈问题得到有效缓解，为市场机制的有效运行提供了良好的硬件基础。另一方面，西部地区在推进价格机制改革、深化国有企业改革、优化营商环境等方面取得了积极成果，市场主体的活力得到释放，市场配置资源的作用逐步显现。然而，与东部沿海地区相比，西部地区市场机制的完善程度仍存在较大差距。市场准入门槛较高、行政干预过多、公平竞争机制不健全等问题依然突出，制约了市场机制的充分发挥。东部地区凭借其政策红利、市场规模和完善的产业链，在吸引国内投资和资源流动方面持续占据优势，而西部地区受制于市场开放度不足、产业基础薄弱和人才吸引力较差，难以形成与东部相媲美的开放局面。

市场竞争是市场机制发挥作用的重要表现。在西部地区，市场竞争的激烈程度呈现出一定的区域差异和行业特点。在一些具有资源禀赋优势的行业，如能源、矿产等领域，市场竞争相对较为激烈，企业间的优胜劣汰机制较为明显。然而，在更多领域，特别是服务业、高新技术产业等，市场竞争的激烈程度则相对较低。这主要是由于西部地区的市场发育程度相对较低，市场主体的数量和质量有限，市场需求的多样性和层次性不足。此外，西部地区的市场监管体系尚不完善，市场秩序的维护仍需加强，这也影响了市场竞争的公平性和有效性。

面对市场化现状中的挑战，西部地区需要通过深化市场化改革，提高市场化程度，进一步激发市场活力，推动经济高质量发展。其一，深化市场化改革是提升西部地区市场化程度的关键。一方面，要进一步放宽市场准入，降低企业设立门槛，打破行政性垄断和市场壁垒，促进各类市场主体公平竞争。通过深化“放管服”改革，简化审批流程，提高审批效率，降低企业运营成本，为市场主体创造更加宽松便利的经营环境。另一方面，要加强市场体系建设，完善价格形成机制，推动资源性产品价格市场化改革，使市场在资源配置中发挥决定性作用。同时，要加强市场监管，建立健全公平竞争审查制度，打击不正当竞争行为，维护市场秩序，保障公平竞争。其二，提高市场化程度是激发市场活力的有效途径。西部地区要加快培育和发展市场体系，推动商品市场和要素市场的协调发展。在商品市场方面，要加快农产品市场体系建设，推动农产品流通现代化，提高农产品市场竞争力。在要素市场方面，要深化土地、资本、劳动力等要素市场化改革，推动要素市场自由流动和高效配置。通过完善要素市场体系，降低要素成本，提高要素使用效率，为市场主体提供更加优质的要素供给。此外，要加强创新驱动，推动产业升级和转型发展。通过加大对科技创新的投入和支持，培育和发展新兴产业，推动传统产业转型升级，提高产业竞争力和附加值。同时，要加强人才队伍建设，提高劳动者素质和技能水平，为市场主体提供更加丰富的人力资源。其三，在深化市场化改革和提高市场化程度的过程中，政策引导与支持至关重要。西部地区要加强政策顶层设计，制定和完善市场化改革的相关政策措施。通过加大财政、税收、金融等政策的支持力度，为市场主体提供更加优惠的政策环境。同时，要加强政策宣传和解读，提高政策知晓率和执行力，确保政策落到实处、见到实效。此外，要加强区域合作与交流，推动形成区域一体化发展格局。通过加强与其他地区的合作与交流，借鉴先进经验和做法，推动西部地区市场化进程的加快。同时，要加强国际交流与合作，积极融入全球经济体系，提高西部地区的市场化水平和国际竞争力。

2. 营商环境亟待改善

西部地区的营商环境改善是区域经济高质量发展的重要推动力，其核心在于政策环境、法治环境和服务环境的优化，这些维度共同构成了企业投资和经营的重要生态。近年来，在国家政策支持和地方政府努力下，西部地区在优化营商环境方面取得了显著成效。政策环境的改善尤为突出，国家层面出台了包括西部大开发战略、“一带一路”倡议等在内的一系列政策，为区域发展提供了广阔机遇。这些政策覆盖基础设施建设、产业升级、税收优惠、人才引进等多方面，成为吸引企业投资的重要保障。同时，地方政府结合实际，推行简化审批流程、降低企业运营成本等举措，提高了企业办事效率。然而，政策的执行效果在部分地区仍有欠缺，一些地方出现政策落实不到位、衔接不畅的现象，企业在享受政策红利时受到“玻璃门”或“弹簧门”效应的阻碍。此外，政策制定和执行的透明度不高，使得企业难以准确把握政策方向，影响了政策预期的实现。

法治环境的优化为营商环境提供了重要保障。近年来，西部地区通过推动法治建设、完善相关法规以及加强司法和执法规范化，逐步建立了更加公平的市场环境。法治宣传教育、法律援助制度以及知识产权保护力度的加强，使得企业在市场中的合法权益得到了更大程度的保障。特别是对知识产权的保护，不仅打击了违法侵权行为，也为创新型企业营造了积极的创新环境。然而，法治环境的建设仍存在短板，一些地方的司法公正性和执法规范性需要进一步提升，尤其是地方间发展不平衡的问题依然突出。一些地区法治建设成效显著，而另一些地区在执法透明性和规范化方面相对滞后，企业在法治层面获得感的差异明显。法治短板不仅影响企业经营信心，也制约了区域内营商环境整体竞争力的提升。

服务环境的提升直接关系企业对营商环境的主观感受，是近年来西部地区优化营商环境的重要抓手。通过深化“放管服”改革，西部各级政府推动政务服务标准化和便利化，以“一网通办”“最多跑一次”等举措为代表，降低了企业的制度性交易成本。这些改革措施不仅简化了企业设立和运营的审批流程，还提升了服务效率和企业满意度。同时，政企互动机制的建立，如政企座谈会和企业走访调研，使得政府能够更快响应企业诉求，解决企业发展中的实际问题。然而，部分地区的服务环境仍存在服务效率低、流程烦琐、服务态度欠佳等问题，特别是在基础设施和公共服务方面，区域间差距较大。一些地区在政务服务中心建设、基础设施覆盖和公共服务供给方面较为完善，而另一些地区则存在明显滞后，这种不平衡不仅限制了区域整体吸引力的提升，也加剧了资源流动的区域性失衡。

尽管西部地区的营商环境在整体上呈现持续优化的态势，但政策、法治和服务三个层面仍存在需要改进的空间。首先，在政策环境方面，需要加强政策执行的监督和反馈机制，确保政策能够真正落地并产生实际效果。通过强化部门协调、建立政策协同机制，可以在政策衔接中减少“孤岛现象”，形成政策合力。其次，在法治环境建设中，需要完善司法透明度和公正性，加强对执法工作的监督，确保法律的公平执行。此外，进一步提高对知识产权的保护力度，有助于增强企业的创新积极性和市场信心。在服务环境方面，需要通过政务服务体系和公共服务设施的全面升级，提升服务效率和服务水平，特别是在偏远地区加大资源投入，缩小区域间服务水平差距。服务环境的改善不仅需要硬件设施的完善，还需要服务人员的能力和态度提升，这需要加强培训与管理。

西部地区的营商环境改善为经济发展注入了新动能，但实现持续优化仍需克服多方面挑战。政策环境需要从“政策出台”向“政策落地”转变，法治环境需要在公平透明的基础上进一步实现区域均衡，服务环境则需在基础设施升级和服务质量提升中不断完善。通过政策、法治和服务的系统性优化，西部地区将进一步激发市场活力，为企业提供更加公平、高效、可持续的营商环境，推动区域经济实现更高质量的发展。

## 三　深入推进西部大开发形成新格局的路径与政策建议

西部大开发进入形成新格局阶段，顺应了中国特色社会主义进入新时代、区域协调发展进入新阶段的历史趋势，它不仅承载着促进区域协调发展的历史使命，还蕴含着推动经济转型升级、加快生态文明建设、促进民族团结与边疆稳定的深远意义。经过25年的发展沉淀，西部地区取得了长足发展，但仍存在外部发展环境变化、内部结构失衡、增长模式失灵、新旧动能转换等多方面的发展困境。基于此，西部大开发加速形成新格局，需要从大保护、大开放、区域联动发展、培育新动能、统筹发展与安全、维护民族团结等多个方面寻求发展路径。

### （一）以高水平保护支撑高质量发展，筑牢国家生态安全屏障

西部地区，以其广袤的土地、丰富的自然资源和独一无二的生态环境，成为国家生态安全的重要屏障和可持续发展的宝贵财富。因此，在西部地区的开发建设中，必须将生态环境保护置于前所未有的高度，确保经济发展与环境保护相协调、相促进。为此，必须牢固树立生态优先、绿色发展的理

念，将生态环境保护置于经济社会发展的首要位置。通过实施制度建设、生态修复、绿色发展等一系列举措，实现经济发展与环境保护的双赢，构建人与自然和谐共生的现代化发展新格局。

第一，构建严格的生态环境保护法律体系，确保各项环境保护法律法规得到不折不扣地执行。这要求政府部门加强环境监管力度，建立健全环境监测网络，及时发现并处理环境污染问题。通过推动废弃物的减量化、资源化和无害化处理，实现资源的最大化利用和废弃物的最小化排放。

第二，加快推动重要生态系统保护和修复重大工程，特别是针对“三北”防护林体系建设工程，要集中力量打好防风固沙、水土保持、生物多样性保护这三大标志性战役，通过科技创新与生态治理深度融合，显著提升区域生态系统质量和稳定性，筑牢国家生态安全屏障。完善生态产品价值实现机制，通过市场化手段，让生态保护者受益、使用者付费，激发社会各界参与生态保护的积极性。同时，建立健全横向生态保护补偿机制，促进区域间生态利益共享，形成大保护的良好局面。

第三，通过促进西部地区产业升级，实现绿色发展，形成经济发展与生态保护相协调、相促进的新局面。将绿色产业作为西部地区经济转型升级的重要方向，鼓励企业加大环保技术和设备的研发投入，提高资源利用效率，减少污染物排放，实现经济效益与生态效益的双赢。政府可以通过税收优惠、资金补贴等政策措施，引导和支持企业向绿色化、低碳化方向转型。此外，政府可以引导和支持企业建立循环经济产业园区，促进产业间的物质循环和能量流动，形成资源节约型和环境友好型的生产方式。

## （二）立足东西联动发展，助推经济提质增效

### 1. 西部地区内部联动，激活发展内生动力

西部地区较为典型的城市发展带以成都、重庆、西安、昆明四大城市为核心，共同构建了一个独特的菱形经济圈。这一经济圈不仅地理位置上形成了显著的联动效应，更在经济发展模式上展现出前瞻性和创新性，特别是通过深度融入互联网经济，有效突破了传统地理空间的束缚，实现了资源在更

广阔空间内的自由流动与高效配置。这四个城市，作为西部地区的经济引擎和创新高地，充分利用了互联网经济发展的良好环境，搭建了信息高速公路，促进了数据、技术、人才等关键要素的跨地区流动。它们不仅在各自领域内深化产业升级，更在更大范围内实现了资源共享与优势互补，构建起了一个基于互联网技术的产业分工协作网络，不仅优化了资源配置，还促进了产业链、供应链和创新链的深度融合，为西部地区的经济转型升级注入了强劲动力。

为了进一步激发西部地区的经济活力，基于已建立的互联网信息基础设施，强化区域联动与资源互通的产业协同优化格局显得尤为重要。这要求西部地区在保持各自城市特色与优势的同时，加强政策协同、市场对接和技术共享，形成更加紧密的经济联系和合作机制。加强西北和西南地区间的联动发展，破除西北和西南地区间的“竞争思维”，树立西部地区内的“合作意识”，构建西部地区内的地区协调机制，将成渝双城经济圈与关中平原城市群互联互通，充分发挥西成高铁、西渝高铁的新型基础设施带动作用，缩小西南与西北地区的发展差距。

**2. 东西地区发展联动，跨域协作帮扶致富**

东部地区作为改革开放的前沿阵地，部分省份正经历着深刻的经济转型过程，这一过程不仅是对传统经济模式的优化升级，更是向创新驱动、高质量发展阶段迈进。

为了缩小东西部地区间的发展差距，促进区域经济协调发展，东西部地区之间亟须建立经济发展联动机制和长期对口支援机制。在数字经济飞速发展和西部地区绿色转型的背景下，通过开展“东数西算”等东西部地区间数字经济合作，充分发挥西部地区的气候以及“风光水电”等新能源优势，增强东西部地区间的发展优势互补，实现双赢发展的东西部协作新格局。此外，东西部地区还应加强在科技创新、人才培养、市场开拓等方面的合作与交流，共同构建开放合作的区域创新体系。通过联合攻关、技术转移、人才交流等方式，促进创新要素在区域间的自由流动和高效配置，为西部地区互联网经济的持续发展提供源源不断的智力支持和动力源泉。

## （三）以大开放促进大开发，提高西部地区对内对外开放水平

### 1. 着力建设向西开放新高地，以大开放促进大开发

大力推进西部陆海新通道建设，是促进西部大开发战略推进的重要战略举措，旨在构建连接中国与东盟、南亚、中东欧等地区的便捷高效物流通道，推动沿线地区开发开放，深度融入"一带一路"建设。要完善沿边地区的各类产业园区、边境经济合作区、跨境经济合作区的布局，通过科学规划和政策引导，吸引国内外优质资源向这些区域集聚，推动产业转型升级和集群化发展。同时，要推动自贸试验区高质量发展，以制度创新为核心，打造更高水平的对外开放平台，促进贸易投资自由化便利化，为西部地区乃至全国的经济增长注入新动力。

### 2. 深化制度性开放，营造良好营商环境

西部地区要致力于打造市场化、法治化、国际化的营商环境，通过深化"放管服"改革，优化审批流程，降低企业成本，提高政府服务效率。同时，加强与国际通行规则接轨，保护外商投资合法权益，增强外资企业在华经营的信心和决心。此外，要更加积极主动地服务对接区域重大战略，积极融入全国统一大市场建设。通过创新东中西部开放平台对接机制，深化与东中部、东北地区的务实合作，促进资源要素在更大范围内自由流动和优化配置。这不仅可以推动区域间产业协同发展，还能实现区域间优势互补、互利共赢，为构建新发展格局提供有力支撑。

推动商品市场、要素市场等市场体系的一体化发展，提升市场运行效率。西部地区应加快建立健全统一开放、竞争有序的市场体系，打破地区封锁和行业壁垒，促进商品和要素的自由流动。这不仅可以提高资源配置效率，还能激发市场活力，推动经济持续健康发展。同时，加强市场监管，规范市场秩序，建立健全市场规则体系，加大执法力度，严厉打击不正当竞争和违法违规行为，营造公平、公正、透明的市场环境。这种市场环境是吸引外部资源、激发内部活力的关键所在。

推动市场信用体系建设，完善信用评价和奖惩机制，提高市场主体的诚

信意识和守信水平。西部地区应建立健全信用体系，通过信用评价和奖惩机制，引导市场主体诚信经营、守法经营。这不仅有助于提升市场主体的信誉度和竞争力，还能为市场化改革提供坚实的社会信用基础。

## （四）统筹发展和安全，提升重点领域安全保障能力

西部大开发形成新格局的宏伟蓝图，其核心在于精准把握发展与安全之间的动态平衡，致力于在多个关键领域显著提升安全保障能力。

在新型能源体系建设上，西部地区将加速推进，力求在风能、太阳能等可再生能源领域实现技术突破与规模化应用，同时要对传统能源进行清洁化、高效化改造，确保能源结构的多元化与可持续性。通过政策扶持、资金投入和技术创新，一批具有国际影响力的国家重要能源基地将在这片广袤的土地上崛起，成为国家能源安全的重要支撑。为了进一步优化能源资源配置，西部地区还应加强能源管网的互联互通建设，特别是提升“西电东送”工程的输电能力和效率，确保东部地区的电力需求得到稳定供应。这不仅有助于缓解东部地区的能源压力，也能促进东西部地区的经济联动与协调发展。

在矿产资源领域，西部大开发将更加注重规划的科学性与管控的严格性，推动矿产资源的规模化、集约化开发利用。通过引入先进技术和管理模式，提高资源开采效率和加工水平，加快形成一批国家级矿产资源开采和加工基地，为国家经济发展提供坚实的资源保障。同时，面对西部地区水资源短缺的严峻挑战，西部地区应把提高水资源安全保障水平作为重要任务之一。通过加强水资源管理和保护、推广节水技术、建设跨流域调水工程等措施，确保农业、工业和城镇用水的安全供应，促进水资源的可持续利用。

在区域协调发展方面，应创新跨地区产业协作机制，优化产业布局，有序承接东中部地区的产业转移。通过加强区域间政府、企业和社会各界的沟通与合作，推动产业链上下游的协同发展，形成优势互补、互利共赢的产业格局。尤其是成渝地区双城经济圈，作为西部大开发的重要战略支点，应大力推进成渝地区双城经济圈建设。通过加强成渝两地的基础设施建设、产业

协同发展、公共服务共享等方面的合作与交流，推动两地经济社会的深度融合与一体化发展。同时，积极培育城市群和发展壮大一批省域副中心城市，促进城市间基础设施的联通和公共服务的共享，进一步提升区域整体竞争力和辐射带动力。

## （五）推进新型城镇化和乡村全面振兴有机结合，在发展中保障和改善民生

推进新型城镇化与乡村全面振兴的深度融合，旨在通过城乡互动、优势互补的发展路径，实现民生福祉的全面提升。这不仅着眼于物质层面的改善，更致力于精神文化的繁荣与社会的和谐稳定。

### 1. 优化政府治理效能，健全基层治理体系

政府治理能力的提升需要政府、社会、企业等多方共同努力。一是要加强顶层设计和政策引导。中央政府应加强对东西部地区政府治理能力的宏观指导和政策协调，制定有针对性的扶持政策，鼓励西部地区政府创新治理模式，提升治理能力。同时，完善考核评价机制，将政府治理能力纳入地方政府绩效考核体系，以激励地方政府提升治理能力。二是要强化数字政府建设应加大在信息化基础设施、政务数据共享、电子政务服务等方面的投入，推动政府数字化转型。通过数字化手段，提高政府决策的科学性、精准性，优化政务服务流程，提升政府服务效率和质量。三是要加强人才队伍建设。西部地区应加大人才引进和培养力度，吸引更多高素质人才参与政府治理工作。同时，加强对现有公务员队伍的培训和教育，提升其业务能力和治理水平。四是要促进区域合作与交流。加强东西部地区之间的合作与交流，推动资源共享、优势互补。通过举办政府治理经验交流会、合作共建项目等方式，促进先进治理理念和经验的传播和应用。同时，鼓励东部地区政府和企业参与西部地区的开发建设，推动西部地区经济社会发展。五是要完善法律法规体系，为政府治理提供法治保障。应加强对政府治理行为的规范和监督，确保政府行为合法合规。同时，加强法治宣传教育，增强公民法治意识，为政府治理营造良好的法治环境。

2. 注重政府服务质量，持续保障与改善民生

深入实施乡村振兴战略，不仅要求我们在政策、资金、技术等多方面加大对国家乡村振兴重点帮扶县的支持力度，更要建立健全低收入人口和欠发达地区的常态化帮扶机制，确保扶贫政策的连续性和稳定性，坚决防止已脱贫人口由于各种原因再次陷入贫困，有效遏制规模性返贫现象的发生。

西部地区普遍存在特殊类型地区，如脱贫地区、革命老区、边境地区、生态退化地区、资源型地区及老工业城市等，这些区域既是城乡区域协调发展中的短板，也是生态文明建设中的敏感区，更是维护国家安全和边疆稳定的关键地带。它们的振兴发展，对于促进区域均衡发展、保障国家安全具有不可估量的战略意义。因此，加快特殊类型地区振兴，首要任务是巩固拓展脱贫攻坚成果，通过产业扶持、教育提升、健康保障等多维度措施，持续缩小城乡区域间的发展差距，确保低收入人口和欠发达地区能够稳步跟上国家现代化的步伐，共享改革发展成果。

同时，要优化区域经济布局，注重发挥各地区的比较优势，推动形成主体功能明确、优势互补、高质量发展的国土空间开发保护格局。这意味着在推动特殊类型地区发展的过程中，既要注重经济效益，也要兼顾生态效益和社会效益，实现经济效益、社会效益、生态效益的有机统一。此外，还需统筹发展与安全，牢固树立总体国家安全观，切实维护国家粮食安全、生态安全、能源安全及边疆安全。在特殊类型地区，尤其是边境地区和生态退化地区，要加强生态修复和保护，构建生态安全屏障；在资源型地区和老工业城市，要推动产业结构转型升级，发展绿色经济，确保能源供应的稳定性和可持续性。

### （六）要坚持铸牢中华民族共同体意识，切实维护民族团结和边疆稳定

西部地区是我国民族融合交流的主要舞台，在西部大开发形成新格局的宏伟蓝图中，民族地区作为关键一环，肩负着将铸牢中华民族共同体意识深度融入并引领发展全过程与各个领域的重大使命。这意味着，在推动经济社

会全面发展的同时，必须始终坚持和加强各民族之间的文化认同、情感交融和团结互助，构建起中华民族共有的精神家园。紧贴民生福祉，是民族地区发展的出发点和落脚点。通过精准施策，推动经济社会高质量发展，不仅注重经济增长的速度与效率，更加关注发展的质量和可持续性，确保发展成果更多更公平惠及各族人民。健全社会保障体系，构建多层次、广覆盖的保障网，兜牢民生底线，让各族群众在医疗、教育、养老等方面享有更高的安全感。同时，深入基层，倾听民声，着力解决群众反映强烈的急难愁盼问题，如就业、住房、教育公平等，切实提升人民群众的幸福感和满意度。

全面准确贯彻党的民族政策，是维护民族团结和社会稳定的基石。加快建设互嵌式社会结构和社区环境，鼓励和支持各族群众在居住、工作、学习等各个领域相互嵌入、相互融合，形成你中有我、我中有你、谁也离不开谁的紧密共同体。通过举办各类文化交流活动、搭建互动平台，促进各族群众之间的交往交流交融，增进相互了解和友谊，共同守护和发展“中华民族多元一体格局”。全面贯彻党的宗教工作基本方针，是维护社会稳定、促进民族团结的重要保障。坚持宗教中国化方向，积极引导宗教与社会主义社会相适应，弘扬宗教文化中的积极因素，抵制和消除宗教极端思想的影响。持续治理非法宗教活动，依法管理宗教事务，保护合法、制止非法、遏制极端、抵御渗透，维护宗教领域的和谐稳定。

此外，深入推进新时代兴边富民行动，是巩固边防、促进边境地区繁荣发展的重要举措。加强边境地区基础设施和公共服务设施建设，改善边民生产生活条件，为边境地区的经济社会发展奠定坚实基础。同时，依托独特的地理位置和资源优势，大力发展边境旅游、特色农业、边贸等产业，拓宽边民增收渠道，努力实现边民富、边关美、边境稳、边防固的目标，让边境地区成为国家安全的坚固屏障和民族团结的生动展示窗口。

# 专题报告：西部大开发形成新格局研究

## B.2

# 西部地区特色优势产业发展研究报告*

李林阳　马钰洁**

**摘　要：**　西部地区特色优势产业包括传统产业、新兴产业和服务业下的多个细分领域，这些产业在近年来取得了显著的发展成效，但也面临着一些困难和问题。针对这些问题，本报告提出了新时代下西部地区特色优势产业发展的重点任务和政策建议，包括促进产业协同升级、强化科技创新研究支撑、实现产业供应链自主性、龙头企业带动、精准招商和优化营商环境等，以推动西部地区特色优势产业的高质量发展。

**关键词：**　西部地区　特色优势产业　高质量发展

---

* 本文为国家社科基金一般项目（项目编号：24BJY149）、教育部人文社会科学研究青年项目（项目编号：23YJC790064）、陕西省社会科学基金年度项目（项目编号：2022R001）、教育部人文社科重点研究基地——西北大学中国西部经济发展研究院项目（项目编号：XBLPS202502）阶段性研究成果。

** 李林阳，西北大学经济管理学院副教授、硕士生导师，研究方向为西部产业升级与创新，西部金融市场发展与深化；马钰洁，西北大学经济管理学院硕士研究生，研究方向为金融发展与产业升级。

西部大开发背景下，西部地区正迎来前所未有的发展机遇。国家对西部地区特色优势产业的培育寄予厚望，旨在通过因地制宜地发展特色优势产业，加快西部地区的产业转型升级，推动西部地区的经济实现质的飞跃，形成大保护、大开放、高质量发展的新格局。

## 一　西部地区特色优势产业的辨识与发展成效

西部地区特色优势产业，指在西部地区独有的、具有比较优势与竞争优势的产业，通常具有以下特征：一是具有政策扶持等依托，具有比较优势和竞争优势，成长性比较好；二是在一个区域范围内形成产业集聚，纵向形成较长的产业链条，横向形成同类产业的集聚，各个企业之间形成竞争合作关系，从而显著降低交易成本；三是其提供的产品和服务具有独一无二的特质，这种特质源于独特的地理环境、资源禀赋。

### （一）西部地区特色优势产业的辨识

如何辨识西部地区特色优势产业，不仅是一个关系西部地区经济高质量发展的重大现实问题，同时也是一个重大的理论问题。本文基于国家战略、区域经济发展和地方产业基础三个关键维度，从政策与理论两大层面深入分析，旨在精确筛选并确定西部地区的特色优势产业，为西部地区的产业发展提供明确的指导与支持。

#### 1. 政策依托层面的分析

政策依托对西部地区特色优势产业的辨识起到至关重要的引领和指导作用。在全面审视国家、区域政策与地方产业基础上，本报告细致梳理并筛选出西部地区具有特色优势的产业。

第一维度：国家战略维度。

西部地区产业发展的政策依托主要体现在以下历史文件中，这些文件为西部地区的特色优势产业提供了明确的政策支持和发展方向（见表1）。

**表 1　西部地区特色优势产业的国家战略布局**

| 阶段 | 时间 | 事件文件 | 政策战略 |
| --- | --- | --- | --- |
| 基础发展阶段 | 2000 年 12 月 | 《关于实施西部大开发若干政策措施的通知》 | ……巩固农业基础地位,调整工业结构,发展特色旅游业;发展科技教育和文化卫生事业 |
| | 2001 年 9 月 | 《关于西部大开发若干政策措施的实施意见》 | ……在西部地区优先布局一些建设项目,包括:水利、公路、铁路、机场、管道、电信等基础设施建设,生态环境建设,特色农业发展,水电、优质煤炭、石油、天然气、铜、铝、钾、磷等优势能源、矿产资源开发和利用,城市基础设施建设,特色旅游业发展,特色高新技术及军转民技术产业化 |
| | 2002 年 2 月 | 《西部地区人才开发十年规划》 | ……依托西部地区的航天航空、能源交通、化工、冶金、特色经济、旅游等优势产业和退耕还林还草、基础设施建设等重大项目,使各类人才在西部经济社会发展中充分施展才智 |
| | 2004 年 3 月 | 《关于进一步推进西部大开发的若干意见》 | ……积极发展能源、矿业、机械、旅游、特色农业、中药材加工等优势产业……逐步将西部地区建设成为全国能源、矿产资源主要接替区 |
| 深入发展阶段 | 2010 年 | 《关于深入实施西部大开发战略的若干意见》 | 发展特色优势产业是增强西部地区发展内生动力的主要途径。要深入实施以市场为导向的优势资源转化战略,坚持走新型工业化道路,建设国家重要战略资源接续区,努力形成传统优势产业、战略性新兴产业和现代服务业协调发展新格局 |
| | 2012 年 3 月 | 《西部大开发"十二五"规划》 | 产业结构不断优化。第一产业就业人口比重明显下降,农业综合生产能力明显提升。第二产业竞争力显著增强,初步建成全国重要的能源、资源深加工、装备制造以及战略性新兴产业基地。第三产业发展壮大,吸纳就业能力明显提高 |
| | 2017 年 1 月 | 《西部大开发"十三五"规划》 | 第一产业综合生产能力明显增强,农业现代化取得积极进展;第二产业竞争力显著增强,工业化和信息化深度融合,先进制造业和战略性新兴产业加快发展;第三产业发展壮大,服务业比重进一步提升,具有西部特色的优势产业体系基本形成……发展太阳能发电,推广分布式光伏发电系统,开展甘肃、宁夏、内蒙古新能源综合示范区建设……培育符合西部地区实际的新一代信息技术、高端装备、新材料、新能源、生物医药等战略性新兴产业……支持四川、重庆、陕西、贵州、广西电子信息产业集聚发展,研究在有条件的地区建设中外创新产业合作平台 |

续表

| 阶段 | 时间 | 事件文件 | 政策战略 |
|---|---|---|---|
| 高质量发展阶段 | 2020年5月 | 《关于新时代推进西部大开发形成新格局的指导意见》 | 推动发展现代制造业和战略性新兴产业。积极发展大数据、人工智能和"智能+"产业,大力发展工业互联网。……培育一批清洁能源基地……支持重庆、四川、陕西发挥综合优势,打造内陆开放高地和开发开放枢纽……构建内陆多层次开放平台 |
| | 2021年1月 | 发改委发布《西部地区鼓励类产业目录(2020年本)》 | 四川52项,包括汽车整车在内的装备制造和新材料等;重庆45项,包括汽车整车,电子信息相关制造;陕西49项,包括航天航空,半导体,新能源装备制造等;贵州45项;云南47项;西藏41项;内蒙古41项;甘肃42项;青海32项;宁夏39项;新疆56项;广西46项 |
| | 2021年3月 | 《"十四五"规划纲要》 | 推进西部大开发形成新格局,支持发展特色优势产业。深入实施制造强国战略;发展壮大战略性新兴产业;促进服务业繁荣发展;建设现代化基础设施体系。打造数字经济新优势。提高农业质量效益和竞争力。打造具有全国影响力的重要经济中心、科技创新中心、改革开放新高地、高品质生活宜居地…… |
| | 2021年6月 | 国务院西部地区开发领导小组会议 | ……培育发展特色产业和新兴产业。支持传统产业向中高端升级。发挥西部地区风、光、水电和矿产资源优势,提高勘探开发技术水平和转化效率,建设大型清洁能源基地,增强国家能源和重要资源保障能力,维护产业链供应链稳定和安全。提高西部农牧业现代化水平,积极发展旅游、文化产业 |
| | 2024年4月 | 新时代推动西部大开发座谈会 | 坚持把发展特色优势产业作为主攻方向,因地制宜发展新兴产业,加快西部地区产业转型升级 |

有关西部地区特色优势产业的国家政策性文件主要可分为两类：一类为围绕“十四五”规划纲要进行西部地区特色优势产业界定；另一类为围绕西部大开发历程中总结出的特色优势产业进行辨识，本文依据这两类文件依次进行梳理。

根据“十四五”规划，特色优势产业主要围绕以下战略展开。第一，为了服务于制造强国战略，要求西部地区主要进行三方面的提升：一是提升产业现代化水平，推动制造业升级，如提升电力装备、新能源等全产业链竞争力；二是培育先进制造业集群，改造提升石化、有色金属、钢铁等传统产业；三是发展新一代信息技术、生物技术、新能源、高端装备等。第二，为了服务于新兴产业发展战略，要求西部地区推动信息技术与生物技术融合创新，做大做强生物经济。第三，为了促进服务业繁荣发展，要求西部地区加快发展文化、旅游等服务业。第四，为了建设现代化基础设施体系，要求西部地区进行以下两方面的建设：一是加快发展非化石能源，大力提升风电、光伏发电规模，加快西南水电基地建设，推进能源革命，建设新能源体系；二是畅通国内大循环，要求提升供给结构，深化流通体制改革，如加快建设现代物流体系，优化国际物流通道。第五，为了打造数字经济新优势，要求西部地区加强关键数字技术创新应用与加快推动数字产业化，如聚焦高端芯片、人工智能、传感器等关键领域，加快推进基础理论算法、装备材料等研发突破与迭代应用，加快布局前沿技术，培育壮大新兴数字产业，提升通信设备、核心电子元器件等产业水平。第六，为了提升农业质量效益与竞争力，要求推进粮经饲统筹、农林牧渔协调，优化种植业结构，大力发展现代畜牧业，积极发展设施农业，因地制宜发展林果业，推动种养加结合和产业链再造。第七，为了深入实施区域协调发展战略，要求西部地区坚持发展已有的特色优势产业与战略性新兴产业。

由表1可以看出在西部大开发基础发展阶段，政策文件总结出的西部地区特色优势产业有：特色农业、优势能源与矿产资源、特色高新技术、航天航空、能源交通、化工冶金、特色经济与特色旅游、中药材加工等。在西部大开发深入发展阶段，西部地区特色优势产业聚焦于以下几方面：建设风电基地和太阳能光伏发电基地；做大做强装备制造业，形成支柱产业；初步建成全国重要的能源、资源深加工、装备制造以及战略性新兴产业基地；发展现代服务业；开展甘肃、宁夏、内蒙古新能源综合示范区建设；培育符合西部地区实际的新一代信息技术、高端装备、新材料、新能源、生物医药等战略性新兴产业；支持四川、重庆、陕西、贵州、广西电子信息产业集聚发展。进入西部大开发高质量发展阶段，西部地区推动发展现代制造业和战略性新兴产业；积极发展大数据、人工智能和“智能+”产业，大力发展工业互联网；培育一批清洁能源基地；加快风电、光伏发电就地消纳；坚持把发展特色优势产业作为主攻方向，因地制宜发展新兴产业。

第二维度：区域经济发展维度。

基于区域发展的实际情况，通过制定和执行一系列区域发展策略和产业政策，西部地区各省（区、市）已明确了各自的产业发展方向，特色优势产业的培育力度持续加大。

**表 2　西部各省（区、市）特色优势产业发展方向**

| 地区 | 产业类别 | 产业名称 |
|---|---|---|
| 陕西 | 六大支柱产业 | 高端装备、电子信息、节能与新能源汽车、现代化工、新材料、生物医药 |
| | 五大传统产业 | 冶金、建材、食品、轻工、纺织 |
| | 新兴产业 | 新一代信息技术、新材料、高端装备制造、新能源、新能源汽车、节能环保、生物产业、航天航空等 |
| 四川 | 世界级产业集群 | 电子信息产业集群、重大装备制造产业集群、特色消费品产业集群 |
| | 优势传统制造业 | 能源化工、汽车产业研发制造、医药健康、食品轻纺 |
| | 新兴产业 | 电子信息、航天航空、装备制造、先进材料、绿色低碳、生物医药 |
| 重庆 | 世界级先进制造业集群 | 电子信息、汽车、装备制造 |
| | 新兴产业集群 | 新型智能终端、新型显示、软件和信息技术服务、先进材料、生物医药、新能源汽车和智能汽车、新兴服务业 |
| | 生态文旅产业体系 | 绿色食品、中药材、旅游商品、“文旅+”产业 |
| 内蒙古 | 优势特色产业链 | （农产品加工）玉米深加工产业链、马铃薯产业链、大豆深加工产业链；稀土产业链；（化工材料）现代煤化工产业链、氯碱化工产业链，硅材料产业链；（金属产业）钢铁产业链、铝产业链、铜产业链等 |
| | 战略性新兴产业 | 现代装备制造业、新材料产业、医药产业、节能环保产业、通用航空产业等 |

续表

| 省(区、市) | 产业类别 | 产业名称 |
| --- | --- | --- |
| 甘肃 | 生态产业 | 节能环保、清洁生产、清洁能源、循环农业、中医中药产业、文化旅游产业、通道物流产业、数据信息产业、先进制造业产业、相关融合产业等 |
| | 传统产业 | 有色冶炼、装备制造、电子信息、石化延伸产品、精细化工产品、镍铜钴新材料、特种不锈钢、高端铝制品等 |
| | 新兴产业 | 能源与新材料产业、电子信息产业、航天航空产业 |
| 宁夏 | 传统产业 | 冶金产业、化工产业、纺织产业、生物医药产业等 |
| | 优势主导产业 | 新材料、清洁能源、储能及新能源汽车、绿色食品、现代煤化工、新型化工材料、装备制造产业,等等 |
| 云南 | 传统产业 | 烟草、有色金属、化工、建材 |
| | 新兴产业 | 先进装备制造、绿色食品、生物医药、新材料、电子信息产品制造、新能源等 |
| | 服务业与农业 | 文化旅游、高原特色现代农业、现代物流 |
| 贵州 | 支柱型产业集群 | 大数据、酱香白酒、特色新材料、现代中药民族药、精细磷煤化工 |
| | 培育型产业集群 | 特色农产品精深加工、航空装备制造、新能源、新能源汽车、节能环保、数字与文化创意 |
| 西藏 | 传统产业 | 清洁能源、天然饮用水、农畜产品加工业、民族手工艺、藏医药、建材 |
| | 新兴产业 | 清洁能源、数字经济、通用航空 |
| | 服务业与农业 | 高原特色农牧业、文化旅游产业 |
| 新疆 | 传统产业 | 油气生产加工、煤炭煤电煤化工、绿色矿业 |
| | 农业 | 粮油、棉花和纺织服装、绿色有机果蔬、优质畜产品 |
| | 新兴产业 | 新能源、新材料 |
| 青海 | 传统产业 | 盐湖相关产业 |
| | 新兴产业 | 清洁能源、新材料产业、装备制造业、生物医药和康养产业 |
| | 旅游与农业 | 生态旅游业、绿色有机农畜产品产业、高原特色农牧业 |
| 广西 | 传统产业 | 农业产业集群(粮食、糖业、水果、蔬菜、畜禽、渔业6个千亿级特色农业体系)、钢铁与有色金属(铝、锡、锑、铟等)、海洋经济与临港产业 |
| | 新兴产业 | 新材料、新能源电池与汽车 |
| | 生态产业 | 生态旅游产业、大健康产业 |

资料来源：西部各省（区、市）政府网与“十四五”规划文件。

西部各省（区、市）根据自身的资源条件和产业特点，确定了重点发展的支柱产业。通过政策引导和市场机制，各省（区、市）积极推动相关产业的集聚发展，形成了一批产业集群，在推动地方经济发展的同时，也为西部地区的产业升级和结构调整提供了有力支撑。此外，西部地区各省（区、市）之间的产业合作和协同发展也在不断加强。通过跨区域的产业对接和合作，实现了产业资源的优化配置和产业优势的互补，促进了区域间的经济交流和合作，增强了整个西部地区多元化产业格局的经济活力和发展潜力。

第三维度：地方产业基础维度。

西部地区特殊的地理条件、资源禀赋等为西部地区形成特色优势产业奠定了基础，这些特色优势产业可划分为传统特色优势产业与新兴特色优势产业。

一是传统特色优势产业方面，西部在农业以及农产品加工、能源资源开发利用与旅游产业上占据绝对优势。例如，新疆、内蒙古等地区发展特色农牧业与农产品加工；甘肃、宁夏、青海等地依托风能、光能等资源谋划新能源产业；新疆等地利用丰富的中草药资源将其做成品牌走出国门；贵州通过促进磷化工、煤化工等产业向高端延伸；四川、内蒙古等区域性商品粮生产基地的建设，以及广西、云南蔗糖和陕西苹果的种植等。同时，西部地区的能源及化学工业、重要矿产资源开采及加工业在全国占有重要位置，建成了一批天然气、煤炭、钾盐、磷矿、有色金属等优势矿产资源开发利用基地。

二是新兴特色优势产业方面，西部地区注重科技创新和产业创新的深度融合，部分产业具有比较优势与后发优势。如依托军工产业与科研资源集中的优势，川渝陕经济圈辐射带动航天航空、新能源、新材料、装备制造与电子信息等产业；宁夏结合资源禀赋和发展现状与长三角地区数字信息、现代化工等企业洽谈合作，与四川共同支撑西部算力中心等（见表3）。

**表 3　西部地区特色优势产业**

| 特色优势产业 | | 主要产业布局 | 涉及主要地区 |
|---|---|---|---|
| 国家级优势资源加工基地 | 黑色金属 | 陕甘宁新青能源产业带、西藏矿产基地等 | 四川、云南、重庆、甘肃、贵州、陕西、广西、宁夏、内蒙古、新疆、西藏、青海 |
| | 非金属矿物 | | |
| | 有色金属 | | |
| | 石油和天然气开采业 | | |
| | 煤炭开采和洗选业 | | |
| 国家清洁能源产业基地 | 电力、热力、燃气及水生产和供应 | 黄河几字弯、河西走廊、黄河上游、新疆、金沙江上下游、雅砻江流域清洁能源基地、天山北麓戈壁基地 | 宁夏、内蒙古、甘肃、青海、新疆、四川、贵州、云南 |
| 国家级战略性新兴产业集群 | 精细化工与新材料 | 西安集成电路、乌鲁木齐宝鸡先进结构材料、成都重庆生物医药、贵阳信息技术服务、关中高新技术产业带、成渝电子信息产业集群、宁夏国家西部算力产业联盟、成都软件和信息服务集群等 | 陕西、四川、重庆、新疆、贵州、内蒙古、宁夏 |
| | 生物医药 | | |
| | 电子信息业 | | |
| | 装备制造业 | | |
| 世界级装备制造战略基地 | 航天航空及其他运输设备制造业 | 成都市轨道交通产业集群、成都德阳市高端能源装备集群、川渝陕制造带、西安市航空集群等 | 重庆、四川、甘肃、贵州、陕西、广西、内蒙古 |
| | 汽车装备制造业 | | |
| | 专用设备制造业 | | |
| 国家级特色农产品加工基地 | 饮料制造业 | 内蒙古畜牧业基地、昆明烟草生物制品基地、贵阳遵义原材料生产加工基地、呼和浩特乳制品集群等 | 四川、云南、重庆、甘肃、贵州、陕西、广西、宁夏、内蒙古、新疆、西藏 |
| | 特色农牧业与农副产品加工业 | | |
| | 烟草制造业 | | |
| 国际生态文旅目的地 | 文旅康养产业 | 西部旅游产业带 | 四川、云南、重庆、甘肃、贵州、陕西、广西、青海、内蒙古、新疆、西藏 |
| | 生态旅游产业 | | |

### 2. 理论界定层面的分析

本报告基于国家、区域、产业三维度，构建包含产业发展潜力、产业规模、产业关联、比较优势与产业基础 5 个方面的特色优势产业评价指标体系（见表 4），对西部地区特色优势产业发展状况进行评价分析。

表 4　特色优势产业的定量指标构建

| 维度 | 一级指标 | 二级指标 | 计算方法 | 备注 |
| --- | --- | --- | --- | --- |
| 国家维度 | 产业发展潜力 | 需求收入弹性 | 产业需求增加率/人均可支配收入增加率 | 体现市场需求，该值越大则产业发展的市场容量越大 |
| | 产业规模 | 固定资产规模 | 某产业固定资产值/全国某产业总固定资产值 | 该值越大则产业规模越大 |
| 区域维度 | 产业关联 | 影响力系数 | 国民经济某一部门增加一个单位最终使用时，对国民经济各部门所产生的生产需求波及程度 | 两个系数大于1时，该产业对其他产业的影响力和感应度处于平均水平以上 |
| | | 感应度系数 | 国民经济各部门均增加一个单位最终使用时，某一部门由此而受到的需求感应程度 | |
| 产业维度 | 比较优势 | 产业增加值率 | 产业资产增加值/产业资产总值 | |
| | 产业基础 | 市场占有率 | 某产业销售收入/全国同类某产业的销售总收入 | |

根据2022~2023年《中国工业统计年鉴》与最新年份中国投入产出表的各省（区、市）分行业数据，以经济区域分组，以数据图表为主要展示形式，对以工业为主的部分特色优势产业进行计算分析，从区域层面进行特色优势产业定量辨识。

第一，国家维度。结论有以下四方面：一是从采矿业总体来说，西部具有绝对优势。西部传统产业规模超过其他经济区域，发展潜力较强，市场需求仍然强劲。其中煤炭业中部地区的山西省规模较大，其与西部省（区、市）共同占产业规模约80%；西部地区在石油天然气与有色金属采矿业上独占鳌头（见表5）。二是从制造业总体来看，西部具有极大的发展潜力与后发优势，其中食品制造业，酒、饮料和精制茶制造业发展潜力大。三是在农副产品制造业、化学原料与制品制造业、医药制造业方面，西部地区具有发展潜力，对应定性部分的农副产品、新材料与生物医药。四是在装备制造业中的航天航空等其他运输设备制造业与汽车制造业方

面，西部地区发展潜力较强，对应定性部分航天航空与新能源汽车产业（见表6）。

**表5 国家维度西部地区各特色优势产业的产业规模**

| 产业 | 细分行业 | 东部 | 中部 | 西部 | 东北部 |
|---|---|---|---|---|---|
| 采矿业 | 有色金属 | 0.19 | 0.18 | 0.55 | 0.08 |
| | 石油天然气 | 0.27 | 0.03 | 0.49 | 0.21 |
| | 总采矿业 | 0.20 | 0.22 | 0.44 | 0.13 |
| | 煤炭 | 0.07 | 0.46 | 0.42 | 0.05 |
| | 黑色金属 | 0.47 | 0.15 | 0.21 | 0.16 |
| 制造业 | 饮品 | 0.35 | 0.21 | 0.38 | 0.06 |
| | 烟草 | 0.33 | 0.25 | 0.36 | 0.05 |
| | 食品 | 0.47 | 0.20 | 0.24 | 0.09 |
| | 农副产品 | 0.41 | 0.29 | 0.21 | 0.10 |
| | 总制造业 | 0.56 | 0.19 | 0.19 | 0.06 |
| 生物医药 | 化学 | 0.52 | 0.18 | 0.26 | 0.04 |
| | 医药 | 0.56 | 0.20 | 0.18 | 0.07 |
| 金属加工 | 黑色金属 | 0.29 | 0.27 | 0.41 | 0.03 |
| | 非金属加工 | 0.40 | 0.27 | 0.29 | 0.04 |
| | 有色金属 | 0.56 | 0.20 | 0.18 | 0.07 |
| 装备制造 | 航天航空 | 0.49 | 0.16 | 0.21 | 0.13 |
| | 汽车制造 | 0.57 | 0.18 | 0.14 | 0.11 |
| | 专用设备 | 0.65 | 0.20 | 0.10 | 0.05 |
| | 通用设备 | 0.70 | 0.15 | 0.09 | 0.06 |
| | 电子信息 | 0.66 | 0.17 | 0.17 | 0.01 |
| | 清洁能源 | 0.44 | 0.18 | 0.32 | 0.06 |

资料来源：《中国工业统计年鉴》。

**表6 国家维度西部地区各特色优势产业的发展潜力**

| 产业 | 细分行业 | 东部 | 中部 | 西部 | 东北部 |
|---|---|---|---|---|---|
| 采矿业 | 煤炭 | 1.05 | 0.75 | 2.19 | 1.12 |
| | 总采矿业 | 1.67 | 0.85 | 1.55 | -0.33 |
| | 石油天然气 | 1.74 | 1.54 | 0.60 | 0.34 |
| | 黑色金属 | 1.38 | -0.03 | 0.26 | -2.69 |

续表

| 产业 | 细分行业 | 东部 | 中部 | 西部 | 东北部 |
| --- | --- | --- | --- | --- | --- |
| 制造业 | 饮品 | 10.09 | 8.57 | 29.20 | 29.92 |
| | 食品 | 1.78 | -0.62 | 3.22 | 4.02 |
| | 总制造业 | 1.66 | 0.87 | 1.86 | 1.14 |
| | 农副产品 | 1.76 | -0.01 | 1.74 | 1.48 |
| | 烟草 | -2.11 | -1.18 | -0.61 | -0.51 |
| 生物医药 | 化学 | 2.69 | 2.37 | 2.20 | 0.93 |
| | 医药 | 1.60 | 1.49 | 1.19 | -0.21 |
| 金属加工 | 非金属加工 | 1.49 | 0.81 | 2.65 | -0.06 |
| | 黑色金属 | 2.01 | 0.52 | 1.32 | 1.00 |
| | 有色金属 | 0.99 | 0.02 | 0.54 | 0.37 |
| 装备制造 | 汽车制造 | 2.20 | 1.04 | 2.75 | 0.46 |
| | 航天航空 | 1.08 | -1.20 | 1.31 | 0.77 |
| | 专用设备 | 2.41 | 0.88 | 1.09 | 1.74 |
| | 通用设备 | 1.24 | -0.54 | 0.27 | 1.80 |
| | 电子信息 | 2.42 | 1.73 | 2.80 | 0.15 |
| | 清洁能源 | 1.54 | 1.69 | 1.04 | 0.54 |

资料来源：《中国工业统计年鉴》。

第二，区域维度。匹配年鉴对应行业目录后使用中国投入产出表计算产业关联指标。[①] 结论有以下两方面：一是西部地区传统特色优势产业，如特色农牧业与煤炭行业感应度较强，受其他行业发展影响较大；二是制造业中化学产品、金属加工产业、清洁能源关联度强，装备制造业对其他产业的影响力较强，带动辐射作用较大（见表 7、表 8）。

第三，产业维度。西部地区特色优势产业主要包括：一是产业规模占比较大的传统特色优势产业，主要是以优势资源禀赋为主导的产业，如采矿业中的有色金属、煤炭、石油天然气开采业、食品、饮品、烟草制造业，其中煤炭开采业、食品与饮品（酒、饮料、茶）制造业具有较强比较优势；二是具有比较优势的新兴特色优势产业，主要是因地制宜发展的具有动态比较

① 由于西藏地区数据缺失，不参与统计。

**表 7　区域维度西部地区各特色优势产业的影响力系数**

| 产业 | 细分行业 | 陕西 | 内蒙古 | 广西 | 重庆 | 四川 | 贵州 | 云南 | 甘肃 | 青海 | 宁夏 | 新疆 |
|---|---|---|---|---|---|---|---|---|---|---|---|---|
| 农牧业 | 农林牧渔 | 0.80 | 0.78 | 0.73 | 0.65 | 0.70 | 0.73 | 0.78 | 0.77 | 0.72 | 0.94 | 1.24 |
| 采矿业 | 煤炭 | 0.82 | 0.86 | 0.81 | 0.91 | 1.08 | 0.94 | 0.99 | 0.82 | 1.02 | 0.87 | 1.06 |
| | 石油天然气 | 0.67 | 0.77 | 0.75 | 0.81 | 0.83 | 0.40 | 0.43 | 0.76 | 0.74 | 0.75 | 0.98 |
| | 金属矿 | 1.19 | 0.87 | 0.95 | 0.98 | 1.00 | 0.97 | 1.06 | 1.00 | 1.00 | 1.00 | -13.33 |
| | 非金属矿 | 1.19 | 1.04 | 1.01 | 1.21 | 1.14 | 1.08 | 1.05 | 0.93 | 1.02 | 0.97 | 1.27 |
| 制造业 | 食品和烟草 | 0.97 | 1.04 | 1.01 | 1.01 | 0.97 | 0.66 | 0.84 | 0.93 | 1.07 | 1.19 | 1.63 |
| | 化学产品 | 1.06 | 1.15 | 1.16 | 1.08 | 1.18 | 1.24 | 1.15 | 1.11 | 1.01 | 1.22 | 1.54 |
| 金属加工 | 非金属制品 | 0.92 | 1.11 | 1.12 | 1.08 | 1.20 | 1.28 | 1.13 | 1.09 | 1.21 | 1.22 | 1.47 |
| | 金属加工 | 1.21 | 1.20 | 1.18 | 1.26 | 1.21 | 1.32 | 1.27 | 1.28 | 1.34 | 1.28 | -2.20 |
| | 金属制品 | 1.37 | 1.22 | 1.19 | 1.20 | 1.23 | 1.32 | 1.30 | 1.27 | 1.55 | 1.37 | 0.09 |
| 装备制造 | 通用设备 | 1.23 | 1.37 | 1.26 | 1.17 | 1.27 | 1.24 | 1.19 | 1.20 | 1.25 | 1.22 | 1.01 |
| | 专用设备 | 1.24 | 1.24 | 1.26 | 1.23 | 1.25 | 1.29 | 1.19 | 1.15 | 1.34 | 1.36 | 1.20 |
| | 交通运输设备 | 1.58 | 1.27 | 1.30 | 1.21 | 1.28 | 1.32 | 1.36 | 1.36 | 1.29 | 1.14 | 1.62 |
| | 电子信息 | 0.89 | 0.97 | 0.92 | 0.96 | 0.85 | 0.87 | 1.03 | 0.87 | 0.73 | 0.85 | 1.34 |
| | 清洁能源 | 1.10 | 0.96 | 1.02 | 1.10 | 0.95 | 1.14 | 0.90 | 0.99 | 1.21 | 1.23 | 1.47 |

资料来源：国家统计局《投入产出表》。

**表 8　区域维度西部地区各特色优势产业的感应度系数**

| 产业 | 细分行业 | 陕西 | 内蒙古 | 广西 | 重庆 | 四川 | 贵州 | 云南 | 甘肃 | 青海 | 宁夏 | 新疆 |
|---|---|---|---|---|---|---|---|---|---|---|---|---|
| 农牧业 | 农林牧渔 | 1.15 | 1.22 | 1.35 | 0.77 | 1.27 | 1.12 | 1.38 | 0.97 | 1.26 | 1.18 | 1.83 |
| 采矿业 | 煤炭 | 2.10 | 1.36 | 0.70 | 1.03 | 0.77 | 2.16 | 0.76 | 0.95 | 0.71 | 1.00 | 0.46 |
| | 石油天然气 | 0.94 | 0.69 | 0.85 | 0.66 | 0.86 | 0.34 | 0.65 | 1.01 | 1.02 | 1.02 | 1.22 |
| | 金属矿 | 1.29 | 0.78 | 0.69 | 0.57 | 0.86 | 0.60 | 1.10 | 0.94 | 0.69 | 0.68 | -2.39 |
| | 非金属矿 | 0.55 | 0.59 | 0.50 | 0.52 | 0.65 | 0.49 | 0.54 | 0.53 | 0.77 | 0.45 | 0.80 |
| 制造业 | 食品和烟草 | 0.71 | 0.65 | 0.80 | 0.74 | 1.00 | 0.59 | 0.82 | 0.70 | 0.64 | 0.62 | 1.15 |
| | 化学产品 | 2.04 | 1.44 | 1.99 | 1.77 | 2.41 | 1.82 | 1.72 | 1.98 | 2.10 | 1.24 | 1.79 |
| 金属加工 | 非金属制品 | 0.72 | 0.58 | 0.59 | 0.73 | 0.67 | 0.67 | 0.64 | 0.62 | 0.63 | 0.56 | 0.93 |
| | 金属加工 | 2.37 | 1.69 | 1.87 | 2.39 | 1.74 | 2.00 | 1.94 | 1.74 | 2.97 | 1.53 | 1.61 |
| | 金属制品 | 0.87 | 0.80 | 0.57 | 0.66 | 0.75 | 0.63 | 0.64 | 0.80 | 1.10 | 0.69 | 0.31 |
| 装备制造 | 通用设备 | 0.94 | 0.64 | 0.73 | 0.55 | 0.89 | 0.58 | 0.74 | 0.66 | 0.52 | 0.76 | 0.38 |
| | 专用设备 | 0.75 | 0.46 | 0.56 | 0.53 | 0.64 | 0.46 | 0.46 | 0.51 | 0.50 | 0.45 | 0.27 |
| | 交通运输设备 | 0.79 | 0.54 | 0.82 | 0.46 | 0.76 | 0.61 | 0.81 | 0.60 | 0.61 | 0.44 | 1.21 |
| | 电子信息 | 0.52 | 0.49 | 0.79 | 0.54 | 0.52 | 0.54 | 0.69 | 0.50 | 0.54 | 0.55 | 0.75 |
| | 清洁能源 | 1.15 | 1.22 | 1.35 | 0.77 | 1.27 | 1.12 | 1.38 | 0.97 | 1.26 | 1.18 | 1.83 |

资料来源：国家统计局《投入产出表》。

优势的产业，如航天航空装备、汽车装备、电子信息、生物医药产业（见表9、表10）。

**表9　西部地区各特色优势产业的产业基础**

| 产业 | 细分行业 | 东部 | 中部 | 西部 | 东北部 |
|---|---|---|---|---|---|
| 采矿业 | 有色金属 | 0.13 | 0.26 | 0.53 | 0.09 |
| | 煤炭 | 0.07 | 0.47 | 0.44 | 0.02 |
| | 石油天然气 | 0.35 | 0.04 | 0.44 | 0.17 |
| | 总采矿业 | 0.17 | 0.34 | 0.42 | 0.07 |
| | 黑色金属 | 0.48 | 0.16 | 0.21 | 0.15 |
| 制造业 | 饮品 | 0.33 | 0.20 | 0.43 | 0.04 |
| | 烟草 | 0.38 | 0.26 | 0.32 | 0.03 |
| | 食品 | 0.51 | 0.19 | 0.24 | 0.06 |
| | 农副产品 | 0.49 | 0.23 | 0.18 | 0.10 |
| | 总制造业 | 0.61 | 0.19 | 0.16 | 0.05 |
| 生物医药 | 化学 | 0.60 | 0.18 | 0.18 | 0.04 |
| | 医药 | 0.62 | 0.18 | 0.15 | 0.05 |
| 金属加工 | 黑色金属 | 0.40 | 0.28 | 0.30 | 0.02 |
| | 非金属加工 | 0.47 | 0.26 | 0.24 | 0.03 |
| | 有色金属 | 0.62 | 0.18 | 0.15 | 0.05 |
| 装备制造 | 航天航空 | 0.53 | 0.14 | 0.21 | 0.12 |
| | 汽车制造 | 0.59 | 0.17 | 0.13 | 0.11 |
| | 专用设备 | 0.71 | 0.17 | 0.09 | 0.03 |
| | 通用设备 | 0.74 | 0.15 | 0.07 | 0.04 |
| | 电子信息 | 0.68 | 0.17 | 0.15 | 0.01 |
| | 清洁能源 | 0.13 | 0.26 | 0.53 | 0.09 |

资料来源：《中国工业统计年鉴》。

**表10　西部地区各特色优势产业的比较优势**

| 产业 | 细分行业 | 东部 | 中部 | 西部 | 东北部 |
|---|---|---|---|---|---|
| 采矿业 | 煤炭 | 0.07 | 0.05 | 0.14 | 0.07 |
| | 总采矿业 | 0.11 | 0.05 | 0.10 | -0.02 |
| | 石油天然气 | 0.11 | 0.10 | 0.04 | 0.02 |
| | 黑色金属 | 0.09 | 0.00 | 0.02 | -0.17 |
| | 有色金属 | -0.13 | -0.01 | -0.01 | -0.07 |

续表

| 产业 | 细分行业 | 东部 | 中部 | 西部 | 东北部 |
|---|---|---|---|---|---|
| 制造业 | 饮品 | 0.64 | 0.54 | 1.84 | 1.88 |
| | 食品 | 0.11 | -0.04 | 0.20 | 0.25 |
| | 总制造业 | 0.10 | 0.06 | 0.12 | 0.07 |
| | 农副产品 | 0.11 | 0.00 | 0.11 | 0.09 |
| | 烟草 | -0.13 | -0.07 | -0.04 | -0.03 |
| 生物医药 | 化学 | 0.17 | 0.15 | 0.14 | 0.06 |
| | 医药 | 0.10 | 0.09 | 0.08 | -0.01 |
| 金属加工 | 非金属加工 | 0.09 | 0.05 | 0.17 | 0.00 |
| | 黑色金属 | 0.13 | 0.03 | 0.08 | 0.06 |
| | 有色金属 | 0.10 | 0.09 | 0.08 | -0.01 |
| 装备制造 | 汽车制造 | 0.57 | 0.18 | 0.14 | 0.12 |
| | 航天航空 | 0.07 | -0.08 | 0.08 | 0.05 |
| | 专用设备 | 0.15 | 0.06 | 0.07 | 0.11 |
| | 通用设备 | 0.08 | -0.03 | 0.02 | 0.11 |
| | 电子信息 | 0.15 | 0.11 | 0.18 | 0.01 |
| | 清洁能源 | 0.10 | 0.11 | 0.07 | 0.03 |

资料来源：《中国工业统计年鉴》。

基于以上理论分析，我们将西部地区特色优势产业大致分为传统特色优势产业与新兴特色优势产业。

西部地区传统特色优势产业中，从发展潜力看，食品与饮品行业发展潜力指标最高，其发展潜力指标分别达到3.22、29.20（见表6），表明此类产业在西部地区具有巨大的增长潜力；从比较优势指标看，食品与饮品行业分别达到0.20、1.84（见表10），表明此类产业具有较强竞争力。从产业规模与产业基础看（见表5、表9），西部能源行业已经形成了较大的规模，因得天独厚，具有丰富的产业禀赋基础。从产业关联看，西部地区农牧业、煤炭与非金属矿采选业、金属与非金属制品加工业的影响力系数指标较高（见表7）；西部地区农牧业、煤炭采选业、金属加工业与清洁能源产业的感应度系数指标较高，表明这些产业对其他产业与周边地区的辐射带动作用强（见表8）。

西部地区新兴特色优势产业中，从发展潜力来看，电子信息产业、生物医药产业发展潜力较大，其中电子信息产业的发展潜力最大，其指标达到2.80，远高于其他产业，表明该产业在未来有很大的增长空间和发展潜力。从产业规模来看，清洁能源产业规模最大，指标为0.32，说明该产业在西部地区已经形成了较大的规模；生物医药产业的规模次之，其平均值为0.29，表明该产业在西部地区也有一定的规模；装备制造业和电子信息产业规模仍在快速发展中。从产业关联来看（见表7、表8），生物医药与清洁能源产业关联度较大，对整个产业体系带动作用大。

## （二）西部地区特色优势产业的发展成效

步入西部大开发新格局五年来，西部地区特色优势产业高质量发展成效卓著。开放型经济格局加快构建，基础设施与生态建设也取得重大成效。已经形成一大批传统、新兴、服务业特色优势产业，包括能源、农牧、新能源、农副产品、精细化工和新材料、航天航空装备、汽车装备、电子信息、新材料、生物医药、旅游等。

### 1. 特色能源产业加速转化为经济优势

西部地区凭借其丰富的资源禀赋，正经历着能源产业的转型与升级。通过加大能源开发力度，西部地区正加速建设国家重要的能源基地，将资源优势转化为经济优势。

（1）新能源开发稳步增长。国家能源局数据显示，2023年，山西、蒙西、蒙东、陕北、新疆五大煤炭供应保障基地的煤炭产量达38.3亿吨，占全国煤炭产量的八成左右。除了传统的石油、天然气、煤炭等资源，西部地区还拥有丰富的太阳能、风能、水能等资源，新能源的快速发展带动了产业链的升级和产业结构的优化。西电东送等工程的实施为西部能源打开了更广阔的市场，推动了地区经济的发展。2018～2022年西部各省（区、市）清洁能源发电量稳步上升（见图1、图2），其中第一梯队为四川、云南；第二梯队为内蒙古、新疆；根据国家能源局信息，截至2023年底，西部地区12个省（区、市）新能源发电装机总容量达4亿千瓦，新能源发电装机总容量占全国的40%。标志着西部地区在新能源领域的显著进步。

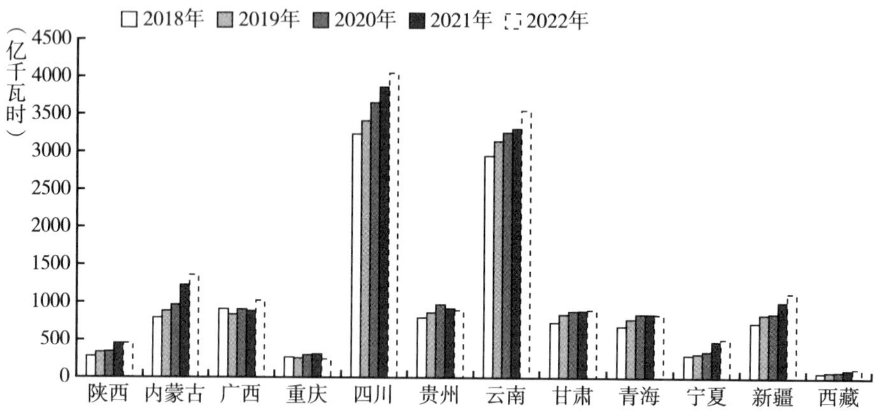


**图1　2018~2022年西部各省（区、市）清洁能源发电量**

资料来源：相关年份的《中国能源统计年鉴》。

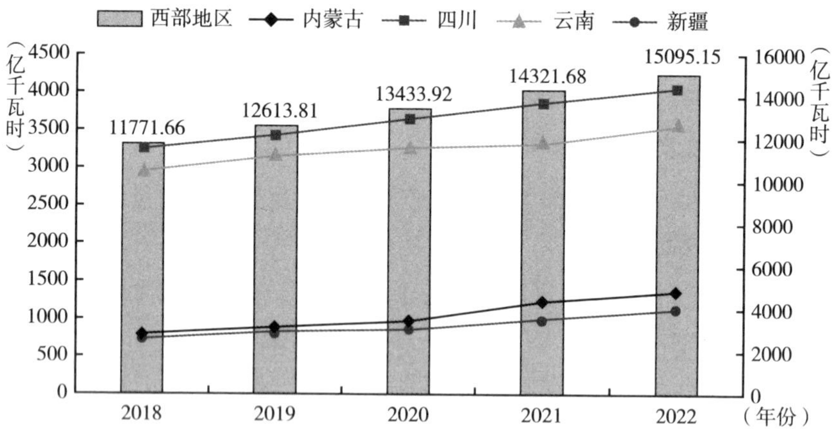


**图2　2018~2022年西部地区及西部地区排名前四省（区）清洁能源发电量**

资料来源：相关年份的《中国能源统计年鉴》。

（2）清洁能源基地建设加速布局。西部地区依托主要流域的水电调节能力，推动了风电光伏新能源基地的规模化开发。国家能源局规划了雅砻江、金沙江上游、澜沧江上游等水风光一体化基地，这些基地主要分布在西藏、四川、云南等省区，展现了西部地区在清洁能源领域的战略布局。

（3）低碳技术的全产业链布局拉开序幕。在“一带一路”建设和“双碳”目标的背景下，西部地区抓住了产业升级的窗口期，推动了低碳技术的全产业链布局。这不仅有助于西部地区产业升级和经济布局的调整，也为地区经济的可持续发展提供了新的动力。通过政策引导，新能源、储能等产业的关键环节在西部地区布局，不仅推动了西部地区成为新能源全产业链产能和服务的输出前沿，也为地区经济的绿色转型提供了坚实的基础。

2. 特色传统农牧产业稳步发展壮大

西部地区利用其独特的地域优势，广阔的土地资源和多样化的气候条件，不断推动特色农牧产业发展壮大。

（1）农业生产快速发展。西部地区地域辽阔，横跨黄土高原、青藏高原、云贵高原、新疆盆地、四川盆地，具备农牧业发展的良好基础。2023年西部12省（区、市）农林牧渔业总产值达到了51679.14亿元，占全国农林牧渔业总产值的32.6%，较2018年提高了2.15个百分点。2018~2023年西部地区农林牧渔业总产值的年均增长率达到了8.36%，高出同期全国年平均增长率1.47个百分点。

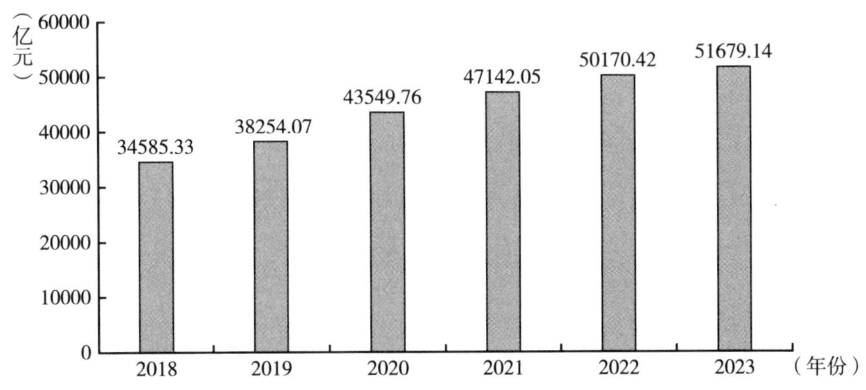


**图3　2018~2023年西部地区农林牧渔业总产值**

资料来源：国家统计局。

（2）特色农产品丰富且优势突出。该地区依托农业资源优势，初步形成了棉花、牛奶、羊绒、水果等一批在全国具有重要影响力和较强市场竞争力的特色主导产业。一是水果产业的显著优势。西部地区气候类型多样，生态条件良好，是我国水果的重要产地。根据《西部水果产业发展报告（2021）》，西部地区果园面积占全国的51.84%，园林水果总产量占全国的43.79%。西部水果特色鲜明，以柑橘、苹果、香蕉、葡萄、猕猴桃等为代表的水果在面积和产量上都在全国具有明显优势。例如，广西的柑橘和香蕉产量分别占全国的26.98%和28.8%，陕西的苹果和猕猴桃产量分别占全国的26.9%和37%，新疆的葡萄和红枣产量分别占全国的21.35%和49.93%。二是草食畜牧业的发展潜力。西部地区拥有广阔的草原资源，适宜发展草食畜牧业。根据“十四五”推进农业农村现代化规划，将实施牛羊发展五年行动计划，大力发展草食畜牧业，加强奶源基地建设，优化乳制品产品结构。三是中药材种植的特色地位。西部地区生态环境多样，适宜多种中药材的种植。中药材种植成为西部地区特色农牧业的重要组成部分，如甘肃的当归、宁夏的枸杞等。

（3）发展生态文旅产业具有天然优势。西部地区以其独特的自然风光和丰富的民俗文化，发展休闲农业和乡村旅游拥有天然优势。通过发展休闲农业示范县，推动农业与旅游、文化等产业的融合发展，为地区经济的多元化发展注入了新的活力。

3.特色制造加工产业加速发展

西部地区正加快培育和发展特色制造产业，形成了以农副产品深加工为主的产业格局，覆盖了乳制品、果蔬制品、肉制品等多个领域。四川和贵州在酒、饮料和精制茶制造业方面的增长，以及云南在烟草制品业的代表性发展，均体现了西部地区制造业的强劲发展势头。

（1）西部地区通过发展特色农业和食品加工业，成功打造了多个知名品牌和产品。例如，新疆的葡萄、红枣、肉类加工产业。西部地区注重技术创新和产业链延伸，提高了产品的附加值。通过引进先进的生产设备和技术，西部地区的食品、饮品、烟草等制造业的产品质量和市场竞争力不断提升。西部地区还积极推动产业集群发展，形成了多个具有影响力的食品、饮料加工产业基地。

（2）西部地区食品、饮品等制造业的发展不仅促进了当地经济的增长，还带动了相关产业的发展和就业机会的增加，形成经济与社会的双重效益。通过特色农业和食品加工业的发展，西部地区有效提高了农民的收入和生活水平，推动了农村经济的繁荣。同时，这些产业的发展壮大也吸引了大量投资，促进了基础设施的改善和升级，为地区的可持续发展提供了有力支撑。

4. 特色新兴产业集群异军突起

西部地区借助政策优势、区位优势以及资源禀赋与产业基础，通过西部大开发、“一带一路”建设、内陆改革开放、西气东输、西电东送、“东数西算”等战略措施，特色新兴产业集群正迅速崛起，市场竞争力日益增强。

政府统计数据显示，西部地区已成功打造包括新材料、生物医药在内的9个国家级战略性新兴产业集群，以及电子信息、航空等5个国家级先进制造业集群。川渝地区联合发展电子信息、汽车、装备制造等4个万亿级产业，重庆、陕西等新能源汽车产量增势强劲，2023年上半年，陕西新能源汽车产量位居全国第三，重庆新能源汽车拉动汽车行业产量重返全国城市第一；宁夏中卫建成西部云基地，已有大型超大型数据中心14个，标准机架6.7万个；陕西光子产业总产值两年多来以每年超过50%的速度递增，企业数量从不足100家增至320余家；甘肃“戈壁钢城”加快布局新能源产业。

（1）西部地区的装备制造业，尤其是四川、重庆、陕西、广西等省（区、市），已成为地方国民经济的重要支柱。这些地区的装备制造业历史悠久、门类齐全，形成了互补优势。例如，四川在发电成套设备、重庆在大型输变电成套设备、陕西在输配电及控制成套设备方面各具优势。除此之外，西部地区国防工业实力雄厚，军事装备制造位居全国第一，这既是西部装备制造的特色，又是西部装备制造业最大的优势。

（2）西部国防科技工业已发展成为覆盖航天、航空、兵器、核、船舶五大行业的完整体系，在航空、航天、核电、电子等高新技术领域具有较强的跟踪研究和自主开发能力。依托技术、人才、装备优势，开发出给军工配套以及面向西部大开发的基础设施装备、技术装备、矿业装备等，对促进地方经济发展和西部大开发做出了重大贡献。四川、新疆、陕西为我国航天航空重镇，低空经济、无人机具有显著人才、技术与先发优势（见图 4、表 11、表 12、图 5）。

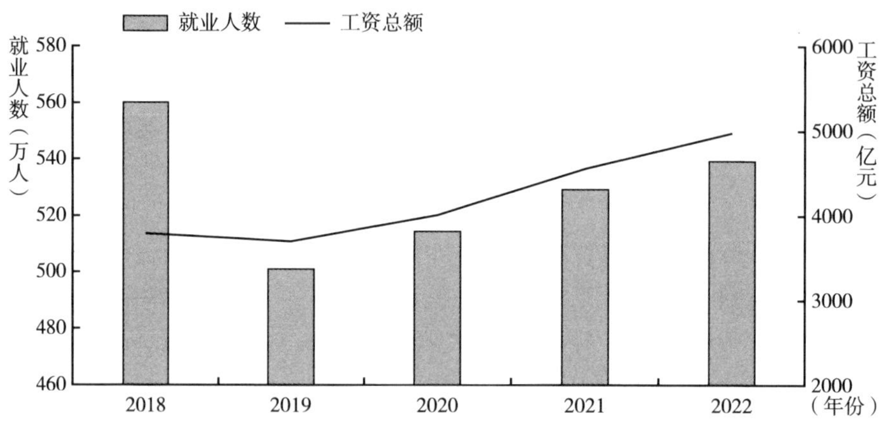


**图 4　2018~2022 年西部地区制造业城镇单位就业人数与工资总额**

资料来源：国家统计局。

**表 11　截至 2023 年 3 月无人机企业数量全国前十省（市）**

| 地区 | 企业 | 链主企业 | 上市企业 | 国家级专精特新 | 高新技术 |
|---|---|---|---|---|---|
| 广东 | 1286 | 219 | 45 | 93 | 541 |
| 江苏 | 1141 | 106 | 26 | 59 | 384 |
| 北京 | 740 | 270 | 29 | 72 | 418 |
| 浙江 | 582 | 111 | 31 | 40 | 246 |
| 上海 | 469 | 180 | 15 | 40 | 210 |
| 山东 | 457 | 88 | 10 | 25 | 150 |
| 四川 | 411 | 65 | 7 | 28 | 124 |
| 湖北 | 393 | 64 | 10 | 30 | 175 |
| 安徽 | 323 | 85 | 9 | 27 | 135 |
| 陕西 | 315 | 28 | 6 | 14 | 136 |

资料来源：上奇产业通《2024 无人机行研报告》。

表 12　2023 年全国低空经济发展领先地区

| 地区 | 排名 | 省(区、市) | 排名 |
| --- | --- | --- | --- |
| 广东 | 1 | 天津 | 9 |
| 山东 | 2 | 湖南 | 10 |
| 江苏 | 3 | 安徽 | 11 |
| 浙江 | 4 | 陕西 | 12 |
| 四川 | 5 | 湖北 | 13 |
| 上海 | 6 | 北京 | 14 |
| 新疆 | 7 | 重庆 | 15 |
| 海南 | 8 | 河南 | 16 |

资料来源：中国民航大学航空经济发展研究所。

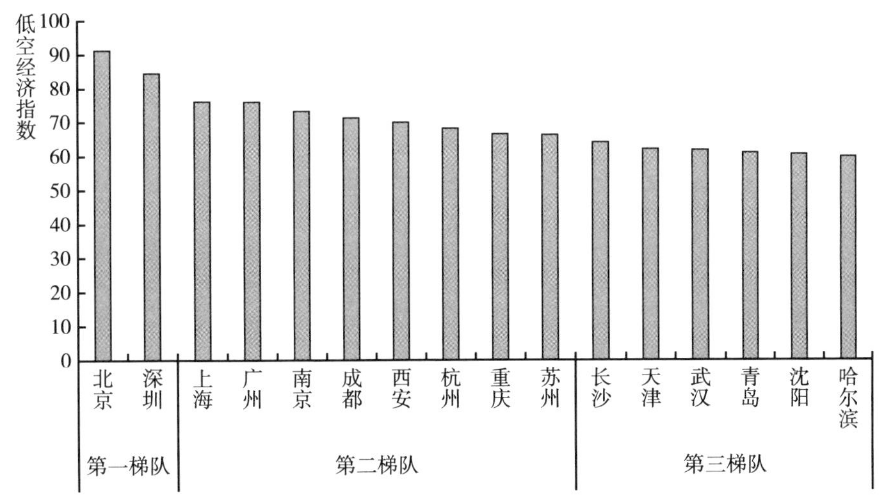


图 5　2024 年城市低空经济总指数 Top16

资料来源：36 氪研究院《2024 年中国低空经济发展指数报告》。

（3）西部地区的生物医药产业发展迅速，形成了多个重要的产业集群和增长极。甘肃的兰州新区生物医药产业园和四川的眉山经济开发区新区（西部药谷）都是该地区生物医药产业发展的重要基地。这些地区通过政策扶持、专业服务、金融支持等措施，吸引了众多企业入驻，推动了产业的快速发展。例如，兰州新区生物医药产业园通过提供专业增值服务、产业联盟支持等，吸引了包括佛慈制药、凯博药业等在内的多家重点企业落户。而眉山经济开发区新区，作为四川省人民政府批准的省级经济开发区，以生物医药为主导产业，已经吸引包括亚马逊、诗华恒通等世界500强企业和国内生物医药行业知名企业入驻。此外，成渝地区双城经济圈的生物医药产业发展也备受关注。成渝地区通过深化合作，共同搭建了研发供应链服务平台，压缩了研发物品进口时间，促进了两地企业的沟通合作。这种区域合作模式不仅加速了产品研发和提升了生产效率，还推动了药械供应流通的协同发展。成渝地区的生物医药企业集聚，形成了较为成熟的大健康产业生态圈，为区域生物医药产业的发展注入了新的活力。

（4）电子信息产业规模快速增长。西部地区的电子信息产业，以川渝陕地区为增长极，规模庞大，增势迅猛，正逐渐成为中国乃至全球重要的电子信息产业基地。四川、重庆和陕西三地电子信息产业特色鲜明、优势互补，形成了互补发展的格局，有力推动了西部电子信息产业高质量发展。2011~2022年，川渝陕通信设备、计算机及其他电子设备制造业营业收入从3118亿元增长到16676亿元，年均增长率高达16.5%，2016~2021年增速均快于全国水平。2022年，仅川渝两地电子信息产业规模就突破2万亿元，约占全国的14%，正在成为中国电子信息产业新高地。整体来看，四川、重庆和陕西三地电子信息产业特色鲜明、优势互补。四川省在集成电路、新型显示等领域具有明显优势，重庆市在智能终端制造领域更胜一筹，陕西省半导体开发设计创新实力领先。川渝陕在集成电路领域均有布局，四川以下游封装测试为主导，芯片制造和集成电路设计协同发展；重庆在中游晶圆制造领域实力雄厚；陕西在上游的芯片设计领域优势突出，三地集成电路产业形成了互补发展的格局，有力推动西部电子信息产业高质量发展。

（5）新材料产业创新驱动。西部地区已打造多个国家级战略性新兴产业集群，其中包括新材料产业集群。具体来说，西部地区的新材料产业发展表现在多个方面。例如，宁夏通过加快高性能金属材料、化工新材料、电池材料等集群发展，实现了从“跟跑”“并跑”到“领跑”的跨越，宁夏经济高质量发展拥有新引擎。此外，甘肃印发了《新材料产业发展规划》，目标是到2030年建设成为国内重要、西部领先的新材料产业集群，全省新材料产业总产值超过3000亿元，年均增速20%左右。西部地区新材料产业的发展不仅体现在产业规模的扩大和产值的提升上，还表现在技术创新和产业链的完善上。例如，宁夏的中色东方“平板显示用高性能ITO靶材关键技术及工程化”项目荣获国家技术发明二等奖，重型燃气轮机铸钢件等多项产品入选国家制造业单项冠军产品名单。这些成就不仅提升了西部地区在新材料领域的全球竞争力，也为当地的产业结构升级和经济发展提供了强有力的支持。

5. 特色优势服务业遍地花开

西部地区凭借其丰富的自然风光和深厚的文化底蕴，积极发展生态旅游，将绿水青山转化为金山银山。贵州、广西、新疆等地通过发展生态旅游，吸引了大量游客，使旅游业成为推动区域经济增长的重要支柱。

（1）文化与旅游的深度融合为西部文旅产业注入了新动能。陕西、四川等地通过打造文化旅游产业集群，实现了文化与旅游的深度融合，形成了“以文塑旅、以旅彰文”的良好局面，推动了文旅产业的高质量发展。国家出台了一系列政策支持西部文旅产业发展，加强旅游交通基础设施建设，加快推进国家公园体系建设，促进边境旅游试验区和跨境旅游合作区的建设。

（2）西部地区通过区域协同发展，推动了文旅资源的共享和优势互补。川渝地区联合打造巴蜀文化旅游走廊，促进了区域文旅产业的深度融合，展现了区域国民经济支柱性产业的明显优势。

（3）旅游业经济贡献不容小觑。西部地区中，四川、贵州、云南、陕西和广西五个省区的旅游产业增加值在地区GDP中的占比较高，均展现出其作为区域国民经济支柱性产业的明显优势。2022年四川省旅游业实现增加值778.2亿元，占同期GDP的5.5%；旅游业实现增加值占同期第三产业增加值的比重为15.0%。贵州省“两会”发布信息，2021年全省旅游及相关产业增加值突破了1000亿元大关，占GDP的比重达到5.2%。《陕西省打造万亿级文化旅游产业的实施意见（2021-2025年）》显示，以2025年为时间节点，力争实现产业总收入突破1万亿元，增加值占全省地区生产总值比重突破10%。

**表 13　云南省文旅业主要经济指标情况**

| 指标 | “十二五”时期 | “十三五”目标 | | “十三五”实绩 | | |
|---|---|---|---|---|---|---|
| | 2015 年 | 2020 年 | 年均增长(%) | 2019 年 | 2020 年 | 年均增长(%) |
| 文化和旅游业增加值(亿元) | 1288.31 | 2500.00 | 14 | 2469.85 | 1994.43 | 9.13 |
| 占全省 GDP 比重(%) | 9.40 | 11.50 | — | 10.63 | 8.33 | — |
| 旅游业增加值(亿元) | 907.00 | 1800.00 | 15 | 1777.69 | 1349.57 | 8.27 |
| 文化业增加值(亿元) | 425.05 | 700.00 | 10.50 | 692.16 | 644.86 | 8.70 |

资料来源：根据《云南省“十四五”文化和旅游发展规划》整理。

**表 14　广西旅游业主要经济指标情况**

| 指标 | “十三五”时期 | | | | | |
|---|---|---|---|---|---|---|
| | 2016 年 | 2017 年 | 2018 年 | 2019 年 | 2020 年 | 年均增长(%) |
| 旅游总人数(亿人次) | 4.09 | 5.23 | 6.83 | 8.76 | 6.61 | 26.60 |
| 旅游总收入(亿元) | 4191.36 | 5580.36 | 7619.9 | 10241.44 | 7267053 | 33.20 |
| 国内游客(亿人次) | 4.04 | 5.18 | 6.78 | 8.7 | 6.61 | 26.80 |
| 国内旅游收入(亿元) | 4047.65 | 541.61 | 7436.08 | 9998.82 | 7262.08 | 33.60 |
| 入境过夜游客(万人次) | 482.52 | 512.44 | 562.33 | 623.96 | 24.68 | 8.50 |
| 国际旅游收入(亿美元) | 21.64 | 23.96 | 27.78 | 35.11 | 0.79 | 6.30 |

资料来源：广西文化和旅游厅官网。

从当前西部地区的总体情况看，虽然不同地区都形成了各具特色的产业或产业集群，但发展不平衡不充分问题仍比较突出，与东部沿海发达地区相比仍然有明显差距，如有的地区具备独特的资源优势，但还未形成绝对的产业优势，产业链条比较短，附加值比较低；有的地区有特色产业，但尚未形成有效的集聚优势，特别是竞争优势不明显；基础设施建设有待完善，经济结构需要优化，产业发展水平仍然较低，生态环境保护和修复任务依然艰巨。

## 二　西部地区特色优势产业发展面临的困难与问题

### （一）传统特色优势产业的发展瓶颈

西部地区拥有丰富的自然资源和独特的地理优势，这些优势为传统特色产业的发展提供了坚实的基础。然而，随着全球经济一体化和可持续发展理念的深入人心，这些产业正面临着前所未有的发展瓶颈。

#### 1. 特色优势能源产业的可持续性挑战

西部地区凭借其特色优势采矿业及丰富的能源资源，已构建起涵盖煤炭、石油、天然气以及风能、太阳能等的多元化能源产业链。该地区能源产业基础雄厚，成功地将资源优势转化为产业优势，并将能源优势转化为制造优势，实现了从传统能源向清洁能源的转型。目前，国家正加快建设包括新疆、黄河上游等在内的七大陆上新能源基地，其中四个位于西部地区。西部地区在注重能源生产和输送的同时，也积极拓展新能源装备制造产业链。

尽管如此，西部能源产业仍面临环保、抗风险能力与产业链完善等方面的挑战：一是潜在环境危害。西部地区大力开发资源可能会对生态环境带来不利影响，特别是新能源设备中稀有金属及有害物质可能对土壤和地下水环境构成威胁。二是清洁能源产出的不稳定性。西部地区的清洁能源产业基地易受自然条件的随机性、间歇性和波动性影响，导致抗风险能力较弱。此外，电力供给过剩可能增加电网配置压力，而“西电东送”通道建设的滞后可能导致清洁能源的浪费。三是产业链下游的薄弱环节。能源产业中的采矿业下游产业如相关金属制造业相对较弱，需要进一步加强和完善。

#### 2. 特色优势农牧产业的现代化障碍

西部地区的特色优势农牧产业，依托区域内独特的农业资源和多样的地理环境，已经形成了以特色农产品种养、加工和旅游观光为主的现代农业产业体系。然而，这一特色优势产业在现代化进程中面临着多重障碍。一是农业生产机械化水平与数字化技术不足。西部地区的农业生产效率普遍较低，主要源于机械化水平较低，数字化技术的融合应用不足，导致生产管理智能化水平不高，有机化水平亦有较大的提升空间。二是产业链条较短，附加值不高。尽管西部地区拥有丰富的农牧资源，但多数产品仍停留在直接销售或初加工阶段，导致产品的附加值未能得到充分挖掘。同时，产业融合的发展质量不高，农旅融合发展尚不够充分，市场上产品同质化现象较为普遍。三是科技支撑、人才资源和资金不足。西部地区的农牧产业在科技研发、人才培养和资金投入方面存在短板，限制了产业的进一步发展和竞争力的提升。

3. 特色优势制造产业的竞争力短板

西部地区已构建起以食品制造、酒、饮料、精制茶等为支柱的加工制造体系，该体系在促进地区经济发展方面取得了显著成效。然而，面对新的发展要求和市场竞争，该产业发展仍存在若干亟待解决的问题。

一是上游企业生产效率与现代化水平较低。西部地区的上游企业生产效率较低，现代化水平不足。这限制了整个制造产业的竞争力和发展潜力提升。二是产业链衔接与规模扩张需求冲突。产业链上下游衔接不够紧密，部分企业生产规模有限，这影响了产业的整体竞争力。三是产业与信息化、数字化技术融合不足。产业与信息化、数字化技术的融合度较低，智能生产水平不高，互联网技术应用程度不足。这限制了产业的创新能力和市场响应速度。

## （二）新兴特色优势产业的成长难题

随着经济结构的调整和产业升级，西部地区的新兴特色优势产业正在迅速崛起。这些产业以其高附加值和高技术含量，为地区经济发展注入新的活力。然而，这些产业在成长过程中也面临着一系列难题。

1. 装备制造业的规模与结构性问题

西部地区的装备制造业，涵盖航天航空、汽车、电力等多个领域，尤其是航天航空装备与新能源汽车等高端装备制造业展现出显著的区域优势。以川渝陕为代表的西部制造业与高新技术高地，不仅在航天航空产业规模和布局上具有明显优势，而且在新能源汽车领域，依托天然资源、科研和人才，形成了各有侧重的产业链分布，产业体系相对完备，为西部地区装备制造业的发展提供了坚实的基础。

尽管如此，西部地区装备制造业在成长过程中仍面临一系列挑战：一是产业规模与集群效应不足。与东部沿海地区的装备制造业相比，西部地区的产业规模相对较小，尚未形成足够的规模效应。这主要表现在企业数量较少，尤其是缺乏大型企业集团的引领，导致产业集群效应不明显，难以形成强大的产业链和供应链。二是产业结构配置不够合理。西部地区装备制造业存在过剩产能和低端重复建设的问题，而高端装备制造业发展不足。特别是在专用设备、通用设备和电子设备制造业等领域，与东部地区相比存在明显差距。此外，西部地区缺少具有成套性强、工序环节多、资金投入大的龙头企业，难以带动整个产业的快速发展。三是自主研发能力不足。西部地区装备制造业关键核心技术对外依存度较高。许多企业缺乏自主创新的动力和能力，过分依赖外部技术和产品，导致其在国际竞争中处于不利地位。同时，创新人才的规模、结构和质量等方面也亟待优化提升，特别是在高端人才和复合型人才方面存在较大的缺口。

**2. 生物医药业创新与产业链完整性问题**

西部地区的生物医药产业在近年来取得了快速发展，形成了以甘肃兰州新区生物医药产业园和四川眉山经济开发区新区（西部药谷）为代表的重要产业集群和增长极。这些地区通过政策扶持、专业服务和金融支持等措施，成功吸引了众多企业入驻，推动了产业的快速发展。

然而，西部地区生物医药产业在创新能力和产业链完整性方面仍面临挑战：一是科创实力亟待提升。尽管西部地区在生物医药产业上取得了一定的进展，但与东部地区相比，其科创实力仍有较大差距。2023 年，全国有 30 款 1 类创新药获批，其中 9 款为生物制品，但仅有 1 款为西部地区研发，这表明西部地区在创新药研发方面亟须加强。二是产业链完整性需要加强。西部地区在生物医药产业链的上游，即动植物微生物原料方面具有资源优势和空间承载力优势。然而，与东部园区相比，西部地区在产业链的完整性和均衡性方面存在不足。东部园区由于集聚了众多生物医药头部企业，形成了相对完整的产业链，而西部地区则缺少头部企业的布局，产业链发展不均衡，难以形成规模效应。三是产业集群发展挑战。西部地区的新生代园区虽然规划面积较大，但由于定位不准确、区位配套不完善、行业认知度低、品牌影响力弱、政策制定能力弱等原因，无法有效吸引企业入驻，存在大量闲置空间。这限制了产业集群的发展和产业生态的完善。

**3. 电子信息业创新短板与产业集聚问题**

西部地区的电子信息产业，以川渝陕为引领，正迅速增长，逐渐成为国内乃至全球重要的电子信息产业基地。四川和重庆在通信设备、计算机及其他电子设备制造业领域的营业收入分别位居全国前列，陕西也展现出强劲的发展势头。这些地区通过封装测试、芯片制造、集成电路设计等环节的互补，形成了较为完善的产业链，使电子信息产业成为西部地区新兴的支柱产业。但西部地区电子信息产业仍面临以下三方面困难与挑战：一是创新能力不足。西部地区电子信息产业的发展在很大程度上依赖于引进的国际先进生产线，本土掌握的核心技术相对较少。在关键零部件和制造设备方面，对进口的依赖度较高。此外，该地区在基础元器件、基础材料、基础软件和工业软件等关键领域的自主创新能力尚显不足，导致自主技术的推广和应用进程缓慢。二是产业规模效应不明显。与珠三角、长三角等地区相比，西部地区的电子信息产业在规模上存在较大差距，规模效应不明显，产业分散，存在小规模和分散化的问题。缺乏具有国际竞争力的领军企业，骨干企业的带动作用有限，现代化产业链体系尚未完善，产业链、创新链和资源链的建设存在不足，协同效应有待加强。三是产业配套建设亟须加强。西部地区在支撑电子信息产业持续发展的关键要素，如人才、技术、资金等方面供给紧张，产业生态的配套建设需要进一步加强。

**4. 新材料产业市场竞争与技术创新问题**

西部地区依托其良好的资源禀赋和坚实的产业基础，在新材料等战略性新兴产业领域取得了显著的发展成就，已成功打造多个国家级产业集群，实现了工业增加值的显著增长。该地区在稀有金属材料、新能源材料等关键领域形成了特色新材料产业基地，涵盖了高性能结构材料、先进功能材料、生物医用材料、智能制造材料等多个领域，对提升战略性新兴产业的实力与竞争力具有重要意义。

然而，西部地区新材料产业的发展仍面临三方面挑战和问题：一是市场竞争加剧。尽管西部新材料产业规模持续扩大，但与东部沿海地区的产业集群相比，整体实力仍有差距。东部地区的新材料产业集群，如京津冀、长三角、珠三角，依托其区位、产业、人才和技术优势，形成了较为完整的新材料产业体系，并承担着新材料的研发创新、高端制造等功能。二是技术创新动力不足。西部地区在新材料技术方面与发达国家和地区相比仍存在差距，核心技术和关键专利掌握不足，导致其在国际市场上面临技术垄断和贸易壁垒的挑战。三是原材料与能源成本波动。西部地区新材料产业的发展受到原材料和能源价格波动的影响，成本压力增大，同时也存在潜在的环境污染和资源浪费问题。

### （三）特色优势服务业的发展障碍

特色优势服务业作为西部地区经济的重要组成部分，在某些省份已成长为支柱产业。然而，特色优势服务业在发展过程中也面临着一系列障碍。

#### 1. 特色生态文旅产业的文化挖掘与服务配套问题

西部地区特色生态文旅产业在文化内涵挖掘和服务配套方面存在不足，这直接影响了市场的吸引力和产业的发展质量。尽管西部地区如云南、新疆、西藏等地拥有独特的地质地貌、生态环境和立体气候条件，具备发展旅游文化产业的高品位自然风光，同时少数民族众多，民族风情旅游资源丰富，也拥有大量的古生物古人类化石、历史文物古迹和近现代革命遗址，历史文化资源丰富，但文化内涵的挖掘不够深入，产品特色不够鲜明，导致市场吸引力不强。

#### 2. 康养产业的市场体系与产业转型升级问题

康养产业在市场体系构建、产业转型升级、有效供给等方面面临挑战。

西部地区的康养产业虽在空间承载力、生物资源、生产生活成本等方面具有自身特色优势，但在综合实力、研发水平、产业链完整性等方面与东部园区有一定差距。康养旅游产业设计粗放，遍地开发却未成体系，行业内缺少龙头企业和高端特色项目引领，康养旅游产品在规划、创意、设计等方面还存在较大提升空间，养生特色难以突出，康养旅游市场体系尚未形成，与国际发展还存在较大差距。

3. 旅游产业的供给不足与市场格局分散问题

西部地区的旅游产业存在高品质产品和服务短缺、市场格局分散、缺乏专业人才等问题，制约了产业的高质量发展。旅游产品和服务仍面临高品质供给不足的问题，这限制了旅游业的高质量发展。西部地区地域广阔，市场较为分散，企业所占市场份额均较小，缺乏专业的管理人才与产品设计开发人才，发展质量和综合效益不高。

## 三　新时代西部地区特色优势产业发展的重点任务

随着新格局的到来，西部地区特色优势产业的发展迎来了新的机遇与挑战。为了实现高质量发展，西部地区需要聚焦一系列重点任务，以推动产业升级和经济转型。

### （一）建强国家级优势能源资源基地

建强国家级优势能源资源基地是响应国家战略、推动区域协调发展的重要举措，西部地区拥有丰富的能源资源，特别是在清洁能源领域，具有巨大的开发潜力。根据《中共中央 国务院关于新时代推进西部大开发形成新格局的指导意见》，西部地区被赋予了构建现代化产业体系的使命，其中能源产业作为西部地区的重要支柱，其高质量发展对于推动西部地区产业转型升级具有重要意义，建设大型清洁能源基地对于实现“双碳”目标具有重要作用。

1. 稳妥推进大型清洁能源基地建设

国家层面正稳妥推进“十四五”时期构建现代能源体系、推动能源高质量发展的战略目标。这主要涵盖西北能源产业带及其辐射地带。具体措施包括加强统筹规划，加快“西电东送”通道建设，构建清洁能源基础设施网络，提升电网对清洁能源的接纳、配置和调控能力，以实现电网基础设施的智能化改造。

#### 2. 促进清洁能源与传统能源协同发展

加大科技创新和研发力度，覆盖常规和非常规油气资源开发与氢能、地热能、风电和光伏等领域的技术进步。通过科技进步提高传统能源的利用效率，并推动清洁能源的大规模应用。同时，市场化改革配套进行，优化电力市场机制，促进传统能源和新能源的优化组合，探索多种能源联合调度机制，推动煤电向提供可靠容量、调峰调频的保障性和调节性电源转型。

#### 3. 坚持科技创新与生态绿色发展战略

完善产业链，推动新一代信息技术与清洁能源行业的融合，探索数据中心绿色低碳、算力和清洁电力高度协同发展模式。同时，立足西部省区市特殊的生态功能，坚持生态优先、绿色发展，加强生态环境保护，以实现科技创新战略和生态绿色发展战略的双重目标。

### （二）壮大国家级战略性新兴产业集群

科技创新是推动区域发展的关键动力，因此，注重创新载体集群建设，提升科技创新支撑能力，是实现高质量发展、构建现代产业体系的重要途径。

#### 1. 注重创新载体集群建设，提升科技创新支撑能力

（1）加强生物医药产业的公共服务平台建设。在生物医药产业领域，加强公共服务平台建设是提升园区内企业研发和试验能力的关键。通过提供先进的试验和测试设施，弥补企业在研发能力上的不足，从而增强整个产业的科技创新支撑能力。为了实现这一目标，需加大对公共服务平台的投资，引进高端人才和先进技术，以及优化管理和服务流程，确保平台能够为企业提供高效、专业的服务。

（2）建立电子信息产业创新载体联盟。对于电子信息产业，建立创新

载体联盟是推动产业发展的重要策略。这种联盟应鼓励和支持“订制研发”，构建“逆向”创新链条，以满足市场和客户的个性化需求。通过完善“职能部门+科技园区+高校院所+龙头企业”的合作机制，建设世界一流的科技园区，促进产业的集聚和发展。此外，支持国别合作示范区的建设，拓展国际合作，汇聚全球优质资源，对于提升电子信息产业的国际竞争力至关重要。

（3）发挥新材料产业平台作用，推动科技创新。在新材料产业，依托高校、科研院所和企业建立的科技创新平台，对于推动产业的创新发展具有重要作用。一是平台应专注于化工新材料、钢铁新材料、集成电路制造材料等强项领域，组建企业创新联合体，以促进产学研用的深度融合。二是需要高标准培育和组建一批国家级和省级科技创新平台，加快构建创新协同网络。通过企业需求驱动、政府主动布局和科研机构支撑相结合的方式，支持企业打造原创技术策源地，开展新材料的基础理论和技术研究，加大源头性技术储备，推动技术提升与产业升级。三是引进和培育一批拥有自主知识产权、掌握核心技术的顶尖人才、战略科技人才、科技领军人才、青年科技人才和创新创业团队，对于提升新材料产业的核心竞争力同样重要。

2. 注重产业协同融合发展，致力于延长补全产业链

（1）生物医药产业的协同发展与绿色产业融合。中西部地区在生物医药产业领域具有显著的资源优势，拥有众多地理标志产品，尤其在绿色和有机领域具有明显的优势。因此，中西部地区发展健康食品产业具有巨大潜力。在生物医药产业园的规划与实践中，中西部地区应将健康食品产业作为重点发展方向之一，利用种植和养殖业的基础，大力发展健康食品产业。这不仅能够延长产业链，还能提升产业的附加值，促进地区经济的可持续发展。

（2）电子信息产业的地理经济优势利用。电子信息产业在城市群中展现出显著的地理和经济优势，这些优势为推动终端制造和新型显示产业的发展提供了坚实的基础。一是通过与大型企业的合作，可以深化产品的研发和技术创新服务。在产业链的高端领域，应大力发展软件产业，建立工业机器

人的示范企业，并加速智能工厂的建设进程。二是坚持差异化发展，协同探讨“研发+高端制造”“终端制造+智能制造”等发展路径。建立电子信息企业集群供应链联盟，搭建产业链信息共享平台，加强工业互联网一体化公共服务平台建设，以促进产业链的协同发展。

（3）新材料产业集群的壮大与产业链完善。新材料产业在壮大产业集群方面，应坚持强化龙头企业的引领作用，补充产业链的薄弱环节，并促进产业集群的发展。一是充分发挥西部超导、隆基绿能等龙头企业在新材料产业发展中的带动作用，加强与产业链上下游各类所有制企业的协同合作。二是加大国有资本向新材料产业领域的布局力度，加快高端化、智能化、绿色化改造和数字化转型，以带动新材料产业集群发展壮大。通过这些措施，可以推动产业链的主链与分链、支链与子链之间的互补和衔接，构建一个层次分明、良性循环的产业链。

3. 注重产业差异互补发展，培育特色优势产业

（1）生物医药产业特色化发展。西部地区的生物医药产业园在产业链完整度上与东部存在差异，因此需注重挖掘和塑造产业特色。在防治新冠肺炎疫情中，中国中（成）药展现了其积极作用，特别是民族药，以其显著疗效和经济实惠受到关注。中西部地区应以民族药为切入点，强化产业发展特色，通过政策支持和配套措施，逐步培育本地企业成为行业领导者。

（2）电子信息产业协同与错位发展。西部地区应利用其政策、生态、人才资源优势，加快电子信息产业的发展，吸收东部地区的产业转移，并着重发展具有地方特色的电子信息产业集群。例如，贵州省以大数据为引领发展电子信息产业，成渝地区则注重提升产业根植性和行业影响力，培育先进晶圆制造企业、新型显示材料设备厂商、智能终端配套企业等，以增强产品竞争力和市场定价权。

（3）新材料产业区域互补发展。西部各地区应根据本地资源和产业基础，有针对性地发展新材料产业，实现区域间的互补和协同。云南省重点发展七大新材料产业，贵州省打造特色新材料产业集群，四川省稳步发展先进金属材料，陕西省培育产业发展新优势，宁夏建成具有世界影响力的产业核

心技术研发和生产基地，甘肃省发展有色金属新材料，青海省以电子信息材料等为主攻方向，新疆则发展工业硅等新材料，形成特色新材料生产基地和运输通道。通过这些措施，西部地区可以在新材料产业领域形成独特的竞争优势。

4. 注重承接东部转移产业，形成特色制度优势

（1）优化产业转移承接机制。中西部地区在承接东部产业转移的过程中，需建立和完善产业准入审核机制，以确保落地企业的环保标准和产业定位与园区发展相匹配。这要求园区开发机制、产业准入机制、产业退出机制等核心体制机制的设计必须科学合理，以保障产业园区的健康、可持续发展。

（2）促进产业链整合与升级。产业转移不仅是企业地理位置的迁移，更是资源优化配置和生产要素优势地域资源寻求的过程。随着东部地区成本的上升和西部地区产业承接能力的增强，西部地区已成为电子信息产业、生物医药、新材料等产业转移的重要目的地。西部地区应积极推动产业链的垂直整合，加强生产性服务业与制造业集群的互动，创新模式，降低内部交易成本，扩大生产规模效应，克服内陆地区区位限制，实现产业承接与产业升级的有机结合。通过引进行业龙头企业，带动产业链条式、集群式发展，形成西部地区产业发展的新动能。

### （三）建设世界级装备制造战略基地

建设世界级装备制造战略基地对于西部地区具有战略意义，这不仅能够促进当地产业结构优化升级，还能增强区域经济的内生动力和国际竞争力。通过加强技术创新和产品研发，西部地区能够在关键领域实现突破，推动产业智能化转型，构建新兴高端装备制造业体系，从而在全球装备制造领域占据一席之地。

1. 加强技术创新，加快发展新兴高端装备

西部地区应加强技术创新和产品研发，以提升装备制造业产品的技术含量和附加值。重点发展新能源汽车、军工、航天航空等领域，推动产业智能

化转型，强化整车集成技术创新，提升产业和品牌的国际影响力。同时，加快发展高端能源装备、电子信息、智能制造等产业，以构建新兴高端装备制造业体系。

2. 强链补链延链，促进产业集聚与竞争力提升

西部地区在装备制造业已初步形成协同效应，但仍需解决产业同质化竞争问题。加强产业链分工协作，促进区域内产业互补和互促发展，健全供应链体系，特别是大型结构件等精密加工环节。通过宏观区域经济统筹和顶层设计，推动地区形成具有特色的先进制造业，优化发展策略，锻造长板、补齐短板。加快发展新质生产力，抢占全球科技革命和产业变革的制高点，培育新动能，增强竞争新优势，提升区域制造业集群的国际竞争力。

3. 强化人才战略，激发产业创新活力

西部地区应通过提升人才素质来增强企业的创新能力和市场竞争力，实现产业做强和高素质人才吸引之间的良性循环。立足本地资源禀赋优势，发展特色优势产业，以产业聚集人才，以人才促进城市发展。在科研经费、办公场所、引进奖励等方面提供制度保障，灵活运用人才引进政策，促进国内外人才向西部集聚，为装备制造业的发展提供强有力的人才支撑和智力支持。

### （四）发展国家级特色农产品加工基地

发展国家级特色农产品加工基地对于西部地区具有重要意义，这不仅能够充分利用当地的自然资源和农业优势，还能通过提升农产品的附加值来促进农民增收和区域经济发展。通过因地制宜地发展农牧产品加工业，可以推动农业产业链的延伸和价值链的升级，增强农产品的市场竞争力；同时，也有助于构建更加完善的农业产业体系，为实现乡村振兴战略和农业现代化提供有力支撑。

1. 因地制宜发展农牧产品加工业

充分发挥西部地区农牧产品的产地和品种资源优势，推进特色农牧产品品牌建设，瞄准中高端消费市场，提升产品的档次和品位。实施农产品加工

提升行动，开发多样化加工产品，创制智能化、清洁化设施装备。引导各地建设农产品加工园区，促进农产品深度加工和循环利用，提升产品影响力和竞争力。加强品牌宣传，利用各类展会和“互联网+农牧业”平台，创新产品销售模式，如通过电商平台拓宽销售渠道。

2. 强化生产能力，延长产业链条

加强耕地保护，提升耕地质量水平，立足区域资源禀赋，挖掘品种资源，建设绿色基地，做精特色粮经，做优特色畜禽，做亮特色农牧业，推进产业延链、壮链、补链发展。鼓励农牧产品的初加工和精深加工，提升国家级、省级现代农业产业园的产业水平，延长和完善产业链条，增强产业的整体竞争力。

3. 优化产业布局，加强特色彰显

（1）对于烟草产业，优化烟叶产区布局，优先发展最适宜区种植，构建资源利用节约高效、生产过程绿色环保的绿色发展体系，提高烟叶质量和市场竞争力。全面落实适用技术，提高田间整齐度、把握采烤成熟度、保障等级纯度，彰显地方烤烟的特色风格。

（2）对于食品饮料产业，引导企业向集中区聚集，推进集中区基础设施配套及污染治理设施建设。建立特色园区和孵化器平台，促进产业集聚。引导食品企业开展技术改造，提升设施设备水平和生产工艺，实现规模化、规范化、智能化、清洁化发展。鼓励企业利用新技术、新工艺、新设备研制特色产品，推进创新发展。强化品牌宣传，利用媒体和各种平台提高品牌知名度，拓宽产品销售渠道，增强产品的市场影响力。

### （五）打造国际生态文化旅游目的地

打造国际生态文化旅游目的地对于西部地区具有战略意义，这不仅能够充分发挥西部地区丰富的自然资源和深厚的文化底蕴优势，还能通过发展特色文旅和康养产品体系，提升西部地区的国际知名度和吸引力。通过开发具有地域特色的文化旅游和康养产品，可以促进当地经济的多元化发展，同时，这也有助于保护和传承西部地区的文化遗产，实现生态保护与经济发展的双赢。

1. 开发特色文旅、康养产品体系

（1）推进西部文旅产业发展的核心力量在于旅游演艺。通过演艺效应整合文化与旅游业，将演艺技术融入文旅场景、消费发展和商业模式，提升整体旅游的体验性和参与性。文旅产业与农业、体育、商业等行业的融合，催生了新的文旅发展业态和动能。

（2）在康养旅游产品的开发中，应注重将目的地特色资源与旅游过程相结合，设计多样化的配套活动以提升游客的舒适体验。康养产品的层次应根据市场需求进行细分：低端产品依托景观资源优势，打造“养眼”系列基础产品；中端产品通过运动康体类项目形成“养身”系列；高端产品则以人文资源为主，推出“养心”系列产品，以满足不同消费层次的需求。

2. 打造文化旅游、生态康养品牌

文旅产业的发展需要整合旅游资源，形成国际化品牌，完善国际化产品供给体系，打造精品旅游线路，并构建多元市场结构和优质服务系统。

（1）通过建设生态城区、筑牢自然生态屏障和加强水域岸线保护等措施，提升地区生态环境品质，为文化旅游和生态康养提供良好的自然基础。在建设旅游目的地的过程中，高品质、重体验、强服务成为基本要求。

（2）加强文化资源的挖掘与利用，深入挖掘当地历史文化和自然资源，打造具有地方特色的文化旅游产品。例如，通过举办文化活动和开发文化旅游路线，让游客在享受自然美景的同时，体验到当地的文化魅力。

（3）完善配套设施与服务，构建旅游景区和度假区，发展休闲城市和特色街区，打造各具特色的夜间文旅消费亮点产品。树立康养旅游品牌形象，找准品牌定位，将是未来康养旅游营销的关键。

3. 加快数字化赋能与创新营销推广

数字化赋能文旅康养行业，涵盖沉浸体验、特色服务、景区监管和管理决策等方面。旅游要素服务中也需要数字化的参与、支持，以提升服务效率和用户体验。创新营销推广的重要性日益凸显，各类文旅话题纷纷“出圈”，成为网络热点，极大地促进了当地旅游经济的发展，提升了文旅品牌的影响力。通过创新营销方式，促进旅游目的地消费，这对于西部地区尤为重要，能够有效推动区域经济的可持续发展。

## 四　新时代西部地区特色优势产业加快发展的政策建议

西部地区特色优势产业的发展需要政策的引导和支持。面对全球经济一体化的挑战和国内经济转型升级的需求，西部地区必须抓住机遇，充分发挥其资源和地理优势，推动特色优势产业快速发展。这不仅需要政府的宏观调控和政策支持，还需要市场主体的积极参与和创新实践。

### （一）统筹发展策略，促进产业协同升级

#### 1. 统筹政府与市场，加强顶层设计与战略布局

在现代化建设中，政府应发挥引导和调控作用，同时尊重市场规律，让市场在资源配置中起决定性作用。政府通过制定合理的政策和法规，为市场提供良好的发展环境，促进经济的健康发展。

#### 2. 协调整体与部分，优化区域间区域内产业发展关系

在推动经济发展的过程中，要注重整体与部分的协调发展。既要关注国家整体的经济布局和产业结构优化，也要关注各个地区、各个行业的特色发展和协调发展，实现整体与部分的良性互动。

#### 3. 集中优势补短板，精耕细作锻长板

在产业链的发展中，既要重视补齐产业链的短板，提高整体竞争力，也要继续发展和强化自身已有的优势领域，形成更多的长板。针对产业薄弱环节，实施关键核心技术攻关工程，解决“卡脖子”问题，补齐短板。在产业优势领域精耕细作，研究独门绝技，锻造长板，提升产业链、供应链现代化水平。具体做法包括巩固传统优势产业领先地位，深入实施制造业核心竞争力提升行动计划，推动重点行业加快联合重组，加快传统产业数字化转型，大力发展先进制造业，持续强化品牌建设，不断提升高端化、智能化、绿色化水平。通过“补短板”和“锻长板”的双重努力，提升产业链的整

体水平和国际竞争力。

4. 融合制造业与服务业

促进制造业与服务业等产业融合，把握当前数字化、融合化、场景化的技术变革趋势，支持高端装备制造、电子信息制造等先进制造业与软件和信息服务业、金融业、科技服务业等现代服务业深度融合，构建涵盖先进制造业和现代服务业的产业体系。在制定相关产业规划和计划时，需将制造业与服务业融合发展作为重点方向。

## （二）构筑科研基础，强化科技创新研究支撑

1. 加快科研基础设施建设

布局建设一批国家重大科技基础设施，如国家实验室、科研中心等，推进配套设施完善，以支撑前沿科学研究和技术创新。优化基础研究科研管理，遵循基础研究自身规律，建立以信任为前提、以诚信为底线的科研管理机制，赋予科研人员更大自主权，深入推进基础研究项目经费使用“包干制”试点。

2. 加大基础研究财政投入

依托企业、政府、高校、科研机构等，加强基础研究，增强关键技术的创新能力。发挥国家自然科学基金支持源头创新的重要作用，聚焦基础学科和前沿探索，加大投入支持人才和团队建设。

3. 促进科技成果转移转化

改进科技成果转化机制，营造有利于科技成果转化的生态环境，加强职业技术经理人技能培训，完善培训制度。培育壮大技术转移转化交易市场，培育专业服务机构，实施技术合同资助项目，对技术合同的卖方或受托方给予政策支持。

4. 构建高水平创新平台

高水平创新平台的构建需要整合各类创新资源，包括人才、技术、资金等，以形成协同创新的强大合力。这要求不断创新产业技术研发组织方式，推动科研成果与市场需求相结合，加强产业技术创新资源的统筹整合；注重

平台管理运营，包括创新理念、构建长效支持机制，支持企业、科研机构、高等院校按照市场机制联合建立成果共享、风险共担的技术创新联盟、创新联合体，全面提升现有创新平台能级。

### （三）核心技术攻关，实现产业链供应链自主性

#### 1. 国家战略层面核心技术攻关

加快关键核心技术攻关，推动重点特色优势产业高质量发展。深化产业链供应链协同创新合作。立足重大现实需求和战略需要，聚焦基础性、前沿性、通用性技术，充分发挥国家战略科技力量的作用，通过实施重大科技攻关项目，显著提升我国科技创新的整体实力。

#### 2. 区域发展层面核心技术攻关

突出发展需求，将关键核心技术攻关与区域经济社会转型升级有机结合，选择关键缺失或滞后的核心技术领域进行突破，在推动区域发展的同时积极融入国家科技创新整体布局，以实现区域与国家战略的协同发展。

#### 3. 企业竞争层面核心技术攻关

强化企业竞争能力，以建立核心竞争力为目标，深入分析产业变革趋势，积极参与关键核心技术攻关，提升企业在产业链、价值链中的地位，确立在产业变革中的竞争优势。

### （四）龙头企业带动，打通上下游关联产业链

#### 1. 培育龙头企业，增强生态主导能力

一是加大扶持力度。政府应在政策、信贷、技术和配套设施建设等方面，进一步加大对龙头企业的支持，以推进企业结构和布局的优化。二是突破关键技术。着力突破“卡脖子”技术，推动产业向高端化升级，争取更多产品进入关键环节和中高端市场。三是建立“链长制”。通过建立产业链“链长制”，充分发挥“链长”的精准引导作用，制定产业政策，引导特色优势产业“链主”企业向上下游延伸。四是资源统筹协调。协同政府、资本、市场、人才等资源，统筹协调各环节需求对接、项目引进、要素保障等

问题，补齐行业短板，形成以“链主”企业为核心的网状产业集群。

#### 2. 培育专精特新小企业，促进大中小企业融通发展

一是政策措施制定。制定相关政策措施，组织融通对接活动，提供财政支持，鼓励技术创新与产业合作。二是财政支持。如中央财政资金支持专精特新中小企业高质量发展，聚焦重点产业链和战略性新兴产业，通过财政综合奖补方式，分批次支持“小巨人”企业。三是数字化赋能。深入开展中小企业数字化赋能专项行动，加强标准引领和质量支撑，打造有国际影响力的“中国制造”品牌。四是融通发展。通过培育小巨人企业带动地方大中小企业融通发展，鼓励产业链协作配套，促进产业供应链现代化水平提升。

#### 3. 以工业互联网平台打通上下游产业链

一是数据驱动创新。工业互联网平台通过数据驱动创新发展，引领生产方式智能化变革，促进先进制造业与现代服务业深度融合。二是完善平台支持政策。完善工业互联网关键共性技术研发支持政策、高水平的工业互联网基础设施建设、对平台的金融支持政策。三是“智能+”融合应用。促进工业企业数字化智能化技术改造，以工业互联网平台为依托，鼓励支持中小企业进行数字化转型，加强企业内部、上下游企业之间、跨领域生产设备与信息系统的互联互通。

### （五）利用精准招商，加强国际产业合作

#### 1. 围绕关键、缺失环节开展精准招商

一是产业链分析。西部地区应深入分析产业链条，明确关键环节和缺失环节，包括梳理主导产业链条，全面梳理产业链上中下游的重点企业分布和发展情况。二是绘制产业链图谱。精心绘制产业链图谱和产业招商地图，建立招商引资目标企业库，为精准招商提供依据。三是差异化招商策略。制定差异化的招商策略，针对不同产业链环节提供定制化的优惠政策和配套服务。四是加强沟通对接。加强与国内外行业领先企业的沟通对接，吸引其在西部地区设立研发中心或生产基地。

2. 利用大数据和人工智能技术提高招商效率

一是利用大数据技术实时呈现信息。有效梳理分析繁杂数据，指导招商引资工作走向精准化、专业化和智能化方向。二是促企业与项目匹配。依托大数据和人工智能算法，快速形成企业与政府招商引资项目的匹配度，提高目标精准度。三是加强全景信息动态评价。利用大数据平台对招商对象进行全景信息动态评价，全面掌握招商对象信息，实现对招商对象的风险把控和价值评估。四是数据挖掘分析。通过海量的经济社会、企业、产业、人才等数据进行挖掘分析，实现政府招商引资的精准化。

3. 打造特色优势产业园区载体，加强内外产业联动合作

一是构建特色产业园区。加速构建特色产业园区，优化园区基础设施建设，提供高效便捷的物流、信息、金融服务，降低企业运营成本。二是产学研用合作。推动产业园区与高校、科研机构合作，建立产学研用一体化的创新体系。三是园区品牌建设。强化园区品牌建设，提升园区的国际知名度和吸引力。四是内外产业联动合作。鼓励西部地区企业与国内外企业建立战略联盟，通过技术合作、市场共享等方式实现互利共赢。五是利用“一带一路”等国际合作平台，拓展西部地区产业的国际市场。吸引外资企业参与西部地区产业发展。建立产业合作信息平台，促进西部地区与国内外产业的交流与合作。加强对国际产业发展趋势的研究，为西部地区产业合作提供决策支持。

### （六）优化营商环境，强化资源要素供给

1. 优化中小企业营商环境

以制度建设为核心，营造健康发展环境。简化企业开办和行政审批流程，降低企业运营成本。加强知识产权保护，确保企业创新成果得到合法保护。建立公平竞争的市场环境，消除不合理的市场准入壁垒。主要落实好政府部门、平台企业、相关主体三方主体责任，共同参与工业大数据治理，促进数据合理流动和安全交易。

2. 用活城市产业用地，推动产业金融合作，促进绿色化生产

一是合理规划产业用地，推行弹性出让制度，降低企业用地成本。二是

推动产业金融合作。建立产业投资基金、支持特色优势产业发展，促进银企合作、提供多样化金融服务，加强资本市场建设、支持企业融资。三是绿色化生产。推广清洁生产技术，支持循环经济和绿色产业链发展，制定绿色金融政策，支持绿色、低碳产业。

3. 实施人才驱动产业计划，聚集各类创新资源

一是创新平台建设。建立创新平台和研发中心，聚集创新人才和团队。二是加强与高校、科研机构合作，推动科技成果转化。三是鼓励企业加大研发投入，提升自主创新能力。四是实施人才政策。争取国家层面的西部人才支持计划，制定本地区人才培养计划，为青年人才提供职业晋升赛道和评价体系，提供政策支持，解决住房、医疗、教育等“后顾之忧”。五是深化教育科技人才体制机制改革。加快培养造就规模宏大、结构合理、素质优良的创新型人才队伍，实行积极、开放、有效的人才政策，弘扬科学家精神，构筑人才竞争优势，推动科技创新和产业创新发展。

# B.3
# 西部地区生态安全建设研究报告*

岳利萍　康秀华**

**摘　要：**　西部地区坚持生态优先、绿色低碳发展的目标导向，致力于通过高质量发展的高水平保护破解西部地区人与自然的紧张关系、人与自然的尖锐矛盾，生态安全建设取得重大进展，但生态安全边界受到挤压、生态系统本底脆弱、保障基础能力薄弱等问题依旧突出。区域生态安全评估对区域环境保护、社会发展和经济增长协调发展具有重要引导作用，本报告基于 PSR 模型构建西部地区生态安全指标体系，利用 CRITIC—TOPSIS 法对西部地区整体及各省域生态安全时间维度的演变特征进行分析，并利用差异系数探析区域生态安全演变差距，为进一步筑牢西部地区生态安全屏障提供参考。

**关键词：**　生态安全　西部地区　PSR 模型　CRITIC—TOPSIS 法

生态安全是国家安全的重要组成部分。作为国家重要的生态安全屏障，西部地区既是我国大江大河的发源地、森林草原湿地等生态资源的集中分布区和重要的生物多样性聚集区，也是我国水土流失、土地石漠化荒漠化最严重的地区。习近平总书记在新时代推动西部大开发座谈会上明确指出，“要坚持以高水平保护支撑高质量发展，筑牢国家生态安全屏障”。这为推动西

* 本文是陕西省哲学社会科学基金项目“关中平原城市群大气污染协同治理的机制与路径研究”（立项号：2023D001）、西北大学中国西部经济发展研究院研究项目“西部地区生态安全建设研究报告”（批准号：XBLPS202503）、西北大学研究生创新项目“ESG 评级分歧的绿色创新效应评估与机制研究”（批准号：CX2024029）的阶段性研究成果。

** 岳利萍，西北大学经济管理学院教授、博士生导师，研究方向为资源环境约束下的区域高质量发展；康秀华，西北大学经济管理学院硕士研究生，研究方向为人口、资源与环境经济学。

部地区加快形成大保护大开放高质量发展新格局、奋力谱写西部大开发新篇章指明了方向。

## 一　西部地区生态安全建设成效、面临的困难与问题

生态环境安全是国家安全的重要组成部分，良好的生态环境不仅是关系党的使命宗旨的重大政治问题，更是关系民生的重大社会问题，成为经济社会持续健康发展的重要保障。完善生态环境治理需要统筹好生态系统与经济社会发展的关系，要坚持系统观念，谋定而后动。基于生态安全模型的构建，进一步观测近年来西部地区生态安全治理的成效与困难，以对西部地区生态安全的演变情况进行梳理。

### （一）西部地区生态安全建设成效

#### 1. 生态质量稳步提升

随着西部大开发“十一五”规划、“十二五”规划、“十三五”规划的推进，2005 年以来，西部地区各个省（区、市）针对水土流失、土壤荒漠化、水污染等问题，坚持节约优先、保护优先、自然恢复为主的方针，按照全方位提升、全要素保护、全流域治理的思路，多措并举、综合施策，推动生态环境质量持续改善，生态安全屏障持续稳固。

第一，打好蓝天保卫战，大气生态环境稳中趋好。为切实改善空气质量，西部地区各省（区、市）出台了一系列政策，整治“散乱污”企业，提高能源利用效率，2020 年中共中央办公厅、国务院办公厅印发了《关于构建现代环境治理体系的指导意见》，在健全环境治理监管体系中提出，推动跨区域污染防治联防联控。在此要求下，陕西省、四川省、甘肃省、宁夏回族自治区发布了《大气污染治理专项行动方案》，重庆市发布了《大气环境保护“十四五”规划》。如图 1 所示，2013 ~ 2022 年，西部地区各省（区、市）空气质量优良天数逐年增加，空气质量稳中有升，空气质量优良率提高。分地区来看，重庆、贵州和青海空气质量优良率上升幅度较为明

显，均大于 15%，空气质量显著优化，四川和陕西空气质量优良率略有下降，分别降低了 0.75%和 0.7%，说明该地区需要加强空气污染的治理。

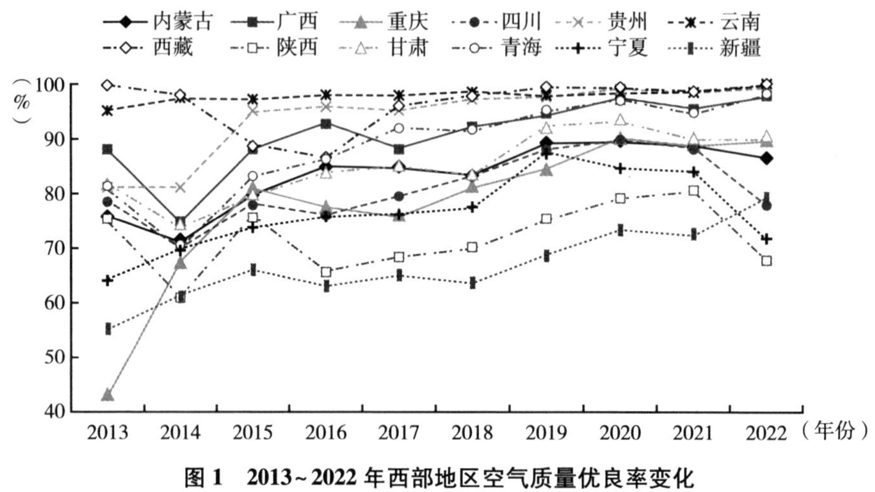


**图 1　2013~2022 年西部地区空气质量优良率变化**

资料来源：中国空气在线监测分析平台。

第二，打好碧水保卫战，水生态环境质量不断改善。通过建立“河（湖）长+检察长”协作机制，推动了河流污染防治和生态保护工作走深走实。2021 年，甘肃省出台《关于建立“河（湖）长+检察长”协作机制的意见》，全面建立“河（湖）长+检察长”协作机制，随后不断完善确立信息共享、联席会议、联合督导等制度，通过“点线面”责任落实和“纵横向”闭环管理，河流动态监管巡护力度提高，破坏水生态环境问题受到严厉打击，水生态环境协同治理能力显著增强。重庆市通过运用卫星遥感、大数据、物联网、水质污染溯源等智能化技术手段，对河湖的生态流量进行跟踪监测。2018 年，重庆市河长制管理信息系统全面上线。严格执行生态保护红线区管理制度以切实保障饮用水水质安全。新疆明确将饮用水源保护区、湿地保护核心区等纳入流域生态保护红线区，确保水源地得到有效管理，完成地表水集中式饮用水水源地的“划、立、治”整治任务，确保水资源的安全和可持续利用。2006~2022 年，西部地区水环境质量持续提高，从图 2 可以看到，近年来西部地区Ⅲ级以上水质占比稳步上升，2019~2022

年的四年里，Ⅲ级以上水质占比提高了 22.77 个百分点，水环境安全保护成效显著。

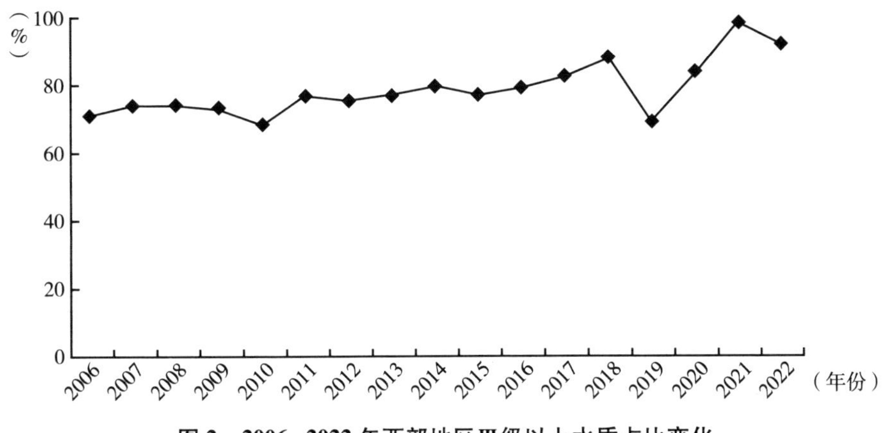


**图 2　2006~2022 年西部地区Ⅲ级以上水质占比变化**

资料来源：根据中国环境监测总站整理所得。

第三，打好净土保卫战，土壤生态安全切实提升。强化土壤环境监管力度，稳步推进“无废城市”建设。2023 年，新疆深入推进地下水污染防治试验区建设，通过任务清单落实“无废城市”建设成果，形成绿色低碳生活和消费方式。实施土壤污染源头防控行动，持续深入打好净土保卫战。2022 年，陕西省出台《深入打好污染防治攻坚战的若干措施》，围绕“受污染耕地安全利用”和“重点建设用地安全利用”两个约束性考核指标，开展全省重点行业企业用地调查和涉镉重污染源企业整治，土壤环境质量总体安全可控。内蒙古自治区政协将“加强矿山治理修复，探索支持第三方治理模式”纳入《自治区 2024 年度政协协商计划》，修复改善矿山地质环境问题，还致力于通过实施“山水林田湖草沙”一体化保护修复工程，提升土壤生态环境安全。表 1 显示，2022 年中国完成防沙治沙任务共 1586737 公顷，可治理沙化土地治理率达 53.10%，其中，西部地区完成防沙治沙任务 1319252 公顷，占全国治理总量的 83.14%，草原种草改良面积为 1077.7 千公顷，实现了由“沙进人退”到“绿进沙退”的历史性转变。

**表1　2022年西部地区防沙治沙和种草改良情况**

| 地区 | 沙化土地面积（公顷） | 沙化土地治理面积(公顷) | 种草改良面积（千公顷） |
| --- | --- | --- | --- |
| 内蒙古 | 39815296 | 424000 | 1076.5 |
| 广西 | 137133 | 305 | 1.2 |
| 重庆 | 518 | — | — |
| 四川 | 678137 | 33768 | 200.4 |
| 贵州 | 209 | — | 24.9 |
| 云南 | 21023 | — | 57.0 |
| 西藏 | 20961162 | 92012 | 290.0 |
| 陕西 | 1223285 | 62660 | 13.2 |
| 甘肃 | 12066017 | 162067 | 368.5 |
| 青海 | 12355417 | 84973 | 516.7 |
| 宁夏 | 1003222 | 75619 | 18.2 |
| 新疆 | 74682140 | 383848 | 493.2 |
| 西部地区总计 | 162943559 | 1319252 | 3059.8 |
| 全国总计 | 168782310 | 1586737 | 3214.1 |
| 西部地区占比(%) | 96.54 | 83.14 | 95.20 |

资料来源：《中国环境统计年鉴》。

第四，健全常态化长效化保护体制机制，森林生态功能价值增强。陕西省聚焦“五乱”问题动态排查整治，深入实施秦岭北麓主体山水林田湖草沙一体化保护和修复项目，严格落实“林长制”，对秦岭北麓鄠邑段峪口峪道实施“三色”分类管理，坚决防范化解生态安全风险。重庆市按照分区治理思路，通过“山上”实施国土绿化、景观步道、生物多样性保护，“山腰”实施废弃矿山及其影响区、矿坑水体生态修复，“山下”实施国土综合整治、农村面源污染防治、村庄整治等，推进区域性系统修复，致力于让废弃矿山变为绿水青山。图3表明，2006~2022年西部地区植被覆盖指数逐年提升，2022年西部地区植被覆盖指数达0.575，随着森林资源的增加，森林生态系统的水源涵养和土壤保持生态服务功能也被强化，对维护国土安全有着重要作用。

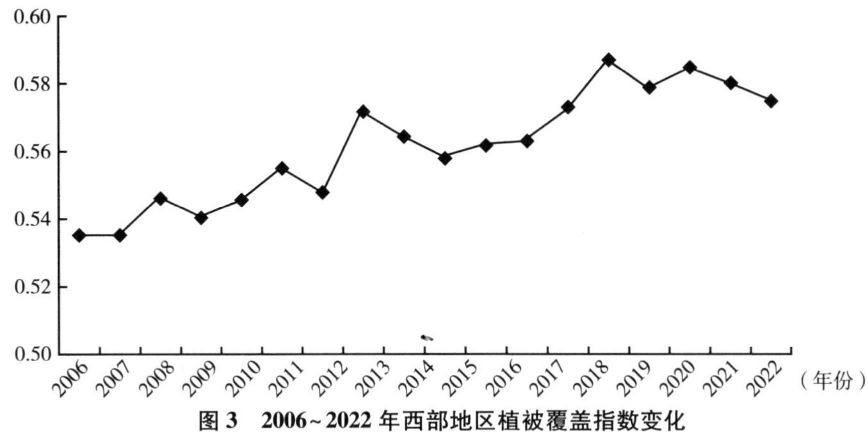


**图 3　2006~2022 年西部地区植被覆盖指数变化**

资料来源：国家科技资源共享服务平台。

### 2. 自然灾害防治能力不断提高

我国是世界上自然灾害最为严重的国家之一，灾害种类多，分布地域广，发生频率高，造成损失大，而西部地区是自然灾害频发地区。《第一次全国自然灾害综合风险普查公报》显示，西部地区中黄土高原西部、云贵高原自然灾害风险较高。从表 2 中可以看到，2022 年，西部地区农作物受灾面积超过 5000 千公顷，因自然灾害作物绝收面积达 634 千公顷，其中，旱灾带来影响最广，造成受灾面积超过 2000 千公顷。同自然灾害抗争是人类生存发展的永恒课题，为保护人民群众生命财产安全，西部地区从“十四五”国家应急体系的发展目标、主要任务和重点工程出发，围绕“防”与“救”两个关键环节，提升自然灾害风险防控能力和应急处置能力，构建起保障社会主义现代化强国的西部屏障。

**表 2　2022 年西部地区自然灾害损失情况**

单位：千公顷

| 地区 | 农作物受灾面积合计 | | 旱灾 | | 洪涝、地质灾害 | | 风雹灾害 | | 低温冷冻和雪灾 | |
|---|---|---|---|---|---|---|---|---|---|---|
| | 受灾 | 绝收 | 受灾 | 绝收 | 受灾 | 绝收 | 受灾 | 绝收 | 受灾 | 绝收 |
| 全国 | 12071. 7 | 1351. 8 | 6090. 2 | 611. 8 | 3575. 8 | 505. 2 | 1527. 6 | 175. 1 | 870. 8 | 59. 3 |
| 西部地区 | 5435. 1 | 634 | 2468. 1 | 284. 5 | 1270. 1 | 167. 9 | 1110. 5 | 138. 5 | 579. 4 | 42. 8 |
| 内蒙古 | 1394. 9 | 160. 9 | 543. 4 | 50. 7 | 497. 8 | 72. 1 | 303 | 37. 7 | 50. 7 | 0. 4 |

续表

| 地区 | 农作物受灾面积合计 | | 旱灾 | | 洪涝、地质灾害 | | 风雹灾害 | | 低温冷冻和雪灾 | |
|---|---|---|---|---|---|---|---|---|---|---|
| | 受灾 | 绝收 | 受灾 | 绝收 | 受灾 | 绝收 | 受灾 | 绝收 | 受灾 | 绝收 |
| 广西 | 376.0 | 33.1 | 113.4 | 7.9 | 245.4 | 24.1 | 0.4 | 0.2 | 16.8 | 0.8 |
| 重庆 | 369.5 | 71.1 | 332.2 | 66.2 | 27 | 3.9 | 9.4 | 0.9 | 0.9 | 0.1 |
| 四川 | 615.9 | 67.4 | 522.5 | 53.7 | 54.9 | 9.1 | 25.3 | 3.6 | 11.0 | 0.6 |
| 贵州 | 420.4 | 47.1 | 265.7 | 26.8 | 69.8 | 9.8 | 62.9 | 9.8 | 22.0 | 0.8 |
| 云南 | 810.6 | 110.4 | 169.3 | 26.0 | 118.3 | 16.2 | 221.7 | 34.3 | 301.4 | 33.8 |
| 西藏 | 7.9 | 1.3 | 3.0 | 0.2 | 1.8 | 0.4 | 2.9 | 0.7 | 0.2 | 0.0 |
| 陕西 | 553.3 | 89.7 | 281.0 | 44.1 | 159.3 | 25.3 | 104.3 | 16.5 | 8.7 | 3.9 |
| 甘肃 | 487.9 | 18.2 | 169.6 | 5.9 | 59.7 | 4.7 | 105.2 | 5.9 | 153.4 | 1.6 |
| 青海 | 92.9 | 8.4 | 5.3 | 0.1 | 13.5 | 1.4 | 64.5 | 6.8 | 9.6 | 0.1 |
| 宁夏 | 68.6 | 7.4 | 26.1 | 1.1 | 17.8 | 0.5 | 20.1 | 5.2 | 4.6 | 0.7 |
| 新疆 | 237.2 | 19.0 | 36.6 | 1.8 | 4.8 | 0.4 | 190.8 | 16.9 | 0.1 | — |

说明：新疆低温冷冻和雪灾绝收面积值缺失。

资料来源：《中国环境统计年鉴》。

第一，防范化解各类重大自然灾害风险能力提升。通过建立灾害事故监测预警网络，提高灾害监测预警能力和防御能力。贵州省“十四五”应急体系建设规划强调打通国家、省、市、县四级音视频传输渠道，构建“纵向+横向”的监管信息大数据平台，健全常态普查组织体系，建立普查数据动态更新机制，推动公共安全治理模式向事前预防转型。新疆全面建成自治区自然灾害综合风险基础数据库，汇总住建、水利、气象等部门数据 2.42 亿余条，有效提高了风险隐患排查治理的精准性。2019 年，陕西省出台了《生态环境应急监测工作方案》，加强天空地一体化生态环境应急监测能力建设，绘制城市社会风险预警图，提高灾害事故监测感知能力。如表 3 所示，2005~2017 年，西部地区地质灾害防治项目数和防治投资额持续增加，2013 年地质灾害防治项目数达到最高值，超过 29000 个，2015 年西部地区地质灾害防治投资额达到最高值，超过 116 亿元。近年来西部地区各省（区、市）城镇环境基础设施建设投资持续增加，总体上四川省的城镇环境基础设施建设投资总额最高，2021 年达 472 亿元，2022 年达到 527 亿元，增速最突出的是贵州省，从 2005 年的 4.1 亿元增长到 2022 年的 110.04 亿元，增长了 25 倍多。

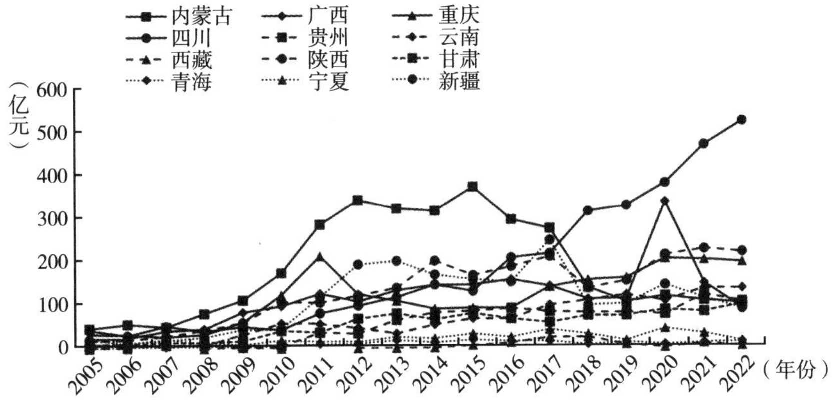


**图 4　2005~2022 年西部地区城镇环境基础设施建设投资情况**

资料来源：《中国环境统计年鉴》。

第二，强化应急预案准备，基层防灾减灾基础保障不断夯实。近年来，青海省根据极端天气及防范雨雪冰冻灾害、次生衍生灾害不断完善应急预案修订，加强应急培训演练，加强救援队伍建设，做好应急物资储备，满足应对特别重大灾害事故的应急物资保障峰值需求，以充分的准备打好应急救援主动仗。西藏建立各级减灾委与防汛抗旱指挥部、抗震救灾指挥部、森林防火指挥部等机构及军队、武警部队之间的工作协同制度，强化基层防灾减灾工作机制，增加自治区、市（地）、县（区）、乡（镇）四级储备，构建横向到边、纵向到底的应急预案体系，自然灾害风险应对能力不断提升。

### 3. 重点生态工程稳步推进

党中央、国务院高度重视西部地区生态保护与建设，2013 年《国家发展改革委关于印发西部地区重点生态区综合治理规划纲要的通知》颁布，实施了一批西部地区重点生态保护与建设工程。该《通知》以巩固生态建设成果、加强综合治理为主线，以重点生态区治理为重点，通过整合分散项目和资金切实保护优质生态资源，对构建起“两屏三带”生态

安全战略格局具有重要意义。2020 年国家发展改革委、自然资源部印发了《全国重要生态系统保护和修复重大工程总体规划（2021－2035 年）》，提出了 2035 年推进自然生态系统保护和修复工作的主要目标，以及统筹山水林田湖草一体化保护和修复的总体布局、重点任务、重大工程和政策举措。西部地区各省（区、市）按照党中央、国务院决策部署，围绕西北草原荒漠化防治区、黄土高原水土保持区、青藏高原江河水源涵养区、西南石漠化防治区、重要森林生态功能区五大重点生态区，因地制宜推进重点生态功能区生态保护和修复工作，基于优良生态资源保护、重大生态建设成果巩固和分散项目优化整合三类治理模式，科学配置生物措施、工程措施和农艺措施，持续推进三江源、青海湖、塔里木河、黑河、石羊河、渭河、黄河水源补给区、西藏生态安全屏障等重点区域和流域的生态综合治理，取得显著成效。

2022 年，陕西省实施重点区域生态保护和修复项目建设 379.2 万亩，完成水土流失治理面积超过 4000 平方公里。西藏“绿盾”自然保护地强化监督工作不断深化，重点生态功能区转移支付资金达 37 亿元。云南省建立自然保护地 362 处，国家重点野生动植物种数保护率达 83%，优良生态资源得到有效保护。总体上来看，2022 年西部地区完成人工造林 433395 公顷，封山育林 587869 公顷，退化林修复 849936 公顷，水土流失面积呈下降趋势，土壤保持能力上升，累计水土流失治理面积为 84275.1 千公顷（见表 3）。

**表 3　2022 年西部地区造林、草原改良、矿山生态修复情况**

| 地区 | 人工造林面积(公顷) | 封山育林面积(公顷) | 退化林修复面积(公顷) | 草原改良面积(千公顷) | 围栏封育面积(千公顷) | 累计水土流失治理面积(千公顷) |
|---|---|---|---|---|---|---|
| 西部地区总计 | 433395 | 587869 | 849936 | 670.3 | 1942.5 | 84275.1 |
| 内蒙古 | 87884 | 30543 | 112285 | 398.8 | 411.8 | 16678.7 |
| 广西 | 5953 | 3122 | 30952 | 0.1 | 1.0 | 3425.0 |

续表

| 地区 | 人工造林面积(公顷) | 封山育林面积(公顷) | 退化林修复面积(公顷) | 草原改良面积(千公顷) | 围栏封育面积(千公顷) | 累计水土流失治理面积(千公顷) |
|---|---|---|---|---|---|---|
| 重庆 | 16634 | 28533 | 85042 | — | — | 4109.0 |
| 四川 | 13070 | 69580 | 72101 | 28.0 | 153.7 | 12028.6 |
| 贵州 | 32717 | 3332 | 131974 | 11.3 | 6.1 | 8223.4 |
| 云南 | 28688 | 64804 | 88836 | 22.6 | 19.3 | 11636.9 |
| 西藏 | 13504 | 1256 | — | 41.6 | 220.7 | 898.5 |
| 陕西 | 43717 | 174312 | 110305 | 2.7 | 8.8 | 8624.4 |
| 甘肃 | 102277 | 52080 | 96923 | 94.4 | 211.1 | 11505.1 |
| 青海 | 17631 | 80750 | 43143 | 48.4 | 436.0 | 1865.6 |
| 宁夏 | 47633 | 4723 | 52401 | 10.1 | 1.3 | 2666.5 |
| 新疆 | 23687 | 74834 | 25974 | 12.3 | 472.7 | 2613.4 |

资料来源：《中国环境统计年鉴》。

## （二）西部地区生态安全建设面临的困难与问题

### 1. 生态安全边界受到挤压，守住国土空间格局压力增大

国土空间格局的生态安全边界旨在通过实施科学的国土空间开发保护制度，达到人口资源环境和谐相处和经济、社会、生态效益统一的目的，从而形成科学合理的“三格局”（城镇化融合格局、农业发展格局、生态安全格局）。生态空间类型主要包括森林、草地、湿地、湖泊、荒地、荒漠、戈壁、高山冻原等，具备系统和自然属性。然而，由于西部地区自然条件恶劣和长期推行“粗放式”经济发展模式，随着城镇化的加快推进和自然资源的开发强度增加，湿地、灌木丛、湖泊、草地等生态空间面积减少，具备水源涵养、生物多样性维护、土壤保持等功能的重要生态区域受到挤占，影响着地区的生态安全。根据全国生态状况变化遥感调查评估结果，2022 年西部地区灌木、草原和湿地等自然生态空间相对于 2000 年呈现出明显减少的态势；与之相反的，不透水面的面积增加，自然保护地空间布局仍需完善。

2. 生态系统本底脆弱，守住生态安全功能压力陡增

就自然条件来看，我国共有八大生态脆弱区，其中西部地区就有三个，分别为西北干旱及沙漠化区、西南山地及石漠化区及青藏高寒复合侵蚀区。生态脆弱区生态环境变化明显，系统抗干扰能力差，时空波动性较强，人类生产生活的不理性不合理的行为引起的生态平衡破坏所带来的环境问题更为严重。在西部，内蒙古高原和黄土高原水土流失严重、土壤贫瘠，青藏高原高寒缺氧，云贵高原山地石漠化严重，自然条件较差，生态脆弱性较高，使得西部地区自然灾害发生风险更大、频率较高、危害较重。据统计，2005~2022 年西部地区十二省（区、市）突发自然灾害次数总计超 3000 次，自然灾害发生频率高、种类多，影响范围广，诱发原因复杂，区域资源承载能力较弱。2022 年我国大陆地区共发生 5 级以上地震 27 次，大多发生在青海、四川、新疆等西部地区，其中损失最重的是 9 月 5 日四川泸定 6.8 级地震，造成直接经济损失 154.8 亿元，因灾死亡失踪 118 人。

自然资源禀赋方面，西部地区水资源匮乏，不仅制约着地区经济社会发展，更是加剧西部地区生态脆弱、环境进一步退化的重要原因。图 5 显示，2020 年以来，西部地区人均水资源量不断下降，并在 2022 年降低到了 3743 立方米，为近十年来的最低点，其中，宁夏（123 立方米）、陕西（924 立方米）、甘肃（927 立方米）、重庆（1162 立方米）低于国际用水紧张的警戒线（1750 立方米）。此外，就耕地资源状况来看，耕地本身就是重要的生态系统，是小环境生物多样性的空间载体。一方面，2013~2022 年西部地区人均耕地资源量不断下降，耕地面积逐渐缩小，耕地资源持续下降。另一方面，土地荒漠化及其引发的土地沙化现象被称为“地球溃疡症”，是最严重的灾难之一，而位于西部地区的新疆、内蒙古、西藏、甘肃、青海是我国的荒漠化集中区域。据 2023 年发布的《第六次中国荒漠化和沙化状况公报》，新疆、内蒙古、西藏、甘肃、青海五个省区荒漠化土地面积达 24705.69 万公顷，占全国荒漠化土地总面积的 95.99%。尽管近年来对荒漠化进行积极整治，但西部地区荒漠化问题依旧十分严峻，生态环境脆弱和生态自我修复能力较低。

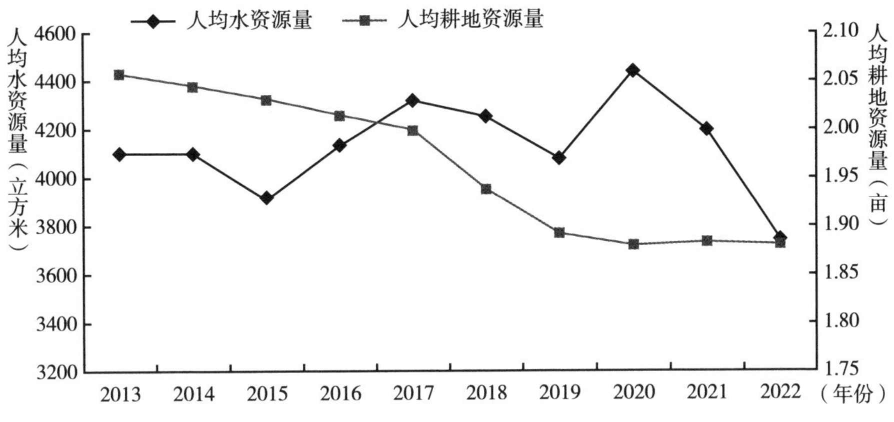


**图 5　2013~2022 年西部地区人均水资源和人均耕地资源情况**

资料来源：《中国统计年鉴》。

3. 保障基础能力薄弱，守住生态保护职责安全任重道远

在 2001 年《防沙治沙法》中首次将“生态安全”作为立法目的提出，生态保护法制建设不断推进。近年来，政府也制定了许多法规以保护生态安全，如《云南省森林条例》《甘肃省草原条例》《新疆维吾尔自治区塔里木河水资源管理条例》等，对生态安全保护起到了积极的法律保障作用，已初步构建起西部地区生态屏障的法律保护基础。然而，与严峻的生态安全现状相比，生态保护法律法规还存在着诸多问题，难以适应西部地区生态安全保障的迫切需要。

首先，西部地区当前生态安全立法往往强调以上位法为依据，因而，大多存在着地方法规过多重复国家相关法律条文、缺乏可操作性强的生态保护修复标准、监督管理执法能力不足的问题，而西部地区由于经济发展水平、自然条件等方面因素，生态立法难以适应诸多变化，立法的有效性和针对性大打折扣。其次，西部地区生态保护立法滞后，综合性法律缺失，地方法律体系还有待进一步完善。西部地区幅员辽阔、资源丰富，但开发建设等因素导致问题较多，而与稀有矿藏的开发以及重金属、持久性有机污染物的治理等有关的国家法律或行政法规较少，地方立法若不能及时管控，将会制约经济社会的可持续发展，对全国生态安全造成极大的破坏。此外，西部地区履行生态保护监管职责所必需的生态监测和生态观测能力与严峻的生态安全需求难以匹配，生态安全补偿制度支撑力不足，使得针对一些地区造成生态破坏、生态效益受损的补偿迟迟不能到位，在一定程度上抑制了区域社会经济发展水平和人民进一步改善生活质量的意愿。最后，西部地区生态保护监管执法能力有待提升，守住生态保护的安全边界仍任重道远。

## 二　西部地区生态环境安全指标体系构建

党的二十大报告指出："推动经济社会发展绿色化、低碳化是实现高质量发展的关键环节。"在中国式现代化建设全过程中，必须认识到生态安全对国家存在与发展的重要基础作用，牢牢把握高质量发展和高水平保护的辩证统一关系。西部地区由于受干旱、高寒等气候特点影响，成为我国生态脆弱性特征最突出的地区，人民生存和发展受到生态环境制约。基于此，西部大开发"十一五"规划中明确指出西部地区要努力构筑国家生态安全屏障。为推动西部地区生态安全建设，2015 年我国颁布实施《国家安全法》，将生态安全纳入国家安全体系中。2024 年习近平总书记在新时代推动西部大开发座谈会中再次强调西部地区要筑牢国家生态安全屏障。

基于西部地区自然资源和经济发展状况，结合 PSR 模型［Pressure（压力）、State（状态）、Respone（响应）］，本文从生态系统状态、生态系统压力、生态系统反馈和生态系统响应四个维度构建西部地区生态安全评估指标体系，分析西部地区自然资源拥有量的结构和空间特征。其中，"状态"表征西部地区生态环境和资源禀赋状况；"压力"表征人类活动对生态环境的直接破坏或间接干扰，即造成生态环境损害的原因；"反馈"表示生态环境受到人类活动干扰后发生变化表现出来的状态；"响应"是指人类社会针对生态环境系统面临的压力和现状问题所采取的具体措施和办法。"状态—压力—反馈—响应"模型的运行机理如图 6 所示。具体的指标体系构建如表 4 所示。

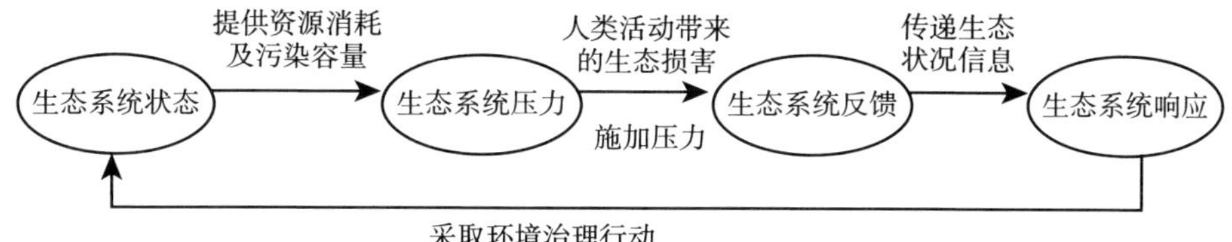


**图 6　“状态—压力—反馈—响应”模型的运行机理**

**表 4　生态环境安全评估指标体系**

| 目标层 | 准则层 | 因素层 | 指标层 | 属性 |
| --- | --- | --- | --- | --- |
| 生态环境安全 | 生态系统状态 A1 | 环境状态 B1 | 水源涵养指数 X1 | 正 |
| | | | 土壤保持指数 X2 | 正 |
| | | | 生态环境状况指数 X3 | 正 |
| | | 资源状况 B2 | 人均水资源量 X4(立方米) | 正 |
| | | | 人均森林资源量 X5(立方米) | 正 |
| | | | 人均耕地资源量 X6(平方米) | 正 |
| | 生态系统压力 A2 | 人口压力 B3 | 人口自然增长率 X7(%) | 负 |
| | | | 人口密度 X8(人/平方公里) | 负 |
| | | | 人均用水量 X9(立方米) | 负 |
| | | 经济压力 B4 | 地区生产总值增长率 X10(%) | 正 |
| | | | 农用塑料薄膜 X11(吨) | 负 |
| | | | 农业化肥施用量 X12(吨) | 负 |
| | | | 能源消费强度 X13(吨标准煤/万元) | 负 |
| | | | 单位 GDP 的水耗 X14(立方米/万元) | 负 |
| | | | 单位 GDP 二氧化硫排放量 X15(吨/亿元) | 负 |
| | 生态系统反馈 A3 | 社会反馈 B5 | 自然灾害及突发事件受灾人口 X16(万人次) | 负 |
| | | | 突发环境事件次数 X17(次) | 负 |
| | | 经济反馈 B6 | 城镇居民人均可支配收入 X18(元) | 正 |
| | | | 城镇化率 X19(%) | 正 |
| | | | 人均地区生产总值 X20(元) | 正 |

续表

| 目标层 | 准则层 | 因素层 | 指标层 | 属性 |
| --- | --- | --- | --- | --- |
| 生态环境安全 | 生态系统反馈 A3 | 环境反馈 B7 | 水质状况指数 X21 | 正 |
| | | | 空气污染指数 X22 | 正 |
| | | | 一般工业固体废物产生量 X23(万吨) | 负 |
| | | | 绿色覆盖率 X24(元) | 正 |
| | | | 极端气候指数 X25(元) | 负 |
| | 生态系统响应 A4 | 社会响应 B8 | 每万人在校大学生数 X26(人) | 正 |
| | | | 人均公园绿地面积 X27(平方米) | 正 |
| | | | 人均道路面积 X28(平方米) | 正 |
| | | | 城市生活垃圾无害化处理率 X29(%) | 正 |
| | | | 每万人拥有公共汽车数量 X30(辆) | 正 |
| | | 经济响应 B9 | 第三产业增加值占 GDP 比重 X31(%) | 正 |
| | | | 城市环境基础设施投资总额 X32(亿元) | 正 |
| | | | 一般工业固体废弃物综合利用率 X33(%) | 正 |
| | | | 农业有效灌溉面积 X34(千公顷) | 正 |
| | | | 农村太阳能热水器覆盖面积 X35(万平方米) | 正 |
| | | 环境响应 B10 | 治理水土流失面积 X36(千公顷) | 正 |
| | | | 植树造林总面积 X37(千公顷) | 正 |

环境及经济数据来源于《中国统计年鉴》、西部十二省（区、市）发布的《国民经济和社会发展统计公报》、各省（区、市）环境保护厅发布的《环境状况公报》和中国环境监测总站。基于数据的可得性，选择 2005~2020 年作为评价的窗口期。生态数据来源于中国科学院资源环境科学与数据中心、国家青藏高原科学数据中心、国家地球系统科学数据中心、国家生态科学数据中心和美国国家航空航天局，利用 ArcGIS 10.2 软件进行分区统计得到。最终获得 2005~2022 年共 18 年的西部地区 12 个省域的生态安全面板数据。

为明晰西部地区生态安全空间分布格局，需要对安全值设定分级分区标准。考虑到生态安全空间自相关系数对 5 级分类响应程度较高，为保障前后研究的连贯性，拟设计 5 级西部地区生态安全度量标准。基于统计学 Jenks

最优化法原理，利用 ArcGIS 的“NatureBreaks”法分别对研究期初（2005年）、研究期末（2022 年）西部地区生态安全指数进行分级。此外，借鉴相关学者常用的不等间距划分方法中使用的Ⅰ、Ⅱ级分割点 0.4 作为恶劣级与风险级的分级线，并将研究期内西部地区生态安全指数最大值 0.594 所接近的Ⅳ、Ⅴ级常用分割点 0.6 作为亚安全与理想安全的分级线，Ⅴ级表示生态安全现实中还未达到的理想状态。最终，得出西部地区生态安全的等级界定依据，如表 5 所示。

**表 5　西部地区生态安全的等级划分**

| 等级 | 分值 | 安全状态 | 特征 |
| --- | --- | --- | --- |
| Ⅴ | (0.6,1] | 理想安全 | 生态环境基本未受到破坏或受到人类活动干扰较小,生态系统结构完整、服务功能良好,生态系统向稳定化方向演化,生态灾害少,安全程度很高 |
| Ⅳ | (0.55,0.6] | 亚安全 | 生态环境压力较小,生态系统结构尚好,服务功能较好,系统尚可进行可持续发展,生态灾害出现概率低,生态安全程度较高 |
| Ⅲ | (0.5,0.55] | 敏感 | 生态系统有一定压力,有不稳定趋势,生态系统结构遭到破坏,生态服务基本功能尚存,生态环境已经受到一定程度破坏,较易修复改善 |
| Ⅱ | (0.4,0.5] | 风险 | 人类活动对生态环境压力较大,生态系统趋于不稳定,生态服务功能有退化趋势,自然环境条件较差,生态灾害偶有出现,尚可修复 |
| Ⅰ | [0,0.4] | 恶劣 | 人类活动对生态环境形成的压力非常大,生态环境破坏剧烈,大部分生态服务功能受损,生态灾害加剧并威胁人类生存,生态恢复和治理难度极大 |

## 三　西部地区生态安全指数测度及评价

基于上述指标数据，利用 CRITIC-TOPSIS 法对西部地区的生态安全状态进行系统化评价，具体结果如表 6 所示。

**表 6　2005~2022 年西部地区各省（区、市）生态安全指数**

| 地区 | 2005 年 | 2006 年 | 2007 年 | 2008 年 | 2009 年 | 2010 年 | 2011 年 | 2012 年 | 2013 年 |
|---|---|---|---|---|---|---|---|---|---|
| 云南 | 0. 447 | 0. 442 | 0. 461 | 0. 472 | 0. 469 | 0. 472 | 0. 478 | 0. 482 | 0. 494 |
| 内蒙古 | 0. 463 | 0. 464 | 0. 480 | 0. 489 | 0. 489 | 0. 490 | 0. 502 | 0. 497 | 0. 510 |
| 四川 | 0. 482 | 0. 468 | 0. 480 | 0. 492 | 0. 491 | 0. 496 | 0. 490 | 0. 498 | 0. 499 |
| 宁夏 | 0. 411 | 0. 401 | 0. 438 | 0. 443 | 0. 453 | 0. 468 | 0. 469 | 0. 477 | 0. 491 |
| 广西 | 0. 441 | 0. 437 | 0. 448 | 0. 446 | 0. 452 | 0. 459 | 0. 461 | 0. 471 | 0. 476 |
| 新疆 | 0. 391 | 0. 369 | 0. 374 | 0. 374 | 0. 376 | 0. 384 | 0. 388 | 0. 384 | 0. 402 |
| 甘肃 | 0. 423 | 0. 430 | 0. 431 | 0. 432 | 0. 436 | 0. 450 | 0. 455 | 0. 458 | 0. 464 |
| 西藏 | 0. 493 | 0. 501 | 0. 509 | 0. 510 | 0. 509 | 0. 521 | 0. 515 | 0. 513 | 0. 518 |
| 贵州 | 0. 456 | 0. 446 | 0. 464 | 0. 470 | 0. 468 | 0. 477 | 0. 480 | 0. 498 | 0. 501 |
| 重庆 | 0. 510 | 0. 502 | 0. 514 | 0. 521 | 0. 522 | 0. 535 | 0. 538 | 0. 548 | 0. 555 |
| 陕西 | 0. 494 | 0. 477 | 0. 487 | 0. 495 | 0. 505 | 0. 510 | 0. 513 | 0. 514 | 0. 511 |
| 青海 | 0. 449 | 0. 457 | 0. 468 | 0. 473 | 0. 477 | 0. 487 | 0. 487 | 0. 487 | 0. 489 |
| 年均值 | 0. 455 | 0. 449 | 0. 463 | 0. 468 | 0. 471 | 0. 479 | 0. 481 | 0. 485 | 0. 493 |
| 地区 | 2014 年 | 2015 年 | 2016 年 | 2017 年 | 2018 年 | 2019 年 | 2020 年 | 2021 年 | 2022 年 |
| 云南 | 0. 495 | 0. 501 | 0. 508 | 0. 511 | 0. 522 | 0. 530 | 0. 535 | 0. 544 | 0. 551 |
| 内蒙古 | 0. 508 | 0. 511 | 0. 507 | 0. 507 | 0. 525 | 0. 531 | 0. 542 | 0. 538 | 0. 535 |
| 四川 | 0. 515 | 0. 531 | 0. 536 | 0. 550 | 0. 549 | 0. 559 | 0. 566 | 0. 568 | 0. 570 |
| 宁夏 | 0. 499 | 0. 498 | 0. 500 | 0. 505 | 0. 516 | 0. 510 | 0. 520 | 0. 521 | 0. 537 |
| 广西 | 0. 478 | 0. 485 | 0. 485 | 0. 491 | 0. 503 | 0. 508 | 0. 510 | 0. 517 | 0. 521 |
| 新疆 | 0. 402 | 0. 420 | 0. 425 | 0. 434 | 0. 451 | 0. 461 | 0. 463 | 0. 468 | 0. 476 |
| 甘肃 | 0. 472 | 0. 479 | 0. 486 | 0. 503 | 0. 519 | 0. 528 | 0. 536 | 0. 537 | 0. 545 |
| 西藏 | 0. 522 | 0. 527 | 0. 522 | 0. 530 | 0. 528 | 0. 531 | 0. 543 | 0. 546 | 0. 542 |
| 贵州 | 0. 515 | 0. 529 | 0. 530 | 0. 542 | 0. 540 | 0. 550 | 0. 559 | 0. 561 | 0. 566 |
| 重庆 | 0. 561 | 0. 567 | 0. 567 | 0. 573 | 0. 573 | 0. 588 | 0. 592 | 0. 594 | 0. 593 |
| 陕西 | 0. 520 | 0. 534 | 0. 535 | 0. 537 | 0. 541 | 0. 551 | 0. 560 | 0. 559 | 0. 571 |
| 青海 | 0. 493 | 0. 488 | 0. 496 | 0. 504 | 0. 515 | 0. 517 | 0. 524 | 0. 529 | 0. 529 |
| 年均值 | 0. 498 | 0. 506 | 0. 508 | 0. 516 | 0. 524 | 0. 530 | 0. 537 | 0. 540 | 0. 545 |

资料来源：由本文的模型测度得到。

2005~2022 年西部地区各省（区、市）生态安全指数均值处于 0.369~0.594 区间，在 2022 年，重庆生态安全指数均值最高（0.593），新疆最低（0.476）。

2022 年，重庆、陕西、四川、贵州和云南五个省市生态安全指数值超过了 0.55，生态安全处于亚安全状态，甘肃、西藏、宁夏、内蒙古、青海和广西六个省区的生态安全处于敏感状态，生态系统处于压力中，而新疆的生态安全指数低于 0.5，处于风险状态，生态服务功能呈现退化趋势，整体上生态系统具有不稳定的特点。

## （一）总体成效分析

区域生态安全评估不仅对区域环境保护、社会发展和经济增长协调发展具有重要引导作用，还与区域宏观发展战略密切相关。基于 2005~2022 年西部地区各个省（区、市）的生态环境安全指数，以十二个省（区、市）的生态安全指数值的均值计算西部地区整体生态安全指数，绘制 2005~2022 年各年份西部地区生态环境安全指数变化态势（见图 7）。

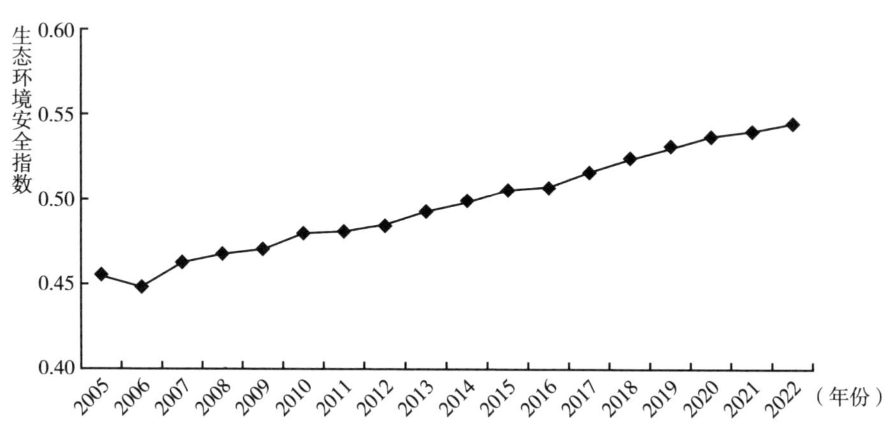


**图 7　2005~2022 年西部地区生态安全指数变动情况**

资料来源：由本文的模型测度得到。

依据西部地区生态安全评级研究状况，2005~2022 年西部地区生态环境安全指数最高点为 2022 年的 0.545，最低点为 2006 年的 0.449，整体呈现上升的态势，但值得注意的是，下降年份仅有2006年，表明西部地区生态安全整体呈现良性发展的态势，且西部大开发“十一五”规划实施以来，西部各省（区、市）生态保护政策相继落地，经济结构逐步优化，治理水土流失、实施退耕还林等政策措施取得显著成效，民众环境保护意识逐步提升，生态文明建设进一步完善，整体生态安全状况有所改善。然而，不容忽视的是，西部地区生态安全程度依旧比较低，2022年西部地区生态安全均值依旧处于Ⅲ（敏感）级别，生态系统结构需要修复。

## （二）变异系数分析

利用变异系数法求得2005~2022年西部地区12省域间生态安全指数变异系数，如图8所示，西部地区生态安全水平差异系数总体上呈现下降的演变特征，各省（区、市）生态环境安全水平差异趋于收敛。

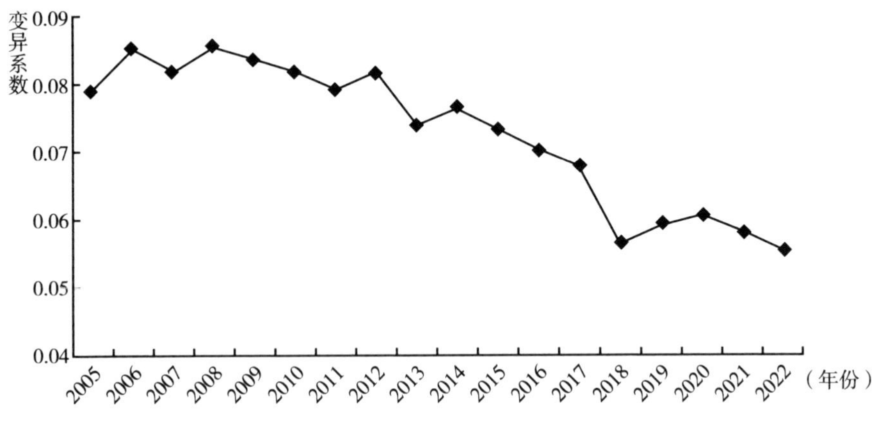


**图8　2005~2022年西部地区生态安全变异系数**

资料来源：由本文的模型测度得到。

2006年西部大开发“十一五”规划中明确指出西部地区要努力构筑国家生态安全屏障，西部地区生态安全变异系数出现短暂下降，西部地区部分省区（青海、云南、西藏）生态安全指数出现上升，区域生态安全状况差异短暂缩小。2007~2008年西部地区大部分省域生态安全指数出现了不同程度的上升，其中部分省域（重庆、陕西、西藏、四川）生态存量表现更好，因而2007~2008年变异系数上升。

2008~2018年，变异系数在小幅波动中持续下降，从2008年的0.085下降至2018年的0.056，其中2011年和2013年出现短暂较大幅度波动。这一阶段西部地区各省（区、市）生态安全指数也显现出不同的演变态势，而“上升”“波动”“下降”三种演变格局的加剧导致生态安全水平差异逐步扩大，区域生态环境状况与经济发展状况趋于不平衡。

2018~2022年的五年间，西部地区生态安全变异系数呈现先上升后下降趋势，从2018年的0.056上升至2020年的0.06，此阶段区域生态安全状况差异加剧，地区发展不平衡不充分问题突出，但这一情况在2021年出现转折，党中央和国务院印发《关于新时代推进西部大开发形成新格局的指导意见》，强调形成大保护、大开放、高质量发展的西部发展新格局，这一阶段西部地区生态安全变异系数随着各省（区、市）生态安全指数的变化而降低，省际生态安全水平差异趋向收敛。

## 四　新时代西部地区生态安全建设的重点任务

根据西部地区生态环境安全综合评价、成效、困难及问题，结合《生态环境保护大会》及相关文件精神，西部地区为加快构建生态安全屏障，必须凝聚各界共识，攻坚克难，紧抓以下重点任务。

### （一）推动西部地区生态保护和高质量发展

第一，突出协同联动系统治理。生态环境保护与治理需要处理好重点攻坚与协同治理的关系，对于突出的生态环境问题在积极采取措施治理的同时，还要注重协调好各个方面，不断提高生态环境保护的系统性、整体性及协同性。此外，针对行政区域交界处生态环境保护权责模糊等问题，西北地区应当加强区域联合治理能力，搭建区域间生态保护合作平台，加强区域间生态环境执法职能的组织联系和信息共享，拓宽生态环境保护行政执法协同范围，共同协商解决多方交错的生态环境问题，推动生态环境保护区域协同执法从“松散型”向“紧密型”转变。

第二，防范生态环境领域风险。要始终保持高度警觉，坚持底线思维，不断提高风险防范和应对能力，防止各类生态环境风险积聚扩散，下好先手棋、打好主动仗。预防方面，要强化重点风险源评估、预警和应急机制，做好环境保护突发事件应急工作。另外，要加快生态环境风险常态化管理，提升突发环境事件应急处置能力。

## （二）以更高标准打好污染防治攻坚战

第一，持续深入打好蓝天保卫战。提升大气环境管理水平，完善环境监管、监测、考核体系，进一步加大执法力度，强化源头管控、协同控制，加快消除重污染天气。重点督察企业违法排污问题，督促地方在加强“放、管、服”的同时，完善工业减排、煤炭减量、扬尘管控、尾气达标、油品增质、面源管控等措施，紧盯板材加工、化工、工业涂装等重点涉气企业，精准化落实减排措施，全力压降污染负荷。加强温室气体监测管理，推广清洁能源和节能环保技术，通过政策引导和市场机制的作用，鼓励企业采用绿色技术和生产方式。

第二，持续深入打好碧水保卫战。统筹水资源、水环境、水生态保护与治理，坚持规划引领，系统推进大江大河、重点湖泊保护治理，加强河湖水源涵养、缓冲带等重要生态空间保护修复。完善水体反黑反臭长效机制，推动控源截污、清源治污、正源防污一体谋划，治标治本协同落实。紧盯国考断面水质目标，统筹流域综合治理，从区域、流域范围分析陆域到水域的污染机理，提前预警施策，以流域生态环境整体改善加强水环境质量改善。

第三，持续深入打好净土保卫战。在农业用地方面，强化对农用地的保护，深入推进农用地土壤污染防治和安全利用，强化受污染耕地安全利用和风险管控，开展农用地安全利用示范建设。在建设用地方面，开展土壤污染状况详查和风险评估，严格建设用地准入，并对污染地块进行监管。抓好源头管控是打好净土保卫战的重点，要不断深化土壤环境监管，通过遥感监测、重点监管等方式，持续提升监管能力和治理水平。

第四，加强固体废物和新污染物治理。建立健全化学物质环境信息调查、环境调查监测、环境风险评估、环境风险管控和新化学物质环境管理登记、有毒化学品进出口环境管理等制度，评估新污染物环境风险状况，不断完善重点管控新污染物清单。强化过程控制，系统构建新污染物治理长效机制，形成贯穿全过程、涵盖各类别、采取多举措的治理体系，有效防控“一废一库一品”的生态环境风险，维护人民群众的健康和生态环境安全。

### （三）积极推动绿色低碳高质量发展

第一，全力服务支撑经济运行持续好转。深化生态环境服务经济回升向好支撑高质量发展政策措施，强化重大投资项目环评服务保障。2023 年生态环境部出台并实施《生态环境促进稳增长服务高质量发展若干措施》，强调要将生态环境监测与本地实际相结合，切实担负起服务经济回升向好、支撑高质量发展的责任。政简近人，而民有攸归。简政放权是生态环境系统深化“放管服”改革的“当头炮”，通过简政放权推进环评制度由传统的行政审批向政府主动服务和排污许可“一证式”管理转变，服务经济回升向好、支撑高质量发展。同时，处理好发展与保护之间的关系需要坚持绿色低碳发展方向，创新监管理念、改进监管方式、提高监管水平，固本增效。

第二，统筹有序推进双碳目标实现。实现碳达峰碳中和是一场广泛而深刻的经济社会系统性变革，西部地区资源能源丰富，在全国推进“双碳”目标进程中具有举足轻重的地位。必须坚持全面统筹，加强通盘考虑、科学谋划、整体推进，强化全国“一盘棋”意识，做到全国统筹、步调一致，服从服务于全党全国工作大局。把握阶段性特点，长期的推进过程需要充分认清西部地区当前的现实状况，结合西部地区各省（区、市）产业结构、资源禀赋、能源结构等特点，科学制定远景目标和长期规划，有序稳妥推进碳达峰碳中和。坚持先立后破，加快发展新能源，夯实“减碳”基础，推进煤炭等传统能源逐步退出，坚决杜绝运动式“减碳”，做好能源转型。

### （四）加大生态保护修复监管力度

近年来，西部地区生态环境问题频发，与环保法律体系和监管督察制度不完善密切相关。2018 年召开的全国生态环境保护大会强调生态环境部门要履行好职责，统一政策规划标准制定，统一监测评估，统一监督执法，统一督察问责。一方面，注重生态保护修复统一监管中各个环节的系统性、整体性和协调性，科学制定相关规范和标准，提高监督执法能力，及时整改生态环境问题，提高生态保护修复成效。另一方面，生态环境保护涉及农业、林业、水利等行业主管部门和财政、金融、国土资源等相关部门，涉及面广，需要加强各部门之间的协调配合及分工配合，强化生态环境的治理—监督—保护长效机制。此外，加强对所有者、开发者和监管者的监督。

### （五）加强生态环境督察执法和风险防范

第一，深入推进中央生态环境保护督察。中央生态环境保护督察是监督生态保护修复工作有效开展的重要保障，有助于及时发现生态保护修复工作中存在的问题，督促行政机关依法积极履职，提高生态保护修复的成效。坚持统筹发展与安全，围绕大局、服务大局，始终坚持问题导向，把握重点和关键，坚持严的基调，对严重破坏生态环境、损害群众切身利益的突出问题，严肃处理，推动中央生态环保督察工作不断向纵深发展，推动绿色发展、低碳发展，实现高质量发展。

第二，加强环境风险常态化管理。《中共中央国务院关于全面推进美丽中国建设的意见》中指出“严密防控环境风险。坚持预防为主，加强环境风险常态化管理”。全面编制修订各级各类应急预案，加强环境风险防控和环境事件应急处置。根据不同类别突发事件特点、安全风险发展变化规律，及时编制、修订各级党委政府总体应急预案、专项应急预案及其部门应急预案，实现环境风险源的统一管理、风险源基础信息的维护、风险源信息的动态更新，提升环境应急信息化水平，科学处置各类突发环境事件。

### （六）加快健全现代环境治理体系

第一，探索市场化生态产品价值实现机制。党的十八大以来，各地生态产品价值实现工作已进入由理论研究转为具体实践、由政府购买转为市场化交易、由全面推广 GEP（生态系统生产总值）核算转为重点推进 VEP（特定地域单元生态产品价值）核算的重要时期。针对生态产品价值实现的不同路径，西部地区应当不断完善生态产品价值评价体系，探索体现市场供需关系的生态产品价格形成机制，对资源开发造成局部地区生态破坏的成本应该予以合理的生态补偿，畅通生态产品价值实现机制。完善市场化横向生态补偿机制，建立跨地区生态补偿区，引导生态产品使用者通过产业转移、技术转让、设施共享等方式提供补偿，构建多层次生态产品交易市场。以多元化项目谋划带动“两山”转化，围绕提升区域生态产品综合价值，实施产品精深加工，开展旅游与康养休闲融合发展的生态旅游项目建设，推动生态优势转化为产业优势。

第二，建立数智化生态环境监测体系。生态环境监测数智化转型对生态环境数据信息产品生产加工全链条实行信息化、智能化、智慧化改造，有利于优化业务流程、提高运行效率、增强生产效能。以实现“无人化”为目标，以运维、采样、检测自动化等智能化为突破，探索机器视觉、视觉识别、多模态大模型等人工智能技术在生物多样性、噪声等环境感知领域的应用，加强遥感、传感器等新一代感知技术应用，提高自动监测运维管理、质量控制等平台建设，推动环境质量传统监测手段数智化改造，支撑环境应急突发事件“测、报、防、抗、救、援”一体化协同。同时，开展风险与问题点位智能研判、质量风险点交叉关联智能分析以及异常视频识别、异常数据筛查、电子围栏、无人机大范围巡检等远程智能检查，杜绝人为干扰风险。

第三，推进政府—企业—公众多元共治体系，打造环境治理中多元主体共同参与的格局。政府监管在生态环境治理体系中起基础作用，主要负责环境法规与政策的制定与执行、环境保护宣传教育、环境监管等。发挥企业在环境治理中的主体性作用，以“政策激励”调动企业主动参与环保治理，鼓励其积极探索应用先进技术改善全要素生产率，实现绿色转型，承担起应有的保护生态环境、节约自然资源与维护环境公共利益的社会责任，破解“公地的悲剧”。此外，激发社会组织和公众的协同参与也是构建生态环境多元共治体系的重要内容。

第四，深化生态环境领域国际合作。随着全球碳中和潮流日渐火热，全球能源体系加速转型，新形势下，西部地区生态环境国际合作在环境与贸易、生物多样性保护等方面面临着更高的要求，积极稳妥开展双多边环境与气候交流，促进生态环境保护相关规章制度对标国际先进标准，探索协同推进区域绿色可持续发展的更多可能。

## 五　新时代西部地区加快生态安全建设的政策建议

### （一）正确处理高水平保护、高质量发展与国家生态安全的辩证关系

第一，切实将高水平保护作为推动西部大开发形成新格局的重要前提。当前，西部地区仍有大面积的生态脆弱地区，贯彻绿色发展理念，坚持在开发中保护、在保护中开发，维护生态效益与追求经济效益同步，保护生态功能强的地区，完善生态产品价值实现机制，更好地发挥生态价值和生态服务功能，统筹生态环境治理和经济社会发展，不仅筑牢国家生态安全屏障，也为西部地区高质量发展提供坚实支撑。

第二，切实把高质量发展作为新时代推动西部大开发的核心目标。就西部地区各省（区、市）来说，应大力推动传统产业节能降碳改造，有序推进煤炭清洁高效利用，促进科技创新和人才培养、全面扩大对内对外开放，在经济发展中更加注重质量、效益和可持续性，走资源节约、环境友好的高质量发展道路。加快实现高水平科技自立自强，是推动高质量发展的必由之路，通过普及绿色技术、绿色工艺，助力传统产业改造升级，依托人工智

能、云计算、新材料、新能源等新技术为传统产业的绿色发展注入新动能，推动经济发展绿色化、智能化，进而实现经济、社会和环境的协调发展，为构筑国家生态安全屏障奠定坚实基础。

第三，切实把筑牢国家生态安全屏障作为新时代推动西部大开发的重要使命。按照新时代推动西部大开发的战略定位，结合西部地区生态脆弱性突出等特点，从西部地区生态安全是维护国家生态安全屏障的重要内容出发，加大生态治理和恢复的投入力度，加强生态环境监管及执法能力，完善生态产品价值实现机制和横向生态保护补偿机制，降低生态安全风险，保障区域自然生态系统功能稳定、经济安全和社会稳定。

### （二）科学把握国土空间开发、生态环境分区管控与重要生态系统保护修复的内在联系

第一，全面落实主体功能区战略，持续优化国土空间开发保护格局。根据三大空间发展的不同需求和人民生活需要，推进生态功能区的人口逐步有序向城镇转移并定居落户，科学统筹西部地区产业布局和结构升级，着重遏制“两高一低”项目盲目发展，因地制宜发展不影响生态功能的文化旅游、适量农业、民族特色产业等，切实维护生态安全格局，守牢生态安全底线。同时，加快提高西部地区生态环境精细化差异化管理水平，按照主体功能定位划分政策单元，对重点开发地区、生态脆弱地区、能源资源地区等制定差异化政策，分类精准施策，如成渝地区和三江源生态功能区，成渝地区主要任务是集聚经济和人口，三江源生态功能区主要任务是保护生态、涵养水源，应当施行不同的空间治理措施。

第二，加快推进重要生态系统保护和修复重大工程。以打好“三北”防护林工程三大标志性战役为总牵引，高质量推进西部地区国土绿化行动，在特定生态功能区域实施重要河湖湿地生态保护修复工程，加大水土保持、天然林保护、退耕还林还草、退牧还草、重点防护林体系建设等重点生态工程实施力度，增强生态服务功能，加强生物多样性保护。

### （三）全面统筹生态资源保护、生态能力建设与生态重点防治的有序协调

第一，以强化生态资源保护为目标改善生态环境质量，提升生态环境监管能力。在水资源方面，加强水资源用水总量和强度双控，统筹推进水资源、水环境、水生态治理，治理修复水环境，改善水环境质量。在大气环境方面，深化大气污染物防控区域协作，积极稳妥推进能源革命，强化源头管控、协同控制，有序推动碳达峰，切实提高空气质量。在土壤环境方面，开展西部地区土壤污染状况详查，强化耕地污染源头控制，提高镉等贵金属污染源头管控，健全土壤污染监测网络，动态更新污染源整治清单，加强企业土壤环境监管，打好净土攻坚战。在森林资源方面，加强森林草原防灭火能力建设，在建立健全防火体系的基础上，重点强化应急救援能力，提高森林防火信息化水平、监测预警能力和工作整体效能。

第二，深化重点区域、重点领域污染防治。坚持解决流域各省份突出的生态环境问题，以污染严重的工业园区、生态脆弱的水源地、生物多样性丰富的自然保护区为重点，稳步开展重点区域综合治理。筑牢三江源“中华水塔”，保护重要水源补给地，建设黄河绿色生态廊道，加强黄河三角洲湿地保护修复，有序推进黄土高原地区水土流失治理，提升下游滩区生态综合治理。

### （四）积极推进传统产业发展、节能降碳改造与清洁能源高效利用的有机协同

实施生产全过程清洁化、绿色化、低碳化。立足西部地区产业发展实际，扎实推进清洁生产，加快传统产业节能降碳改造，通过技术改造、流程再造降低企业生产过程中的能耗。全面推动钢铁、建材、电力等重点领域污染减排工作，完善企业碳排放管理监测体系，全面降低工业领域能耗。全面开展绿色工厂、绿色园区行动等，加快新能源、新材料、绿色环保等产业发展，统筹传统产业绿色化改造与绿色新兴产业发展，塑造更多引领经济社会

发展全面绿色转型的中坚力量。同时，稳妥推进煤炭清洁高效利用，因地制宜发展风电，有序利用光伏，多元开发生物质能，加快布局氢能产业，有效释放清洁能源发展潜力。

### （五）加快形成融生态产品价值系统、价值实现机制与横向补偿制度于一体的运行体系

第一，完善生态产品价值实现机制和横向生态保护补偿机制，将“生态优先、绿色发展”理念融入西部地区各级发展规划，明确生态产品功能分区、产品类型及价值实现方式，推动生态产品价值系统功能的总体提升。

第二，完善生态产品供给的法律保障，鼓励多渠道、宽领域、全方位的生态价值挖掘，加大对重点生态功能区、环境脆弱区的转移支付力度，对造成生态产品功能损害的责任者，严格实行赔偿制度。

第三，突出生态产品的价值功能，引入多元市场参与主体，迭代升级“碳惠通”等生态产品价值实现平台，形成政府、企业、个人和社会组织多元主体参与的生态产品价值实现体系。加快自然资源及其产品价格改革，稳步推进用能权、用水权、排污权、碳排放权初始分配制度，探索建立初始分配、有偿使用、市场交易等制度，形成多品种、多主体、多功能的市场交易格局。

# B.4

# 西部地区对内对外开放研究报告*

王颂吉　冯　洁　伍梦娇**

**摘　要：**　西部地区提高对内对外开放水平，是进一步推动西部大开发形成新格局的重要内容和关键动力。西部对内开放既包括西部地区内部的开放与互动合作，也包括西部地区面向国内其他区域的开放与互动合作；西部对外开放是通过拓展陆海开放通道和对外开放平台、加快沿边开放等方式，不断提高西部地区的外向型经济发展水平。本报告在研究西部地区对内对外开放成效的基础上，研判西部地区对内对外开放存在的问题，论证西部地区加快对内对外开放的重点任务，提出相关政策建议。

**关键词：**　西部地区　对内开放　对外开放

大开放是西部地区繁荣发展的内在要求和重要动力。西部大开发特别是中央部署推进西部大开发形成新格局以来，西部各省（区、市）加快构建开放型经济格局，开放水平显著提升，但开放不足仍是制约西部地区发展的短板。2024 年 4 月，习近平总书记主持召开新时代推动西部大开发座谈会时强调“坚持以大开放促进大开发，提高西部地区对内对外开放水平”，这为西部地区扩大开放指明了方向。今后，西部地区一方面需要提高对内开放

---

* 本报告为教育部人文社会科学重点研究基地——西北大学中国西部经济发展研究院项目（项目编号：XBLPS202503）阶段性研究成果。

** 王颂吉，西北大学中国西部经济发展研究院研究员，西北大学经济管理学院世界经济与贸易系主任、教授、博士生导师，研究方向为“一带一路”建设、中国经济现代化；冯洁，西北大学经济管理学院硕士研究生，研究方向为城乡与区域经济发展；伍梦娇，西北大学经济管理学院硕士研究生，研究方向为城乡与区域经济发展。

水平，主动对接国家区域重大战略，积极融入全国统一大市场建设，深化同东部、中部、东北地区的合作；另一方面，西部地区需要提高对外开放水平，全面融入共建“一带一路”，拓展完善对外开放通道和对外开放平台，以制度创新优化营商环境，提升开放型经济发展水平，从而为进一步形成西部大开发新格局注入动力。

## 一　西部地区对内对外开放的政策回顾与成效

西部大开发 25 年来，中央出台了一系列支持西部对内对外开放的政策文件，推动西部地区的开放范围不断扩大、开放水平不断提升。

### （一）西部地区开放的政策回顾

随着西部大开发的不断深入，西部开放经历了三个发展阶段，相关政策梳理如下。

1. 第一阶段（1999~2009年）

在西部大开发的第一个十年，中央在出台的西部大开发文件之中，有多项支持西部地区对内对外开放的举措（见表 1）。在对内开放方面，中央支持西部地区的举措主要是加强基础设施建设和促进西部产业发展，例如启动建设青藏铁路、西气东输、西电东送等重大项目，支持广西等西部省（区、市）承接东部产业转移等。在对外开放方面，中央从发展对外贸易、改善投资环境、吸引人才和发展科技教育等方面，为西部地区扩大开放提供支持。

**表 1　1999~2009 年中央支持西部开放的政策文件**

| 序号 | 时间 | 发文机构 | 政策文件 |
|---|---|---|---|
| 1 | 2000 年 6 月 | 商务部 | 《中西部地区外商投资优势产业目录》 |
| 2 | 2000 年 12 月 | 国务院 | 《关于实施西部大开发若干政策措施的通知》 |
| 3 | 2001 年 8 月 | 国务院西部开发办 | 《关于西部大开发若干政策措施的实施意见》 |
| 4 | 2002 年 2 月 | 国家计委、国务院西部开发办 | 《“十五”西部开发总体规划》 |

续表

| 序号 | 时间 | 发文机构 | 政策文件 |
|---|---|---|---|
| 5 | 2004 年 3 月 | 国务院 | 《关于进一步推进西部大开发的若干意见》 |
| 6 | 2006 年 12 月 | 国务院 | 《西部大开发"十一五"规划》 |
| 7 | 2009 年 12 月 | 国务院 | 《国务院关于进一步促进广西经济社会发展的若干意见》 |

资料来源：笔者整理。

2. 第二阶段（2010~2019年）

2010 年中共中央、国务院发布《关于深入实施西部大开发战略的若干意见》，标志着西部大开发进入第二个阶段。这一阶段的对内开放政策文件主要集中在推动区域协调发展，如推动城市群建设、加强跨省合作、推动西部积极承接东部地区产业转移等；对外开放政策文件主要集中在中欧班列与陆海新通道建设、自贸区与沿边开放平台建设、承接国际产业转移等方面（见表 2）。在这些政策文件的推动下，西部地区对内对外开放取得了显著进展。

**表 2　2010~2019 年西部开放的政策文件**

| 序号 | 时间 | 发文机构 | 政策文件 |
|---|---|---|---|
| 1 | 2010 年 7 月 | 中共中央、国务院 | 《关于深入实施西部大开发战略的若干意见》 |
| 2 | 2010 年 9 月 | 国务院 | 《关于中西部地区承接产业转移的指导意见》 |
| 3 | 2011 年 5 月 | 交通运输部 | 《深入实施西部大开发战略公路水路交通运输发展规划纲要（2011~2020 年）》 |
| 4 | 2011 年 5 月 | 国家发展改革委 | 《成渝经济区区域规划》 |
| 5 | 2012 年 1 月 | 国务院 | 《关于进一步促进贵州经济社会又好又快发展的若干意见》 |
| 6 | 2012 年 2 月 | 国务院 | 《西部大开发"十二五"规划》 |
| 7 | 2012 年 3 月 | 国家发展改革委 | 《陕甘宁革命老区振兴规划、左右江革命老区振兴规划、川陕革命老区振兴发展规划》 |
| 8 | 2012 年 7 月 | 工业和信息化部 | 《产业转移指导目录（2012 年本）》 |
| 9 | 2015 年 3 月 | 国家发展改革委、外交部、商务部 | 《推动共建丝绸之路经济带和 21 世纪海上丝绸之路的愿景与行动》 |

续表

| 序号 | 时间 | 发文机构 | 政策文件 |
| --- | --- | --- | --- |
| 10 | 2015 年 12 月 | 国务院 | 《关于加快实施自由贸易区战略的若干意见》 |
| 11 | 2015 年 12 月 | 国务院 | 《关于支持沿边重点地区开发开放若干政策措施的意见》 |
| 12 | 2016 年 4 月 | 国家发展改革委、住房城乡建设部 | 《成渝城市群发展规划》 |
| 13 | 2016 年 10 月 | 推进“一带一路”建设工作领导小组办公室 | 《中欧班列建设发展规划(2016~2020 年)》 |
| 14 | 2016 年 12 月 | 中共中央办公厅、国务院办公厅 | 《关于进一步加强东西部扶贫协作工作的指导意见》 |
| 15 | 2017 年 1 月 | 国家发展改革委 | 《西部大开发“十三五”规划》 |
| 16 | 2017 年 4 月 | 国家发展改革委 | 《“十三五”铁路集装箱多式联运发展规划》 |
| 17 | 2017 年 12 月 | 国家发展改革委 | 《企业境外投资管理办法》 |
| 18 | 2018 年 2 月 | 国家发展改革委、住房城乡建设部 | 《关中平原城市群发展规划》 |
| 19 | 2018 年 3 月 | 国家发展改革委、住房城乡建设部 | 《兰州—西宁城市群发展规划》 |
| 20 | 2018 年 11 月 | 中共中央 国务院 | 《关于建立更加有效的区域协调发展新机制的意见》 |
| 21 | 2018 年 12 月 | 国家发改委与交通部 | 《国家物流枢纽布局和建设规划》 |
| 22 | 2018 年 12 月 | 国务院 | 《关于支持自由贸易试验区深化改革创新若干措施的通知》 |

资料来源：笔者整理。

3. 第三阶段（2019年至今）

2019 年中共中央、国务院发布《关于新时代推进西部大开发形成新格局的指导意见》，强调推动西部地区形成大保护、大开放、高质量发展的新格局，这标志西部大开发战略进入新阶段。这一阶段出台的政策，推动西部对内对外开放（见表3）。在对内开放方面，国家以及地方政府提升西部内部的互动合作，加强西部与国内其他地区的联系，密切西部地区与沿海地区的互联互通；在对外开放方面，强调加强开放通道建设，支持构建多层次高水平开放平台，优化西部地区营商环境、吸引外商投资以及国际产业转移。在这些政策文件的推动下，西部地区的对内对外开放水平明显提升。

**表3　2019年至今西部对内对外开放的政策文件**

| 序号 | 时间 | 发文机构 | 政策文件 |
|---|---|---|---|
| 1 | 2019年3月 | 中共中央、国务院 | 《关于新时代推进西部大开发形成新格局的指导意见》 |
| 2 | 2019年5月 | 广西壮族自治区人民政府、广东省人民政府 | 《关于印发全面对接粤港澳大湾区粤桂联动加快珠江—西江经济带建设三年行动计划（2019~2021年）的通知》 |
| 3 | 2019年6月 | 广西壮族自治区人民政府 | 《广西全面对接粤港澳大湾区建设总体规划（2018~2035年）、广西全面对接粤港澳大湾区实施方案（2019~2021年）》 |
| 4 | 2019年8月 | 国家发展改革委 | 《西部陆海新通道总体规划》 |
| 5 | 2019年10月 | 国务院 | 《优化营商环境条例》 |
| 6 | 2020年9月 | 国务院办公厅 | 《国务院办公厅关于加快推进政务服务“跨省通办”的指导意见》 |
| 7 | 2021年8月 | 国家发展改革委 | 《“十四五”推进西部陆海新通道高质量建设实施方案》 |
| 8 | 2021年10月 | 中共中央 国务院 | 《成渝地区双城经济圈建设规划纲要》 |
| 9 | 2021年11月 | 国家发展改革委 | 《“十四五”特殊类型地区振兴发展规划》 |
| 10 | 2021年12月 | 国务院 | 《“十四五”现代综合交通运输体系发展规划》 |
| 11 | 2022年1月 | 工信部、国家发改委等 | 《关于促进制造业有序转移的指导意见》 |
| 12 | 2022年2月 | 甘肃省、青海省政府办公厅联合印发 | 《兰州—西宁城市群发展“十四五”实施方案》 |
| 13 | 2022年3月 | 国家发展改革委 | 《北部湾城市群建设“十四五”实施方案》 |
| 14 | 2022年6月 | 国家发展改革委 | 《关中平原城市群建设“十四五”实施方案》 |
| 15 | 2022年10月 | 发改委、商务部 | 《鼓励外商投资产业目录（2022年版）》 |
| 16 | 2022年12月 | 广西壮族自治区人民政府 | 《广西对接长江经济带发展实施方案（2022~2025年）》 |
| 17 | 2023年8月 | 国务院 | 《关于进一步优化外商投资环境加大吸引外商投资力度的意见》 |

续表

| 序号 | 时间 | 发文机构 | 政策文件 |
| --- | --- | --- | --- |
| 18 | 2024 年 7 月 | 商务部、中国人民银行、金融监管总局和国家外汇局 | 《关于加强商务和金融协同 更大力度支持跨境贸易和投资高质量发展的意见》 |
| 19 | 2024 年 8 月 | 中共中央 国务院 | 《进一步推动西部大开发形成新格局的若干政策措施》 |

资料来源：笔者整理。

## （二）西部地区开放的成效

### 1. 西部地区对内开放的成效

西部对内开放的成效主要体现在城市群内部协同发展、城市群之间联动发展、跨省毗邻地区融合发展、山川沿线经济带建设、对接区域重大战略、拓展区际互动合作机制等方面。

（1）城市群内部协同发展水平提升。城市群是区域经济发展的重要支撑，城市群内部实现协同发展对于支撑西部大开发形成新格局具有重要意义。目前，西部地区已经形成了成渝地区双城经济圈、关中平原城市群等较为成熟的城市群，这些城市群内部各城市之间的协同发展取得了积极成效。

一是成渝地区双城经济圈建设。成渝地区双城经济圈的发展演进经历了多个阶段。21 世纪初逐步形成了成渝经济区，2011 年国家发展改革委发布了《成渝经济区区域规划》，2016 年国家发展改革委发布了《成渝城市群发展规划》，2020 年习近平总书记提出推动成渝地区双城经济圈建设，2021 年中共中央、国务院印发了《成渝地区双城经济圈建设规划纲要》。成渝地区双城经济圈被视为我国经济增长的“第四极”，与长三角、粤港澳大湾区、京津冀等沿海城市群相提并论。近年来，成渝地区双城经济圈的协同发展取得积极成效。在基础设施联通方面，“水陆空铁”互联互通的立体交通网络加快构建，川渝之间已经建成铁路通道 6 条，并联合开工建设高铁通道 4 条，[①] 川渝建成及在建高速公路数量达到 21 条，川渝水路、航运网络加速形成。此外，川渝已基本实现天然气管道联网运行，数字化新型基础设施项目加快建设。在现代产业协同发展方面，围绕共建全国重要的先进制造业基地这一目标，成渝地区加快构建现代产业体系，联手打造汽车、电子信息、装备制造、特色消费品四个世界级产业集群。近年来，成渝两市的经济总量快速增长（见图 1）。在协同推动科技创新方面，成渝两地整合科技资源，近年来布局建设国家重大科技基础设施 11 个，开展 219 项原创性颠覆性技术攻关项目，取得了一系列具有全球影响力的创新成果。[②]

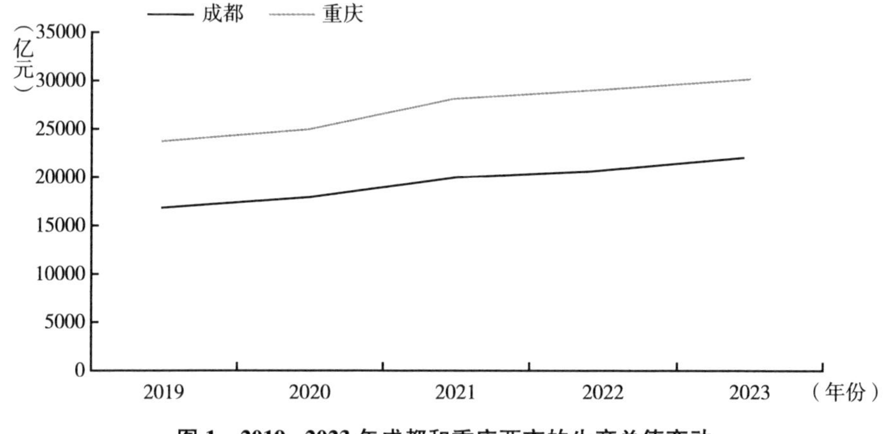


**图 1　2019~2023 年成都和重庆两市的生产总值变动**

资料来源：《重庆统计年鉴 2023》《成都统计年鉴 2023》《重庆市 2023 年国民经济和社会发展统计公报》《成都市 2023 年国民经济和社会发展统计公报》。

二是关中平原城市群建设。关中平原城市群以西安为中心，地跨陕西、甘肃、山西三个省份。2018 年，国家印发《关中平原城市群发展规划》，明确了城市群发展的总体思路和重点任务。近年来，关中平原城市群加强合作，内部协同发展取得显著成效。首先，基础设施不断完善。以西安为中

① 《成渝地区双城经济圈：一体化发展催生新的动力源》，求是网，http://www.qstheory.cn/laigao/ycjx/2024-06/13/c_1130162283.htm，2024 年 6 月 13 日。

② 《合力唱好新时代西部“双城记”》，《四川日报》2024 年 7 月 25 日，第 5 版。

心、宝鸡为次中心，渭南、商洛、运城、临汾、天水、平凉等为节点的城市群综合交通枢纽体系日益健全，工业互联网平台落地实施。其次，产业空间布局得到优化。西安的高新技术产业快速发展，城市群内部的装备制造、电子信息、航天航空等优势特色产业优化布局。西安与宝鸡、咸阳、渭南、商洛、临汾等城市文旅部门建立了深入合作机制，加强了城市群文旅资源合作开发与共享。再次，协同创新能力得到增强。城市群内部的科技资源共享不断深化，西安秦创原创新驱动平台的辐射带动效应不断增强。西安高新区与宝鸡、杨凌、渭南、咸阳等国家级高新区签署了协同发展协议，“飞地园区”建设不断深化。

（2）城市群之间联动发展迈出步伐。西部地区城市群之间加强互动与合作，对于实现区域一体化发展具有重要作用。成渝地区双城经济圈和关中平原城市群是西部地区的两大引擎，二者加强联动可以辐射带动整个西部地区的发展。重庆、成都和西安被称为“西三角”。“西三角经济区”的概念在21世纪初被提出，2009年川陕渝三省市发改委签署了《关于共同打造“西三角”经济区的工作协议》，此后形成了经济区建设的基本思路。近年来，“西三角”加强基础设施互联互通和旅游合作。西成高铁建成通车，西渝高铁加快推进，这对于加强关中平原城市群与成渝地区双城经济圈之间的经济联系具有重要作用。

（3）跨省毗邻地区融合发展取得积极进展。西部地区包括12个省（区、市），跨省毗邻地区通过协作实现资源共享、优势互补，有助于推动高质量发展。近年来，渝黔合作、宁蒙陕甘及毗邻区域合作取得了积极进展。

一是渝黔合作。重庆和贵州在多个领域开展合作，两地出台了《渝黔深化合作推动乌江航运高质量发展建设实施方案（2023-2027）》，合力提升乌江航运能力；两地与其他省份共同签署了《西部五省市工业互联网战略合作备忘录》，合作发展数字经济；两地签订了《跨界河流联防联控合作协议》，共筑生态屏障。

二是宁蒙陕甘及毗邻区域合作。宁蒙陕甘及毗邻区域属于革命老区，

2012年国家发展改革委印发了《陕甘宁革命老区振兴规划》，提出了一系列促进区域协同发展的政策措施。2010年，宁蒙陕甘毗邻11个市（盟）签署协议，建立了“宁蒙陕甘毗邻地区经济合作洽谈会”制度，此后围绕能源产业发展、文化旅游等领域加强合作。这一区域加强基础设施联通，合作开展公路养护，银川至西安高铁开通运营，促进了区域内部的要素流动和产业协同发展。

（4）山川沿线生态经济带建设有力推进。西部地区有很多大山大河，相关省份合作开展山川沿线的生态经济带建设，对于西部地区的生态环境保护和经济高质量发展具有重要意义。以长江经济带为例，2016年9月发布的《长江经济带发展规划纲要》明确以生态优先、绿色发展为引领，依托长江黄金水道推动上中下游协调发展。长江经济带涉及西部地区的重庆、四川、贵州、云南，2016年该四省（市）签署了《关于建立长江上游地区省际协商合作机制的协议》，建立了上游地区省际协商合作联席会议机制，共同推进生态环境保护和经济发展。在此之后，长江上游省份对内加强基础设施联通，对外拓展陆海通道，经济协同发展水平得到提升。此外，川滇黔三省签署了《赤水河流域横向生态补偿协议》《三省交界区域环境联合执法协议》等，共同加强长江上游的生态保护。

（5）对接区域重大战略积极推进。西部地区积极对接国家区域重大战略，深化同全国经济中心的经贸联系和分工合作。

一是成渝地区双城经济圈对接长三角一体化战略。成渝地区双城经济圈与长三角分别处于长江经济带的上游和下游，都是全国重要的增长极。《成渝地区双城经济圈建设规划纲要》提出深化与东部沿海地区的交流互动，对接长三角一体化发展等重大战略。《国家综合立体交通网规划纲要》提出建设成渝地区与长三角之间的交通主轴。2021年10月底，成渝地区信息安全“高速公路”全线贯通，此后推进同长三角主要城市之间的数字化联通，共同打造数字长江经济带。

二是广西融入粤港澳大湾区。2023年12月，习近平总书记强调加快北部湾经济区和珠江-西江经济带开发开放，把广西打造成为粤港澳大湾区的重要战略腹地。在基础设施建设方面，广西加快与粤港澳大湾区交通联通，南广、贵广高铁开通，恢复开行直达香港的高铁，加快融入大湾区世界级港口群建设，与大湾区共同建设国际信息大通道和现代物流体系。在产业合作方面，广西主动承接粤港澳大湾区产业转移，形成了“深圳+南宁+东盟”跨境产业合作模式，华润、比亚迪等企业把广西作为重要投资目的地，推动了广西产业快速发展。

（6）区际互动合作机制不断拓展。西部地区建立健全多层次区际合作机制，促进区域之间资源优化配置和产业协同发展。

一是积极承接东部产业转移。国务院发布的《关于中西部地区承接产业转移的指导意见》明确提出，引导东部沿海地区的产业向中西部地区转移。西部地区近年来优化营商环境，积极承接东部产业转移，承接模式从单个企业转向完整产业链，从劳动密集型产业转向资本和技术密集型产业。西部省份与东部共同建设科技合作平台，加强科技研发和成果转化，形成了“粤桂合作特别试验区”等产业合作模式。

二是健全东西部协作机制。东西部扶贫协作始于 1996 年，对于推动西部地区全面建成小康社会发挥了积极作用，随着脱贫攻坚任务的完成，东西部扶贫协作调整为东西部协作。截至 2023 年，东西部协作取得明显成效，东部 8 个省市向西部 10 个省区市投入财政援助资金 231.9 亿元，县均投入 5187 万元，动员社会力量捐助款物 28.5 亿元，协作双方互派党政挂职干部 3045 人、专业技术人才 2.5 万人，对于推动西部发展做出了重要贡献。①

三是对口支援新疆。东部对口援疆始于 1997 年，涉及经济、科技、文化、教育、人才等多个领域，有力推动了新疆发展（见图 2）。2014 年以来，东部援疆模式由单向支援转变为双向合作。一方面，东部地区支持新疆发展特色优势产业，一批大企业在新疆投资兴业；另一方面，新疆的能源基础设施不断完善，为东部发展提供了重要支撑，新疆的农特产品丰富了其他地区的菜篮子、果盘子。

① 《东西部协作取得新进展新成效》，《光明日报》2024 年 1 月 4 日，第3 版。

四是对口支援西藏。中央对口支援西藏的机制不断完善，领域不断拓展，力度不断加强。“十四五”期间，17 个援藏省市安排产业支援项目 229 个，安排援藏资金 44.06 亿元①，在培育提升西藏特色优势产业的同时，也增强了西藏的内生发展能力。国家加大对西藏的人才支持，向西藏派出大量医疗专家，实施了教育人才“组团式”援藏工作。对口支援西藏工作 30 年来，推动西藏各项事业发展取得了全面进步（见图 2）。

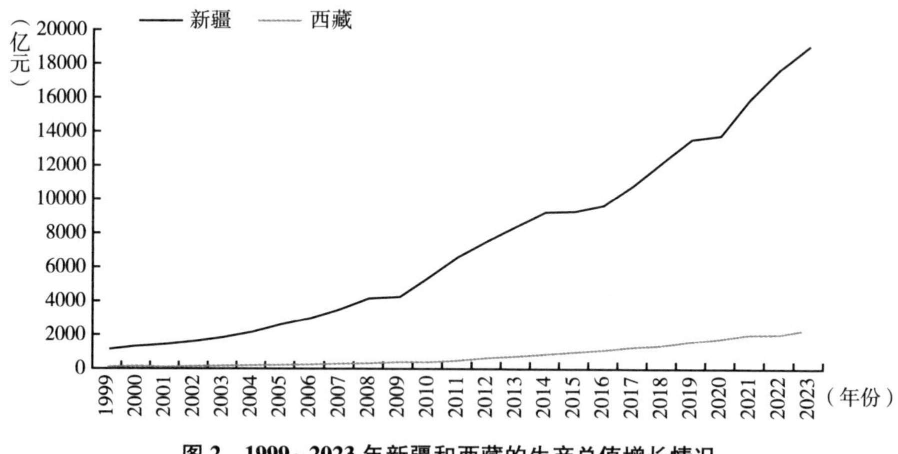


**图 2　1999~2023 年新疆和西藏的生产总值增长情况**

资料来源：2000~2024 年《中国统计年鉴》。

### 2. 西部地区对外开放的成效

中央部署实施西部大开发战略之初，从扩大外商投资准入、给予外资税收优惠、大力发展对外贸易等方面给予西部地区特殊政策，这在很大程度上提升了西部地区的对外开放水平。2013 年秋，习近平总书记提出共建“一带一路”倡议，使西部地区成为对外开放的前沿。近年来，西部地区积极融入“一带一路”建设，拓展陆海开放新通道，健全对外开放平台，加快沿边开放，推动西部地区对外开放取得显著成效。

（1）开放通道有力拓展。拓展对外开放通道是西部地区扩大对外开放

① 《对口援藏助力“世界屋脊”民生持续改善》，新华社，http：//www.news.cn/20240830/2ae37eac4ccd47468bd3bced82092eb4/c.html，2024 年 8 月 30 日。

的关键，近年来西部地区加快发展中欧班列和西部陆海新通道，这为西部地区发展外向型经济创造了条件。

一是中欧班列。作为联通中国与欧洲之间的货运铁路，中欧班列促进了中国与欧洲及中间腹地的经贸联系。2011 年“渝新欧”列车首次从重庆开往德国杜伊斯堡，标志着中欧班列正式开通。中欧班列包括东、中、西三条主通道，西线通道主要通过阿拉山口、霍尔果斯两个口岸出境。借助中欧班列的西线通道，西部地区加强了与中亚、欧洲地区的联系，提高了对外开放水平。中欧班列开通至今，运行量逐年增加，从 2013 年的 80 列增至 2023 年的 17523 列（见图 3）。2019 年以来，西部地区累计开行中欧班列 3.5 万列，占全国总数的 50.5%。2013 年 11 月开通的中欧班列“长安号”，截至 2023 年 12 月累计开行 21405 列，保持了持续快速增长的态势。[①] 中欧班列（成渝）运行线路近 50 条，覆盖欧亚 100 多个城市站点。[②]

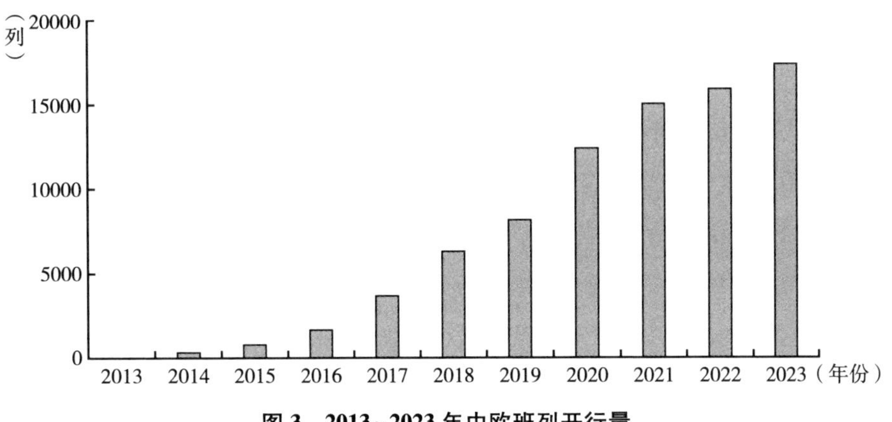


**图 3　2013~2023 年中欧班列开行量**

资料来源：中欧班列官方网站历年运量数据，https：//www.crexpress.cn/#/allTraffic。

二是西部陆海新通道。西部陆海新通道是西部省份出海南向的重要通道，它以重庆为运营中心，利用铁路、海运、公路等运输方式，向南经广

① 《推进西部大开发形成新格局——西部地区高质量发展新成效综述》，《四川日报》2024 年 4 月 23 日。

② 《区域协同推进西部大开发形成新格局》，《中国经济导报》2024 年 9 月 26 日。

西、云南等沿海沿边口岸通达世界各地。2019 年国家发改委印发《西部陆海新通道总体规划》，并在 2021 年印发的《“十四五”现代综合交通运输体系发展规划》之中，把西部陆海新通道定位为我国重要的战略骨干通道之一。截至 2024 年 5 月，西部陆海新通道的物流网络已拓展至 123 个国家和地区的 514 个港口。① 其中，重庆西部陆海新通道覆盖港口总数达到 490 个，货运量、货运值均占通道沿线总额 30%以上，西部陆海新通道已成为提升西部开放水平的重要引擎。②

（2）开放平台不断健全。西部大开发 25 年来，西部地区建设多层级多类型的开放平台，自贸区、综合保税区、内陆开放型经济试验区和国家级博览会等平台为西部地区提升对外开放水平提供了载体。

一是自由贸易试验区。自由贸易试验区是推进贸易投资便利化的重要平台。近年来，西部地区先后获批建设了 6 个自由贸易试验区，2016 年陕西自贸区和重庆自贸区获批，2017 年四川自贸区获批，2019 年广西自贸区和云南自贸区获批，2023 年新疆自贸区获批，这为西部地区以制度创新推进贸易投资便利化提供了载体。近年来，西部地区的自贸区累计推出制度创新成果 1700 余项，近百项成果在全国复制推广③，优化了西部地区的投资环境。以陕西自贸区为例，截至 2024 年 5 月底，陕西自贸区新设经营主体 21.92 万家，其中新登记企业 12.3 万户，含外资企业 1041 户。④

二是综合保税区。综合保税区是一种海关特殊监管区域，集保税区、出口加工区、保税物流区和港口功能于一体，是促进贸易便利化和扩大对外开放的重要平台。西部大开发以来，西部地区先后获批建设了 40 个综合保税

① 《西部陆海新通道物流网络拓展至 123 个国家和地区的 514 个港口》，中国经济网，http：//www.ce.cn/cysc/newmain/yc/jsxw/202405/27/t20240527_39016332.shtml，2024 年 5 月 27 日。

② 《区域协同推进西部大开发形成新格局》，《中国经济导报》2024 年 9 月 26 日。

③ 《中国自由贸易试验区十周年发展报告（2013-2023）》，中华人民共和国商务部自贸区港协调司，https：//zmqgs.mofcom.gov.cn/jscx/art/2023/art_e4829834ddc846fda258b963b7cbf39f.html，2023 年 11 月 6 日。

④ 《西安自贸：首创与探路》，每经网，https：//www.nbd.com.cn/articles/2024-08-12/3501004.html，2024 年 8 月 12 日。

区。其中，陕西和重庆各有 7 个综合保税区，四川和广西各有 5 个，新疆有 4 个，内蒙古和贵州各有 3 个，云南有 2 个，其余省区各有 1 个（见表 4）。在种类上，西部地区的综合保税区包括口岸枢纽型、产业基地型和复合型等类型，陕西的杨凌综合保税区是全国唯一具有农业特色的综合保税区。

**表 4　西部 12 省（区、市）综合保税区名单**

| 地区 | 数量 | 综合保税区名称 |
| --- | --- | --- |
| 内蒙古 | 3 | 呼和浩特、满洲里、鄂尔多斯 |
| 广西 | 5 | 南宁、梧州、北海、钦州、广西凭祥 |
| 重庆 | 7 | 重庆涪陵、重庆万州、重庆两路果园港、重庆西永、重庆江津、重庆永川、重庆国际铁路港 |
| 四川 | 5 | 成都国际铁路港、成都高新、泸州、绵阳、宜宾 |
| 贵州 | 3 | 贵阳、遵义、贵安 |
| 云南 | 2 | 昆明、红河 |
| 西藏 | 1 | 拉萨 |
| 陕西 | 7 | 西安关中、西安、西安高新、西安航空基地、宝鸡、陕西西咸空港、陕西杨凌 |
| 甘肃 | 1 | 兰州新区 |
| 青海 | 1 | 西宁 |
| 宁夏 | 1 | 银川 |
| 新疆 | 4 | 霍尔果斯、乌鲁木齐、喀什、阿拉山口 |

资料来源：中华人民共和国海关总署自贸区和特殊区域发展司《海关特殊监管区域名单》，http：//zms. customs. gov. cn/zms/hgtsjgqy0/hgtsjgqyndqk/6139025/index. html。

三是内陆开放型经济试验区。内陆开放型经济试验区是在内陆地区设立特定区域，通过高水平开放政策和体制机制改革，推动周边地区扩大对外开放。目前国家在西部地区设立了宁夏和贵州两个内陆开放型经济试验区，宁夏致力于打造向西开放的桥头堡，贵州注重贸易投资便利化和跨境电商。宁夏内陆开放型经济试验区于 2012 年 9 月获批，覆盖宁夏全境。宁夏依托内陆开放型经济试验区扩大对外开放，与 170 多个国家和地区开展贸易往来，全区进出口总额从 2008 年的 140 亿元提高到 2022 年的 257. 4 亿元，投资合作不断深化。[①] 贵州内陆开放型经济试验区于 2016 年 8 月获批，通过建立外商投资企业设立申请“一窗受理”制度和出口退税便利化工作机制，提高了贸易投资便利化程度。

四是国家级博览会。其一，丝绸之路国际博览会。该博览会在西安举办，前身为中国东西部合作与投资贸易洽谈会。它是中国与“一带一路”共建国家经贸合作的重要平台。2016 年以来，丝绸之路国际博览会累计签订利用外资项目合同金额 544.21 亿美元。2024 年 9 月西安举办了第八届丝绸之路国际博览会，展销特色商品 3 万多种，观众超过 80 万人次。[②] 其二，中国—东盟博览会。该博览会于 2004 年设立并在南宁举办，是中国与东盟经贸合作的重要平台。在共建“一带一路”合作框架下，中国与东盟的经贸联系日益紧密，中国—东盟博览会发挥了重要作用。近年来，中国与东盟互为重要贸易伙伴。2024 年前 8 个月，中国对东盟进出口 4.5 万亿元，占同期中国外贸总值的 15.7%，东盟继续保持中国第一大贸易伙伴地位。[③] 其三，中国—亚欧博览会。该博览会的前身为乌鲁木齐对外经贸洽谈会，是中国与亚欧国家经贸交流的重要平台。乌鲁木齐 2024 年 6 月举办第八届中国—亚欧博览会，50 个国家和地区参与展会，1900 多家企业参展，其间举办了 50 多场次的贸易促进活动。[④]

（3）沿边开放取得突破。西部地区沿边开放主要包括沿边开发开放试验区、边境经济合作区、跨境经济合作区、跨境旅游合作区等形式。

一是沿边重点开发开放试验区。沿边开发开放试验区是在边境地区设立的综合开发开放平台，旨在促进边境地区的经济发展和对外开放。我国目前

---

① 宁夏商务厅，《共建“一带一路”10 年，“宁夏故事”正精彩》，https://dofcom.nx.gov.cn/xwzx_274/swdt/202310/t20231012_4307570.html，2023 年 10 月 12 日。

② 《第八届丝绸之路国际博览会在西安举办》，新浪财经，https://finance.sina.com.cn/jjxw/2024-09-20/doc-incpvpnh7342329.shtml?cref=cj，2024 年 9 月 20 日。

③ 自贸区和特殊区域发展司，《截至 2024 年 9 月底全国海关特殊监管区域情况》，http://zms.customs.gov.cn/zms/hgtsjgqy0/hgtsjgqyndqk/6139025/index.html，2024 年 10 月 9 日。

④ 《第八届中国—亚欧博览会将于 6 月 26 日举行》，央视网，https://ydyl.cctv.cn/2024/06/13/ARTIu4fUCem6e7zu0RmkY3bA240613.shtml，2024 年 6 月 13 日。

共有 9 个沿边重点开发开放试验区，其中西部地区有 8 个，分别是广西东兴、广西凭祥、广西百色，云南勐腊（磨憨）、云南瑞丽，内蒙古二连浩特、内蒙古满洲里以及新疆塔城。这些试验区通过政策支持和体制机制创新，取得了显著成效。例如，广西东兴发展临港工业和边境特色产业，成为广西沿边开放的新高地；云南瑞丽发展成为中缅边境经济贸易中心和国际文化交流窗口；新疆塔城在体制机制创新和基础设施互联互通方面取得了重要进展。

二是边境经济合作区。边境经济合作区是我国扩大沿边开放的重要平台。目前国家已批准设立了 18 个边境经济合作区，其中西部有 13 个，包括内蒙古的满洲里和二连浩特，广西的凭祥和东兴，云南的畹町、边口、瑞丽、临沧，新疆的塔城、伊宁、博乐、吉木乃，西藏的吉隆。这些边境经济合作区作为国家对外开放的前沿阵地，加强了我国与周边国家的经济合作，促进了国际区域经济一体化进程。

三是跨境经济合作区。跨境经济合作区基于中国与邻近国家的合作需要而设立，是边境经济合作区的升级版。目前，我国与哈萨克斯坦共建了霍尔果斯国际边境合作中心，我国与老挝共建了磨憨—磨丁经济合作区。其中，中哈霍尔果斯国际边境合作中心设立于 2006 年，为两国提供便利的投资环境和政策支持，推动了边境地区的经济发展，对中哈经贸合作产生了重要示范意义。中老磨憨—磨丁经济合作区设立于 2016 年，旨在促进中老两国的经贸合作，目前已成为两国交流的重要窗口。

四是跨境旅游合作区。中越德天（板约）瀑布跨境旅游合作区是我国目前唯一一个跨境旅游合作区，于 2023 年 9 月 15 日试运营，它以归春河为界，一侧是广西崇左市大新县境内的德天瀑布，另一侧是越南的板约瀑布。截至 2024 年 5 月 12 日，中越德天（板约）瀑布跨境旅游合作区的游客量突破 10000 人次。[①]

（4）对外贸易与国际投资跃升。西部地区近年来在对外贸易与国际

① 《2024 年中越德天（板约）瀑布跨境旅游合作区游客量突破 1 万人次》，中国新闻网，https：//www.chinanews.com.cn/sh/2024/05-13/10216059.shtml，2024 年 5 月 13 日。

投资方面取得了显著进展，主要体现在进出口、利用外资、对外投资等方面。

一是对外贸易。西部地区对外贸易规模持续上升，1999~2023 年西部地区的进出口贸易额由 137.02 亿美元上升到 5312.8 亿美元，西部地区占全国进出口贸易总额的比重由 3.8%增至 8.95%。出口方面，1999~2023 年西部地区的出口额由 77.19 亿美元增至 3227.5 亿美元，占全国出口总额的比重由 5.6%增至 9.55%；进口方面，西部地区进口额由 59.83 亿美元增至 2085.3 亿美元，占全国进口额比重由 4.36%增至 8.15%（见图 4）。①

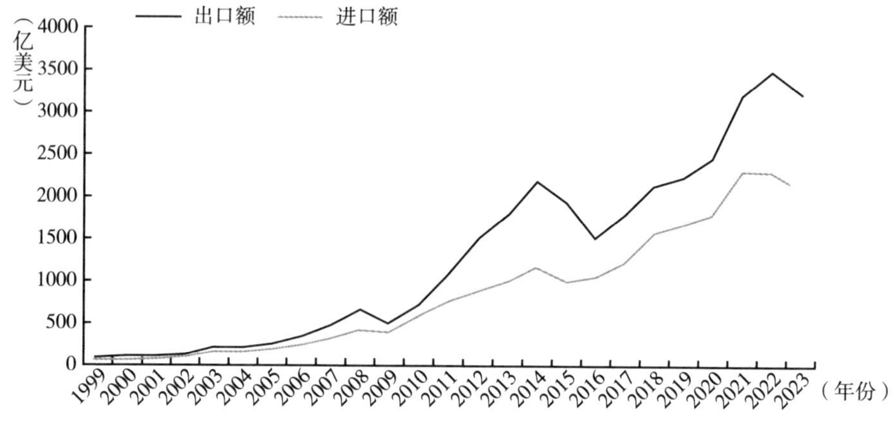


**图 4　1999~2023 年西部地区进出口额**

资料来源：2000~2024 年《中国统计年鉴》。

二是引进外资。西部地区引进外资取得明显成效。其一，实际利用外资快速增加，2000~2023 年西部地区实际利用外资金额从 36.78 亿美元增长至 106.4 亿美元；其二，外商投资企业数量持续增加，2017 年西部地区新设立外商直接投资企业数量为 1761 家，2023 年新设立外商直接投资企业数量增长至 3658 家②；其三，引进外资的质量明显提升，西部地区在高新技术领

① 《中国统计年鉴 2024》。

② 中华人民共和国商务部，《中国外资统计公报 2024》，https://wzs.mofcom.gov.cn/ztxx/art/2024/art_92aefa1ab5cc46f9870133bdac06ab1a.html，2024 年 9 月 14 日。

域的引资增多，这有利于学习国外先进技术，发挥外资的技术溢出效应，促进西部经济高质量发展。在“一带一路”倡议的推动下，西部地区积极承接国际产业转移。例如，三星电子在西安投资建设了全球最大的存储芯片制造基地，总投资达216亿元，这一项目带动诸多配套企业落户西安，促进了西安外向型经济的发展。成渝地区双城经济圈积极承接电子信息产业、汽车产业等国际产业转移，成为重要的先进制造业中心。

三是对外投资。西部大开发尤其是共建“一带一路”为西部企业走出国门对外投资提供了机遇。2003年全国对外非金融直接投资流量为28.5亿美元，其中西部地区仅1.2亿美元，占比为4.2%①；2023年全国地方企业对外非金融直接投资流量为928.4亿美元，西部地区增至65.6亿美元，占比上升为7.1%②，这表明西部企业“走出去”的步伐不断加快。

## 二　西部地区对内对外开放存在的问题

西部大开发以来，西部对内对外开放取得了长足进展，但开放不足仍是制约西部地区发展的明显短板。

### （一）西部地区对内开放存在的问题

#### 1.西部城市群产业分工存在不足

城市群是西部地区集聚优质要素、发展新质生产力、建设现代化产业体系的主要空间载体，近年来西部城市群快速发展，推动形成了一大批特色优势产业。但与此同时，西部城市群的产业集聚与分工仍然存在不足，城市群中心城市之外的其他城市产业同质化严重，城市群内部以及城市群之间的协同发展机制不够完善。

---

① 中华人民共和国商务部，《2003年度中国对外直接投资统计公报》，http：//www.mofcom.gov.cn/table/tjgb.pdf，2004年9月7日。

② 中华人民共和国商务部，《2023年度中国对外直接投资统计公报》，https：//www.mofcom.gov.cn/tjsj/gwjjhztj/art/2024/art_ 5ffd498d65d14383a8806b5c 4346d613.html，2024年9月24日。

（1）城市群内部发展差距大。西部大开发以来，重庆、成都、西安等中心城市快速发展，人口总量、建成区面积、经济规模不断增加，在整个西部发挥了龙头引领作用，但中心城市与周边其他城市之间的发展差距较大，这不利于城市群协调发展。例如，成渝地区双城经济圈除重庆、成都外，其他城市的经济体量不大。相关研究认为，2020~2022 年成渝地区双城经济圈的协调发展指数平均值从 0.73 降至 0.62，尤其是成都与重庆中间地区的发展水平较低，存在较为明显的“中部塌陷”问题。[①] 关中平原城市群内部各城市之间的发展水平也存在较大差距，西安集中了关中平原城市群的大部分高新技术产业和现代服务业，城市群其他城市的经济体量较小、现代产业发展较为滞后，这影响了城市群的整体发展水平。

（2）城市群产业布局不合理。依托中心城市优化产业布局是城市群产业协同发展升级的有效路径，西部城市群的产业布局存在趋同现象，尤其是中小城市的工业结构同质化问题突出。例如，成渝地区双城经济圈的重庆和成都在汽车制造业上各有优势，但未能有效整合供应链和产业链，这不仅导致两地之间存在行业同质竞争乃至恶性竞争，而且缺乏分工协作降低了汽车产业的整体竞争力，不利于形成更具竞争力的产业集群。关中平原城市群除了西安的现代产业较为发达之外，宝鸡、咸阳、渭南、铜川、天水等城市的工业产业大多为传统制造业，并且工业同构程度较高，尚未形成有效的产业分工协作关系。

（3）城市群协同创新水平不高。相较于长三角、京津冀和粤港澳大湾区等东部城市群而言，西部地区城市群的协同创新水平存在不足。一是创新能力较弱。《国家创新型城市创新能力监测报告 2023》显示，西安、成都、重庆的创新能力分别排在全国第 8、第 14、第 33 位[②]，这表明西部地区中心城市的创新能力较强，但需要进一步提升。二是产学研一体化程度较低。以

---

① 李中锋、王芳：《成渝地区双城经济圈建设报告（2024）》，社会科学文献出版社，2024，第 10~36 页。

②《国家创新型城市创新能力评价报告发布，西安进入三个榜单全国前十》，澎湃新闻，https：//www.thepaper.cn/newsDetail_ forward_ 26019478，2024 年 1 月 15 日。

西安为中心的关中平原城市群拥有一大批全国一流的高等院校、科研机构和军工企业，科技创新实力雄厚，但科技创新成果的就地转化率不高，这凸显了产学研一体化、军工企业与地方经济融合等方面的问题。三是城市群内部以及城市群之间的协同创新机制不完善。成渝地区双城经济圈的重庆与成都之间，以及它们与关中平原城市群的西安之间的交通联系日益紧密，达成了协同发展的战略共识，但彼此之间科技创新领域的合作机制尚未有效建立，这制约了城市群乃至西部地区协同创新水平的提升。

2. 西部省（区、市）之间的融合发展水平不高

西部空间广袤、地形地貌复杂多样，要素资源布局较为分散，加之市场化发展水平差异较大，制约了西部省际融合发展。

（1）地理环境制约互联互通。西部地区包括 12 个省（区、市），陆地面积占全国 2/3 以上，地域广袤，地形地貌复杂多样，并且缺少内河航道。特殊的地理条件加大了交通等基础设施建设难度，增加了运营维护成本，这对于西部省（区、市）之间的融合发展形成了自然阻隔，导致西部省（区、市）之间的经济联系和市场分工水平不高。

（2）要素资源分布制约产业协同发展。西部地区拥有丰富的煤炭、天然气、石油等自然资源，其地理分布一定程度上影响了西部省（区、市）的经济发展和产业布局。例如，陕西、内蒙古交界地区拥有丰富的能源资源，这一方面促进了两省区的能源产业发展，另一方面也导致该地区的产业存在同构化和恶性竞争问题，省际能源产业协同发展水平不高。西部地区的人才资源和科技资源主要集中在省会城市，广大中小城市和乡村地区的科技人才资源存量相对较少，这促进了大城市的现代产业发展，但大城市对中小城市、乡村的辐射带动效应尚未充分显现。

（3）西部各地市场化发展水平差距较大。受产业基础、地理区位、政府政策等因素的影响，西部各地之间的市场化发展水平差距较大。以数据要素市场为例，相关研究把西部城市的数据要素市场发展水平前 20 名分为三个梯队：第一梯队包括贵阳、成都和重庆，第二梯队包括西安、南宁、德阳、昆明、兰州、呼和浩特、柳州，第三梯队包括达州、大理州、银川、乌

鲁木齐、绵阳、西宁、包头、雅安、宜宾、拉萨（见图 5）。[①] 市场化发展程度的差异，制约了要素资源在西部城市之间、省际的自由流动和优化配置，不利于西部融合发展。

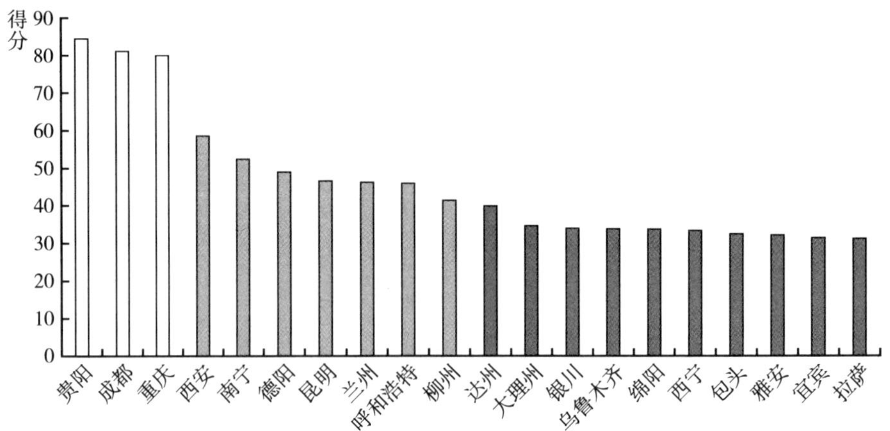


**图 5　中国西部城市数据要素市场发展水平前 20 名**

资料来源：赛迪四川，《中国西部城市数据要素市场发展水平评估报告（2024 年）》，中国电子信息产业发展研究院网，http：//www. ccidthinktank. com/info/1155/40210. htm，2024 年 8 月 2 日。

3. 西部现代基础设施不够完善

近年来西部地区的基础设施建设有了显著改善，但与发达地区相比，在基础设施通达性、可及性、数字化方面仍有较大差距，限制了西部地区内部以及与其他地区的经济互动。

（1）西部地区内部的基础设施有待完善。西部地区地域广阔、地形复杂、人口密度较低，基础设施建设和维护成本高，这导致西部一些地区的基础设施不够完善。尤其是在新型数字基础设施建设方面，西部地区起步较晚、基础较差、发展速度较慢。近年来，西部地区加快“东数西算”工程，但这一工程面临技术、成本等多重因素制约，西部的部分数据中心存在算力

① 赛迪四川，《中国西部城市数据要素市场发展水平评估报告（2024 年）》，中国电子信息产业发展研究院网，http：//www. ccidthinktank. com/info/1155/40210. htm，2024 年 8 月 2 日。

不足、成本高的问题。西部地区的中心城市数字化基础设施发展速度快，但广大农村地区存在较为明显的“数字短板”。

（2）西部地区对内对外开放通道需进一步拓展。西部对接国内其他地区的运输通道建设取得了很大进展，但在高速铁路、航空、港口、管道、通信等方面仍有较大的改善空间，需要进一步提升通达度。西部面向中亚、南亚、东南亚的开放通道有待进一步拓展，并且需要加强国际通道的枢纽节点建设，提高多式联运效率，降低周转时间和运输成本。

4. 西部融入全国统一大市场不够充分

西部地区存在较为明显的地方保护和市场分割现象，这不利于商品要素资源在更大的空间范围内流动，抑制了经济分工的深化，阻碍了西部地区融入全国统一大市场。

（1）西部地区的要素流动不够顺畅。受体制机制障碍和经济发展水平等方面的制约，西部地区在农村劳动力转移和资金流动等方面存在问题。在农村劳动力转移方面，20 世纪 90 年代以来，西部地区大量农村劳动力向城镇尤其是发达地区转移，这对于推动城乡经济发展做出了贡献。但当前西部农村地区仍然容纳了过多劳动力，并且西部农村从业人员的人力资本水平较低、年龄结构不合理，西部农村发展缺乏人才供给。在进城的农业转移人口之中，受户籍制度改革滞后等因素的影响，大量西部农民工难以完全融入城市，这对于城乡经济社会发展产生了消极影响。在资金流动方面，西部地区的资本市场不够健全，对外部资金的吸引力不足，这导致西部地区在产业发展中存在资金匮乏的问题。此外，西部地区在土地市场、技术市场、数据市场、能源市场、生态环境市场等方面的建设较为滞后，阻碍了要素资源的自由流动和优化配置。

（2）西部地区的市场化改革需要加快。西部地区的市场化进程较之于发达地区存在差距，存在诸多妨碍统一市场和公平竞争的政策。一方面，西部地区对本地企业实施了一系列优惠政策，对外资企业和外部企业进入本地市场设置了壁垒，这限制了市场竞争，不利于企业成长和产业升级；另一方面，西部地区的营商环境还存在问题，在招商引资中的行为不够规范，对企业的服务不到位，难以吸引优质企业到西部投资①。

5. 西部承接东部产业转移面临挑战

承接东部产业转移是西部地区产业发展的重要路径，但西部地区存在物流成本高、产业配套不完善等问题，这使得西部地区在承接东部产业转移的过程中面临挑战。

（1）区位优势不明显。西部地区居于内陆，距离原材料和产品消费市场较远，物流成本较高。尤其对于需要大宗运输的劳动密集型、资源密集型产业而言，西部地区在区位、物流等方面的劣势较为明显。此外，高新技术产业对工人的人力资本水平要求较高，西部地区在承接这些产业的过程中面临高素质人才缺乏的问题。

（2）产业配套不完善。东部地区经过多年的发展，已经形成规模庞大、分工明细、配套齐全的产业链供应链，但西部地区工业基础较为薄弱，产业分工水平较低，尚未形成完整的产业链供应链体系。这导致西部地区在承接东部产业的过程中，一些企业面临产业配套不完善的问题，难以开展有效的产业合作。

（3）产业规划不健全。西部地区在承接产业转移的过程中存在一定的盲目性，一些地方为加快经济增长盲目招商引资，对于外部企业的经营资质、发展能力等缺乏有效审查，引进了一批“空壳”企业、污染型企业，引进的一些企业同当地资源禀赋难以有效匹配，不利于地区经济的持续发展。

### （二）西部地区对外开放存在的问题

1. 开放通道助力西部产业发展的作用不到位

西部地区对外开放通道的拓展，为扩大对外贸易规模、加强对外经济合作做出了贡献，但开放通道助力产业发展存在不足。

① 蔡之兵、李东兴：《国家发展逻辑转变与新时代西部大开发战略的操作重点研究》，《农村金融研究》2024 年第 8 期，第 69~80 页。

一是开放通道畅通性不足。西部地区的开放通道相对有限，通达水平不高，这制约了通道运输效率提升。例如，西部陆海新通道的主要货运铁路利用率已接近饱和，北部湾港口缺少深水码头和航道，且部分航道为单向航道，这导致大吨位的集装箱船难以通行；中欧班列在毗邻国家的边境口岸需要换轨换装，边境口岸设施设备不配套，致使境外货物转运中心严重拥堵，影响了物流效率。

二是开放通道助力制造业发展的作用发挥有限。西部地区的开放通道与当地产业融合度不高，导致开放通道对本地经济的推动作用不够显著。部分地区在产业规划、布局等方面与开放通道之间缺乏系统谋划，导致产业集中度不高、产业链不健全，开放通道难以有效带动沿线地区的产业发展。以西部陆海新通道为例，目前该通道对重庆的带动以传统产业为主，对重庆战略性新兴产业的带动作用不强。

**2. 西部自贸区的制度创新有待深化**

一是制度创新的系统集成效应不够。与东部自贸区相比，西部自贸区的制度创新数量较少，首创性制度创新不多。例如，上海自贸区在国家层面复制推广了 302 项制度创新成果，而西部自贸区的制度创新成果相对较少。尤其是在涉及政府数据的创新制度方面，上海自贸区已经推出了上海数据交易所，累计挂牌数据产品近 1500 个①，而西部自贸区在这方面尚未有显著创新。在制度创新的系统性和集成性方面，上海自贸区取得了显著进展，而西部自贸区多为局部化、碎片化的改革举措，制度创新的系统集成效应不明显。

二是自贸区助力产业发展的效果欠佳。自贸区制度创新的落脚点在于发展特色优势产业，目前西部自贸区的特色优势产业发展效果欠佳。西部自贸区的资源禀赋各有不同，产业发展定位各有差异，部分自贸区的特色产业发展优势尚不明显，亟须立足于自身资源禀赋，在制度创新的基础上探索出有

---

① 《上海自贸区十周年：全国 302 项自贸区制度创新成果，近半源自上海首创或同步先行先试》，界面新闻，https：//www. jiemian. com/article/10102921. html，2023 年 9 月 15 日。

特色、差异化的产业发展路径。

3. 西部营商环境有待优化

良好的营商环境是西部地区对外开放的重要条件，近年来西部地区的营商环境不断改善，但仍有较大提升空间。《中国城市营商环境报告 2023》显示，西部入围全国营商环境前十的城市仅有成都①。西部地区营商环境存在的主要问题如下。

一是开放理念有待转变。西部地区居于内陆，长期以来对外开放不足，这导致很多人缺乏对外开放的意识和理念，在发展中主要依靠自身固有的资源，缺乏引进外部资源、拓展外部市场的勇气，“等靠要”的心态较为严重。

二是创新意识不足。西部地区的市场化发展水平较低，各地在发展过程中习惯于向中央政府争取优惠政策、争取资金支持，缺乏自主创新的意识和勇气。

三是服务意识不强。西部地区国有经济占比相对较高，民营经济发展不充分，各级政府对于资源配置发挥着重要作用，个别工作人员对于招商引资项目存在“吃、拿、卡、要”的心态，主动为企业解决问题的服务意识不足。

4. 西部外贸规模和结构需要提升

西部地区的外贸总额及所占比重不断上升，但外贸依存度仍然较低，出口结构较为单一。

一是外贸规模相对较小。外贸依存度是一个国家或地区的进出口总额占国内生产总值的比例。2023 年全国外贸依存度为 0.331，东部地区为 0.512，西部仅为 0.138②，西部地区的外贸发展水平较低。2023 年西部地区的生产总值占全国 GDP 21.5%，西部地区进出口贸易额占全国比重为 8.95%，西部地区的进出口贸易额比重远低于生产总值占比。由此看出，西部地区的外贸发展水平有很大提升空间。

---

① 《中国城市营商环境报告 2023》，北京大学开放数据研究平台，https：//opendata.pku.edu.cn/file.xhtml？fileId=16034&version=2.0，2023 年 12 月 1 日。

② 《中国统计年鉴 2024》。

二是外贸结构需要优化。从出口结构来看，西部企业出口的产品大多为资源密集型产品和附加值较低的劳动密集型产品，西部地区的先进制造业和生产性服务业竞争力较弱，这要求西部地区在扩大对外开放的过程中优化出口结构。

5. 西部国际投资水平偏低

积极参与国际产业合作是西部地区提升企业国际竞争力的重要路径，近年来西部地区发挥自身优势“引进来”和“走出去”，但仍存在利用外资规模小、对外投资力度弱的问题。

一是从“引进来”看，西部地区引进外企数量和实际利用外资额在全国占比偏低。2023 年西部地区生产总值占全国 GDP 21.5%，西部地区进出口贸易额占全国 8.95%，同年西部地区新设立外商投资企业占全国比重仅为 6.8%，西部地区实际使用外资金额占全国比重仅为 6.5%。[①]

二是从“走出去”看，2023 年东部地区企业对外非金融类投资流量 760.5 亿美元，占地方投资流量的 81.9%；西部地区企业对外非金融类投资流量 65.6 亿美元，仅占地方投资流量的 7.1%。[②]

## 三　西部地区扩大对内对外开放的思路与重点任务

### （一）西部地区扩大对内开放的思路与重点任务

西部地区扩大对内开放的基本思路是：西部各省（区、市）在发挥比较优势的基础上充分融入全国统一大市场，提高西部基础设施的内外通达度和均等化水平，提升西部城市群协同发展和省际融合发展水平，从而畅通包

① 中华人民共和国商务部，《中国外资统计公报 2024》，https://wzs.mofcom.gov.cn/ztxx/art/2024/art_92aefa1ab5cc46f9870133bdac06ab1a.html，2024 年 9 月 9 日。

② 中华人民共和国商务部，《2023 年度中国对外直接投资统计公报》，https://www.mofcom.gov.cn/tjsj/gwjjhztj/art/2024/art_5ffd498d65d14383a8806b5c43 46d613.html，2024 年 9 月 24 日。

括西部在内的全国经济大循环，促进商品要素资源在西部内外自由流动，推动西部产业逐步发展升级。在这一思路框架之中（见图 6），西部各地发挥比较优势融入全国统一大市场是西部扩大对内开放的逻辑主线，基础设施畅通可及为西部扩大对内开放提供硬件支撑。城市群协同发展和省际融合发展为西部扩大对内开放提供空间支撑，西部扩大对内开放的直接目标是促进商品要素资源在西部内外自由流动、有效承接东部产业转移、推动西部产业转型升级；长远目标是实现西部同国内其他地区互补发展、缩小区域发展差距、共同实现现代化。基于这一思路，我们提出以下西部地区扩大对内开放的重点任务。

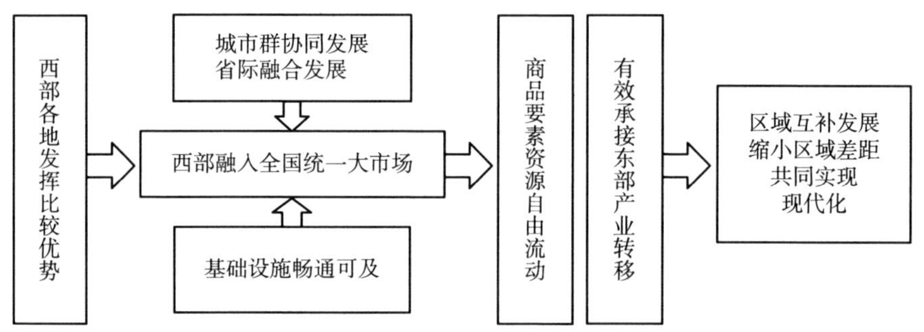


**图 6　西部扩大对内开放的基本思路**

1. 西部城市群实现协同发展

西部地区以城市群为载体提升协同发展水平，是西部扩大对内开放的重要内容、有效路径和空间支撑。西部城市群要提升协同发展水平，必须以中心城市引领城市群建设，城市群其他城市依托中心城市实现紧密合作，加强城市群之间的开放与互动合作，从而以城市群带动区域协同发展。一是龙头引领。中心城市是城市群的龙头，不管是城市群自身的发展还是城市群之间的互动，关键在于做大做强中心城市，并且充分发挥中心城市的龙头引领作用。在西部地区，尤其需要提升重庆、成都、西安等中心城市的辐射带动能力。[①] 二

① 王颂吉：《进一步推动西部大开发形成新格局：进展与动力》，《改革》2024 年第 8 期，第 88~97 页。

是布局优化。城市群协同发展，要求城市群内部的大中小城市优化布局，城市之间在科技研发、产业分工、基础设施建设、公共服务供给等方面协调联动，形成城市群创新共同体、产业共同体和公用设施共同体。[①] 三是提升城市群之间的联动发展水平。通过加强城市群之间的基础设施联通和政策沟通，城市群之间在要素流动、科技创新、产业分工等领域加强合作，有助于带动更大区域实现联动发展。

2. 西部省（区、市）实现融合发展

西部省（区、市）融合发展主要体现为省际融合，省际融合是西部地区提升自身内部开放水平的重要内容和空间支撑，也是增强西部协调发展能力和竞争力的有效路径。西部省（区、市）融合发展的硬件载体是基础设施联通，软件支撑在于健全省际合作交流机制，融合发展的主要依托是充分发展要素资源禀赋基础上的产业分工协作。当前，西部地区的渝黔合作、宁蒙陕甘及毗邻区域合作已取得积极进展，其他具备条件的毗邻省份应当提升省际融合发展水平。从产业合作形式而言，西部毗邻省份可以依托共有的优势要素资源共建产业园区，在跨越省界的更大空间范围内协调要素资源开发，联手打造具备竞争优势的产业集群，形成资源共同开发、园区共同建设、产业协同发展、收益共同分享的省际融合发展格局。

3. 西部基础设施畅通可及

提高基础设施通达度、畅通性和均等化水平，既是西部地区各板块之间互动合作的内在要求，也为西部面向国内其他区域开放合作提供硬件支撑。西部基础设施建设的重点仍然是交通基础设施。一方面，要提高西部基础设施的通达度和畅通性。构建更为完善的立体综合基础设施网络，注重提升基础设施的智能化和绿色化水平，尤其健全横贯东西、纵贯南北的交通动脉网络，为西部省份加强内部联系、拓展西部同国内以及国际其他区域的联系创造更为便利的交通条件。另一方面，要增强西部基础设施的均等化和可及

① 吴旺延、万云雁：《深度融入“一带一路”大格局策略研究》，《西安财经大学学报》2022年第3期，第101~108页。

性。要加强对西部农村地区和边远地区的基础设施建设，注重缩小地区之间、城乡之间在基础设施领域的“数字鸿沟”，使西部居民不仅能够就地就近享受现代化基础设施带来的便利，提升生活品质，而且能够融入数字经济时代，提升生产能力。

4. 西部充分融入全国统一大市场

市场是有效的资源配置手段，大市场是深化分工、提高效率的重要载体。西部地区只有更深地融入全国统一大市场，才能真正发挥自身的要素资源禀赋优势，推动西部地区内部各板块以及西部同国内其他地区之间实现错位发展、互补发展、融合发展，不断缩小地区发展差距，共同实现经济现代化。一方面，西部各地要破除地方保护的利益藩篱和行政壁垒，严格规范不正当竞争行为，消除政府对市场的过度干预，实现市场竞争平等有序、市场监管公平统一。另一方面，西部要充分融入全国统一的商品要素资源市场，不仅促进西部的商品资源到其他地区实现更高价值，而且引导其他地区的商品要素资源到西部地区实现更高价值，从而在更广阔的市场上优化资源配置，促进西部地区的优质要素集聚和优势产业发展，提升地区经济竞争力。①

5. 西部有效承接东部产业转移

西部承接东部产业转移，既是延续“中国经济奇迹”和拓展我国经济发展空间的重要手段，也是发达地区带动落后地区、提升西部“造血”功能和内生发展能力的有效路径。西部承接东部产业转移，可以拓展我国经济的增长空间和战略回旋空间，推动西部地区发展特色优势产业、促进产业转型升级。一方面，西部地区要充分发挥自身比较优势，加强政府对产业转移的规划引领，重视发挥市场作用，提升西部地区的产业基础、要素资源同东部转移产业的匹配度，在承接产业转移的过程中增强西部地区的创新能力和产业竞争力。另一方面，西部地区要创新产业承接模式，探索同东部地区共

① 《中共中央 国务院关于加快建设全国统一大市场的意见》，人民出版社，2022，第8~17页。

建产业园区，以东部企业助力西部资源深加工和东西部产业深度合作，东西部之间在产业转移过程中形成良性互动的产业共同体和利益共同体，以产业转移助力我国提升产业链韧性和产业国际竞争力。

### （二）西部地区扩大对外开放的思路与重点任务

西部地区扩大对外开放的基本思路是：西部各省（区、市）在发挥比较优势的基础上，全面融入世界市场，网络式拓展对外开放通道，多层次健全对外开放平台，以制度型开放优化营商环境，提升国际贸易和国际投资水平，西部同国内其他地区协同构建陆海内外联动、东西双向互济的高水平全面开放格局，从而畅通国际大循环。在这一思路框架之中（见图7），西部各地发挥比较优势融入世界市场是西部扩大对外开放的逻辑主线，网络式拓展开放通道和多层次健全开放平台为西部扩大对外开放提供硬件支撑，优化营商环境为西部扩大对外开放提供软件支撑，西部扩大对外开放的直接目标是提升西部地区的国际贸易和国际投资水平，长远目标是形成高水平全面开放格局、助力西部高质量发展和共同实现现代化。基于这一思路，我们提出以下西部地区扩大对外开放的重点任务。

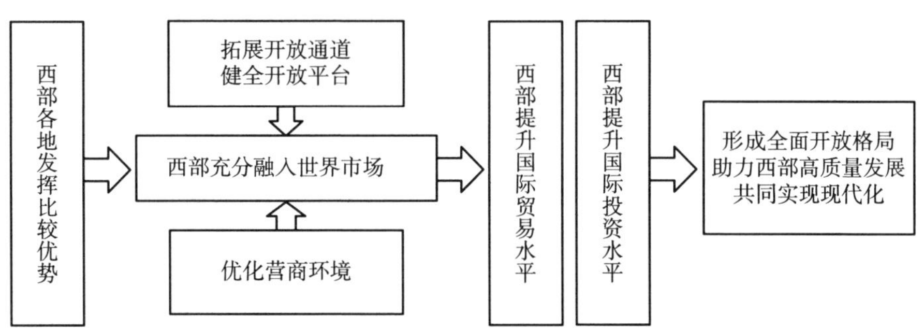


**图7　西部地区扩大对外开放的基本思路**

#### 1. 形成网络式开放大通道

强化开放通道建设是西部地区扩大对外开放的重要支撑。党的二十届三中全会通过的《中共中央关于进一步全面深化改革 推进中国式现代化的决定》指出："完善陆海天网一体化布局，构建'一带一路'立体互联互通网络"①。西部地区应在中欧班列、西部陆海新通道等对外开放大通道建设的基础上，进一步拓展对外开放通道，提升物流运输效率，以开放通道建设优化产业布局。一是开放通道形成网络联动效应。西部地区应在中欧班列、西部陆海新通道的基础上，拓展形成对外开放通道网络，推动各类开放通道产生联动发展效应。二是物流运输效率提升。西部地区通过加强开放通道的基础设施软硬件建设，提升智能化、信息化水平，加强开放通道沿线国家和地区的政策协同，可以大幅提升开放通道的物流运输效率。三是产业布局优化。西部地区应充分发挥开放通道对产业发展的带动作用，依托开放通道形成供应链、布局产业链，引导优质生产要素沿开放通道集聚，吸引优质企业在开放通道节点投资，逐步形成具备西部特色和优势的开放通道产业。

### 2. 建立多层次高水平开放平台

建立健全多层次、高水平的开放平台，是西部地区扩大对外开放的重要载体。当前西部地区已经在自贸区、综合保税区、内陆开放型经济试验区、国家级博览会等开放平台建设上取得积极进展，沿边开放也取得了显著成绩，今后在巩固拓展已有开放平台的基础上，还应结合西部实际建立更多层次、更高水平的开放平台，打造内陆型以及边境地区对外开放高地。一方面，自贸区实现系统性、集成性制度创新。西部自贸区要进一步解放思想、更新观念、打破惯性思维，以立足自身实际和发展愿景为基础，以学习借鉴发达地区的制度创新经验为条件，下大力气推动系统性集成性制度创新，辐射带动西部地区的开放平台共同建设对外开放高地。另一方面，开放平台助力西部特色优势产业发展。西部自贸区等开放平台开展制度创新的落脚点，要服务于西部各地的特色优势产业发展。西部各地应充分利用开放平台产生的制度创新效应，围绕自身的特色优势产业完善产业链条，提升西部地区的产业竞争力。

---

① 《中共中央关于进一步全面深化改革 推进中国式现代化的决定》，人民出版社，2024，第7~8页。

3. 营造一流营商环境

良好的营商环境是西部地区扩大对外开放的重要条件。西部地区的营商环境在开放理念、创新意识、服务意识等方面存在不足，在国际接轨上也存在问题，这要求西部地区更新理念观念、对标世界一流，在优化营商环境上迈出更大步伐。一是强化开放发展理念，西部各地要对标粤港澳大湾区、长三角等地区，在开放思维和开放理念上向发达地区学习，强化以开放促进发展、以开放倒逼改革的理念。二是牢固树立创新意识。创新是引领发展的第一动力，西部的高水平开放和高质量发展既要有制度创新，也要有科技创新。西部地区应牢固树立创新意识，以制度创新服务科技创新，以科技创新推动制度创新，形成创新创业的良好环境。三是增强服务意识。西部各级政府应转变思维理念，切实增强为各类市场主体服务的意识，充分利用数字化手段提高服务效能，实现以服务促发展、促开放。此外，西部地区应对标国际高水平经贸规则扩大制度型开放，助力提升西部营商环境的国际化水平。

4. 实现国际贸易高质量发展

西部国际贸易高质量发展是西部地区扩大对外开放的重要目标，西部国际贸易的高质量发展可以为西部经济增长和居民收入提高创造条件。西部外贸高质量发展的动力来自产业，只有产业规模增加、产业集聚水平提升、产业不断转型升级，才能为西部地区的外贸规模扩张和外贸结构优化创造充分条件。一方面，扩大外贸规模。西部地区应积极培育壮大外贸主体，依托不断拓展的网络式开放通道和多层次高水平开放平台，连通更为广阔的国际市场，降低外贸成本，从而不断扩大西部地区的贸易规模。另一方面，优化贸易结构。西部地区通过大力发展特色优势产业推动产业结构从劳动密集型、资源密集型向资金密集型、技术密集型转型升级，可以提升西部出口产品的附加值，不断优化西部贸易结构。

5. 推动国际产业合作迈入高水平

开展高水平国际产业合作是西部地区以扩大开放助力高质量发展的重要体现，高水平国际产业合作可以为西部提升企业竞争力、发展壮大特色优势产业创造条件。西部地区有良好的资源禀赋，有一批特色优势产业，有邻近蒙俄、中亚、南亚、东南亚的地缘优势，这为西部地区扩大国际产业合作提供了良好条件。一方面，要高水平“引进来”。西部地区依托特色优势资源和特色优势产业，大力吸引国外一流企业到西部投资产业，充分利用国外企业的先进技术、管理和高水平人才，提升西部产业的科技创新水平和管理效能。另一方面，要大规模“走出去”。西部地区立足于企业国际化需求，引导有国际竞争优势的企业制定完善的国际化发展战略，支持西部企业统筹利用好国内外资源和市场，通过“走出去”稳定供应链、优化产业链、攀登价值链，高效参与国际产业分工合作，不断提升西部企业的国际竞争力。

## 四　西部地区扩大对内对外开放的政策建议

### （一）西部地区扩大对内开放的政策建议

**1. 提高西部城市群协同发展水平**

（1）加强城市群内部的分工合作。西部地区构建以中心城市为龙头引领城市群发展，进而辐射带动周边其他城市发展的格局，促进城市间在产业分工、基础设施建设以及改革创新等领域的协同并进，推动各城市之间深度融合与互动发展。西部积极探索构建高效的城市群协调治理模式，建立多元化、多形式的城市联盟体系。西部深化城市之间的合作与交流，不断提升分工合作的层次与质量，实现城市群共赢发展新局面。

（2）推动形成现代化产业体系。充分发挥西部地区比较优势，以城市群为依托推进产业集群化发展，构建具有竞争力的现代化产业体系。政府部门制定并实施差异化的政策措施，对具有鲜明特色和巨大潜力的产业，在财政扶持、税收优惠、金融支持等方面给予倾斜。同时，西部地区要有效遏制盲目复制现有产业模式的行为，避免城市群内部的产业同质化竞争，确保城市群优势产业健康有序发展。

（3）提升创新协同水平。以提高创新能力为核心深化创新开放合作，优化西部地区科研基础设施布局，以城市群为依托打造具备独特优势的国家级创新平台与科学装置，构建需求引领、企业主导、产学研深度融合的创新体系。西部地区要推动城市群之间共建高水平科技创新平台，联手打造联合实验室和技术创新中心，共同开展科研攻关和技术创新活动，促进城市群之间的科技创新协同与合作，打造协同创新共同体。

**2. 促进西部省际融合发展**

（1）强化省际交通联系与合作共识。西部充分利用西部省（区、市）之间地域毗邻、江河同源、山脉同缘的地缘优势，加强区域间的协同联动。西部地区加大交通基础设施的投入力度，提升省际交通网络的通达性和便捷性，加强各省（区、市）间的交通联系。西部毗邻省（区、市）提升合作发展的共识，充分认识合作发展的紧迫性、必要性和可行性，探索构建统一规划、统一管理、合作共建、利益共享的省际融合发展新机制。

（2）合理配置省（区、市）间的资源。对西部的自然资源、人力资源、技术资源等进行全面评估，明确各类资源的分布特点、优势和潜力，制定西部地区资源集聚的发展规划，毗邻省份合作发展特色优势产业和项目。西部毗邻省份共同营造良好的营商环境，出台相关政策加强人才的培养和引进工作，吸引国内外优秀人才和资本进入西部地区投资兴业。

（3）加强区域市场一体化。西部依托一体化综合基础设施网络，建立统一、公平、开放、透明的市场规则，建立健全区域一体化市场，拓展跨省联动空间，从而缩小省际市场化水平差距。西部地区应尊重市场引导和决定资源配置的一般规律，更好发挥政府作用，加强监管和执法力度，维护市场秩序和公平竞争环境，促进要素资源跨省自由流动和优化配置。

**3. 提升西部基础设施通达度和均等化**

（1）提升基础设施通达度。西部地区要推动交通设施一体化建设和运营，统筹铁路、公路、水运、航运等综合运输网络体系，提高基础设施通达度、通畅性和均等化水平。西部地区加快连接区域内外主要城市的通道建设，加强海上交通建设，扩建和新建机场，提升航空枢纽的功能。西部地区要优化物流枢纽布局，显著增强物流运行效能，同时要加快数字化基础设施建设，提升区域信息网络覆盖水平。

（2）提升基础设施均等化。西部地区要注重城乡基础设施的均衡发展。一方面，着力加强西部农村基础设施建设。提升农村基础设施供给质量，使农村居民充分地享受基础设施，更为便利地利用基础设施联通外部空间。另一方面，西部积极推动城市基础设施向农村地区拓展，加强城乡基础设施互联互通，缩小城乡基础设施发展的差距。同时，西部要加强基础设施的共享性和共用性，提升基础设施的使用效率，推进光纤到户、光纤到村，构建完善城乡一体化、区域互联互通、安全稳定且高效的数字化基础设施网络体系。

4.推动西部地区融入全国统一大市场

（1）促进区域间要素自由流动。西部地区政府加大对农村从业人员的教育培训投入，提升农村从业人员的综合素质和就业竞争力。推广现代农业技术，提高农业生产效率，降低对劳动力的依赖，从而释放出更多的农村劳动力并向非农部门转移。西部地区要加强农业科技人才培养和引进，对农业劳动者提供技术指导和支持。鼓励和支持有条件的农民工返乡创业，提升西部从业人员的素质。全面放宽城市落户条件，优化相关配套政策，消除劳动力在城乡及区域间的流动障碍，促进人力资源自由流动。加强社会保障制度的衔接和协调，确保农村转移人口能够连续享受社会保障服务。中央政府继续对西部地区实行差别化补助，加大倾斜支持力度①，缓解地方财政压力。建立多元化、多渠道的筹资机制，加强产业布局协同和要素流通领域的合作，提升对金融资金的吸引力。西部地区要推动科技资源的空间布局调整，以市场需求为导向，实现创新要素的高效流动与优化配置。

（2）推动西部市场与全国市场联通。西部要实行全国统一的市场准入

① 《中共中央 国务院关于新时代推进西部大开发形成新格局的指导意见》，人民出版社，2020，第21～22页。

制度，严格落实“全国一张清单”管理模式，深入实施公平竞争审查制度，健全统一市场监管规则，维护统一的公平竞争制度。西部地区破除地方保护和区域壁垒，清理废除妨碍统一市场和公平竞争的政策，对新出台政策严格开展公平竞争审查，为市场引导和优化资源配置创造条件。西部各地要找准自身的比较优势和功能定位，在融入全国统一大市场的过程中提升发展能力，以优越的营商环境促进要素集聚和产业发展。

5. 增强西部地区承接产业转移能力

（1）增强区位优势。西部地区要依托现代交通网络发展多式联运和现代化物流，提升物流运输效率和水平，充分发挥西部地区的要素资源禀赋和地理位置优势，发展特色产业和物流业，形成差异化竞争优势。政府应鼓励、引导东部沿海地区的企业把握西部地区的资源优势与成本优势，推动产业有序向西部转移，促进区域经济协调发展。西部地区应加强高新技术人才的培养和引进，提升科技创新水平，这不仅有助于增强西部地区承接东部高新技术产业的能力，而且可以为西部地区的产业结构转型升级提供持久驱动力①。

（2）完善配套产业。西部地区要提升产业发展水平，完善产业链，引进科技实力强、管理水平高的企业，推动传统产业向高端化、智能化、绿色化转型。构建东中西部开放平台联动机制，携手打造涵盖项目孵化、人才培育、市场推广等多功能的服务体系。国家应在西部地区精心培育若干产业转移示范区，通过与东部地区的优势互动和协同进步，促进区域之间产业发展的互补与共赢。

（3）加强产业规划。西部应加强承接产业转移的前期研究、中期评估和后评估，明确承接产业转移的重点和方向，形成科学合理、管理严格、指导有力的产业规划体系。西部地区应加强政策协调与配合，形成政策合力，对于外部企业的经营资质、发展能力进行严格审查，确保引进产业同当地要

① 邓翔、袁满、李凤鸣：《西部大开发战略对产业结构调整的影响研究》，《财贸研究》2022年第4期，第63~74页。

素资源的匹配，促进地区经济的持续发展。西部地区应建立产业发展监测和评估机制，及时跟踪引进产业的发展动态，调整优化政策措施。

## （二）西部地区扩大对外开放的政策建议

### 1. 以拓展开放通道促进产业布局优化

中欧班列与西部陆海新通道作为西部地区对外开放的重要通道，旨在推进陆海双向全面开放和区域协调发展。可以通过健全交通动脉网络，更好发挥通道对产业发展的助力作用，优化开放通道沿线的产业布局及协同发展水平。

（1）完善开放通道网络。一是健全交通动脉网络，提升物流通行能力。进一步拓展对外开放通道，形成开放通道网络。优化铁路、公路、内河航运多式联运结构，依托陆海新通道沿途枢纽城市，布局沿通道的集装箱多式联运中心、物流枢纽、物流园区、物流基地，推进铁路水路联运和公路水路联运基础设施建设，强化区域中心城市和物流节点城市的枢纽辐射作用，加强枢纽之间的联动，提升通道运输效率。二是加强中欧班列沿线边境口岸基础设施建设。更新和增补换装设备，新修和扩建仓储堆场以及建设境外分拨中心等设施。充分利用丝路基金、亚洲基础设施投资银行等渠道筹措资金，鼓励沿线国家积极参与老旧路线改造、口岸扩建以及软硬件基础设施建设，提升中欧班列的运输效率①。三是建设物流运营平台。强化重庆团结村、成都城厢铁路物流基地等枢纽集结作用，统筹共建中欧班列运营平台和西部陆海新通道物流运营平台。②

（2）优化开放通道沿线的产业布局。一是合理规划开放通道沿线的产业。西部地区加强同周边国家的产业政策沟通，在具备条件的基础上沿开放通道

---

① 徐紫嫣、夏杰长、袁航：《中欧班列建设的成效、问题与对策建议》，《国际贸易》2021年第9期，第45~51页。

② 《成渝地区双城经济圈综合交通运输发展规划》，中国政府网，https://www.gov.cn/zhengce/zhengceku/2021-06/22/5620019/files/541c5b4b5efc4ee4a 65603cc6cc745cb.pdf，2021年6月22日。

优化布局产业链、供应链，形成加工贸易产业集群。西部地区依托对外开放通道，规划建设战略性新兴产业，提升西部地区产业发展水平。二是加快产业协同发展。西部地区依托对外开放通道，积极设立特色产业园区、临港产业园区、经济技术开发区、贸易加工产业园区等产业基地，做好开放通道沿线城市的产业发展政策和发展规划对接，促进西部地区外向型产业协同发展。

2. 以健全开放平台增强产业发展特色

以自贸区为代表的高能级开放平台是推进西部地区对外开放的重要载体。西部地区可以依托自贸区等高能级开放平台，通过制度创新、因地制宜发展特色优势产业促进经济发展。

（1）加强制度创新。一是自贸区注重制度创新的系统性和集成性。深入挖掘与国际高标准经贸规则对接的制度创新思路，优化自贸区的管理机制和服务体系，提升自贸区的营商环境和国际化水平，吸引更多的外资企业进入。以制度创新的系统性和集成性作为考核标准，加强对自贸区制度创新工作的过程管理和考核评价，激励自贸区积极开展制度创新。二是注重产业发展领域的制度创新。从改革领域来看，现有制度创新成果集中在“放管服”改革和贸易投资便利化，而服务于各地区主导产业的制度创新成果较少。西部自贸区的制度创新应进一步服务于地方产业发展，提高优势特色产业在全球供应链、产业链中的竞争力，加快建设具有国际竞争力的现代产业体系。①

（2）自贸区因地制宜发展特色优势产业。西部地区各自贸区应充分依托其区位优势和资源禀赋，培育和发展特色产业，因地制宜发展新兴产业，实现企业间优势互补和协调发展，避免区内出现无序竞争等问题，逐步提高特色产业的整体竞争力。以陕西自贸区的杨凌片区为例，其把握自身优势，通过整合陕西省乃至国家的优质特色农产品，重点发展苹果、猕猴桃、核桃、大枣、茶叶等大宗农产品对外贸易，成功打造了一个以农业为特色的自

① 钱学锋、高婉：《中国自由贸易试验区制度创新：特征、问题及对策》，《长安大学学报》（社会科学版）2024 年第 3 期，第 103~124 页。

贸试验片区。[①] 西部地区的其他自贸区可以借鉴杨凌经验，因地制宜发展特色优势产业，在制度创新基础上提升产业发展水平。

3. 以制度型开放营造一流营商环境

（1）提升市场化水平。西部地区要落实全国统一的市场准入负面清单制度，为各类市场主体提供平等的机会和权利，促进要素自由流动。深化“放管服”改革，提升行政审批效率，落实减税降费等政策措施，降低企业成本。西部地区要制定完善的支持政策，培育企业参与国际竞争合作新优势，推动各类市场主体有效利用全球要素和市场资源，使国内市场和国际市场更好联通。[②]

（2）提升法制化水平。西部地区应不断健全营商环境法律制度体系，加快完成与《外商投资法》《优化营商环境条例》等国家级法规要求不一致的地方性法规政策文件的修订废止工作。西部地区应规范涉企行政执法，突出体现公平执法的要求。根据企业信用状况，采取差异化监管措施，推动监管信息共享互认，避免多头执法。

（3）提升国际化水平。西部地区要对标国际高标准经贸规则，深化外资管理体制改革和外商投资促进体制机制改革，扩大市场准入，依法保护外商投资权益。西部地区应完善服务保障，加大吸引外商投资力度，扩大鼓励外商投资产业目录，完善外资企业圆桌会议制度和投诉工作机制，完善境外人员入境居住、医疗、支付等生活便利制度，提升营商环境的国际化水平。

4. 西部以产业发展提升外贸质量

（1）促进贸易便利化。西部地区应加快落实国际贸易“单一窗口”建设、无纸通关和贸易外汇收支便利化政策，利用数字技术简化行政审批流程，为各类市场主体与监管部门提供便利。西部地区应加大对优质外贸综合服务企业的培育力度，为企业提供注册备案、关税优惠等培训，支持物流、

---

① 中华人民共和国商务部，《杨凌自贸片区：融入“一带一路”构筑现代农业创新高地》，http：//fec. mofcom. gov. cn/article/xgzx/xgzxfwydyl/202106/20210603109770. shtml，2021 年 6 月 17 日。

② 《中共中央 国务院关于加快建设全国统一大市场的意见》，人民出版社，2022，第 4~5 页。

供应链等企业转型成为外贸综合服务企业。

（2）提升西部地区外贸规模。西部地区应依托各省（区、市）产业优势，鼓励企业生产满足国际市场需求的优势产品，并通过发展跨境电子商务等形式拓宽国际销售渠道。西部地区应利用数字技术降低生产环节中的物流、人工成本，加速企业转型升级，凭借产品质量优势和价格优势扩大出口量。

（3）优化西部地区外贸结构。西部地区应强化重庆、成都、西安、南宁、昆明等区域中心城市在对外贸易中的引领支撑作用，例如重庆和成都提升以电子信息为主的高新技术产品出口比重，西安大力支持集成电路、太阳能光伏发展以及新能源汽车出口，南宁和昆明大力培育农产品出口基地，从而为西部地区优化贸易结构提供产品支撑。西部地区应保护和传承传统特色品牌，培育发展地理标志产品，加强品牌国际化宣传，提高西部特色产品的国际知名度。①

5. 西部以高水平国际投资提升企业竞争力

（1）促进投资便利化。西部地区应合理缩减外商投资准入负面清单，减少外资准入限制，扩大外商投资产业目录，进一步扩大基础制造、适用技术、民生消费等领域开放力度。西部地区应简化投资申请审批程序，优化审批流程，提升项目审批时效。

（2）优化对外资企业的服务保障。西部地区要为外商提供多种融资渠道，放宽注册资本和投资方式的限制，支持更多符合条件的外资机构开展银行保险、债券基金等领域业务，进一步加强外资企业服务保障。西部地区应继续完善监管体制，建立外商投资全流程服务体系，完善境外投资政策和服务体系。

（3）为企业对外投资提供全方位支持。西部地区应完善对外投资优惠政策，对符合规定的投资项目实行减免税，对西部地区符合条件的企业境外

---

① 张欣、王亮：《西部地区开放型经济发展：问题透视、效应评估与策略整合》，《广西民族研究》2021 年第 3 期，第 154~161 页。

发行外债额度给予倾斜支持，同时在统筹企业境外投融资需求的基础上，促进“内保外贷”等政策不断优化，增强对企业境外投融资需求的支持。西部地区要深入推进国际产能合作，设立境外产业园区，带动西部地区特色农业、智能制造、新能源和清洁能源等优质产能走出去，提升西部企业国际竞争力。

# B.5

# 西部地区区域创新发展研究报告*

成依阳　姚海博　廖珍珍　茹少峰**

**摘　要：** 西部地区区域创新是推动西部地区形成新格局的主要动力源泉，依托西部地区国家重大科技创新平台和中心，围绕西部地区特色优势产业集群，加大科技创新投入，探索科技成果转化机制，充分发挥西部地区科技资源禀赋优势，推动数字经济与传统产业深度融合，科技创新能力不断提升，为构建西部新发展格局与实现中国式现代化奠定了坚实基础。为全面了解西部地区创新发展概况，本文特对西部地区创新发展成效、面临困境进行了深入剖析，提出区域创新的主要任务和相应的对策建议。

**关键词：** 区域创新　西部地区　科技创新

## 一　西部地区区域创新发展的成效

### （一）西部地区创新载体建设成效显著

创新载体是推动创新成果从基础研究到技术攻关再到成果转化的重要平

* 本文为陕西省软科学研究计划一般项目“陕西省科技成果转化”三项改革“效果评价及政策体系完善研究”（项目编号：2024ZC-YBXM-165）；西北大学研究生科研创新项目“资本配置结构对经济高质量发展影响研究”（项目编号：CX2024014）的阶段性研究成果。

** 成依阳，西北大学经济管理学院博士研究生，研究方向为西部投资结构与西部新格局形成；姚海博，西安工程大学管理学院讲师，研究方向为：科技创新管理；廖珍珍，西北大学经济管理学院博士研究生，研究方向为数字技术创新与碳排放；茹少峰，西北大学中国西部经济发展研究院研究员，西北大学经济管理学院教授、博士生导师，研究方向为西部地区经济增长，高质量发展。

台，同时也是新产业、新业态和新模式诞生的核心源泉。创新载体不仅包括国家重大科技基础设施、全国重点实验室、国家工程研究中心、国家级制造业创新中心、创新型产业集群、高新技术产业开发区、国家自主创新示范区等科技创新平台，还包含了高校和企业等各类创新主体。

1. 西部地区国家级科技创新平台建设稳步推进

（1）国家重大科技基础设施建设实现新突破。国家重大科技基础设施的数量标志着一个国家最核心、最原始创新能力，是打造国家创新高地的强内核。根据已公布的资料，全国已布局建设 77 个国家重大科技基础设施（大科学装置），西部地区占 24 个，约占全国总量超 1/3。西部地区拥有全球最深的地下暗物质实验室、亚洲最大的风洞集群、全球灵敏度最高的高能宇宙线探测装置、世界上最大和最灵敏的单口径射电望远镜等。西部地区国家重大科技基础设施的具体分布情况如表 1 所示。

**表 1　西部地区国家重大科技基础设施分布情况**

| 地区 | 名称 |
|---|---|
| 内蒙古(1 家) | 空天跨尺度计量基准大科学装置 |
| 重庆(2 家) | 分布式雷达天体成像测量仪验证试验场,超瞬态实验装置 |
| 四川(6 家) | 中国环流器系列装置,高海拔宇宙线观测站,转化医学国家重大科技基础设施(四川)项目,中国锦屏地下实验室,多功能结冰风洞,大型低速风洞 |
| 贵州(1 家) | 500 米口径球面射电望远镜 |
| 云南(2 家) | 中国西南野生生物种质资源库,模式动物表型与遗传研究设施 |
| 陕西(4 家) | 长短波授时系统,国家分子医学转化科学中心,先进阿秒激光设施,电磁驱动聚变设施 |
| 甘肃(1 家) | 兰州重离子研究装置 |
| 新疆(1 家) | 太阳磁场望远镜 |
| 分布在西部地区的国家重大科技基础设施(6 家) | 空间环境地基综合监测网(子午工程)(四川、西藏等),中国地震科学实验场(四川、云南等),高精度地基授时系统(陕西、新疆、甘肃、西藏等),中国大陆构造环境监测网络(覆盖全国),中国遥感卫星地面站(云南、新疆等),未来网络试验设施(四川、陕西等) |

资料来源：2020~2024 年西部地区各省（区、市）科技厅官方网站以及各省（区、市）政府官方网站。

（2）全国重点实验室重组有序推进。根据各地政府工作报告，西部地区已经重组 98 家全国重点实验室，占全国重点实验室总数的 1/5。其中陕西省拥有 34 家全国重点实验室，数量位居西部第一、位列全国第四。甘肃则以 11 家的数量位列西部地区第二，显示甘肃省强劲的科技创新潜力。重庆市、四川省、云南省也加强了在全国重点实验室上的投入与建设，全国重点实验室的数量分别为 10 家、9 家和 9 家。全国重点实验室分布情况如图 1 所示。

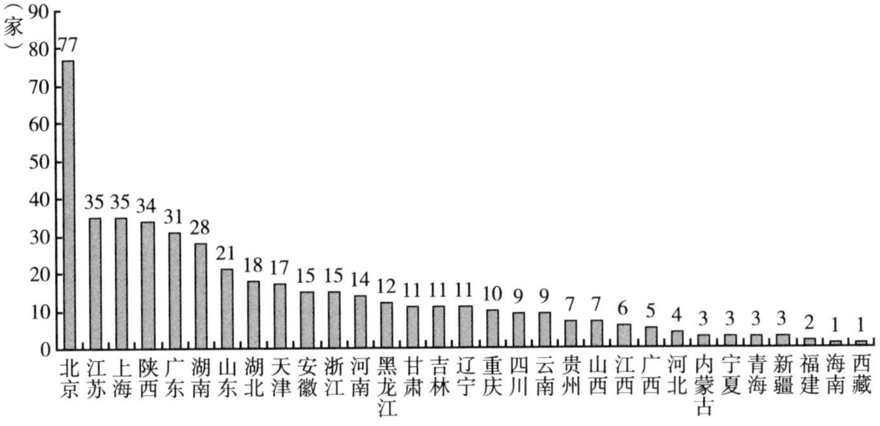


**图 1　31 个省（区、市）全国重点实验室数量排序**

资料来源：2024 全国各省（区、市）科技厅官方网站以及各省（区、市）政府官方网站。

（3）国家工程研究中心集聚发展。国家工程研究中心作为国家科技创新基地的技术创新与成果转化类平台，肩负着面向国家重大需求、服务重点工程建设的重要使命。聚焦解决影响经济社会发展的“卡脖子”技术问题，提升产业创新效率，推动创新链与产业链的深度融合，从而成为国家战略科技力量的重要支撑。2021 年，国家发展改革委分两批次对国家工程研究中心进行了优化整合，共有 191 家国家工程研究中心入选新序列，其中西部地区占据 17 家，主要集聚于陕西省、四川省和重庆市。陕西省有 7 家国家工程研究中心入选，位居西部第一、全国第八，展现了陕西在推进科技创新平台建设中的领先地位。川渝地区共有 5 家国家工程研究中心。31 个省（区、市）国家工程研究中心数量排序如图 2 所示。

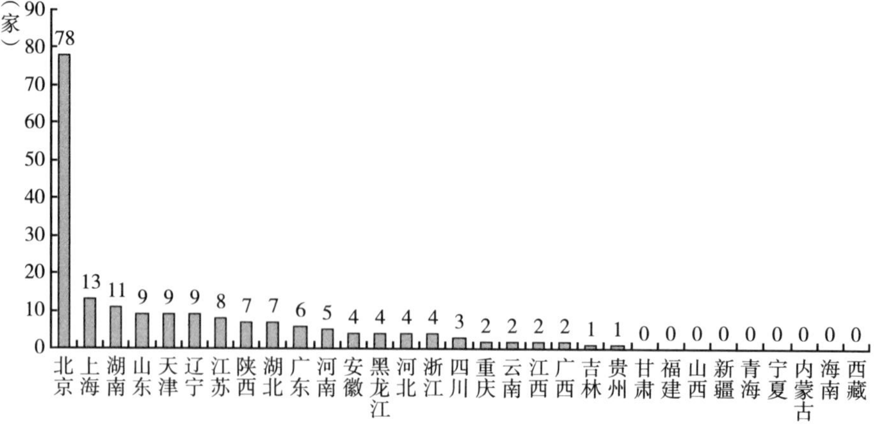


**图 2　31 个省（区、市）国家工程研究中心数量**

资料来源：《国家发展改革委办公厅关于印发纳入新序列管理的国家工程研究中心名单的通知》（发改办高技〔2021〕1022 号）。

（4）国家制造业创新中心聚焦前沿技术攻关。国家制造业创新中心是中国为实施制造强国战略、推动制造业高质量发展的核心平台，旨在应对制造业转型升级及培育新动能的重大需求，聚焦关键共性技术的攻关，通过整合创新资源，打通从技术研发、成果转化到商业化应用的全链条，全面提升中国制造业的国际竞争力，国家制造业创新中心建设是《中国制造 2025》战略的关键组成部分。截至 2024 年，中国已建成 29 家国家制造业创新中心，其中西部地区有 4 家，分别位于重庆、四川、陕西和内蒙古。这些创新中心覆盖了多个关键技术领域，包括硅基混合集成、超高清视频、增材制造以及稀土功能材料等。

位于陕西的国家制造业创新中心，专注于 3D 打印技术，其技术已广泛应用于航空、航天、汽车、船舶等多个高端产业，成为多个产业链实现技术突破的核心动力源。重庆的国家地方共建硅基混合集成创新中心成功解决了国内硅光流片工业平台短缺和硅光工艺缺失的“卡脖子”问题，填补了中国在该领域的空白。四川的国家超高清视频创新中心则在 8K 超高清领域取得了显著突破，发布了一系列基于 8K 的创新应用，推动了超高清视频作为数字经济新动能的快速发展。内蒙古的国家稀土功能材料创新中心取得了稀土转光板、钐钴永磁材料等一系列创新成果。这些创新中心的建立，标志着西部地区在国家制造业战略中的重要地位，成为引领西部地区创新发展的重要力量。西部地区国家制造业创新中心分布情况如表 2 所示。

**表 2　西部地区国家制造业创新中心**

| 地区 | 名称 |
| --- | --- |
| 重庆(1 家) | 国家地方共建硅基混合集成创新中心 |
| 四川(1 家) | 国家超高清视频创新中心 |
| 陕西(1 家) | 国家增材制造创新中心 |
| 内蒙古(1 家) | 国家稀土功能材料创新中心 |

资料来源：2020~2024 年中华人民共和国工业和信息化部官方网站。

（5）国家级创新型产业集群建成数量追赶东部。创新型产业集群指的是在特定区域内，由产业链相关企业、研发机构和服务组织通过分工合作与协同创新形成的一种新型产业组织模式。创新型产业集群基本上覆盖了战略性新兴产业领域，包括高端制造、新能源、信息技术、生物医药等。截至 2024 年，国家已累计培育了 198 个创新型产业集群，其中西部地区占据了 40 个，约占全国总数的 20%。陕西省凭借 9 个国家级创新型产业集群位居西部地区首位，位列全国第六；其次是重庆和四川，分别有 8 个和 7 个创新型产业集群，超越了浙江、福建等创新产业较为发达省份（见图 3）。

（6）国家综合性科学中心和科技创新中心助力西部经济高质量发展。2021 年，习近平总书记在两院院士大会上指出要支持有条件的地方建设综合性国家科学中心或区域科技创新中心。区域科技创新中心是区域创新网络中的核心枢纽，不仅是创新资源和要素的集聚地，也是推动创新经济增长的关键引擎。目前全国共有六个科技创新中心，西部地区占据其中两个，分别为成渝科技创新中心和西安综合性国家科学中心与科技创新中心。

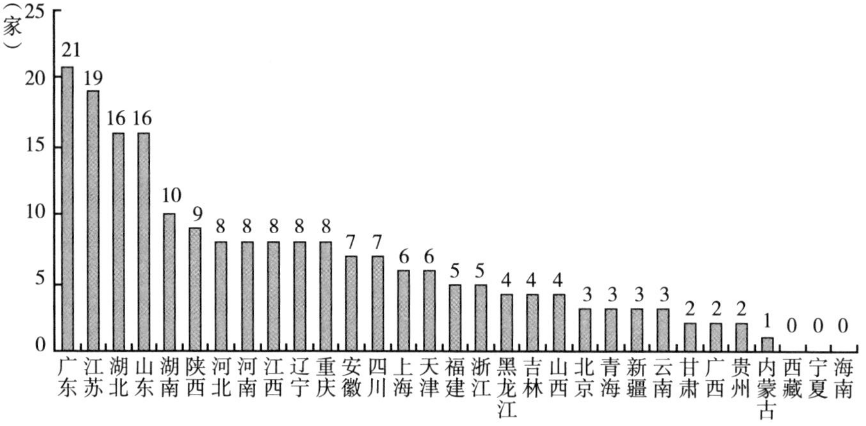


**图3　31个省（区、市）国家级创新型产业集群数量**

资料来源：2024年火石创造产业数据中心公布的数据。

成渝科技创新中心聚焦装备制造、新能源汽车、电子信息、先进材料等重点领域。2023年两省市打破行政区划限制，联合实施核心技术攻关项目115项，投资超1亿元。成渝科技创新中心在轨道交通产业方面表现尤为突出，其建设了全球规模最大的山地城市轨道交通运营网络，截至2023年，成渝的轨道交通全产业链生产总值突破了4000亿元，展现出强劲的产业发展潜力。

西安综合性国家科学中心和科技创新中心则主要集中在光电子信息、新能源、生物医药、智能制造等前沿科学领域。目前西安已形成两个千亿级和两个百亿级的产业集群，聚焦企业近4000家，聚焦各类市场主体4.2万余家，拥有国家级创新平台56家。2023年西安制造业、信息服务业、科技服务业产值占地区生产总值的比例达33.5%，对经济增长的贡献率达到47.4%。这两个科创中心在西部地区发挥了重要的辐射和带动作用，为西部地区的高质量发展注入了强大动力。

（7）国家级高新技术产业开发区对区域经济牵引带动不断增强。国家级高新技术产业开发区（以下简称“国家级高新区”）是中国政府为实施创新驱动发展战略、促进高新技术产业发展而设立的特定区域。国家级高新区通常位于知识密集型和技术密集型的大中城市及沿海地区，旨在推动科技成果转化与产业集聚。截至 2023 年 11 月，全国国家级高新区总数已达到 178 个，其中西部地区占据 43 个。四川省以 8 个国家级高新区位居西部地区首位，位列全国第八。陕西省紧随其后，拥有 7 个国家级高新区，与福建并列全国第 12 位。新疆和重庆则分列西部地区第三和第四。2023 年，西部地区多个国家级高新区依托科技创新实现了显著的经济增长。成都高新区实现地区生产总值 3201.2 亿元，增长率为 6%，占成都市总产值的 14.5%。西安高新区同样表现强劲，2023 年实现地区生产总值 3332.55 亿元，增长率达 8.1%，占西安市总产值的 27.7%。此外，新疆乌鲁木齐市高新区的地区生产总值为 1539.95 亿元，增长率为 6.4%。重庆高新区实现了 764.43 亿元的地区生产总值，增长率为 8.3%。西部地区的这些国家级高新区不仅在推动科技创新和高新技术产业发展方面发挥了重要作用，还成为推动区域经济高质量发展的重要引擎。31 个省（区、市）国家高新技术产业开发区数量如图 4 所示。

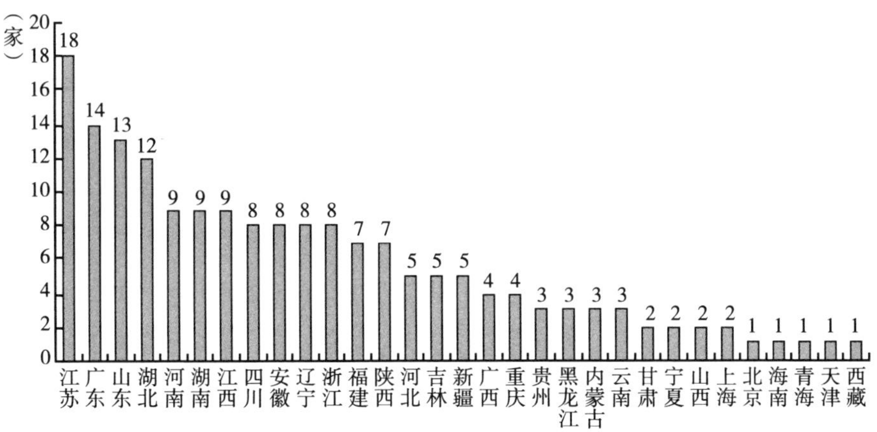


**图 4　31 个省（区、市）国家级高新技术产业开发区数量**

资料来源：2020~2024 年中华人民共和国科学技术部官方网站发布的高新技术产业开发区名录，以及工业和信息化部火炬高技术产业开发中心官方网站。

（8）国家自主创新示范区助力产业优化升级。国家自主创新示范区是中国推进自主创新和高技术产业发展的先行区域，旨在通过探索和实践为其他地区提供经验借鉴和示范。这些区域在完善科技创新机制、加快战略性新兴产业发展、推动创新驱动发展战略以及促进经济发展方式转变等方面发挥了重要作用。截至 2023 年 11 月，中国基于 66 个国家级高新区建立了 23 家国家自主创新示范区，其中西部地区拥有 5 家，分别为成都、西安、重庆、兰白（兰州-白银）、乌昌石（乌鲁木齐-昌吉-石河子）国家自主创新示范区。

成都国家自主创新示范区是中国西部首个国家自主创新示范区，主要聚焦电子信息、生物医药和数字经济等产业，包含了集成电路、新型显示、高性能医疗器械、高端软件、人工智能、元宇宙等 15 条重点产业链，24 条细分产业链。人工智能产业蓬勃发展，人工智能产业规模约 468 亿元，并与智能云合作，大力发展数字经济产业，着力打造大模型产业。在科技成果转化方面，成都出台了《成都市进一步有力有效推动科技成果转化的若干政策措施》，旨在打通科技成果转化的“最后一公里”。成都自创区已建设 25 个中试平台，并通过这些平台助力融资超过 16 亿元，显著推动了科技成果的产业化。

西安国家自主创新示范区于 2015 年 8 月被国务院正式批复统一建设，已累计承担国家重大科研项目超过 200 项，转化硬科技成果 500 余项，科技型中小企业数量增加至 5408 家，高新技术企业增长到 5326 家，培育形成了“科技研发-成果转化-企业培育-产业壮大”的创新链条，创新创业生态环境处于全国领先地位。

兰白国家自主创新示范区聚集了甘肃省 90%的科研机构、40%的大中型工业企业、75%的高校和 70%的科技人才。2023 年，该区域的地区生产总值达到 556. 3 亿元，较 2018 年增长 49%，年均增速达到 10. 48%，在甘肃省 0. 0054%的土地面积上贡献了 4. 69%的地区生产总值。

乌昌石国家自主创新示范区充分依托其独特的自然优势，积极推动农业机械化进程，为新疆农业生产提供了强劲动力。2023 年，新疆在全国范围内粮食新增种植面积和产量均居首位，展现了其农业发展的显著成效。昌吉市建立了西北地区唯一的企业棉花生物育种实验室，为农业科技创新注入了新动能。与此同时，乌鲁木齐市全力推进以现代服务业为支柱，生物医药与大健康、新一代信息技术和新材料为主导的“1+3”现代产业体系建设，进一步推动了区域经济的高质量发展。

2. 西部地区普通高校数量超越中部，追赶东部

西部高校是高水平科技人才的培养地、科技自主创新的策源地，高校建设代表着西部地区进行科研创新的潜力。截至 2024 年 6 月 20 日，西部地区的全国普通高校数量已达到 778 所，占全国高校总数的 27%，超越了中部地区高校数量，展现出西部地区在高等教育领域的显著规模和发展潜力（见图 5）。作为西部教育资源最为集中的省份，四川省拥有 139 所高校，位居全国第六，西部地区排名第一。此外，陕西省以 97 所高校紧随其后，位列西部地区第二，居全国第十三，显示出陕西在高等教育领域的竞争力。位列西部地区高校数量第三的云南省拥有普通高校 91 家，比教育资源极为丰富的北京只少一家。

西部地区在“双一流”高校建设方面也取得了显著成绩，西部地区拥有 28 所“双一流”高校，占全国“双一流”高校总数的 19%。四川省和陕西省“双一流”高校数量为 8 所，聚集了西部地区大量的优秀人才，这些重点高校为西部地区的创新发展和科技进步提供了强大的人才支持。

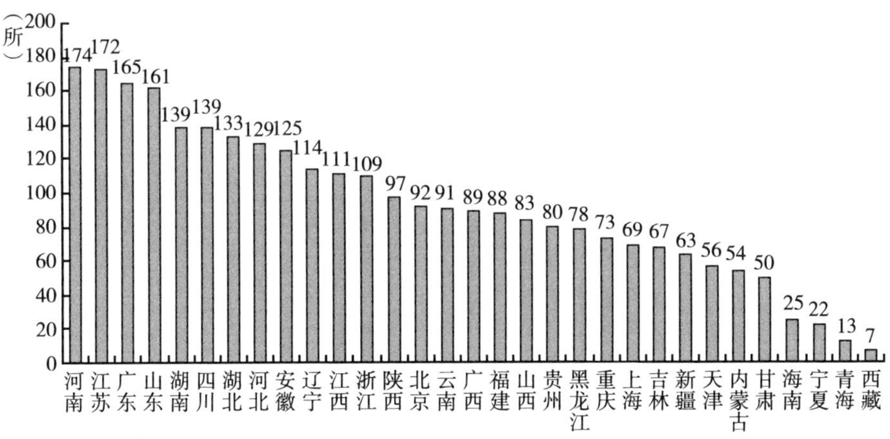


**图 5　31 个省（区、市）普通高等学校数量排序**

资料来源：2024 年中华人民共和国教育部官方网站公布的全国高等学校名单。

3. 成都和西安成为西部地区吸引人才的核心地区

人才是创新的核心要素，能够为区域带来新技术、新理念和新的研发动力。人才吸引力指数用于衡量城市在吸引、留住和培养人才方面的综合竞争力。根据智联招聘联合泽平宏观发布的《中国城市人才吸引力排名（2024）》研究报告，西部地区在全国城市人才吸引力榜单中表现不俗，共有 26 个城市进入前 100 名。其中，成都和西安的排名尤为突出，分别列全国第 6 名和第 24 名，展现了这两座城市在吸引高端人才、推动区域创新方面的强大竞争力和潜力。其余 24 个西部城市大多数排名集中在全国第 50 至第 100 名之间，占到第 50~100 名城市的一半。尽管这些城市在人才吸引力上与成都、西安有一定差距，但也展现出了巨大的潜力和上升空间。

4. 西部地区创新型企业发展迅猛

创新型中小企业由工信部研究制定评价标准，是指具有较高专业化水平、较强创新能力和发展潜力的企业。西部地区创新型中小企业数量发展迅猛，2023 年新认定的创新型中小企业达 9511 家，其中四川省和甘肃省新认定的创新型中小企业达 1000 家以上，云南省、贵州省、陕西省和重庆市分别达 947 家、915 家、838 家和 815 家（见表 3）。西部地区创新型中小企业数量显著增加。

**表 3　2022~2023 年西部地区各省（区、市）新认定的创新型中小企业数量**

单位：家

| 地区 | 2022 年 | 2023 年 | 2023 年排名(西部地区) |
|---|---|---|---|
| 四川 | 2093 | 2462 | 1 |
| 甘肃 | — | 1377 | 2 |
| 云南 | 1000 | 947 | 3 |
| 贵州 | 439 | 915 | 4 |
| 陕西 | 1585 | 838 | 5 |
| 重庆 | 3726 | 815 | 6 |
| 内蒙古 | — | 629 | 7 |
| 广西 | 144 | 580 | 8 |
| 新疆 | 566 | 577 | 9 |

续表

| 地区 | 2022 年 | 2023 年 | 2023 年排名(西部地区) |
|---|---|---|---|
| 宁夏 | 300 | 244 | 10 |
| 青海 | — | 104 | 11 |
| 西藏 | — | 23 | 12 |

资料来源：CSMAR（国泰安数据库）；各省（区、市）工业和信息化厅。

专精特新“小巨人”企业是专注于细分市场、创新能力强、市场占有率高、掌握关键核心技术、质量效益优的排头兵企业。第一批专精特新“小巨人”企业于2019年公布。西部地区专精特新“小巨人”企业数量呈现高速增长的态势，从2019年的54家增长到2023年的1509家，增加了26.9倍（见表4），占全国专精特新“小巨人”企业的11.65%。其中四川省专精特新“小巨人”企业数量最多，达459家，其次是重庆市（318家）和陕西省（206）家，分别占全国专精特新“小巨人”企业数量的比重为3.54%、2.46%和1.59%。

**表4 2019~2023年西部地区专精特新“小巨人”企业数量及占全国比重**

单位：家，%

| 地区 | 2019 年 | 2020 年 | 2021 年 | 2022 年 | 2023 年 | 2023 年数量占全国比重 |
|---|---|---|---|---|---|---|
| 内蒙古 | 2 | 17 | 27 | 32 | 37 | 0.29 |
| 广西 | 0 | 30 | 84 | 106 | 116 | 0.90 |
| 重庆 | 5 | 71 | 124 | 263 | 318 | 2.46 |
| 四川 | 14 | 79 | 212 | 350 | 459 | 3.54 |
| 贵州 | 4 | 18 | 54 | 71 | 80 | 0.62 |
| 云南 | 8 | 43 | 60 | 80 | 96 | 0.74 |
| 西藏 | 0 | 0 | 2 | 4 | 4 | 0.03 |
| 陕西 | 9 | 54 | 114 | 166 | 206 | 1.59 |
| 甘肃 | 5 | 37 | 49 | 56 | 61 | 0.47 |
| 青海 | 2 | 10 | 11 | 15 | 16 | 0.12 |
| 宁夏 | 0 | 29 | 37 | 40 | 43 | 0.33 |

续表

| 地区 | 2019 年 | 2020 年 | 2021 年 | 2022 年 | 2023 年 | 2023 年数量占全国比重 |
|---|---|---|---|---|---|---|
| 新疆 | 5 | 23 | 48 | 62 | 73 | 0.56 |
| 西部地区 | 54 | 411 | 822 | 1245 | 1509 | 11.65 |
| 全国 | 248 | 1992 | 4922 | 9279 | 12950 | 100.00 |

资料来源：CSMAR（国泰安数据库）。

### 5. 西部地区创新主体培育稳步提升

创新主体是指具有创新能力并实际从事创新活动的个体或组织，主要包括企业、高校和科研机构等。2020 年，习近平总书记召开企业家座谈会时发表讲话："努力把企业打造成为强大的创新主体"。企业是社会经济活动的重要组成部分，是最活跃的创新力量，在国家创新体系建设中具有重要地位，要评估西部地区的创新主体情况，可以从企业 R&D 人数、企业 R&D 经费投入以及企业专利申请量等方面加以分析。

从 R&D 经费投入来看，2022 年西部地区的企业内部 R&D 经费支出占总 R&D 经费支出的 67.27%，虽然企业 R&D 经费投入超过了总 R&D 经费的一半，但与全国其他地区相比仍显不足，低于东部地区企业 R&D 经费支出占比 10.36 个百分点，低于中部地区 14.96 个百分点（见图 6）。[①] 但是从增长幅度来看，西部地区企业 R&D 投入占总 R&D 投入的比例连年增加，其中 2022 年的增长幅度为四个地区中最高。

从企业 R&D 人员数量来看，西部地区企业 R&D 人员数量占总 R&D 人员数量比重从 2020 年的 58.18%增加至 2022 年的 61.79%，而这一比重在东部地区则达到了 80.33%，中部地区达到了 77.69%（见图 7），西部地区企业 R&D 人员数量占 R&D 人员总数量的比重与东部地区和中部地区相比有较大差距，揭示了西部地区企业在吸引和培养研发人才方面的不足。因此从 R&D 人员的角度来看，企业在西部地区尚未形成明显的创新主体地位。

---

① 由于数据可得性，企业 R&D 投入为企业 R&D 内部经费支出，因此所计算出的企业 R&D 投入占总 R&D 投入的比例比真实值稍低。

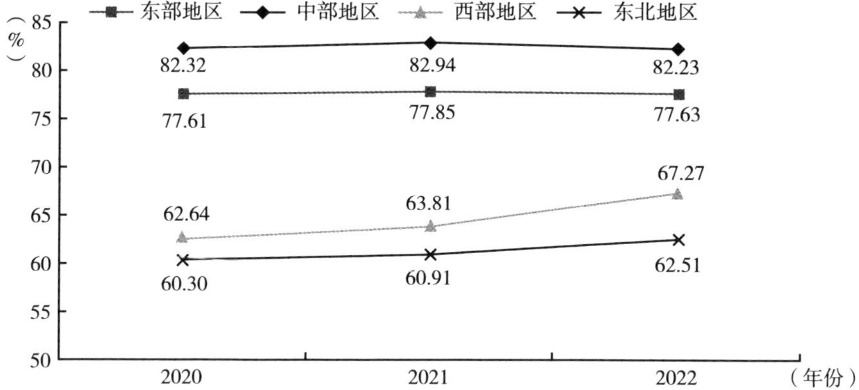


**图 6　东部地区、中部地区、西部地区和东北地区企业 R&D 经费投入占总 R&D 经费投入的比例**

资料来源：中经网数据。

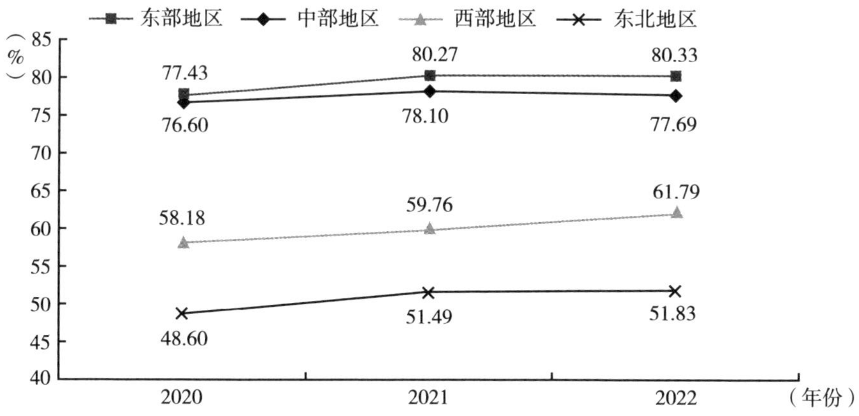


**图 7　东部地区、中部地区、西部地区和东北地区企业 R&D 人数占总 R&D 人数的比例**

资料来源：中经网数据。

从专利申请量来看，西部地区的企业并未成为专利申请的主力军。2022 年西部地区规模以上企业专利申请量占西部地区总专利申请量的比例为 30.13%，低于东部地区 9.4 个百分点，低于中部地区 8.52 个百分点（见图 8）。

从专利获得来源来看，2022 年陕西省发明专利授权总量中，高等院校占据主导地位，占比达到了 55.25%。此外，四川省 2022 年获得的专利中，公司专利约占 51%，高校专利约占 34%，科研机构专利约占 15%。甘肃省 2022 年获得的专利中，公司专利约占 29%，高校专利约占 32%，科研机构专利约占 34%。内蒙古自治区 2022 年获得的专利中，公司专利约占 60%，高校专利约占 27%。以上数据表明，尽管在部分省份企业的专利申请量和专利拥有量占据了一定比例，但整体来看，高校和科研机构仍然是西部地区专利创新的主要力量，企业在专利创新中的主导作用还不够明显。

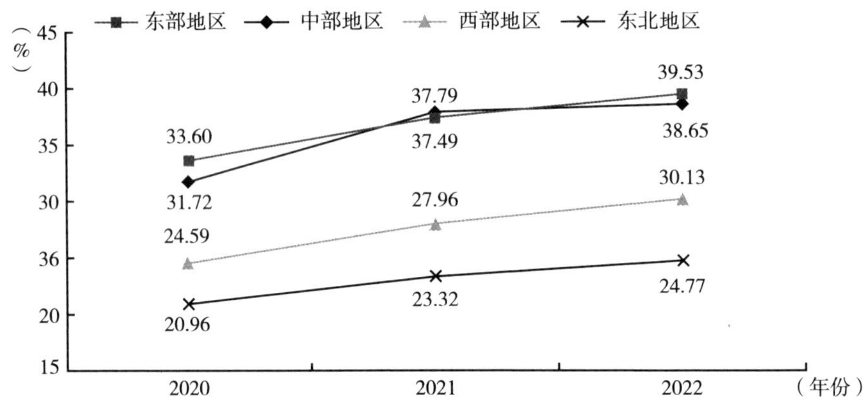


**图 8　东部地区、中部地区、西部地区和东北地区规模以上企业专利申请量占总专利申请量的比例**

资料来源：中经网数据，国家发明专利报告。

综上所述，尽管西部地区的企业在 R&D 经费投入、R&D 人员数量和专利申请方面均有所增加，但其创新主体地位相比东部和中部地区仍有较大提升空间。要进一步增强西部地区企业的创新能力，还需加大政策支持力度，增加激励机制，引导企业更多参与研发活动，提升其在区域创新体系中的主导作用。

## （二）西部地区研发投入、财政科技支出不断加大，研发人员不断增长

### 1. 西部地区研发投入强度增长速度加快

研发投入强度是衡量一个地区科技创新能力和经济发展水平的关键核心指标，是国际公认的、具有较高可比性的通用指标，能够较为全面地展现一

个地区的科技实力和创新竞争力。研发投入强度通常包含（区域）研发投入强度和企业研发投入强度两个维度。（区域）研发投入强度通过研发经费投入总量占国内生产总值（GDP）的比例来计算，而企业研发投入强度则以企业研发经费占营业收入的比例来衡量。

从西部地区的研发投入强度来看，西部地区整体研发投入强度由2020年的1.51%上升至2023年的1.62%，在四年内实现了7.28%的增长（见表5）。2023年，在西部各省（区、市）中，陕西省的研发投入强度最高，达到了2.50%，居西部之首；紧随其后的是重庆市，研发投入强度达到了2.48%。四川省研发投入强度为2.26%，这三个地区的科技创新和经济发展高度协同，表明其在推动西部地区研发活动和创新发展中的重要地位。此外，新疆展现出了最为显著的增长，研发投入强度2020~2023年实现了33.33%的增长，成为西部地区研发投入强度提升最快的地区。西藏则紧随其后，研发投入强度2020~2023年增长了30.43%。

**表5　2020~2023年西部地区研发投入强度与全国对比**

单位：%

| 地区 | 2020年 | 2021年 | 2022年 | 2023年 | 2023年比2020年增长 |
| --- | --- | --- | --- | --- | --- |
| 内蒙古 | 0.93 | 0.90 | 0.90 | 0.93 | 0.00 |
| 广西 | 0.78 | 0.79 | 0.83 | 0.84 | 7.69 |
| 重庆 | 2.10 | 2.15 | 2.40 | 2.48 | 18.09 |
| 四川 | 2.18 | 2.25 | 2.15 | 2.26 | 3.66 |
| 贵州 | 0.91 | 0.93 | 1.00 | 1.01 | 10.98 |
| 云南 | 1.00 | 1.04 | 1.10 | 1.15 | 15.00 |
| 西藏 | 0.23 | 0.29 | 0.33 | 0.30 | 30.43 |
| 陕西 | 2.43 | 2.33 | 2.34 | 2.50 | 2.88 |
| 甘肃 | 1.22 | 1.27 | 1.30 | 1.32 | 8.19 |
| 青海 | 0.71 | 0.79 | 0.79 | 0.80 | 12.67 |
| 宁夏 | 1.51 | 1.53 | 1.56 | 1.61 | 6.62 |
| 新疆 | 0.45 | 0.48 | 0.50 | 0.60 | 33.33 |
| 西部地区 | 1.51 | 1.52 | 1.54 | 1.62 | 7.28 |
| 全国 | 2.41 | 2.43 | 2.56 | 2.65 | 9.96 |

资料来源：中经网数据库。

从西部地区规模以上工业企业的研发投入强度来看，西部地区规模以上工业企业的研发投入强度从2020年的0.95%略微下降至2022年的0.94%，增速与全国平均水平相比，低了3.89个百分点，西部地区的规模以上工业企业在研发创新方面的投入增速较为缓慢。然而部分省份规模以上工业企业在研发投入强度方面表现相对较好，重庆市2022年规模以上工业企业研发投入强度达到1.76%，位居西部地区首位，重庆市在推动企业创新和科技投入方面取得了显著进展。其次是贵州省，2022年其规模以上工业企业研发投入强度为1.27%。从企业研发投入强度的增长率来看，西藏自治区表现突出，2022年比2020年增长了25.93%，成为西部地区规模以上工业企业研发投入强度增长最快的（见表6）。四川省紧随其后，规模以上工业企业研发投入强度增长了14.13%，进一步显示了其在工业企业创新中的发展潜力。整体而言，西部地区规模以上工业企业的研发投入强度和全国相比差距较大，增长速度相对缓慢。

**表6　2020~2022年西部地区规模以上工业企业研发投入强度与全国对比**

单位：%

| 地区 | 2020年 | 2021年 | 2022年 | 2022年比2020年增长 |
|---|---|---|---|---|
| 内蒙古 | 0.74 | 0.62 | 0.59 | -20.27 |
| 广西 | 0.64 | 0.62 | 0.67 | 4.69 |
| 重庆 | 1.62 | 1.54 | 1.76 | 8.64 |
| 四川 | 0.92 | 0.89 | 1.05 | 14.13 |
| 贵州 | 1.13 | 1.15 | 1.27 | 12.39 |
| 云南 | 0.97 | 1.00 | 1.01 | 4.12 |
| 西藏 | 0.27 | 0.60 | 0.34 | 25.93 |
| 陕西 | 1.10 | 1.02 | 0.97 | -11.82 |
| 甘肃 | 0.69 | 0.64 | 0.66 | -4.35 |
| 青海 | 0.42 | 0.43 | 0.32 | -23.81 |
| 宁夏 | 0.94 | 0.78 | 0.73 | -22.34 |
| 新疆 | 0.34 | 0.35 | 0.36 | 5.88 |
| 西部地区 | 0.95 | 0.89 | 0.94 | -1.05 |
| 全国 | 1.41 | 1.33 | 1.45 | 2.84 |

资料来源：中经网数据库。

### 2. 西部地区财政科技支出增速超越全国

2020~2023 年西部地区财政科技支出在四年间呈现出逐年递增的趋势，2020 年财政科技支出为 718. 57 亿元，2023 年增加至 965. 75 亿元(见图 9)。2020 年，西部地区的财政科技支出增长率为－1. 38%，高于全国水平（－2. 56%）1. 18 个百分点。2023 年，西部地区的财政科技支出增长率上升至 10. 09%，高于全国水平（9. 08%）1. 01 个百分点。2020~2023 年西部地区财政科学技术支出年均增长率为 7. 52%，比全国水平高出 1. 67 个百分点。增长较快的是内蒙古、陕西和甘肃，年均增长率分别达到 29. 73%、20. 98% 和 20. 66%。

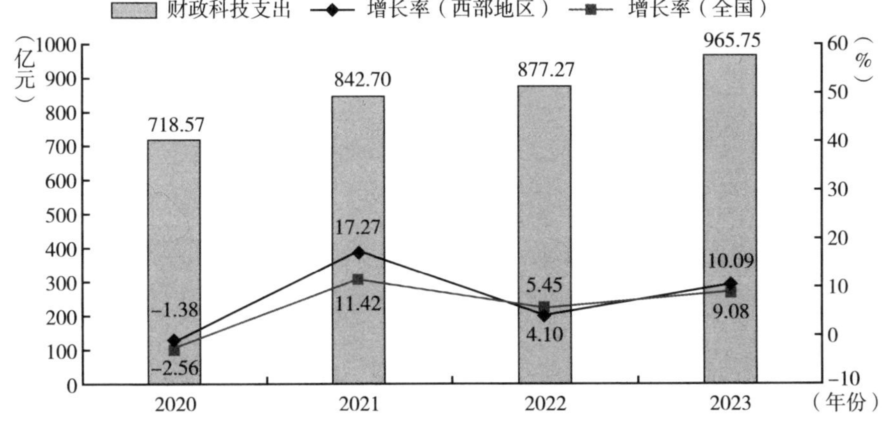


**图 9　2020~2023 年西部地区财政科学技术支出及增长率与全国增长率**

资料来源：西部地区及全国国民经济和社会发展统计公报。

### 3. 西部地区 R&D 人员数量持续增长

2020~2022 年西部地区的 R&D 人数呈现逐年增长的趋势，2020 年为 102. 52 万人，2021 年增加至 116. 63 万人，2022 年进一步增长至 131. 38 万人。2020 年西部地区 R&D 人数增长率为 3. 95%，低于全国（9. 60%）5. 65 个百分点；2021 年西部地区的增长率显著上升至 13. 76%，超过了全国的 12. 79%，表明这一年西部地区在研发人员投入方面有较大提升；到了 2022

年，西部地区的增长率有所回落，降至 12.65%，但依然高于全国（9.72%）2.93 个百分点。

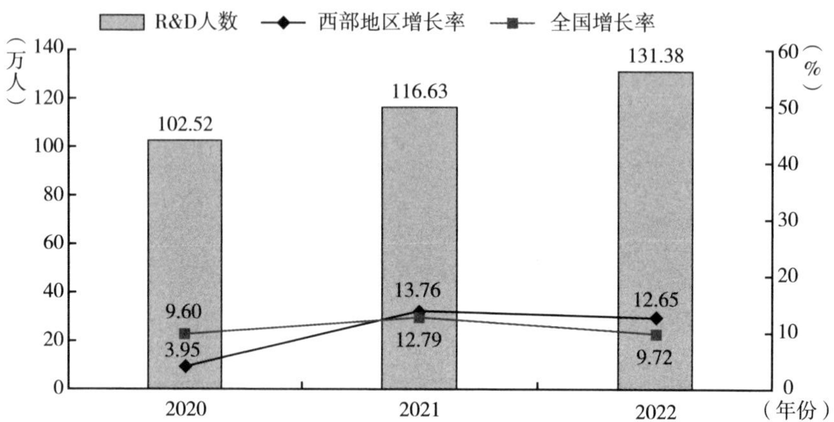


**图 10　2020~2023 年西部地区 R&D 人数及增长率与全国增长率**

资料来源：中经网数据库。

#### 4. 西部地区 R&D 人员全时当量大幅增加

2020~2022 年西部地区 R&D 人员全时当量逐年增加。2020 年为 649039.2 人，2021 年上升至 705282.4 人，2022 年进一步增至 797999.2 人，显示出西部地区工业企业在研发人员投入上的持续增长。同时，西部地区的 R&D 人员全时当量增长率也表现出逐年上升的态势：2020 年增长率为 6.41%，2021 年升至 8.67%，2022 年上升至 13.15%，高于全国（12.01%）1.14 个百分点（见图 11）。总体来看，西部地区规模以上工业企业在 R&D 人员全时当量上的投入逐年增加，且增长速度在全国范围内处于较高水平。

### （三）西部地区创新成果增长率领先全国

创新成果可以由专利授权量来体现，专利授权量又包含了发明专利授权量、实用新型专利授权量、外观设计专利授权量三类。2023 年西部地区总专利授权量达 406265 件，比 2020 年增长了 4.58%，高出全国平均水平 4.1

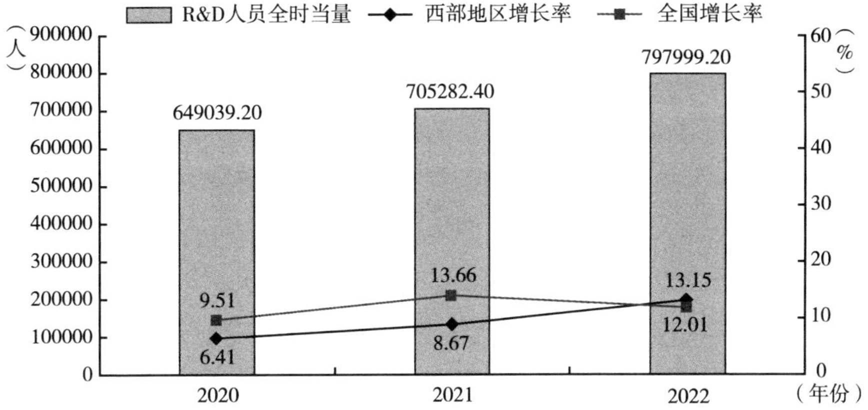


**图 11　2020~2023 年西部地区 R&D 人员全时当量及增长率与全国增长率**

资料来源：中经网数据库。

个百分点，占全国专利授权量的比重为 11.5%。从西部地区各省（区、市）专利授权量增长率来看，新疆专利授权量增长率最高，2023 年比 2020 年增长了 49.84%，高于西部地区 45.26 个百分点，高于全国 49.36 个百分点。其次是宁夏（34.41%）和内蒙古（23.94%）（见表 7）。

从不同类别的专利授权量来看，2023 年西部地区发明专利授权量为 98034 件，占全国比例为 12.05%，比 2022 年增长 25.87%；实用新型授权量 260699 件，占全国比例为 12.5%，比 2022 年增长−25.03%；2023 年外观设计授权量为 47532 件，占全国比例为 7.58%，比 2022 年增长−16.36%（见图 12）。西部地区发明专利授权量占比突出且增长迅猛。

**表 7　2020~2023 年西部地区专利授权量与全国对比**

单位：件，%

| 地区 | 2020 年 | 2021 年 | 2022 年 | 2023 年 | 2023 年比 2020 年增长 |
|---|---|---|---|---|---|
| 内蒙古 | 17958 | 24362 | 24640 | 22258 | 23.94 |
| 广西 | 34470 | 46804 | 44691 | 34115 | −1.03 |
| 重庆 | 55377 | 76206 | 66467 | 54136 | −2.24 |
| 四川 | 108386 | 146936 | 135507 | 113073 | 4.32 |
| 贵州 | 34971 | 39267 | 29382 | 22149 | −36.66 |

续表

| 地区 | 2020 年 | 2021 年 | 2022 年 | 2023 年 | 2023 年比 2020 年增长 |
|---|---|---|---|---|---|
| 云南 | 28943 | 41167 | 39497 | 32718 | 13.04 |
| 西藏 | 1702 | 1929 | 2127 | 1877 | 10.28 |
| 陕西 | 60524 | 86272 | 79375 | 71562 | 18.24 |
| 甘肃 | 20991 | 26056 | 22490 | 20903 | -0.42 |
| 青海 | 4693 | 6591 | 5276 | 3987 | -15.04 |
| 宁夏 | 7710 | 12885 | 12452 | 10363 | 34.41 |
| 新疆 | 12763 | 21178 | 20528 | 19124 | 49.84 |
| 西部地区 | 388488 | 529653 | 482432 | 406265 | 4.58 |
| 全国 | 3504074 | 4450893 | 4187454 | 3520988 | 0.48 |

资料来源：国泰安 CSMAR 数据库。

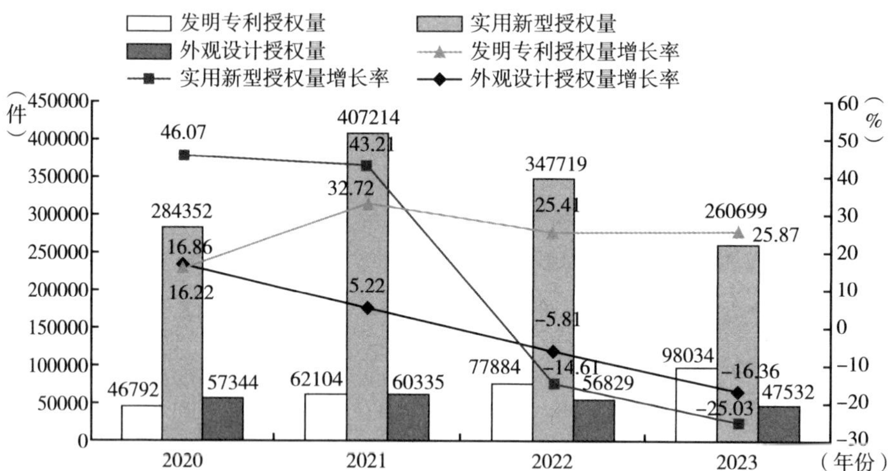


**图 12　2020~2023 年西部地区发明专利授权量、实用新型授权量、外观设计授权量及其增长率**

资料来源：国泰安 CSMAR 数据库。

## （四）西部地区创新成果转化进程加速

### 1. 技术市场成交额大幅提升

2020~2023 年西部地区技术市场成交额增长较快。2023 年西部地区技术市场成交额比 2022 年增加了 29.04%，比全国增长率高 0.41 个百分点，达到

8468.86 亿元。从 2020 年以来的增长率来看，西部地区技术市场成交额一直保持高速增长态势，2021 年技术市场成交额增长率达 47.32%，2020~2023 年平均增长率达 26.54%，接近于全国平均增长率 28.73%（见图 13）。

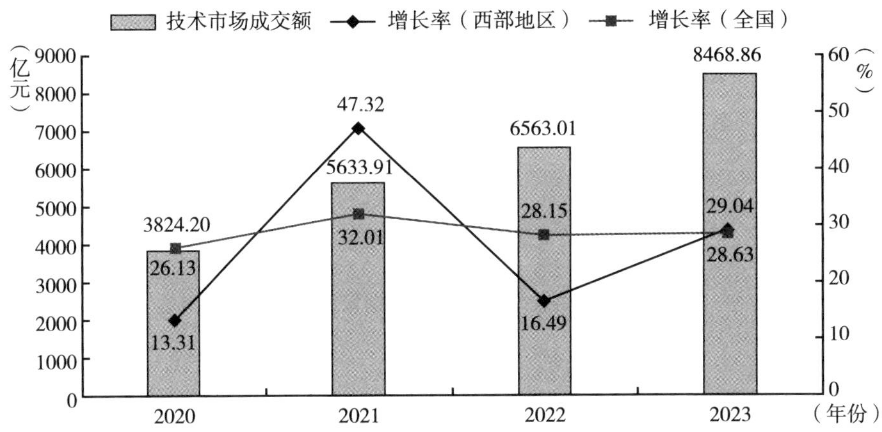


图 13　2020~2023 年西部地区技术市场成交额及增长率与全国增长率

资料来源：中经网数据库。

### 2. 高技术产业新产品销售收入高速增长

2022 年西部地区高技术产业新产品销售收入达 7580.61 亿元,① 比 2021 年增长了 17.63%，比全国增长率 7.10%高 10.53 个百分点（见图 14）。从 2020~2022 年的增长率来看，西部地区高技术产业新产品销售收入一直保持着高速增长态势，三年的增长率均高于全国平均水平。

### 3. 数字经济成为带动区域经济发展的重要力量

数字经济已成为引领我国经济高质量发展的主要引擎，近年来中国数字经济规模持续扩大，展现出强劲的增长态势。在西部地区，多个省（区、市）的数字经济表现亮眼，成为带动区域经济发展的重要力量。四川省 2023 年数字经济核心产业增加值为 4899.07 亿元，占全省 GDP 的 8.1%。重庆市的数字经济更是突飞猛进，其 2023 年数字经济增加值占 GDP 的比重突

① 西藏自治区数据缺失。

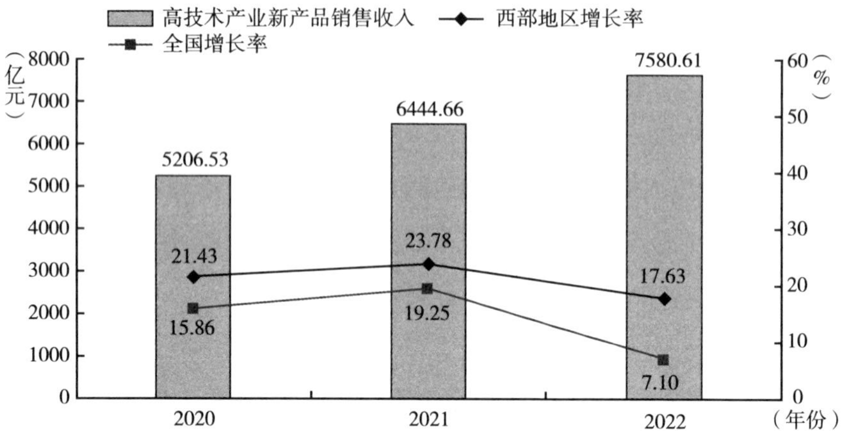


**图 14　规模以上工业企业高技术产业新产品销售收入、增长率与全国增长率**

资料来源：国泰安 CSMAR 数据库。

破了45%。陕西省2023年数字经济规模预计达1.4万亿元，占GDP比重超过40%，其中数字产品制造重点行业增加值增长了18%。贵州省2023年数字经济增加值占GDP比重达到了42%，其数字经济增速连续多年位居全国前列。青海省的数字经济规模在2023年达到1140亿元，核心产业增加值增长率达到了20%。新疆数字经济也在快速发展，2023年其规模达到了5322.03亿元，占GDP的比重为28.87%。西藏自治区在2023年的数字经济增加值创下历史新高，达到250.98亿元，同比增长19.3%，占自治区GDP的10.5%，增速为GDP增速的两倍。宁夏2023年数字经济增加值约为1900亿元，同比增长11.7%，占全区GDP的比重达到35%。广西的数字经济规模在2023年突破了1万亿元，同比增长超过10%，连续6年保持较高增长率。西部地区的数字经济在多个省份呈现出强劲的增长势头，不仅提升了各地的经济总量，还加快了传统产业的数字化转型，为推动区域经济的高质量发展提供了重要动力。

## （五）西部地区协同创新与数字技术创新稳步推进

### 1. 东西部协同创新不断深化

习近平总书记在新时代推动西部大开发座谈会上强调，要“深化东中西部科技创新合作”。科技创新是发展新质生产力的核心要素，不断深化东中西部科技创新合作，是形成东中西部创新合力、提升西部地区科技创新水平的重要途径。2022 年 3 月，科技部等九部门联合发布《“十四五”东西部科技合作实施方案》，进一步促进了区域间的科技创新协同发展。

宁夏依托“科技支宁”工程，通过与东部省市的广泛合作，组织实施了 1500 多个东西部科技合作项目，促进了创新要素的加速集聚。宁夏突破了光伏硅、第三代半导体和储能材料等关键核心技术，推动了宁夏产业向更加高端化方向发展。

云南通过“科技入滇”计划，大幅提高了云南的农业科技创新水平，云南与福建省进行科技创新合作，完成了枸杞产业中的全基因组测序，并建立了枸杞代谢物数据库，促进了地方特色产业的科技创新，推动了当地农业经济的发展。2023 年第八届沪滇科技成果交流会上促成 43 个项目签约落地，现场签约项目 15 项，3 个沪滇科技合作示范点落户云南。

在“科技援疆”方面，新疆与浙江进行深入的科技创新合作，浙江省科技厅发布了 2024 年度“尖兵”和“领雁”研发攻关计划，阿克苏地区和新疆生产建设兵团第一师共获得了 12 项对口支援项目，浙江省级科技财政资助超过 700 万元。这些项目旨在通过联合科研团队攻克技术瓶颈，推动新疆地区棉花机械化、西门塔尔牛及肉苁蓉等特色产业的发展，同时开展先进医疗技术的应用研究，如甲状腺癌辅助诊断系统和远程手术辅助机器人。浙江还启动了“组团式”科技援疆试点工作，通过智力和技术援疆，推动新疆重点产业的链条延展和升级。

在青海，通过“科技援青”计划，科技部与青海省政府围绕创新平台建设、人才培养及科技成果转化等方面展开合作。中国科学院、工程院等机构以及一些援青省份积极参与支持青海的科技创新工作，重点突破盐湖资源开发、生态保护等领域的技术瓶颈。青海在天文观测、生态治理和生物资源开发等方面也取得了显著成就。

**2. “东数西算”工程加速推进**

“东数西算”工程的推进为东西部协同创新注入了新的活力。西部地区与东部地区的协同创新成效显著，特别是在“一体化算力网”的加速建设中，“东数西算”工程持续加速推进。作为全国八大枢纽节点之一，成渝枢纽在算力资源平衡部署上发挥了重要作用。四川已建成西部最大的5G信息通信网络，拥有18.9万个5G基站，位列全国第六。天府集群的算力规模达到了10EFLOPS，成为西部领先的计算平台。重庆市也快速扩展了智能计算中心，算力规模同样达到了10EFLOPS。

此外，西部其他省区，贵州、内蒙古、甘肃、宁夏四个节点通过承接东部地区中高时延业务，推动人工智能模型训练、机器学习等业务逐步向西部转移，并承担本地实时性数据处理任务。贵州省共有39个在建及投运数据中心，其中大型以上数据中心22个，服务器承载能力超过244万台。甘肃庆阳数据中心集群的机架数量累计达到1.5万架，平均上架率为83.8%，算力规模已达到5300P（Petaflops）。内蒙古的数据中心运行中的服务器数量已达到260万台，和林格尔新区的数据中心标准机架达22万架，服务器装机能力达到150万台，通用算力总规模为1000P，并推动了11个超算项目，超级算力规模达到195P。宁夏则建成了全国首个万卡智算基地，并通过服务器制造项目实现了零的突破，算力质效指数在全国排名第四，西部排名第一，数字经济占GDP的比重超过35%。

“东数西算”工程不仅有效缓解了东部地区的土地和能源压力，还大幅提升了西部地区的自主创新能力，推动了信息技术、绿色能源等新兴产业的发展，加速了西部地区数字经济的崛起，为缩小东西部经济差距提供了坚实的科技支撑。

3.西部地区场景创新初步形成

场景创新是指在特定的场景或情境下，运用创新思维和方法，创造出新的产品、服务、商业模式或用户体验，以满足用户潜在需求并提升价值的过程。场景创新的核心在于将技术、产品与用户需求紧密结合，通过场景化的方式重新设计用户体验和价值传递。该创新模式在多个行业中得到了广泛应用，如智慧城市、智能家居、零售、医疗健康等领域。各省（区、市）场景创新建设情况如下。

内蒙古积极探索科技驱动的场景创新，聚焦提升跨境贸易效率。甘其毛都口岸的 AGV 智能通关及集装箱监管场所是国内首个跨境 AGV 无人运输专用海关监管作业场所，其显著提升了通关效率，降低了运营成本。此外，内蒙古在智慧矿车、智能除草机器人等领域的创新实践，为区域产业升级注入了新动能，并推动了内蒙古经济的高效发展。

广西在场景创新方面，发布了 4 个机会清单和 16 个能力清单，其中涵盖氢能应用、数字政府、智慧口岸等领域。广西的智慧口岸项目通过建设跨境无人驾驶货运专用通道和智慧指挥调度平台，实现了 24 小时不间断通关，有效提升了物流效率和服务水平。此外，广西正依托西部陆海新通道建设，积极探索船舶智能化设计和运营体系，为产业链的优化和数字化转型提供了创新解决方案。

重庆市在 2024 年度产业技术创新应用场景征集中，共有 63 个场景入选，涵盖智能网联新能源汽车、新一代电子信息制造业、智能装备等多个领域。通过“应用—反馈—迭代”的成果转化机制，重庆市的场景创新显著推动了新技术的应用和产业的发展。这些创新应用不仅推动了技术的进步，还促进了产业的转型升级，为经济高质量发展提供了坚实的基础。

成都市提出了“服务撮合—创新孵化—场景验证—示范推广”四步走策略，通过构建全周期产业孵化机制，推动传统产业的升级和新兴产业的发展。四川聚焦人工智能、绿色氢能等 19 条制造业重点产业链，制定了详细的政府和产业机会清单，涵盖了 AI 数字创智元、无人机应急救援等多个项目。

贵州在大数据领域的场景创新中表现突出，发布了包括“安全可信的数字人训练基地”“新能源智能网联汽车数据赋能”等九大场景。贵州通过构建大数据赋能平台，推动数字经济与实体经济的深度融合，实现了大数据在医疗、教育、物流等多个领域的广泛应用。这些创新不仅提升了区域内企业的竞争力，还为区域经济的高质量发展提供了新动能。

云南省集中于旅游场景创新，开发自然游、艺术游、康养游、研学游等新旅游业态，并通过 5G 网络覆盖和智能设备的应用，提升了旅游体验的智

能化水平。云南移动在洱海、大理古城等景区打造了5G精品网，为游客提供高质量的网络服务，增强了数字文旅的创新体验。这些场景创新不仅提高了旅游服务的质量，还通过数字化手段推动了文化和旅游产业的深度融合。

西藏通过数字文旅和5G网络的结合，为高原旅游市场带来了全新的用户体验。通过数字设备的应用，游客可以在游览纳木错的同时“穿越”西藏博物馆的虚拟展馆，实现了一部手机游林芝的智能化旅游体验。这些创新举措有效提升了西藏的旅游吸引力，同时推动了文化与旅游产业的数字化转型与升级。

陕西省的场景创新建设还处于起步阶段，但已在智慧城市、智能制造、生物医药等领域形成了初步的行业应用示范。依托西安的算力中心，陕西在人工智能和大数据领域积极推动场景创新，例如通过交通大模型实现智能信号控制，缓解交通拥堵。这些场景创新虽然处于早期，但展示了区域在技术应用和产业融合方面的潜力。

甘肃通过场景驱动模式，在新能源领域开展了广泛的场景创新。以河西走廊风光大基地等为核心，甘肃在风电、光伏、光热等新能源领域构建了“挖掘产业需求—拓展应用场景—创新产业融合—技术应用”的研究体系。甘肃还探索“新能源+农业”“新能源+交通”等融合发展场景，推动新能源与其他产业的深度融合，为解决新能源消纳难题提供了创新思路。

青海在清洁能源和数字化管理方面进行了多项场景创新。通过“5G远程视频巡检+现场值守”相结合的方式，青海盐湖采用领先技术，推动生产设备实现了生产设备的无人值守和远程控制，大幅提升了管理效能。此外，青海的信息通信业还在数字文旅和农牧业中应用5G、人工智能等技术，为传统产业的升级提供了强有力的技术支持。

宁夏在场景创新过程中注重新技术与传统产业的结合。其中沙坡头区在沙漠旅游、现代农业等领域通过智能导览系统、虚拟现实技术等提升了游客体验，并推动了现代农业的智能化转型。

新疆利用得天独厚的自然条件、辽阔的土地面积，发展出众多低空经济应用场景——无人机助耕百万良田、低空旅游航线、油田巡防、无人机增水等。新疆积极探索低空经济的应用场景，寻找出新的经济增长引擎。

综上所述，西部地区的场景创新呈现出高度的多样性，从科技驱动的智慧城市到旅游、农业等传统行业的数字化转型，各地根据自身资源禀赋和发展需求，探索出了各具特色的场景创新模式。

## 二　西部地区区域创新发展中面临的问题

### （一）创新资源分布不均

西部地区创新平台建设分布不均。西部地区的创新资源主要集中在四川、重庆和陕西等省市，而西藏、青海、广西等欠发达地区的创新资源相对薄弱。四川、重庆和陕西在创新平台的建设上遥遥领先，拥有大量的全国重点实验室、国家工程研究中心、国家制造业创新中心以及国家级创新产业集群。相比之下，西藏、青海、内蒙古、宁夏等省区在这些国家级科技创新平台的数量上处于全国末位。其次，西部地区创新平台过度集中在省会城市。创新资源分布存在省际不平衡，省会城市与地级城市之间的创新资源分布也存在不均衡。国家科技创新中心、国家制造业创新中心、国家自主创新示范区等国家级创新平台大多集中在省会城市，导致三四线城市的创新资源相对稀缺。

西部地区创新资金投入分布不均。四川省 R&D 支出于 2023 年达到 1000 亿元以上，而西藏、青海、宁夏、新疆四个省区的 R&D 支出还不足四川省的 1/10。2022 年研发投入强度最高的重庆市是研发投入强度最低的西藏的 7.3 倍。企业研发投入强度最高的重庆市是企业研发投入强度最低的青海的 5.5 倍。其次，西部地区省会城市创新资金投入占比较高，以西安市为例，2022 年该市的 R&D 经费投入为 601.08 亿元，占陕西省总投入的 78%。同样，成都的 R&D 经费占四川省总额的 60%，贵阳的 R&D 投入占贵州省的一半以上。虽然西安、成都等省会城市在全国范围内展现出了较强的创新竞争力，但其投入占整个省份的比例过高，西部地区其他城市的创新资金投入相对匮乏，地区的科技创新严重依赖省会城市的科研和创新平台。创新资源的过度集中不仅限制了西部其他城市科技创新能力的提升，也对区域经济的平衡发展构成了障碍。

从财政科技支出来看，四川、陕西、广西、重庆获得了较多的政府财政投入，2023 年其财政科技支出分别达到了 244.12 亿、133.68 亿、107.31 亿、102.54 亿元，然而西藏、青海和宁夏的财政科技支出仅仅为 8.71 亿、11.86 亿、28.06 亿元，远低于西部地区平均水平（见表 8）。从各省（区、市）科技支出占西部地区科技支出的比例来看，四川省最高，为 25.02%，是西藏（0.89%）的 28.11 倍。可见西部地区创新资金投入不均衡，省际差异较大。

**表 8　2020~2023 年西部地区财政科技支出及其占西部地区的比例**

单位：亿元，%

| 地区 | 2020 年 | 2021 年 | 2022 年 | 2023 年 | 占西部地区比例(2023 年) |
|---|---|---|---|---|---|
| 内蒙古 | 32.38 | 35.28 | 42.99 | 74.97 | 7.69 |
| 广西 | 66.26 | 71.13 | 104.12 | 107.31 | 11.00 |
| 重庆 | 82.87 | 92.64 | 98.89 | 102.54 | 10.51 |
| 四川 | 181.7 | 273.12 | 229.12 | 244.12 | 25.02 |
| 贵州 | 113.19 | 88.34 | 88.86 | 80.06 | 8.21 |
| 云南 | 64.94 | 61.85 | 58.97 | 61.33 | 6.29 |
| 西藏 | 8.99 | 8.34 | 8.31 | 8.71 | 0.89 |
| 陕西 | 56.45 | 93.00 | 109.78 | 133.68 | 13.70 |
| 甘肃 | 32.07 | 34.95 | 47.69 | 58.60 | 6.01 |
| 青海 | 10.56 | 12.19 | 9.45 | 11.86 | 1.22 |
| 宁夏 | 27.91 | 29.00 | 25.56 | 28.06 | 2.88 |
| 新疆 | 41.25 | 42.86 | 53.53 | 64.27 | 6.59 |
| 西部地区合计 | 718.57 | 842.7 | 877.27 | 975.51 | 100 |

资料来源：中国经济网。

西部地区人才分布不均衡。2022 年西部地区 R&D 人员数量最多的省份为四川省，占西部地区 R&D 总人数的 27.05%。其次是陕西省，占比 16.22%（见表 9）。R&D 人员数量最低的地区为西藏自治区，占西部地区 R&D 总人数的 0.31%，四川省 R&D 人数为西藏的 86.5 倍。

从规模以上企业 R&D 人数来看，2022 年西部地区规模以上工业企业 R&D 人员数量最多的省份为四川省，占西部地区 R&D 总人数的 28.59%。其次是重庆市，占比 17.64%。规模以上工业企业 R&D 人员数量最低的地区为西藏自治区，占西部地区规模以上工业企业 R&D 总人数的 0.09%，四川省规模以上工业企业 R&D 人员数量为西藏的 303 倍。整体而言，西部地区的 R&D 人才资源集中于少数发达省市，而西藏等欠发达地区的科技创新人才投入严重不足（见表 9）。

**表 9　2022 年西部地区 R&D 人员数量与规模以上工业企业 R&D 人员数量及其占比**

单位：人，%

| 地区 | R&D 人员数 | 占比 | 规模以上工业企业 R&D 人员数 | 占比 |
|---|---|---|---|---|
| 内蒙古 | 71542 | 5.45 | 50560 | 6.23 |
| 广西 | 134851 | 10.26 | 77347 | 9.53 |
| 重庆 | 203515 | 15.49 | 143208 | 17.64 |
| 四川 | 355401 | 27.05 | 232122 | 28.59 |
| 贵州 | 85472 | 6.51 | 56619 | 6.97 |
| 云南 | 104723 | 7.97 | 57247 | 7.05 |
| 西藏 | 4107 | 0.31 | 765 | 0.09 |
| 陕西 | 213122 | 16.22 | 116941 | 14.41 |
| 甘肃 | 56650 | 4.31 | 26523 | 3.27 |
| 青海 | 9788 | 0.75 | 5677 | 0.70 |
| 宁夏 | 30933 | 2.35 | 22789 | 2.81 |
| 新疆 | 43641 | 3.32 | 21976 | 2.71 |
| 西部地区 | 1313745 | 100.00 | 811774 | 100.00 |

资料来源：中国经济网。

## （二）创新投入相对不足

从研发投入强度来看，2020~2023 年西部地区研发投入强度为四个地区中最低，2023 年其研发投入强度为 1.62%，低于东部地区 1.72 个百分点，低于中部地区 0.63 个百分点，低于东北地区 0.25 个百分点。但 2023 年西部地区研发投入强度比 2022 年增长 5.19%，高于中部地区 0.05 个百分点（见图 15）。

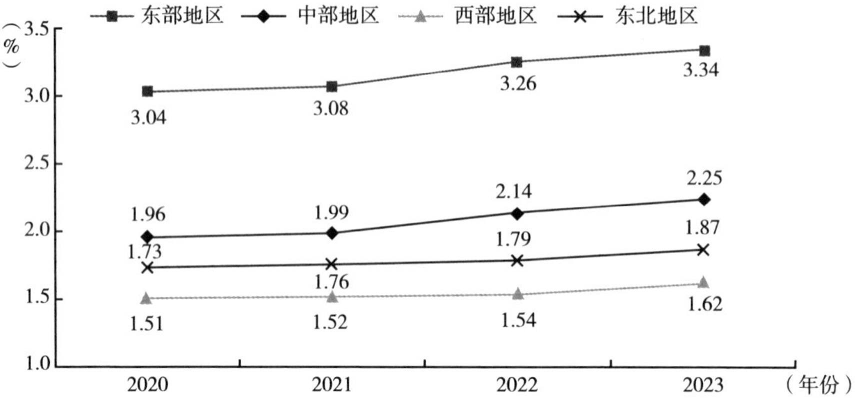


**图 15 2020~2023 年东部地区、中部地区、西部地区和东北地区研发投入强度**

资料来源：中国经济网。

从企业研发投入强度来看，2022 年西部地区企业研发投入强度为 0.94%，位列四个地区中第三名，和东部地区、中部地区差距较大，低于东部地区 0.69 个百分点，低于中部地区 0.59 个百分点。从增长率来看，2022 年西部地区企业研发投入强度比 2021 年增长 5.62%，而东部地区 2022 年比 2021 年增长 7.23%低于东部地区 1.61 个百分点，低于中部地区 12.07 个百分点（见图 16）。

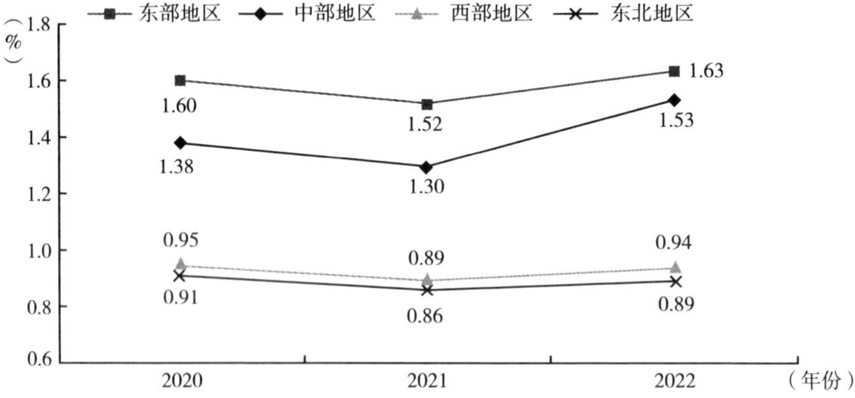


**图 16 2020~2022 年东部地区、中部地区、西部地区和东北地区企业研发投入强度**

资料来源：中国经济网。

地方财政中科学技术支出占一般公共预算支出的比例，反映了各地区政府在科技创新方面的投入力度。与东部和中部地区相比，西部地区在科技创新领域的投入仍显不足。2023 年西部地区的科技支出占一般公共预算支出的比例仅为 1.40%，显著低于中部和东部地区。西部地区的科技支出占一般公共预算支出的比例仅为中部地区的 36.9%，为东部地区的 31.5%（见图 17）。这表明西部地区在科技创新投入上的明显差距。尽管 2023 年西部地区的财政科技支出占一般公共预算支出比例较上年增长了 4%，但与东部地区的增幅相比仍低了 3.2 个百分点。这一差距表明，尽管西部地区在科技创新领域有一定的进步，但投入增长的速度和力度仍然不够。

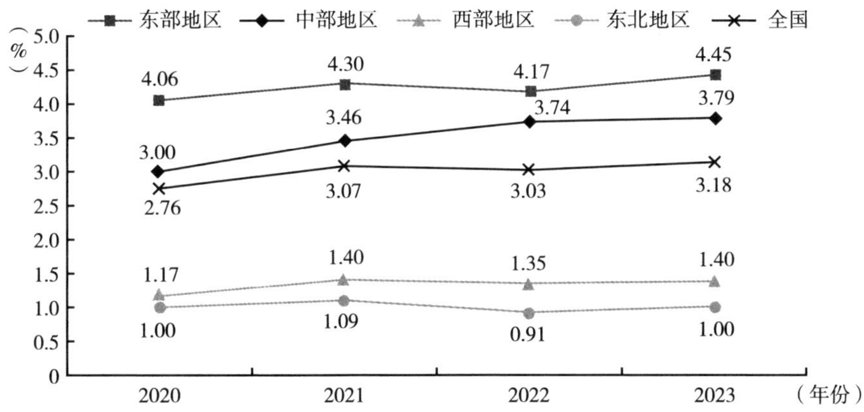


**图 17　2020~2023 年东部、中部、西部、东北地区及全国财政科学技术支出占一般公共预算支出比例**

资料来源：中国经济网。

## （三）企业创新缺乏活力

从各个地区规模以上工业企业 R&D 人数占全国 R&D 人数的比例来看，2022 年西部地区 12 省（区、市）规模以上工业企业 R&D 人员共有 81.17 万名，占全国规上工业企业 R&D 人员总数的 11.4%，和东部地区、中部地区差距较大，分别低于东部地区 54.69 个、中部地区 8.4 个百分点

（见图 18）。西部地区规模以上工业企业 R&D 人数占全国 R&D 人数的比例从 2020 年的 10.73%增长到 2021 年的 10.77%，再到 2022 年的 11.40%，说明西部地区规上工业企业 R&D 人员保持稳定增长，但与东部和中部地区相比，规模以上工业企业在人才方面的投入仍需进一步提升。

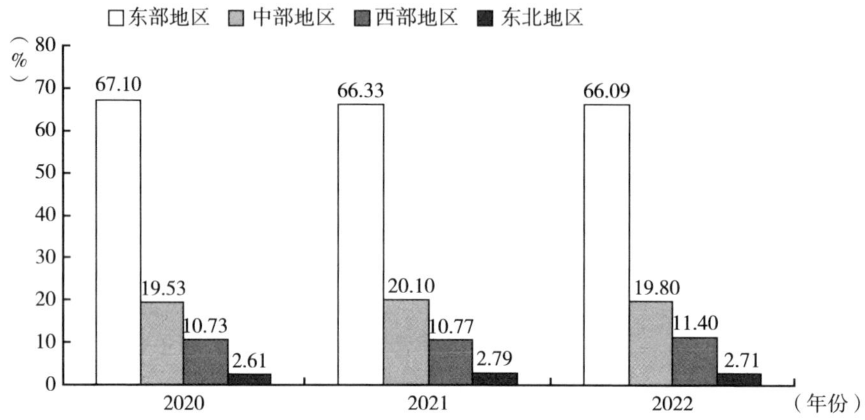


**图 18　2020~2022 年东部、中部、西部、东北地区规模以上工业企业 R&D 人数占全国 R&D 人数比例**

资料来源：中国经济网。

2022 年西部地区规模以上工业企业 R&D 人员全时当量为 419136 人年，远低于东部地区和中部地区（见图 19）。西部地区规模以上工业企业 R&D 人员全时当量增长率为四个区域中最高，达 15.23%，高于东部地区 5.91 个百分点，高于中部地区 4.3 个百分点，高于东北地区 8.31 个百分点。西部地区尽管规模以上工业企业 R&D 人员全时当量较低，但整体发展趋势仍然积极，应当继续加大对 R&D 人员的投入，以弥补之前投入不足，努力追赶东部和中部地区。

从企业研发投入来看，西部地区企业的研发投入相对较低，特别是在西藏、青海、宁夏、甘肃等地区，2022 年其规模以上工业企业 R&D 支出不超过 100 亿元，明显低于其余几个省（区、市），西部地区规模以上工业企业 R&D 支出低于东部和中部地区，企业创新活力明显不足（见表 10）。

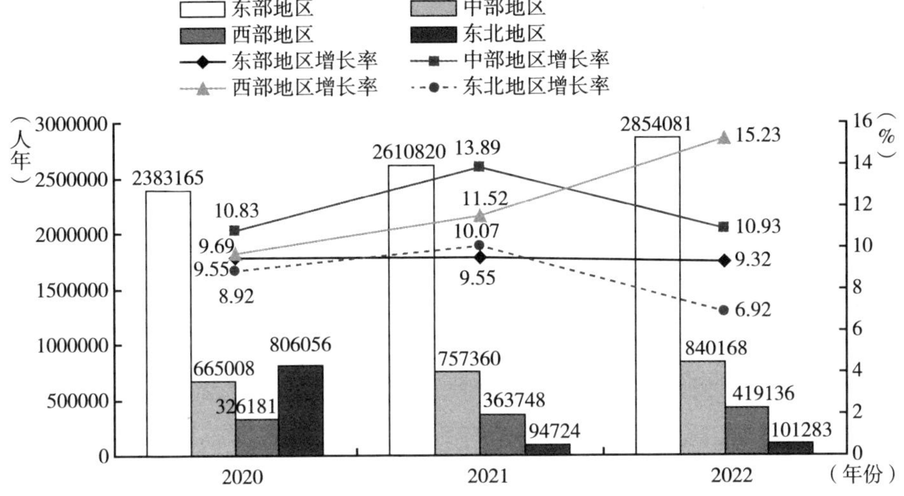


**图 19　2020~2022 年东部、中部、西部、东北地区规模以上工业企业 R&D 人员全时当量及其增长率**

资料来源：中国经济网。

综上所述，西部地区企业虽然在 R&D 人员的增长速度上有显著进展，但整体的创新投入与东部和中部地区相比仍有较大差距。为了进一步缩小这一差距，西部地区企业应当继续加大对 R&D 的投入，尤其是在研发经费支出上做出更多努力，以弥补之前的投入不足，推动企业创新能力的全面提升，促进西部地区区域经济的高质量发展。

**表 10　2020~2022 年西部地区规模以上工业企业 R&D 支出**

单位：万元

| 地区 | 2020 年 | 2021 年 | 2022 年 |
|---|---|---|---|
| 内蒙古 | 1293710 | 1547740 | 1708540 |
| 广西 | 1133330 | 1370240 | 1505740 |
| 重庆 | 3725610 | 4245270 | 4793350 |
| 四川 | 4276380 | 4801710 | 5300780 |
| 贵州 | 1053570 | 1210570 | 1317510 |
| 云南 | 1451450 | 1764960 | 1986680 |
| 西藏 | 8944 | 24782 | 17043 |

续表

| 地区 | 2020年 | 2021年 | 2022年 |
|---|---|---|---|
| 陕西 | 2684020 | 3196870 | 3544100 |
| 甘肃 | 521334 | 642948 | 720007 |
| 青海 | 103699 | 138488 | 149214 |
| 宁夏 | 453491 | 517577 | 597053 |
| 新疆 | 391939 | 541819 | 641190 |
| 东部地区 | 99684261 | 113951255 | 126071440 |
| 中部地区 | 31026870 | 35769340 | 39602220 |
| 西部地区 | 17097477 | 20002974 | 22281207 |
| 东北地区 | 4904302 | 5418913 | 5662747 |

资料来源：中国经济网。

## （四）人才流失问题突出

根据国家统计局数据，2019年西部地区人口占全国总人口的28.1%，高等教育毕业生仅占全国的16.5%。我国超六成人才流向了五大城市群，其中长三角、珠三角人才持续集聚。根据教育部数据，从2019年到2024年西部地区高校毕业生中，有近40%的人选择到东部地区就业；而东部地区只有不到5%的人选择到西部地区就业。2021年中国城市人才吸引力排名报告显示，东部地区人才净流入占比为5.8%，西部地区人才净流入占比为-0.2%。西部地区在高等教育毕业生比例和人才吸引力方面均远低于东部地区，导致西部地区创新受限。

以具体高校为研究对象，2023年西安交通大学毕业生就业质量报告显示，34.5%的毕业生选择到东部地区就业，9.2%选择到中部地区就业，到东北地区就业的毕业生比例仅为1.5%。2023年西安电子科技大学毕业生就业质量报告指出，18.36%的毕业生到长三角地区就业，11.35%的毕业生选择京津冀地区，12.4%选择粤港澳大湾区就业，而留在西部地区就业的毕业生比例为45.09%。此外，2023届西北大学毕业生就业质量年度报告显示，有55.85%的毕业生选择留在西部地区就业。

从这些高校的数据可以看出，尽管有接近一半的毕业生选择留在西部地区就业，但仍有大量优秀人才流向了东部等经济较为发达的地区。西部地区在吸引和留住人才方面面临挑战，尤其是与东部地区相比，人才外流问题更加突出，人才流失问题制约了西部地区的创新能力和经济发展潜力。

### （五）场景创新建设缓慢

西部地区的场景创新仍处于探索和起步阶段，尚未形成像上海、北京、合肥等城市那样的成熟的场景创新机制，缺乏专门的场景促进机构。合肥作为场景创新的先行者，通过发布场景创新机会清单和能力清单，推动了城市场景资源的开放，为企业创新提供了广阔的机会。所谓“机会清单”指的是政府或者企业发布的具备潜在市场需求和创新机会的应用场景，而“能力清单”则涵盖了实现这些应用场景所需的关键能力和技术。场景创新建设促进传统的“政策吸引”模式转向“场景吸引”模式，通过举办场景峰会等创新活动，吸引大量科技创新企业落户。

西部地区的一些省（区、市）已开始尝试推进场景创新，并发布了一定数量的场景清单。内蒙古发布了27项机会清单和13项能力清单，广西发布了4项机会清单和16项能力清单，陕西发布了40项机会清单，四川则发布了196项机会清单和128项能力清单，重庆发布了64个应用场景创新，宁夏发布了100个机会清单，贵州发布了47项能力清单。尽管这些省（区、市）在场景创新领域已取得初步进展，展示出推进场景创新建设的积极态度，但与中部地区的合肥等的场景创新规模相比仍显不足。合肥发布了451项场景清单，落地合作项目金额高达5.66亿元，合肥作为场景创新的先驱，其具有更为成熟的机制和更广泛的影响力。此外，西部地区场景创新的覆盖面仍相对较窄，特别是在社会治理和应急管理领域的应用尚未得到充分发展。利用人工智能、大数据等先进技术为社会治理和应急处置提供智能化支持的创新场景较为有限。

西部地区虽然已初步开启场景创新进程，但整体而言，创新机制的构建还处于不成熟的状态，缺乏系统性和规范性。西部地区可以借鉴合肥等领先城市的成功经验，进一步加大场景资源的开放力度。

### （六）创新机制体制不健全

西部地区在科技创新激励机制方面仍存在诸多不足，尤其是在财政支持政策的落实上与东部地区相比明显落后。西部地区尚未建立起一套全面的科技创新激励机制，这使得创新资源的分配和利用缺乏效率。相比之下，北京不断深化科研经费改革，极大限度地赋予科研人员对资金、人员和物资的自主支配权，例如设立北京市自然科学基金专项、科技新星计划专项和独立法人研发机构科技专项等定额补助项目，纳入“包干制”试点，充分激发了科研人员的创新活力。2024 年 8 月 6 日广东省通过立法，将“省级财政专项资金投入基础研究的比例不低于三分之一”明确写入《广东省科技创新条例》，为基础研究提供了有力的财政保障。然而，西部地区的科技奖励制度改革尚未取得实质性进展，缺乏一套系统的、有效的奖励机制来激励科技人员的创新精神和提升其科研能力。这种机制缺失导致了区域内科技创新动力不足，无法充分调动科研人员的积极性，限制了西部地区的创新潜力和发展。由于激励机制不健全，科技创新环境难以全面激活，进而削弱了西部地区在全国科技创新体系中的竞争力，制约了其经济发展和产业升级的步伐。

在企业创新主体的培育方面，西部地区仍面临诸多挑战。与东部地区的积极措施相比，西部地区的企业在创新领域缺乏足够的激励机制，存在一定的中小企业融资难的问题，许多中小企业在科技创新项目上的投资受到限制，导致其创新能力难以充分发挥。相较于东部部分省份，中部的安徽省于 2024 年 4 月 20 日发布《深化科技体制机制改革构建以企业为主体的科技创新体系实施方案》，积极鼓励各地对高新技术企业提供奖励和补贴，力争全省财政科技资金 80%左右投向企业，打造“科大硅谷”等创新孵化平台，尽最大努力激发企业的创新活力与动力。同时，广东省采取了引导社会资本聚焦战略性支柱企业、战略性新兴企业和未来产业的策略，特别加大了对种子期和初创期科技型企业的投资力度，帮助这些企业在早期发展阶段获得资金支持，巩固企业作为创新主体的地位。西部地区亟需借鉴这些成功经验，通过政策引导、融资支持以及激励机制的完善，进一步激发企业在科技创新中的主体作用，提升区域内企业的自主创新能力。

同时，西部地区缺乏内部大规模的协同创新平台。以广东省为例，依托粤港澳大湾区的优势，广东省成功构建了科技创新走廊，并加强了与港澳地区的科技合作，推动了科技成果的高效转化。而西部地区则缺乏类似的创新协同模式，区域内部的创新资源整合度不高，科技成果转化的效率较低，企业和科研机构之间的合作仍处于初级阶段。

总之，西部地区在激励制度上存在科技创新投入不足、企业研发缺乏激励、融资渠道不畅和省际协同创新机制欠缺等问题。未来，西部地区应借鉴东部发达地区的成功经验，进一步完善创新激励机制，加大政府对企业研发的支持力度，畅通融资渠道，并推动区域内部的协同创新，形成更加系统和高效的科技创新体系，以促进西部地区创新能力的提升和经济的高质量发展。

## 三　新时代西部地区区域创新发展的重点任务

### （一）优化创新资源配置

加强创新平台建设的区域统筹规划，引导国家级创新平台向西部欠发达地区建设，推动西藏、青海、宁夏等地进行科技基础设施建设，优化国家重点实验室、工程研究中心、国家制造业创新中心、创新型产业集群的空间布局。推动科技领军企业和新型研发机构参与全国实验室等平台建设，加强西部地区的创新平台后备力量培育。扶持更多的三四线城市建立创新平台，发挥省会城市的带动和辐射作用，与非省会城市建设协同创新基地，推动先进优质创新要素在全省内有序流动，让西部地区省际创新资源均衡化，逐步提升三四线城市的自主创新能力，形成省会引领、周边支撑、全域联动的创新集群布局，共同促进全域协同创新。

完善财政支持机制，通过优化科技资金的分配，促进创新资金在区域间的合理流动。缩小省际科技经费投入差距，特别是针对西藏、青海、宁夏等科技创新能力相对较弱的省区，重点加大财政科技支出的支持力度，确保这些地区能够获得足够的资源来进行技术创新和科技基础设施建设。引导R&D经费向西藏、新疆、青海等欠发达地区倾斜，增加这些地区在国家战略科技力量、关键核心技术攻关以及重大科技设施建设方面的投入，有效提升落后地区的自主创新能力和科技竞争力。同时，鼓励西部地区企业加大研发投入，推动企业成为科技创新的主体。特别是在企业研发投入强度较低的省区，通过设立专项资金和建立创新激励机制，支持企业进行自主研发，提升其技术创新的动力和能力。

加强西部地区区域内人才流动机制，健全人才向西部艰苦地区的岗位流动的激励机制和保障制度，缩小各省（区、市）之间的科技创新人才差距。打通与东部发达地区的人才培养和交流通道，与东部高校、科研机构和创新型企业建立长期合作关系，开展科技人才联合培养计划和跨区域人才交流活动，提升西部地区科技创新人才的整体水平。同时，积极培育本土人才，加强本地高校与西部地区相关产业的深度融合，确保高校教育与产业需求紧密接轨。深化校企合作，建立多元化的人才培养体系，增强其就业竞争力和创新能力，形成西部地区“培养人才—留住人才—发展人才—反哺地区”的良性循环。

加强西部地区省际协同创新合作，推动区域内创新资源的共享和有效整合。构建跨省联动的创新走廊和产业集群，促进科技创新要素的高效流动，实现区域内资源的优化配置和协同发展。推动市场监管标准和准入标准的统一化，从法规和政策层面打破各省（区、市）之间的分割局面，确保跨省企业和科研机构在技术应用、产品开发、市场准入等方面面临一致的规则和操作环境。推动公共服务制度的互联互通，消除跨省合作中的体制障碍。通过构建标准化、协作化的公共服务体系，确保企业和各类创新主体在不同省（区、市）开展科技创新活动时能够享受一致的政策支持和服务。

## （二）加大研发投入力度

着力增加西部地区企业的研发投入比例，缩小与东部、中部的研发投入强度差距。企业作为技术创新的核心驱动力，在国家创新体系中占据主体地位。鼓励企业增加其在研发方面的资金投入，尤其是围绕西部地区的优势产业，聚焦关键技术领域，加大在西部地区新能源装备制造、新能源汽车、航天航空、硅光伏、生物医药以及新一代电子信息制造业等战略性和优势产业链上的研发投入。通过集中资金和技术资源，支持企业在这些重点产业中实现技术突破。

拓宽西部地区 R&D 经费的来源，仅仅依赖单一的财政科技支出无法满足日益增长的研发需求，应在保持财政科技投入稳定增加的同时，出台更多优惠政策，扩宽研发经费的来源渠道。引导各类金融机构开发符合科技创新特点的金融产品，为符合科技金融政策条件的企业提供担保支持，降低企业的研发资金压力。鼓励社会资本进入西部地区科技创新领域，引导资本市场和社会投资向高技术领域倾斜。充分利用资本市场融资功能，鼓励科技企业通过股票市场、债券市场等多种渠道筹措研发资金，为企业提供更广泛的融资选择，以此推动科技企业在核心技术研发中的持续投入和创新能力提升，使西部地区研发投入强度努力追赶东部发达地区，逐步缩小与发达省份的创新投入差距。

## （三）提升企业创新主体地位

提升西部地区企业创新主体地位，推动企业成为组织科研、研发投入、成果转化、技术创新、规模贡献的主体。具体而言，提升西部地区企业研发投入经费占全社会研发投入经费的比例，确保企业研发经费相比于高校和科研机构占据更大的份额；实现规模以上制造业企业研发机构全覆盖，激发西部地区企业在技术研发上的内生动力；增加企业研发经费占主营收入的比重，鼓励企业在科技研发方面的持续投入，增强其创新驱动力；增加企业牵头攻克关键核心技术，推动企业在技术创新的前沿取得突破；扩大科技领军企业群体，培育产业创新聚集区，形成区域性创新生态圈；实施重大应用场景示范项目，搭建科技创新的试验和应用平台，以此优化企业创新生态环境，为企业的技术创新提供更多实际应用机会，从而全面提升企业创新主体地位。

### （四）推进产学研深度融合

产学研深度融合是推动教育、科技和人才一体化发展的关键路径，也是西部地区提升创新能力和产业竞争力的重要突破口。西部地区须打通创新链、产业链、资金链和人才链的融合渠道。以人才为核心、企业为主体、市场为导向，优化各类创新资源的配置，发挥高水平研究型大学在基础研究中的主力作用以及在重大科技突破中的引领作用，推动高校基础研究人才和技术成果与实体经济紧密结合，实现科研与产业的紧密对接。

西部地区应围绕重大科技创新任务，由行业领军企业联合高校和科研团队，建立企业主导、共同管理运行的研发平台。高校和科研机构负责新知识、新技术的创造，而企业则运用这些技术进行生产和市场化，从而满足市场需求。打通基础研究、应用开发、科技成果转移以及产业化的链条，促进创新成果的快速转化和市场化。具体而言，企业面向市场需求，应主导工程技术开发与基础科学研究相结合，共同推动形成完整的产业创新体系。高校和科研机构站在技术创新的前沿，创造新技术、新知识，并引领新兴产业发展，建立以企业需求为导向的新学科和新课程体系，推动学科建设的动态调整，在创新学科领域的建设上，通过紧密对接产业需求，更好地培养适应市场的创新型人才，增强其技术转化能力。

### （五）加速西部地区场景创新建设

西部地区场景创新仍处于探索阶段，尚未形成像上海、北京、合肥等城市那样成熟的创新机制。缺乏系统的场景促进机构，导致场景资源的开放和利用效率较低。加快构建场景创新机制，推动从政策吸引向场景吸引的转变，是西部地区提升科技创新能力的关键任务。

场景资源是推动技术应用和企业创新的重要条件。西部地区虽已开始发布部分场景清单和能力清单，但整体规模和创新机制与领先城市相比仍有较大差距。未来需要进一步加大场景资源的开放力度，特别是在智能网联汽车、智能制造、智慧农业、重大科技基础设施建设和智慧城市发展等领域，提供更多的场景机会，推动区域创新生态的形成和发展。通过设立专门的场景创新促进机构，负责统筹和协调各类场景资源的开放与管理，建立场景清单发布制度，推动场景创新的发展。通过政策支持和资源倾斜，加大对场景创新项目的投入，完善技术支持平台，激发本地企业参与场景创新的积极性。

### （六）深化东中西部科技创新合作

深化东中西部科技创新合作，提升西部地区科技创新水平。形成东中西部资源共享、人才交流、平台联合建设、联合攻关和成果转化，增强西部地区服务国内国际两个大局的科技能力和创新能力。当前东部、中部和西部地区之间的创新资源分布不均衡，需要通过建立跨区域的协同创新平台，促进创新资源的共享和流动，实现东中西部创新优势的互补，提升整体创新能力。

推动东部的高端创新资源和经验向中西部地区扩散和转移，特别是在企业技术转移、科研成果应用等方面。通过技术转移、合作研发等模式，依托东中西部的产业和科技基础，构建跨区域的创新走廊，推动产业链上下游的合作，形成产业创新集群。特别是在新兴产业和高技术领域，推动东部成熟的产业链向中西部延伸，带动中西部区域的产业升级和科技创新发展。

立足西部地区的独特资源优势，充分利用其在能源、土地和生态方面的禀赋条件，与东部地区协同创新。深入推进“东部研发+西部制造”“东部企业+西部资源”的产业协作模式。具体而言，东部地区在技术研发、创新能力、市场需求、企业管理经验等方面具有明显优势，而西部地区则在自然资源、能源及制造成本方面具备独特的竞争力。通过将东部的研发创新能力与西部地区的制造能力深度结合，有效降低制造成本，提高产业链效率，推动西部地区制造业的现代化升级。坚持“西电东送”“东数西算”等国家重大项目。东部地区对能源的巨大需求则为西部的能源输出提供了广阔的市场，通过互补性的合作模式，既能助力东部地区的低碳转型，也能推动西部地区借助东部地区的市场平台和技术优势，实现创新链升级，释放经济活力，还可以进一步优化全国范围内的资源配置，促进区域间的协调发展。

## 四　新时代西部地区加快区域创新发展的对策建议

### （一）完善创新激励政策

西部地区尚未建立起一套全面的科技创新激励机制，相比于东部发达地区，西部在科研经费使用自主权和资金保障方面仍有较大差距。完善科技创新投入机制，确保科研经费的高效配置和持续支持，是提升西部地区创新能力的重要举措。

企业是创新的主体，但西部地区的企业创新能力较弱，缺乏有效的激励机制。中小企业、专精特新型企业融资不畅导致企业在科技创新项目上的投资受到限制。西部地区应加强对企业研发的政策支持，提供更多的资金激励和融资渠道，包括税收优惠、研发补贴和企业创新基金等。设立创新成果转化专项基金、中小科技企业技术创新基金和创业投资子基金。加大金融支持，设立科技金融专营机构、风险代偿资金池、科技贷款贴息、贷款增量补贴、转贷基金和融资担保等帮助企业克服创新投入不足的问题，提升其在技术研发和创新上的积极性。

加快科技奖励制度改革以吸引更多高端科技人才，有效激励科研人员和创新团队持续进行高水平的研究和技术创新。设立区域性科技创新奖项，以表彰在基础研究和技术创新中做出突出贡献的科研人员和创新团队。此类奖项应涵盖多个领域，并根据基础研究、应用研究和技术开发等不同类型的科研成果设立不同层次的奖励，以此确保各类科技人员和团队都能获得充分的认可。

赋予科研团队高度的自主权。通过独立设立科研项目、自主管理科研经费和团队的方式，有效提高科研效率。科研团队在选择研究方向、分配资源和管理日常科研事务上应享有更大的自由，以确保他们能够根据实际需求和科研前沿的变化，快速调整研究计划和方向。这种自主权的下放不仅能够增强科研团队的灵活性，还能大大激发他们的创新活力。

强化需求导向，建立分类激励机制。由于不同领域、不同层次的科研人员面临的挑战和需求各不相同，奖励机制应具有针对性和灵活性。针对基础研究、应用研究和技术转化等不同类型的科研工作，设计多元化的激励政策。特别是在基础研究领域，政府应加大对基础研究人才的培养和激励力度，提供长期稳定的经费支持和先进的技术设备保障。这不仅能够确保基础研究人员在相当长周期的研究过程中得到充分的资源支持，还能够减少他们在科研资金和技术支持方面的后顾之忧。基础研究往往具有高风险、长周期和不确定性等特点，通过政府、科研机构和企业的协同合作，建立多层次的基础研究支持体系，能够为基础研究人才提供更广阔的科研空间和发展机遇。

### （二）优化资金分配机制

针对西部地区欠发达省区创新资源投入不均的问题，亟须调整财政科技投入结构，建立多层次、全方位的资金支持体系，以确保科技创新资源的合理配置。优先向创新能力较为薄弱的省区如西藏、青海、宁夏等地倾斜科技资源和财政资金，确保这些地区在科技创新方面获得足够的支持。通过在这些省区设立专项创新基金和增加财政拨款，可以为当地科研机构、高校和企业提供更多的资金支持，帮助其进行基础研究、技术开发以及应用研究，从而提升其科技创新水平。此外，财政拨款还应特别针对与西部地区落后省区经济社会发展相关的技术领域，如可再生能源、生态保护技术和特色产业技术等，以发挥财政资金的最大效用。

引导社会资本投入西部欠发达地区的科技创新事业。社会资本的引入不仅可以扩大科技创新的资金来源，还可以引发市场化创新驱动效应，推动企业和私人部门积极参与技术创新。通过财政激励、税收减免、风险投资支持等手段，引导更多社会资本进入科技创新领域，为当地科研活动和技术项目提供长期的资金支持。

建立跨区域的财政科技支持机制，以实现地区间科技资源的共享与合理分配。中央政府应通过财政转移支付、专项科技资金拨付等政策工具，促进东西部地区的创新合作与资源流动，鼓励东部发达地区通过资金、技术、管理经验等多种形式，支持西部欠发达地区的科技创新平台建设。设立东西部协同创新专项资金，支持两地科研机构、企业、高校之间的联合研发和技术转移，促进东西部的产业链、创新链相互融合。

东部发达地区通过产业合作、技术输出等形式，推动西部欠发达地区的科技基础设施建设，在西部地区设立分支科研机构、孵化器、创新产业园区等创新平台。通过东西部区域合作，带动西部欠发达地区的科技人才培养和创新能力提升，使其能够借助外部资源加速自身创新体系的构建与完善。

### （三）打造区域创新走廊

借鉴粤港澳大湾区成功的区域协同创新经验，设立区域科技创新走廊，通过构建跨省的合作机制，推动省际科技资源共享与深度合作。

在构建区域科技创新走廊的过程中，应重点连接区域内的核心城市圈，将创新走廊的建设定位于创新要素流动较快、经济活力较强的区域，以此为基础形成高效的创新生态系统。通过依托知名高校、科研机构和创新型企业集群，带动区域内的科研活动和产业升级，构建集基础研究、应用研究、技术中试及成果产业化于一体的全链条创新体系。每个城市圈可以根据自身的资源优势和产业基础，承担不同的创新功能，打造互为补充的科技创新网络。

同时，科技创新走廊的成功建设离不开完善的创新生态系统支撑。要围绕“人产城”一体化发展的逻辑，通过打造智慧教育、医疗、文化娱乐等配套服务设施，提升区域的人居环境，增强对高端科技人才的吸引力。智慧城市的建设应与科技创新相辅相成，通过良好的生活和工作环境，吸引更多的创新要素集聚在西部地区，形成可持续的创新发展生态圈。这不仅有助于提升区域的宜居性，还能通过科技和生活的深度融合，促进西部区域的可持续创新发展。

西部地区的科技创新走廊应以国家战略需求为核心，着力打造成为推动国家科技进步和产业转型的前沿阵地。该走廊的建设必须与国家的科技发展目标、重点产业规划及区域经济结构调整相契合。在科技创新战略的布局上，应特别关注人工智能、生物科技、新能源等战略性新兴产业，通过集聚高端创新资源和构建强大的研发基地，推动这些领域的技术突破，从而为国家重大技术任务提供强有力的支撑。

### （四）构建人才引进与培养机制

实施人才引进计划，通过优厚待遇和良好科研环境吸引高层次人才。西部地区的企业和创新机构提供的就业机会和发展空间相对有限，使得许多高等教育毕业生更倾向于选择东部地区工作。要提升人才的留存率，西部地区需要改善企业和科研机构的就业环境，提供更多具备吸引力的发展机会，尤其是推动高科技产业和创新平台建设，创造更具竞争力的职业发展前景。

为吸引更多人才在西部地区扎根，政府应加大城市基础设施的建设，提升生活质量。通过改善交通、医疗、教育等公共服务，打造更为舒适和现代化的居住环境。尤其是在科研人才和高技能人才集中的城市，政府应加大基础设施和配套服务的投资力度，为他们提供更好的工作和生活条件。为留在西部地区的毕业生和高端人才提供更好的社会保障体系，包括养老保险、医疗保险、子女教育等福利政策。此外，政府应建立职业发展支持体系，为年轻人才提供职业规划、技能培训和晋升通道，增强人才的归属感和长期发展的信心。

加大对创新创业的支持力度。设立创新创业基金，鼓励大学毕业生在西部地区创业，同时为创业者提供税收优惠、办公空间支持和融资渠道。通过完善创新创业生态系统，创造更多优质的就业机会，提升人才对西部地区的兴趣和归属感。

西部地区的高校应积极与地方企业和政府合作，推动产学研结合。通过合作设立科研项目、产学研联盟等方式，提升高校人才培养的针对性，增强毕业生对本地就业市场的适应性和需求匹配度。政府应鼓励企业与高校联合培养人才，提供实习机会和培训计划，让学生在本地积累工作经验，增强毕业生留在西部就业的意愿。同时，扩大西部地区与东部发达省市的科研合作与人才交流，推动科研人才的培训和发展，建立长期的人才培养和流动机制，提升西部本地人才的创新能力。

### （五）建立场景创新促进机构

西部各省（区、市）设立专门的场景创新促进机构，负责发布场景创新机会清单和能力清单，推动场景创新的系统化建设。该机构应统筹区域内的场景资源，促进场景与企业的有效对接，并定期举办创新活动和场景峰会，推动场景资源的开放和共享。

为了加快场景创新的落地，政府应建立标准化的场景清单和能力清单发布机制，确保场景创新的公开透明和有效管理。建议出台相关政策规范，要求地方政府和企业定期发布场景清单，明确具备潜在市场需求的应用场景和所需的技术能力。通过公开透明的场景清单机制，为企业创新提供明确的方向，吸引更多科技企业参与场景创新。政府应通过场景峰会、创新论坛等方式，推动场景资源与科技企业的深度对接。通过打造多层次的场景展示平台，向科技企业展示潜在的应用场景和市场机会。通过合作项目、公共示范项目等方式，鼓励企业深度参与到场景创新中，并通过政策引导，推动创新企业快速发展。

除了推动本地场景创新，政府还应积极引入国际先进的场景创新经验和技术，推动本地场景创新与国际接轨。政府可以通过与国际创新机构合作，吸引国外企业和技术进入西部市场，提升本地的场景创新水平。同时，政府应加强与国际科技创新平台的合作，推动西部地区企业参与全球创新网络，拓展国际场景创新的应用机会。

## （六）强化“一带一路”科技创新合作

通过加强与“一带一路”共建国家的科技合作，西部地区可以充分发挥其在地理、资源和产业上的优势，进一步推动区域内科技创新的发展，并加快技术成果的国际化转化。积极构建国际科技合作平台，如“一带一路”联合实验室、“一带一路”合作工业园等，广泛开展科技领域的国际联合研发。通过与共建国家的科研机构、高校和企业建立长期稳定的合作关系，西部地区可以在新能源、绿色技术、信息技术、农业技术、生物医药等关键领域实现技术资源的共享与互补，推动联合技术攻关，加快科技成果的产业化进程。此类合作平台还可以成为吸引全球高端人才的聚集地，进一步拓展“一带一路”科技合作的深度和广度。

西部地区应重点发展国际科技创新合作中的科技转移和技术输出。通过与“一带一路”共建国家分享中国的先进技术和管理经验，西部地区企业和科研机构可以在全球范围内寻找新的市场机会，推动技术输出和产品升级。同时，引进共建国家的先进技术、管理模式和创新理念，进一步推动本地产业的优化升级，增强区域创新活力。在此过程中，西部地区应充分发挥自身的产业优势，特别是新能源、环保技术和信息技术等具有国际市场竞争力的领域，通过科技创新平台推动跨国科技成果转化。

政府应制定专项政策，支持西部地区企业和科研机构参与“一带一路”科技合作项目，提供资金补贴、税收优惠、融资支持等多项激励措施，鼓励本地企业参与国际技术合作。同时，政府还应加强与共建“一带一路”国家的科技政策对接，促进知识产权保护、科技标准化和人才流动机制的互通互认，为科技合作创造良好的政策环境，从而促进西部地区整体创新水平的提升。

# B.6 西部地区城乡融合发展研究报告*

吴丰华　李婧菲　罗大为**

**摘　要：**　城乡融合发展是中国式现代化的必然要求。西部地区作为我国现代化建设的重要战略腹地，其城乡融合发展进程对全面建设社会主义现代化国家具有重要意义。本报告梳理了西部大开发战略以来西部地区城乡关系发展的历程；通过城乡融合发展评价指标体系的建立，对西部地区城乡融合发展的趋势和现状进行了分析评价；基于此分析了西部地区城乡融合发展在空间融合、经济融合、社会融合、文化融合和生态环境融合五个维度上面临的困境与问题；最后，提出了西部地区城乡融合发展的思路、原则、重点任务及实现路径。

**关键词：**　西部地区　城乡关系　城乡融合发展

## 一　西部地区城乡融合发展的历程与成效

西部大开发、特别是2019年党中央对新时代推进西部大开发形成新格局做出部署5年来，西部地区生态环境保护修复取得重大成效，高质量发展能力明显提升，开放型经济格局加快构建，基础设施条件大为改观，人民生活水

* 本文为教育部人文社会科学重点研究基地——西北大学中国西部经济发展研究院项目（项目编号：XBLPS202506）阶段性研究成果。

** 吴丰华，西北大学中国西部经济发展研究院研究员，西北大学经济管理学院教授、博士生导师，研究方向为城乡关系与反贫困、马克思主义政治经济学中国化；李婧菲，西北大学经济管理学院硕士研究生，研究方向为城乡关系；罗大为，西北大学经济管理学院硕士研究生，研究方向为城乡关系。

平稳步提高，如期打赢脱贫攻坚战，同全国一道全面建成小康社会，踏上了全面建设社会主义现代化国家新征程。同时，西部地区发展仍面临不少困难和挑战，其中城乡发展不协调、差距较大的问题尤为突出。在这一过程中，西部地区积极探索符合区域特点的城乡融合发展道路，通过产业扶持、加大政策支持和资金投入、完善基础设施建设等一系列举措，不断推动城乡要素双向流动、产业深度融合、公共服务均等化，取得了显著成效。

## （一）西部地区城乡关系发展的历程

### 1. 第一阶段（1999~2009年）：西部城乡关系初步发展阶段

改革开放后，中国东部沿海地区经济快速发展，而西部地区则相对滞后，尤其是西部地区城乡发展水平远远低于东部地区。为了缩小地区发展差距，促进全国协调发展，1999 年 11 月西部大开发战略被正式提出。西部大开发战略实施后，多项促进城乡发展的建议相继提出，西部各省区市亦着力推动统筹城乡发展的工作。《“十五”西部开发总体规划》[①] 明确提出要选择现有经济基础条件较好、区位优势明显、人口较为密集、沿交通干线和城市枢纽的一些地区，作为开发重点区域，利用中心经济区带动周边地区和乡村发展，提高城镇化水平。2003 年党的十六届三中全会将“五个统筹”[②] 确定为落实科学发展观的主要措施，其中统筹城乡发展列于“五个统筹”之首。2004 年党的十六届四中全会上提出的“两个趋向”论断，明确了“我国总体上已进入以工促农、以城带乡的发展阶段”，为我国和西部发展城乡关系提供了新思路。这一阶段，西部地区生产总值提升两倍以上，建成青藏铁路、西电东送、西气东输等多项重点项目，城乡人均收入与消费翻了一番，城镇化率由 28.9%上升至 39.7%[③]，西部城乡经济发展取得了很大进展。

---

① 《“十五”西部开发总体规划》指出实施过程中应该着重提高西部农业综合生产能力；改善西部农村生产生活条件；完善惠农政策，通过推进农村二、三产业的发展以及劳动力的流动，增加非农产业收入，统筹城乡社会养老保险制度的建设，加大扶贫力度，缩小区域差距。

② “五个统筹”，即“统筹城乡发展、统筹区域发展、统筹经济社会发展、统筹人与自然和谐发展、统筹国内发展和对外开放”。

③ 2000~2010 年西部各省（区、市）统计年鉴。

### 2. 第二阶段（2010~2019年）：西部城乡关系全面建设阶段

党的十八大报告提出要“加快完善城乡发展一体化体制机制，着力在城乡规划基础设施，公共服务等方面推进一体化，促进城乡要素平等交换和公共资源均衡配置，形成以工促农、以城带乡、工农互惠、城乡一体的新型工农、城乡关系”。[①] 2017 年 10 月，习近平总书记在党的十九大报告中提出乡村振兴战略，“要坚持农业农村优先发展，按照产业兴旺、生态宜居、乡风文明、治理有效、生活富裕的总要求，建立健全城乡融合发展体制机制和政策体系，加快推进农业农村现代化”。[②] 突出了“城乡融合”的发展思想，并与乡村振兴紧密联系起来，强调破除城乡二元体制机制障碍，以新型城镇化与新农村建设的“双轨”驱动来缩小城乡差距、推动城乡融合发展。

西部各省区市分别结合自身现状，从不同角度出发促进贫困地区的乡村振兴。在精准扶贫方面，西部地区坚持易地扶贫搬迁，承担了全国 2/3 以上的搬迁任务，帮助“一方水土养不起一方人”的深度贫困地区的贫困人口摆脱贫困，实现搬迁脱贫致富和迁出地生态环境改善的双重目标。2017 年国家构建了适应“三区三州”深度贫困地区脱贫攻坚需要的支撑保障体系。[③] 精准扶贫有效促进了西部地区的城乡融合发展进程，2010~2019 年城镇和农村居民收入年均增长分别为 8.73%和 10.49%，高于全国 0.2 个和 1.0 个百分点。各省区市的城镇化率与西部大开发实施前相比增加了 20%以上，整体城镇化率由 41.4%上升至 54.1%。[④]

### 3. 第三阶段（2020年至今）：新时期西部城乡融合发展新阶段

这一时期，依托于财政转移支付、投资激励以及产业扶持等机制，中央政府通过财政转移支付向西部地区提供资金支持，有效弥补了地方财政收入不足，并通过推行税收优惠、投资补贴等政策充分鼓励了企业和个人在西部

---

① 胡锦涛：《坚定不移沿着中国特色社会主义道路前进为全面建成小康社会而奋斗——在中国共产党第十八次全国代表大会上的报告》，2012 年 11 月 8 日。

② 习近平：《决胜全面建成小康社会夺取新时代中国特色社会主义伟大胜利——在中国共产党第十九次全国代表大会上的报告》，2017 年 10 月 18 日。

③ 中共中央办公厅：《关于支持深度贫困地区脱贫攻坚的实施意见》，2017 年 11 月 21 日。

④ 2011~2020 年根据西部各省（区、市）统计年鉴计算得到。

地区投资兴业，助力西部地区的经济增长显著加快，2023 年我国国内生产总值（GDP）为 126.06 万亿元，有 17 个省份 GDP 同比增速跑赢全国，其中有 8 个来自西部地区①。但西部地区整体城乡融合发展水平仍然较低，主要表现为城乡劳动力流动受限、城乡生产要素不对流、公共服务差距过大、文化产业发展不足以及生态问题仍然突出等问题。

在西部大开发 20 周年之际，习近平总书记主持召开中央全面深化改革委员会第七次会议，会议审议通过了《关于新时代推进西部大开发形成新格局的指导意见》，指出“到 2035 年，西部地区基本实现社会主义现代化，基本公共服务、基础设施通达程度、人民生活水平与东部地区大体相当”。会议强调在全面深化改革的背景下抓重点、补短板、强弱项。坚定不移地推动高质量发展和改革开放，加快推动城乡融合发展，建立健全城乡一体融合发展的体制机制和政策体系，推动区域协调发展，这是站在新时代的背景下，对西部大开发提出的新任务、新要求。

2024 年 4 月习近平总书记主持召开新时代推动西部大开发座谈会，提出了六个“坚持”：坚持把发展特色优势产业作为主攻方向，坚持以高水平保护支撑高质量发展，坚持以大开放促进大开发，坚持统筹发展和安全，坚持推进新型城镇化和乡村全面振兴有机结合，坚持铸牢中华民族共同体意识。这“六个坚持”环环相扣，融为一体，为新时代推动西部大开发提供重要遵循。中共中央政治局于 2024 年 8 月 23 日审议《进一步推动西部大开发形成新格局的若干政策措施》，指出西部大开发是党中央做出的重大战略决策，要深刻领会党中央战略意图，准确把握西部大开发在推进中国式现代化中的定位和使命，保持战略定力，一以贯之抓好贯彻落实，聚焦大保护、大开放、高质量发展，加快构建新发展格局，提升区域整体实力和可持续发展能力。因此，应当全面深化改革，激发社会活力，走符合地区实际的现代化道路。立足特色产业，提升科技创新能力，推动产业升级。坚持生态保护，推进环境治理，实现绿色发展。增强内生动力，提升开放型经济，强化能源安全。因地制宜推进城镇化，全面振

① 国家统计局：《中华人民共和国 2023 年国民经济和社会发展统计公报》，2024。

兴乡村，巩固脱贫成果。中央加强统筹，细化任务，维护民族团结，西部地区要扛起责任，形成合力，稳步落实部署，推动西部大开发新发展。

## （二）西部地区城乡融合发展水平评价

### 1. 城乡融合发展水平的评价维度与指标体系

党的二十届三中全会强调，城乡融合发展是中国式现代化的必然要求。必须统筹新型工业化、新型城镇化和乡村全面振兴，全面提高城乡规划、建设、治理融合水平，促进城乡要素平等交换、双向流动，缩小城乡差别，促进城乡共同繁荣发展①。城乡融合发展的关键是在城乡共同发展的前提下，生产要素在城乡自由流动、公共资源在城乡均衡配置，城乡差距不断缩小，城乡空间、经济、政治、社会、文化、生态环境等方面均实现高度融合。但在城乡融合发展水平的评价中，城乡政治融合发展存在着指标设计与数据可得性的双重困难，很难有效地进行评价。所以，本节将从空间、经济、社会、文化、生态环境五个维度构建城乡融合发展水平的评价指标体系，以量化评价西部城乡融合发展水平。

第一，城乡空间融合发展。空间承载着城乡居民的生产和居住功能、生产要素的城乡间流动功能。已有城市化的经验表明，当城市化率达到30%时，城市文明将加快向农村传播；当城市化率达到50%时，城乡文明普及加速扩散，“涓流效应”开始显现，生产要素在城乡之间开始双向流动；城市化率达到70%时，生产要素加速流向农村，城乡融合发展步伐加快；当城市化率在70%以上时，城乡基本实现融合。基于此，在城市化带动下，城市和乡村两种空间形式，将通过自我发展和科学规划，实现城市与农村在人口分布、交通往来、信息交互、要素流转等方面的融合发展。

第二，城乡经济融合发展。如果说城乡空间承载着生产要素的流动，那么城乡经济则直接指向代表各类生产要素的流动——资本、劳动力、信息、

① 《中国共产党第二十届中央委员会第三次全体会议公报》，于2024年7月15~18日中国共产党第二十届中央委员会第三次全体会议通过。

技术等在城乡之间的流动与分配。而一谈到分配，除了市场力量之外，一个不可忽视的力量便是国家和政府。所以，城乡经济融合发展是指在市场和国家双重力量的作用下，各类要素在城乡之间自由流动，并在互补互惠基础上，实现资源在城乡之间共享和合理配置、生产效率在城乡产业趋近、城乡市场融合，最终促进城乡收入差距缩小、实现城乡居民共同富裕。

第三，城乡社会融合发展。城乡社会融合发展关系着一个国家稳定，是城乡融合发展的直接表现。改革开放以来，中国社会事业发展取得了长足进步。然而，以户籍制度等为代表的城市偏向制度造成了城乡居民在国民待遇方面的巨大差距，农村和城镇居民享有不均等的教育、医疗、社会保障等公共服务。基于此，城乡社会融合发展指城乡居民的社会地位的实质平等，具体包括住房、就业、教育、医疗、养老等公共服务的均等化，以及城乡社会治理、自治能力和治理体系的一体化与协同化。

第四，城乡文化融合发展。一方面，城乡文化在精神内涵和呈现方式上存在差异——城市文化是工业化、现代化社会的精英文化和主流文化，农村文化则是一种“自在自为”的传统文化，农村的风俗节日、人际交往等习俗文化明显不同于城市文化。另一方面，城乡公共文化资源配置也存在不均——城市集聚了绝大多数的文艺人才和文化设施。城乡文化融合发展就是在承认城乡文化异质性和互补性的基础上，用社会主义核心价值观将城乡文化统一起来，增加农村文化服务总量、提高其质量，缩小城乡公共文化差距、实现城乡文化相互包容与相互融合的过程。

第五，城乡生态环境融合发展。改革开放以来，中国虽然实现了经济社会的跨越式发展，但也付出了巨大的资源环境代价。党的二十届三中全会强调，中国式现代化是人与自然和谐共生的现代化。必须完善生态文明制度体系，协同推进降碳、减污、扩绿、增长，积极应对气候变化，加快完善落实绿水青山就是金山银山理念的体制机制①。因此，城乡

① 《中国共产党第二十届中央委员会第三次全体会议公报》，于 2024 年 7 月 15~18 日中国共产党第二十届中央委员会第三次全体会议通过。

生态环境融合发展是将城市与农村生态环境视作一个整体，将两者纳入同一个体系中进行生态环境的协调治理，通过发展绿色循环经济和绿色产业、严控污染源、保护生态物种多样性，促进城乡生态环境优势互补、相互融合，最终力争实现人与自然在城市与农村相互融合的空间中和谐相处。

遵循全面、科学、可比、区域均等、典型代表和可操作原则，并结合城乡融合发展的含义与内容，最终形成了如表1所示的中国省级城乡融合发展水平评价指标体系。

**表1　中国省级城乡融合发展水平评价指标体系**

| 总指标 | 维度指标 | 基础指标 | | 指标的属性 | 指标的含义或算法 |
|---|---|---|---|---|---|
| 城乡融合发展 | 城乡空间融合发展 | 城乡空间集聚 | X1 城市化水平 | 正向 | 城镇人口数/总人口数 |
| | | 城乡往来 | X2 交通网密度 | 正向 | (公路运营里程+铁路运营里程)/区域土地面积 |
| | | | X3 农村劳动力流动 | 正向 | 农村外出务工劳动力/农村常住人口 |
| | | 城乡信息交互 | X4 开通互联网宽带业务的行政村比重 | 正向 | 开通互联网宽带业务的行政村个数/总行政村个数 |
| | | | X5 人均长途光缆线路长度 | 正向 | 长途光缆线路长度/总人口 |
| | 城乡经济融合发展 | 城乡经济水平 | X6 人均 GDP | 正向 | 人均 GDP |
| | | | X7 人均财政支农比 | 正向 | 地方农林水事务人均支出/地方财政一般公共预算人均支出 |
| | | | X8 农业机械化水平 | 正向 | 农业机械总动力(千瓦)/区域耕地面积(公顷) |

续表

| 总指标 | 维度指标 | 基础指标 | | 指标的属性 | 指标的含义或算法 |
| --- | --- | --- | --- | --- | --- |
| 城乡融合发展 | 城乡经济融合发展 | 城乡产业结构 | X9 非农产业与农业产值比 | 正向 | (第二产业产值+第三产业产值)/第一产业产值 |
| | | | X10 二元对比系数 | 正向 | (第一产业产值占比/第一产业从业人员占比)/(非第一产业产值占比/非第一产业从业人员占比) |
| | | | X11 二元反差系数 | 逆向 | 非第一产业产值占比-非第一产业从业人员占比 |
| | | 城乡就业结构 | X12 非农从业人员与农业从业人员比 | 正向 | 非第一产业从业人员/第一产业从业人员 |
| | | | X13 农村从业人员非农比 | 正向 | 1-第一产业从业人员/乡村从业人员 |
| | | 城乡居民收入和消费 | X14 城乡居民人均收入比 | 逆向 | 城镇家庭人均全年可支配收入/农村家庭人均全年纯收入 |
| | | | X15 城乡家庭人均消费比 | 逆向 | 城市家庭人均消费/农村家庭人均消费 |
| | | 城乡基础教育 | X16 财政中用于教育支出比重 | 正向 | 教育支出/一般公共预算支出 |
| | | | X17 农村义务教育学校专任教师本科以上学历比例 | 正向 | 农村义务教育学校专任教师本科以上学历比例 |
| | | 城乡社会保障 | X18 城乡家庭医疗保健支出比 | 逆向 | 城镇家庭医疗保健支出/农村家庭医疗保健支出 |
| | | | X19 农村贫困发生率 | 逆向 | 农村贫困人口/农村常住人口 |
| | | | X20 城乡居民最低生活保障人数比值之比 | 逆向 | (城镇居民最低生活保障人数/城镇人口)/(农村居民最低生活保障人数/农村人口) |

续表

| 总指标 | 维度指标 | 基础指标 | | 指标的属性 | 指标的含义或算法 |
|---|---|---|---|---|---|
| 城乡融合发展 | 城乡文化融合发展 | 城乡文化事业 | X21 乡村文化站数量 | 正向 | 乡村文化站数量 |
| | | | X22 人均文化事业费 | 正向 | 地方财政文化体育与传媒支出/总人口数 |
| | | 乡村文化娱乐 | X23 有线电视覆盖率 | 正向 | 接收有线电视节目的农村家庭户数/农村总家庭户数 |
| | | | X24 农村居民教育文化娱乐支出占比 | 正向 | 农村居民教育文化娱乐支出占总消费支出比例 |
| | 城乡生态环境融合发展 | 城乡节能减排 | X25 环境基础设施建设投资额占 GDP 比重 | 正向 | 城镇环境基础设施建设投资额/GDP |
| | | 城乡绿化 | X26 农村绿化率 | 正向 | 农村绿化面积/农村土地面积 |
| | | | X27 森林覆盖率 | 正向 | 森林面积/区域土地面积 |
| | | 乡村卫生环境 | X28 乡村卫生厕所普及率 | 正向 | 使用卫生厕所的农村家庭户数/农村总家庭户数 |
| | | | X29 乡村安全饮用水普及率 | 正向 | 使用安全饮用水源的农村人口/农村常住人口 |

## 2. 西部省域城乡融合发展水平测度结果

### （1）数据来源及指标处理方法

研究使用的基础数据均来源于《中国统计年鉴》以及各类专业统计年鉴[①]等。对于部分省份的缺失数据，笔者还查询了各省份的统计年鉴、统计公报。

对于研究使用的指标，在城乡融合发展指数构成中，由于基础指标的不可公度性，在此需对基础数据进行一定的变换与处理。根据时序全局主成分

① 统计年鉴包括：《中国城乡建设统计年鉴》《中国科技统计年鉴》《中国卫生统计年鉴》《中国教育统计年鉴》《中国农村统计年鉴》《中国环境统计年鉴》等。

分析方法对数据的处理要求，先对逆向指标取倒数，再用均值法去量纲。

对 2003~2022 年省域城乡融合发展的基础指标进行预处理后，将所得数据以协方差矩阵的形式作为主成分分析，采用两步时序全局主成分分析法，得到了城乡融合发展指数及五个维度指数的数据与其统计特征。表 2 显示了各级指标的统计特征。

在第一步主成分分析中，城乡空间维度，提取了 2 个主成分，累计方差贡献率达 73.33%；城乡经济维度，提取了 3 个主成分，累计方差贡献率达 81.12%；城乡社会维度，提取了 2 个主成分，累计方差贡献率达 80.86%；城乡文化维度，提取了 2 个主成分，累计方差贡献率为 94.27%；城乡生态环境维度，提取了 2 个主成分，累计方差贡献率达 84.07%。在第二步主成分分析中，城乡融合发展指数提取了 1 个主成分，累计方差贡献率为 73.62%。由此可见，两步主成分分析中，主成分的提取科学、合理，能够反映原始数据的绝大部分信息。

**表 2　西部地区省域城乡融合发展水平评价指标体系各级指标的统计特征**

| 维度 | 成分 | 方差贡献率(%) | 累计方差贡献率(%) |
| --- | --- | --- | --- |
| 城乡空间融合 | 1 | 52.00 | 52.00 |
| | 2 | 21.33 | 73.33 |
| 城乡经济融合 | 1 | 48.99 | 48.99 |
| | 2 | 21.77 | 70.76 |
| | 3 | 10.36 | 81.12 |
| 城乡社会融合 | 1 | 58.13 | 58.13 |
| | 2 | 22.73 | 80.86 |
| 城乡文化融合 | 1 | 69.27 | 69.27 |
| | 2 | 25.00 | 94.27 |
| 城乡生态环境融合 | 1 | 63.86 | 63.86 |
| | 2 | 20.21 | 84.07 |
| 城乡融合发展水平 | 1 | 73.62 | 73.62 |

资料来源：根据 2003~2022 年西部地区省域城乡融合发展水平指标数据计算得到。

（2）西部省域城乡融合发展水平测度结果

第一步主成分分析得到城乡融合发展 5 个分维度指数，第二步主成分分析计算出 5 个分维度的权重并计算出西部省域城乡融合发展指数。以 2022 年西部省域城乡融合发展水平为例，2022 年西部地区的城乡融合发展水平呈现如下特点：重庆、陕西、贵州、广西、甘肃、四川的发展水平相对较高，其中有 4 个省份属于西南地区，2 个省份属于西北地区；西藏、宁夏、内蒙古、青海、云南的发展水平相对较低，其中有 2 个省份属于西南地区，4 个省份属于西北地区。

**表 3　2022 年西部省域城乡融合发展水平测度结果**

| 地区 | 分维度指数 | | | | | 城乡融合发展指数 |
|---|---|---|---|---|---|---|
| | 城乡空间 | 城乡经济 | 城乡社会 | 城乡文化 | 城乡生态环境 | |
| 重庆 | 2. 505 | 1. 270 | 1. 417 | 1. 559 | 1. 566 | 1. 653 |
| 陕西 | 1. 553 | 1. 107 | 1. 353 | 1. 498 | 1. 543 | 1. 417 |
| 贵州 | 1. 739 | 1. 027 | 1. 408 | 1. 395 | 1. 476 | 1. 414 |
| 广西 | 1. 434 | 1. 207 | 1. 462 | 1. 410 | 1. 478 | 1. 404 |
| 甘肃 | 1. 146 | 0. 806 | 1. 366 | 1. 610 | 1. 659 | 1. 341 |
| 四川 | 1. 448 | 1. 125 | 1. 087 | 1. 167 | 1. 057 | 1. 171 |
| 西藏 | 0. 453 | 0. 883 | 0. 673 | 1. 574 | 0. 457 | 0. 817 |
| 宁夏 | 0. 952 | 1. 107 | 0. 824 | 0. 650 | 0. 474 | 0. 786 |
| 内蒙古 | 0. 650 | 1. 183 | 0. 804 | 0. 770 | 0. 448 | 0. 760 |
| 青海 | 0. 415 | 1. 147 | 0. 756 | 0. 927 | 0. 447 | 0. 734 |
| 新疆 | 0. 529 | 1. 080 | 0. 749 | 0. 789 | 0. 480 | 0. 719 |
| 云南 | 0. 975 | 0. 934 | 0. 776 | 0. 509 | 0. 430 | 0. 710 |

资料来源：根据 2022 年西部地区省域城乡融合发展水平评价指标数据计算得到。

（3）西部省域城乡融合发展水平变化

利用两步时序全局主成分分析法，对 2003~2022 年西部省域城乡融合发展水平进行系统性评价。从图 1 可以看出，2003~2022 年西部省域城乡融合发展水平总指数呈现显著的增长态势，2003 年西部地区城乡融合发展总指数为 0. 518，2023 年为 1. 077，20 年里增长了 1. 08 倍，这意味着，西部大开发战略实施以来西部地区城乡融合发展水平有了显著提升。

分维度来看，各分维度均保持增长的状态，反映出西部地区城乡融合发展的多元进展。首先，城乡文化融合发展指数整体数值最高，从 2003 年的 0. 416 跃升至 2022 年的 1. 155，增长了 1. 77 倍，由此可见西部城乡融合发展进程中，城乡文化融合发展极为迅速，文化交流显著增强。其次，城乡空间融合发展指数和城乡经济融合发展指数整体数值较高，20 年间分别增长了 1. 59 倍和 1. 52 倍，意味着西部地区空间和经济融合发展良好，交通基础设施的改善和经济生活的提升均显著提升了城乡要素的交换与流动效率，推动了西部地区协调发展。但是，城乡社会融合发展指数和城乡生态环境融合发展指数的增长相对缓慢，分别增长了 0. 6 倍和 0. 56 倍。这是因为城乡社会关系和生态环境的融合相对困难，改善成效需要时间来消化。

因此，未来仍需高度关注西部地区城乡社会和生态环境的融合发展问题，强化常态化的防止返贫和致贫机制，完善生态环境的监测与评价制度，以促进城乡的共同繁荣与可持续发展。整体而言，西部地区的城乡融合发展进程展现出积极向上的趋势，但仍需针对社会和生态方面的短板，制定更加有效的政策措施。

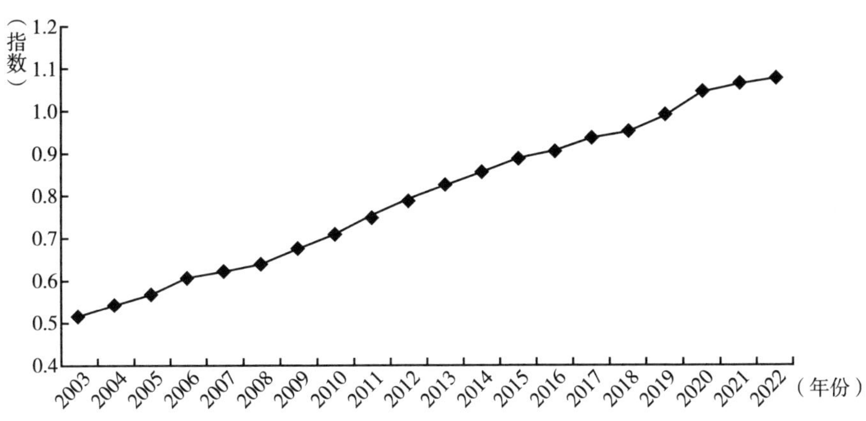


**图 1　2003～2022 年西部地区省域城乡融合发展总指数变化趋势**

资料来源：根据 2003～2022 年西部地区省域城乡融合发展水平评价指标数据计算得到。

3. 四大区域城乡融合发展水平比较分析

随着经济社会的快速发展，城乡融合发展已成为促进区域协调发展的重要课题。本研究将全国省域划分为四大区域，并基于各省（区、市）的城

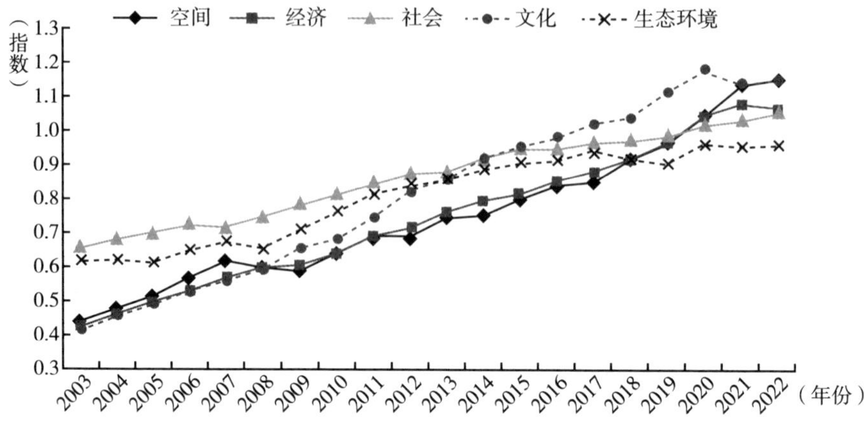


**图 2　2003~2022 年西部地区省域城乡融合水平分维度指数变化趋势**

资料来源：根据 2003~2022 年西部地区省域城乡融合发展水平评价指标数据计算得到。

乡融合发展指数，对中国 2003~2022 年不同区域间的城乡融合发展水平进行比较分析。

如表 4 所示，2022 年四大地区省域城乡融合发展指数得分范围在 2.957~0.710，其中，上海市、北京市、浙江省、重庆市、广东省、江苏省、湖北省、福建省、山东省、河北省的指数得分范围在 2.957~1.471；湖南省、陕西省、贵州省、黑龙江省、海南省、广西壮族自治区、辽宁省、甘肃省、天津市、江西省的指数得分范围在 1.470~1.256；安徽省、河南省、四川省、山西省、吉林省、西藏自治区、宁夏回族自治区、内蒙古自治区、青海省、新疆维吾尔自治区、云南省的指数得分范围在 1.242~0.710。可见，省域之间城乡融合发展指数差别较大。

**表 4　2022 年四大地区省域城乡融合发展水平测度结果**

| 省(区、市) | 所属地区 | 城乡融合发展指数 |
|---|---|---|
| 上海 | 东部地区 | 2.957 |
| 北京 | 东部地区 | 2.201 |
| 浙江 | 东部地区 | 1.694 |

续表

| 省(区、市) | 所属地区 | 城乡融合发展指数 |
|---|---|---|
| 重庆 | 西部地区 | 1.653 |
| 广东 | 东部地区 | 1.630 |
| 江苏 | 东部地区 | 1.585 |
| 湖北 | 中部地区 | 1.515 |
| 福建 | 东部地区 | 1.511 |
| 山东 | 东部地区 | 1.488 |
| 河北 | 东部地区 | 1.471 |
| 湖南 | 中部地区 | 1.470 |
| 陕西 | 西部地区 | 1.417 |
| 贵州 | 西部地区 | 1.414 |
| 黑龙江 | 东北地区 | 1.412 |
| 海南 | 东部地区 | 1.409 |
| 广西 | 西部地区 | 1.404 |
| 辽宁 | 东北地区 | 1.394 |
| 甘肃 | 西部地区 | 1.341 |
| 天津 | 东部地区 | 1.333 |
| 江西 | 中部地区 | 1.256 |
| 安徽 | 中部地区 | 1.242 |
| 河南 | 中部地区 | 1.204 |
| 四川 | 西部地区 | 1.171 |
| 山西 | 中部地区 | 1.084 |
| 吉林 | 东北地区 | 0.979 |
| 西藏 | 西部地区 | 0.817 |
| 宁夏 | 西部地区 | 0.786 |
| 内蒙古 | 西部地区 | 0.760 |
| 青海 | 西部地区 | 0.734 |
| 新疆 | 西部地区 | 0.719 |
| 云南 | 西部地区 | 0.710 |

资料来源：根据 2022 年四大地区省域城乡融合发展水平评价指标数据计算得到。

如图 3 所示，2022 年在城乡融合发展水平较高（发展指数 2.957~1.471）的省份中，东部地区占主导地位，包括上海市、北京市、浙江省、广东省、江苏省、福建省、山东省、河北省共 8 个省市；中部地区有湖北省 1 个省份；西部地区有重庆市 1 个城市。这表明，中国城乡融合发展呈现明显的区域差异，东部省份城乡融合发展水平高，中部和西部省份城乡融合发展水平低。

城乡融合发展水平处于中等（发展指数 1.470~1.256）的省份中，来自东部的省（市）有 2 个，即海南省、天津市；来自中部的省份有 2 个，即湖南省、江西省；来自西部的省区有 4 个，分别是陕西省、贵州省、广西壮族自治区、甘肃省；来自东北地区的省份有 2 个，即黑龙江省、辽宁省。

城乡融合发展水平相对较低（发展指数 1.242~0.70）的省份中，来自中部的省份有 3 个，即安徽省、河南省、山西省；来自西部的省区有 7 个，即四川省、西藏自治区、宁夏回族自治区、内蒙古自治区、青海省、新疆维吾尔自治区、云南省；来自东北地区的省份有 1 个，即吉林省。

由此可以初步得出以下结论：2022 年中国省域城乡融合发展水平呈现由东部到中部再到西部逐渐递减的趋势，西部地区整体城乡融合发展水平处于低位。

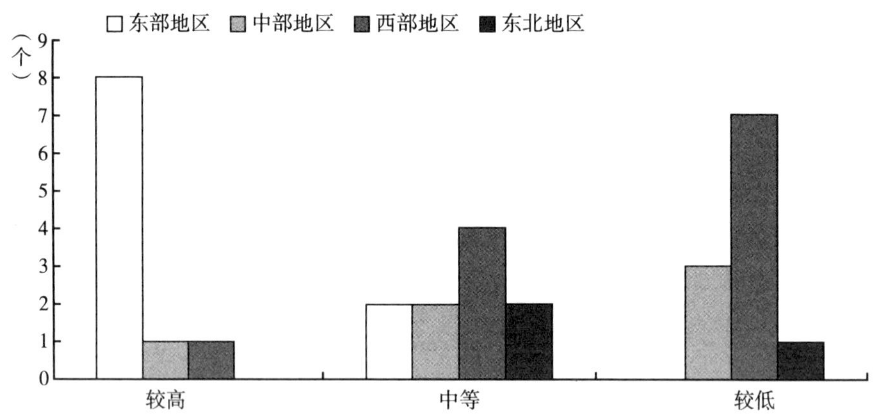


**图 3　2022 年四大地区省域城乡融合发展指数分布情况**

资料来源：根据 2022 年四大地区省域城乡融合发展水平评价指标数据计算得到。

4. 西南、西北地区城乡融合发展水平分维度评价

从图 4 可以看出，2003~2022 年西南、西北地区城乡融合发展水平总指

数呈现显著的增长态势。其中，2003 年西南地区城乡融合发展总指数为 0.524，2022 年为 1.194，20 年里增长了 1.28 倍；2003 年西北地区城乡融合发展总指数为 0.481，2022 年为 0.959，20 年里增长了近一倍。以上数据反映出西南地区的城乡融合发展水平整体更高，增速更快。为了进一步了解西部各省（区、市）城乡融合发展水平的情况，本文将从城乡空间融合、城乡经济融合、城乡社会融合、城乡文化融合、城乡生态环境融合 5 个维度对西部地区的省域城乡融合发展作出深入分析。

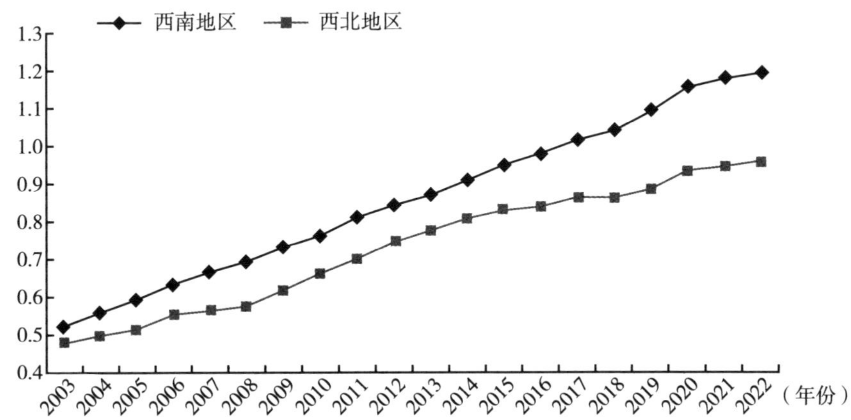


**图 4　2003~2022 年西南、西北地区城乡融合发展水平总指数变化趋势**

资料来源：根据 2003~2022 年西南、西北地区城乡融合发展水平评价指标数据计算得到。

（1）西部省域城乡空间融合发展水平评价

从图 5 中可以看出，2022 年西部地区城乡空间融合发展表现较强的省（区、市）是重庆、贵州、陕西、四川、广西、甘肃，其中有 4 个省（区、市）属于西南地区，2 个省份属于西北地区；表现较弱的省（区）是云南、宁夏、内蒙古、新疆、西藏、青海，其中有 2 个省（区）属于西南地区，4 个省（区）属于西北地区。具体来看，西南地区的城乡空间融合发展水平整体更高，而西北地区的城乡空间融合发展水平较低，这与西部地区城乡空间发展的区域不平衡态势是一致的。

以交通网密度数据为例，如图 6 所示，西部大开发以来，西部各省区市

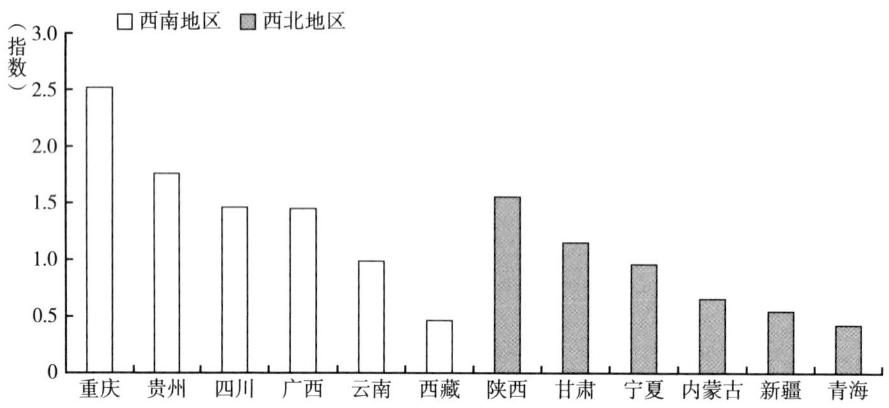


**图 5　2022 年西部地区省域城乡空间融合发展水平**

资料来源：根据 2022 年西部地区省域城乡融合发展水平评价指标数据计算得到。

的交通网密度都在逐年上升。[①] 其中，重庆市的交通网密度及扩展速度都远高于其他地区，从 2003 年的 0.389 公里/平方公里上升至 2022 年的 2.292 公里/平方公里。相比之下，西藏、青海、新疆和内蒙古的交通网密度较低，这与其地广人稀的客观事实直接相关。

（2）西部省域城乡经济融合发展水平评价

从图 7 中可以看出，2022 年西部地区城乡经济融合发展水平表现较好的省（区、市）分别是重庆、广西、内蒙古、青海、四川、陕西，其中西南和西北地区各有 3 个；表现较弱的省区分别是宁夏、新疆、贵州、云南、西藏、甘肃，其中西南和西北地区各有 3 个。具体来看，省际差距较小，但西部地区城乡经济融合发展水平表现最好的重庆市（1.270）在全国只处于中流位置，反映出西部地区城乡经济融合发展水平内部差距较小，但与全国其他地区相比仍存在很大差距。

以人均地区生产总值为例，如图 8 所示，2022 年西部各地区人均地区

① 根据交通部要求，从 2006 年年报起，公路里程数据的统计口径从仅包含国、省、县、乡道四级，扩展到国、省、县、乡、村道五级进行统计。

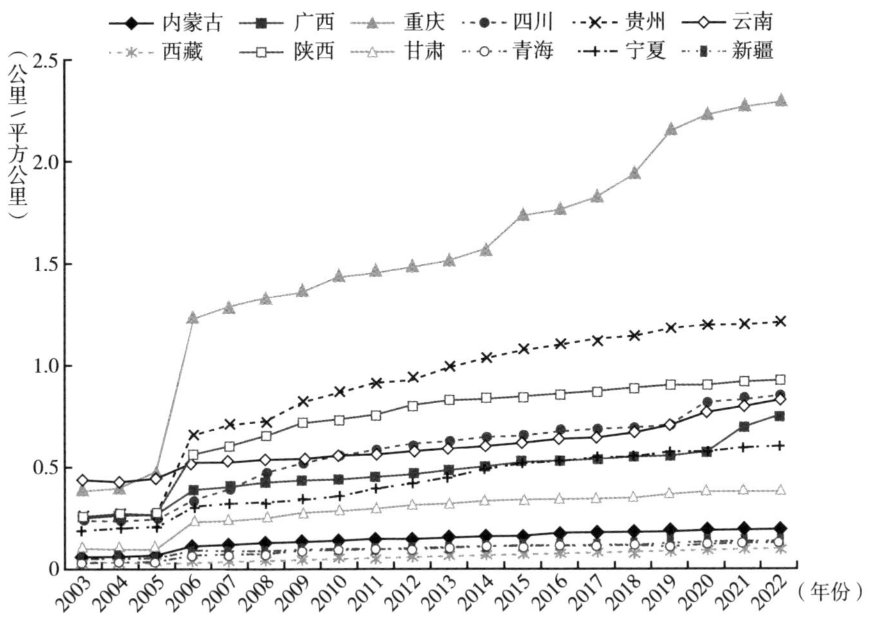


**图 6　2003~2022 年西部地区交通网密度**

资料来源：2004~2023 年西部各省（区、市）统计年鉴。

生产总值与其 2003 年的水平相比得到了大幅提升。2022 年，西南地区人均地区生产总值平均为 63447 元，其中最高的是重庆市（88953 元），最低的是广西壮族自治区（51936 元）；西北地区人均地区生产总值平均为 73767 元，其中最高的是内蒙古自治区（97433 元），最低的是甘肃省（44646 元），可以看出，西南地区与西北地区在经济层面的差距较小，西部地区经济融合发展水平较为一致。

（3）西部省域城乡社会融合发展水平评价

从图 9 中可以看出，2022 年西部地区城乡社会融合发展水平表现较好的省（区、市）分别是广西、重庆、贵州、甘肃、陕西、四川，其中有 4 个属于西南地区，2 个属于西北地区；表现相对较弱的省（区）分别是宁夏、内蒙古、云南、青海、新疆、西藏，其中有 2 个属于西南地区，4 个属于西北地区。具体来看，2022 年西部省域城乡社会融合发展水平大致可以

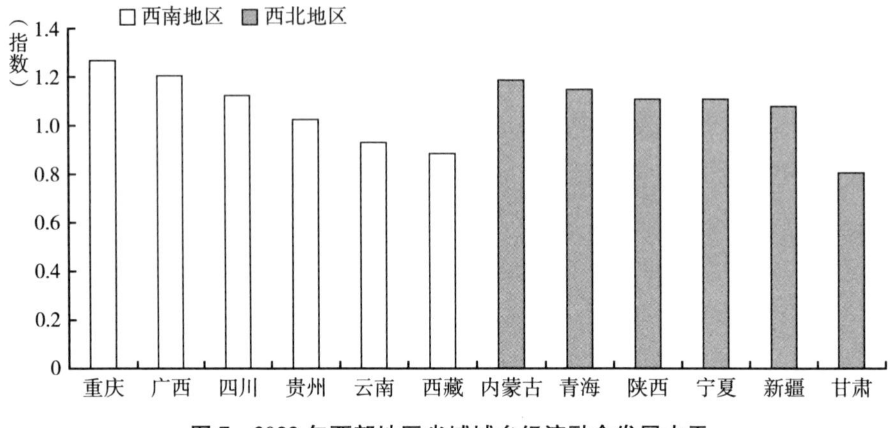


**图 7　2022 年西部地区省域城乡经济融合发展水平**

资料来源：根据 2022 年西部地区省域城乡融合发展水平评价指标数据计算得到。

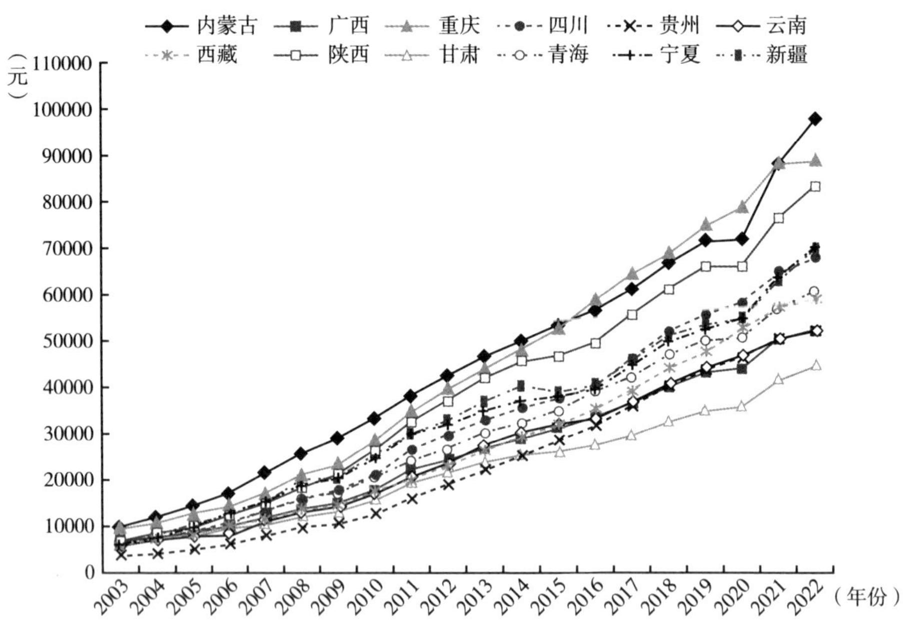


**图 8　2003~2022 年西部地区人均地区生产总值**

资料来源：2004~2023 年西部各省（区、市）统计年鉴。

分为两个梯队，第一梯队的城乡社会融合发展指数大于1；第二梯队的城乡社会融合发展指数小于1，反映出西部地区的城乡社会融合发展水平存在一定的两极分化趋势。

以城乡家庭医疗保健对比系数为例，如图10所示，2022年西部各地区城乡家庭医疗保健对比系数与2003年的水平相比有所下降，反映出在家庭医疗保健支出方面，西部地区城乡差距逐渐缩小，城乡居民享受的基本公共服务逐渐均等化。但在西部地区城乡社会逐步融合的趋势下，西藏、新疆、青海、云南等第二梯队省（区）的城乡家庭医疗保健支出仍然存在较大差距，需要持续推进基本公共服务均等化。

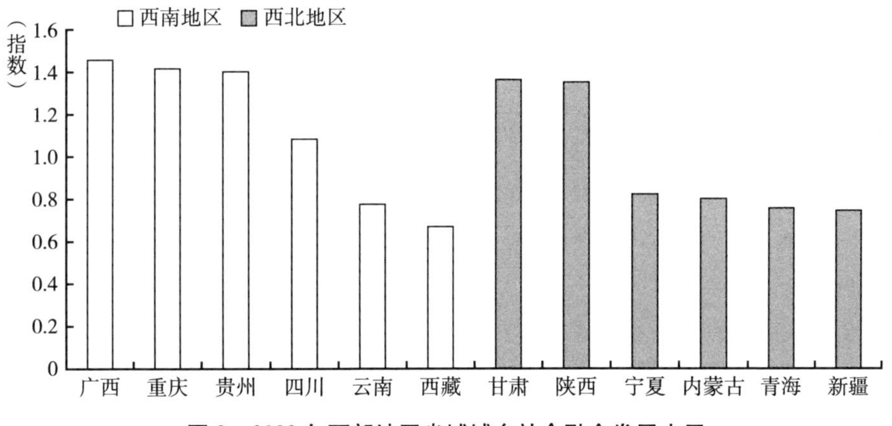


**图9　2022年西部地区省域城乡社会融合发展水平**

资料来源：根据2022年西部地区省域城乡融合发展水平评价指标数据计算得到。

（4）西部省域城乡文化融合发展水平评价

从图11中可以看出，2022年西部地区城乡文化融合发展水平表现较好的省（区、市）分别是甘肃、西藏、重庆、陕西、广西、贵州，其中有4个属于西南地区，2个属于西北地区；表现相对较弱的省（区）分别是四川、青海、宁夏、新疆、内蒙古、云南，其中有2个属于西南地区，4个属于西北地区。具体来看，西南地区的城乡文化融合发展水平整体更高，而西北地区的城乡文化融合发展水平较低，这与西部地区城乡

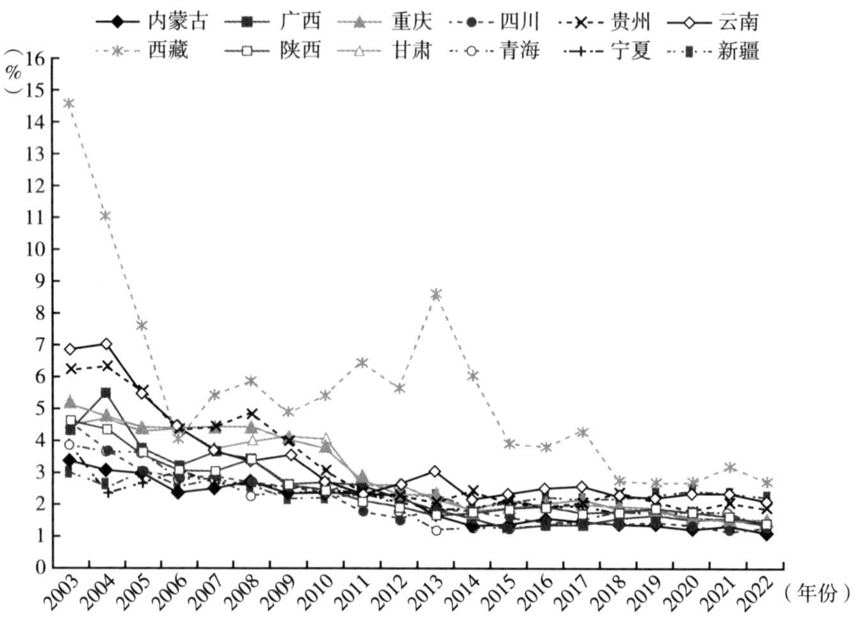


**图 10　2003~2022 年西部各地区城乡家庭医疗保健对比系数**

资料来源：2004~2023 年西部各省（区、市）统计年鉴。

文化发展的区域不平衡态势相一致。

以乡村文化站数量为例，如图 12 所示，2003 年以来，西部地区乡村文化站的整体数量呈现出稳步增长的趋势，反映了国家对农村文化建设重视程度的提升。在这一宏观背景下，重庆市的表现尤为突出，其各年度的乡村文化站数量不仅持续增长，而且增速显著领先于全国其他地区，该地区在推进农村文化基础设施建设方面取得积极成效。西藏、青海、宁夏和内蒙古等省（区），尽管乡村文化站数量也有所增加，但增幅较小，表明这些区域的文化设施建设仍具有较大提升空间。当地文化部门亟须制定并实施针对性策略，加强政策引导与资金扶持，促进城乡文化产业的均衡发展，利用城市文化的辐射效应，带动农村文化的繁荣，确保农村居民能够享受到丰富、高质量的文化服务。

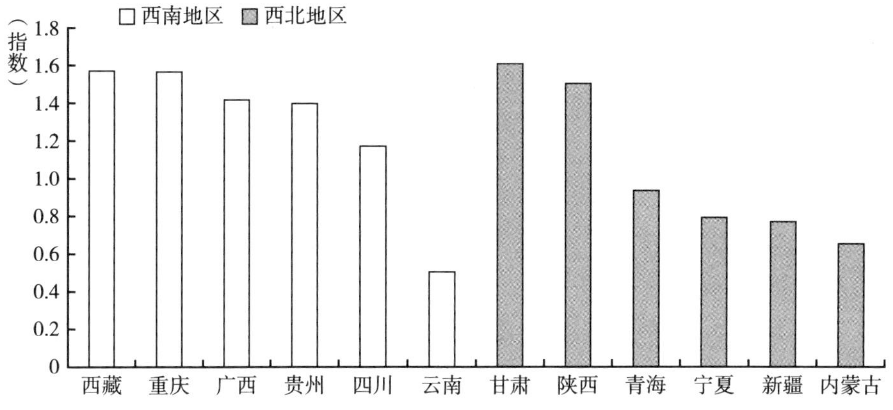


**图 11　2022 年西部地区省域城乡文化融合发展水平**

资料来源：根据 2022 年西部地区省域城乡融合发展水平评价指标数据计算得到。

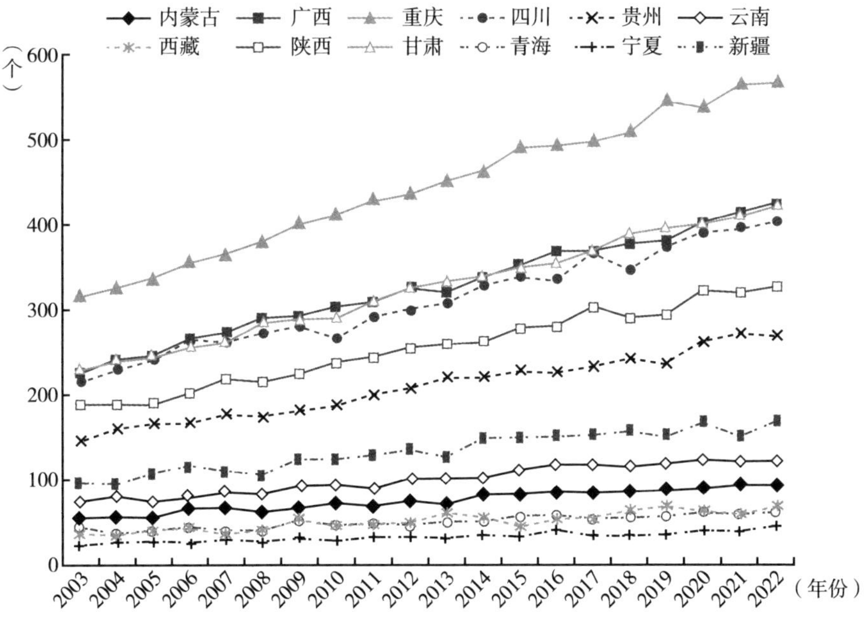


**图 12　2003~2022 年西部地区乡村文化站数量**

资料来源：2004~2023 年西部各省（区、市）统计年鉴。

（5）西部省域城乡生态环境融合发展水平评价

从图 13 中可以看出，2022 年西部地区城乡生态环境融合发展水平表现较好的省（区、市）分别是甘肃、重庆、陕西、广西、贵州、四川，其中有4个属于西南地区，2个属于西北地区；表现相对较弱的省（区）分别是新疆、宁夏、西藏、内蒙古、青海、云南，其中有2个属于西南地区，4个属于西北地区。具体来看，2022年西部省域城乡生态环境融合发展水平大致可以分为两个梯队，第一梯队的城乡生态环境融合发展指数大于1；第二梯队的城乡生态环境融合发展指数小于1，反映出西部地区的城乡生态环境融合发展水平存在一定的两极分化趋势。

以环境基础设施建设投资额占GDP比重为例，如图14所示，2003~2022年环境基础设施建设投资额占比经历了一个先上升再下降的过程，2022年与2003年的水平相比有所增加。2022年，第一梯队的环境基础设施建设投资额占比平均为0.69%，其中最高的是甘肃省（0.94%）；第二梯队的环境基础设施建设投资额占比平均为0.44%，其中最高的是新疆维吾尔自治区（0.52%），这体现了西部地区城乡生态环境融合发展的区域分化态势。在实现城乡生态环境融合发展的过程中，西部地区既要建立绿色的经济发展模式，打造绿色产业，又要杜绝以牺牲农村生态环境来建设城市的生态环境，从而实现城乡生态环境融合发展，为城乡融合发展提供生态环境保障。

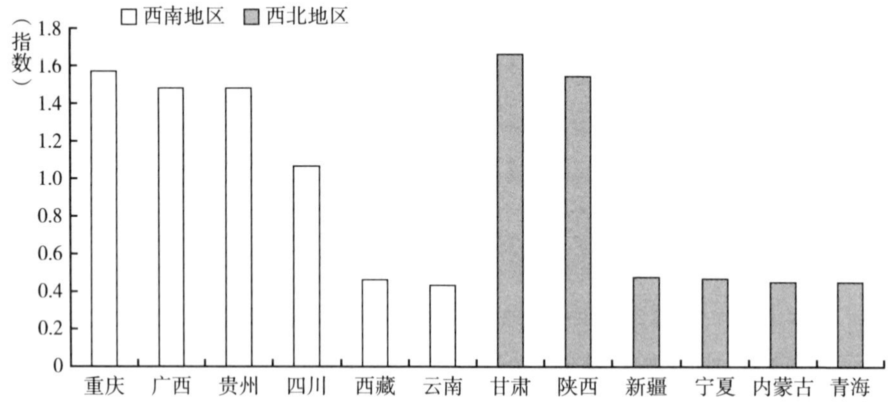


**图13　2022年西部地区省域城乡生态环境融合发展水平**

资料来源：根据2022年西部地区省域城乡融合发展水平评价指标数据计算得到。

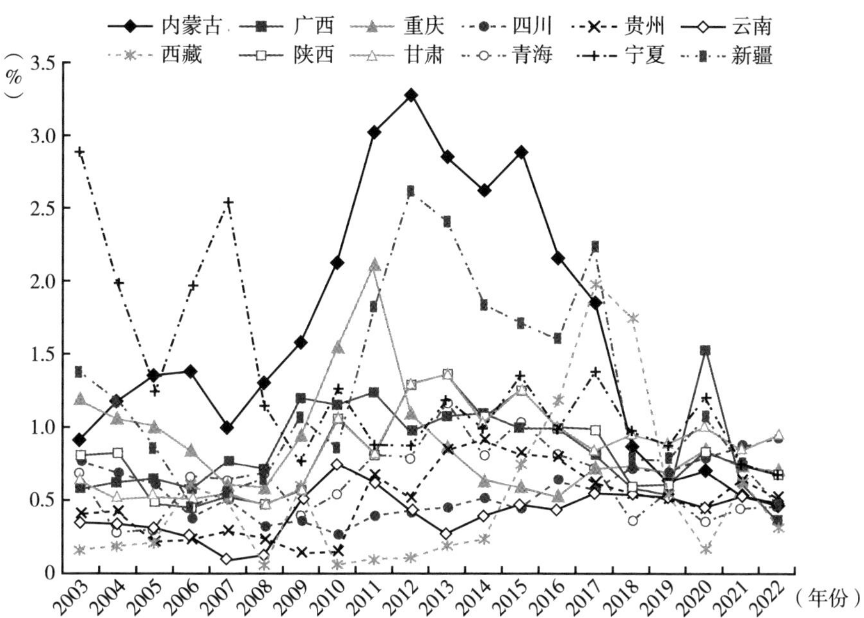


**图 14　2003~2022 年西部地区环境基础设施建设投资额占 GDP 比重**

资料来源：2004~2023 年西部各省（区、市）统计年鉴。

## 二　西部地区城乡融合发展面临的困难与问题

习近平总书记强调，“全面建设社会主义现代化国家，最艰巨最繁重的任务仍然在农村”①。西部大开发实施已 25 年，但西部地区城乡融合发展水平依然落后于全国，城乡差距明显。为应对区域发展不平衡与城乡二元问题，国家提出城乡统筹发展战略，推动城乡关系改善。然而西部地区由于自然条件和经济基础薄弱，城乡融合发展仍面临诸多挑战。因此，解决中国区域发展不平衡的关键在西部，而西部发展的核心在于提升城乡融合发展水平。

① 习近平：《高举中国特色社会主义伟大旗帜为全面建设社会主义现代化国家而团结奋斗》，人民出版社，2022。

## （一）西部地区城乡空间融合发展面临的困境

当前西部地区在城乡空间融合发展过程中面临着多重困境，其中空间基础设施建设不足和城乡劳动力流动受限问题尤为突出。

空间基础设施建设不足是制约西部地区城乡空间融合发展的关键因素。西部地区由于地理环境复杂、经济基础薄弱，长期以来在交通、通信等空间基础设施方面的投入不足，导致城乡之间的联系不够紧密。在交通基础设施方面，西部地区交通网密度较低，部分地区公路网络建设不完善，限制了人员、物资的流动，制约了城乡要素的有效配置。在通信基础设施方面，西部农村地区的互联网接入带宽普遍较低，数字鸿沟问题突出，这不仅影响了农村居民获取信息和公共服务的能力，也阻碍了现代农业和乡村产业的发展，难以实现城乡信息资源的共享和互通。

城乡之间的劳动力流动仍受到一定限制。根据国家统计局发布的《2023 年农民工监测调查报告》，西部地区外出农民工数量达到 8367 万人，增长 0.2%；而西部地区吸纳的农民工数量为 6552 万人，增长 1.8%。西部地区占全国外出农民工中跨省流动的 44.5%，可见西部地区无论是农民工输入还是输出，均已成为农民工群体双向流动的关键区域①。然而，城乡二元户籍制度在很大程度上阻碍了西部农民工的城镇化进程。进城务工人员在城镇无法享受均等的医疗、养老和子女教育等社会资源，导致“半城镇化”现象普遍存在。这不仅影响了农民工的生活质量和社会融入感，也制约了西部地区的城乡融合发展。

## （二）西部地区城乡经济融合发展面临的困境

在中国区域经济版图中，西部地区作为重要组成部分，其城乡经济融合发展水平直接影响全国区域协调发展的战略大局。然而，现实情况却是西部地区城乡经济融合发展水平相较于东部地区存在明显差距，即便是西部地区

---

① 中国国家统计局：《2023 年农民工监测调查报告》，2024。

内表现最为突出的重庆市，其城乡经济融合发展水平指数（1.270）在全国只处于中流位置。

首先，要素不对流是阻碍城乡经济融合发展的关键因素。在人才流动方面，由于户籍制度、就业环境、薪酬待遇等因素的限制，高素质人才大多集中在城市，而农村地区面临人才外流和老龄化问题。资本要素方面，城市金融资源丰富，而农村金融服务体系不完善，难以满足农业现代化和乡村产业发展的投资需求。技术要素方面，先进技术和创新资源主要集中在城市，难以有效向农村扩散和应用。土地要素方面，流动受到严格限制，城乡建设用地难以实现优化配置。这种要素流动的不平衡和受阻，导致城乡发展差距持续扩大。

其次，资源配置效率低下进一步加剧了城乡经济融合发展的困难。由于市场机制不健全，资源难以实现最优配置。例如，农村土地流转机制不完善，导致大量耕地闲置或低效利用。这种低效的资源配置不仅影响了西部整体经济效率，也加剧了城乡发展不平衡。

最后，产业发展滞后是制约西部地区城乡经济融合发展的重要因素。西部农村地区产业结构单一，主要依赖传统农业和初级加工业，难以形成现代产业体系。农业生产方式落后，规模化、集约化、信息化程度低，难以与现代农业接轨。乡村特色产业发展不足，难以充分发挥地方资源优势。同时，西部地区城市的新兴产业和现代服务业发展不足，难以带动周边农村地区发展。产业链条短、产业关联度低，城乡产业难以形成有效互动和良性互补。

这三大困境相互影响、相互制约：要素不对流导致资源配置效率低下，资源配置效率低下又制约了产业发展，而产业发展滞后又难以吸引和留住各类要素，最终阻碍了西部地区城乡经济的融合发展。

### （三）西部地区城乡社会融合发展面临的困境

西部地区城乡社会融合发展的困境主要体现为城乡公共服务差距过大。

首先，教育资源分配不均是最为突出的问题。城市地区往往集中了优质的教育资源，包括知名学校、经验丰富的教师和先进的教学设施。相比之下，西部农村地区的教育条件普遍落后，面临师资短缺、教学设备陈旧、学校布局不合理等问题。这种教育资源的城乡差距直接影响了农村学生的受教育质量和未来发展机会，加剧了城乡人才流失的现象。

其次，医疗卫生服务的城乡差距同样明显。城市地区拥有较为完善的医疗体系，包括大型综合医院和先进的医疗设备。然而，农村地区的医疗条件普遍较差，基层医疗机构设备不足、医护人员水平有限，难以满足村民的基本医疗需求。同时，部分西部乡村受限于特殊地理环境，交通不便、环境艰苦，如西藏等地区仍面临着基础医疗建设不足等问题。这种差距不仅影响了农村居民的健康状况，也增加其经济负担。

最后，社会保障体系的城乡二元结构也是一个突出问题。城市居民普遍享有较为完善的社会保险和福利制度，包括养老、医疗、失业等多方面保障。而农村居民的社会保障水平相对较低，覆盖面窄、保障标准低，这种差距导致农村居民面临更大的生活风险和不确定性。

因此，要缩小城乡公共服务差距，需要政府加大对农村地区的投入，完善基础设施建设，优化资源配置，创新服务供给模式。同时，还应深化户籍制度改革，逐步实现城乡居民在就业、教育、医疗、养老等方面的同等待遇。只有切实缩小城乡公共服务差距，才能真正推动西部地区城乡社会的融合发展，实现共同富裕的目标。

### （四）西部地区城乡文化融合发展面临的困境

西部地区城乡文化融合发展面临的困境，主要集中在文化产业发展和交流的不足上。

一方面，文化产品开发不足是西部地区城乡文化融合发展的一个重要瓶颈。西部地区的乡村文化产业发展相对滞后，城乡之间在文化资源的分布和利用上存在巨大差距。西部农村地区虽然拥有独特的文化资源，如乡村非遗和历史文化遗产，但由于开发利用不足，这些资源往往未能转化为具有市场竞争力的文化产品。并且一些乡村文化遗产面临着传承困难，或乡村非遗传人到城市发展，导致乡村文化面临消失的威胁。相比之下，城市地区由于经济发达和文化基础设施齐全，更容易将文化资源转化为商业项目和文化产品。例如，北京、上海等大城市的文化创意产业已经形成较为成熟的产业链和消费市场。

另一方面，文化产业交流的不足也是西部地区城乡文化融合发展的一大障碍。由于地理环境、经济基础和文化氛围的差异，城乡之间在文化交流和合作方面存在着明显的障碍。城市文化往往更具现代性和商业性，而乡村文化则更注重传统和自然，这两种文化之间的交流和融合需要更多的平台和机制。然而，现有的文化交流平台和机制建设相对滞后，西部基层文化站面临着专业人才不足、文化活动开展困难、城乡文艺交流较少等诸多问题。这不仅限制了文化资源的共享和互补，也影响了文化创新和发展的潜力。

### （五）西部地区城乡生态环境融合发展面临的困境

西部地区城乡生态环境融合发展面临的困境，集中在经济发展与环境保护之间的矛盾。

一方面，农村经济的发展需要消耗大量的自然资源，例如土地、水资源等，而这些资源的过度开发与利用会对环境造成损害。西部地区地形复杂，水土流失严重，生态系统脆弱，同时西部地区农业粗放式发展模式还没有根本扭转。在追求农业发展的过程中，不合理的开垦、过度放牧等行为加剧了土壤污染，导致土地退化和沙漠化。

另一方面，环境保护需要限制城乡生产和工业发展的范围和方式，这会影响当地经济发展。这种矛盾体现在能源开发与生态保护之间。西部地区拥有丰富的煤炭、石油等能源资源，然而，资源开采往往会造成严重的环境破坏，如地表塌陷、水源污染等，进而影响当地居民的生活环境。

## 三　西部地区城乡融合发展的思路、原则与重点任务

### （一）西部地区城乡融合发展的思路和原则

完善西部地区城乡融合发展体制机制的总体思路：以重点领域体制机制

改革为牵引，以缩小城乡差别、促进西部地区城乡共同繁荣发展为出发点和落脚点，以统筹新型工业化、新型城镇化和乡村全面振兴为抓手，瞄准空间重点——县域和人群重点——低收入人口，全面提高城乡规划、建设、治理融合水平，促进西部地区城乡要素平等交换、双向流动，为中国式现代化提供强大动力和基础支撑。

完善西部地区城乡融合发展的体制机制的基本原则：第一，坚持党的全面领导，是完善西部城乡融合发展体制机制的根本保证。要把党的领导贯穿城乡融合发展的各方面全过程，确保西部地区的城乡发展始终朝着正确的政治方向前进。第二，坚持以人民为中心，是完善西部城乡融合发展体制机制的根本立场。完善城乡融合发展体制机制，出发点和落脚点是“把人民对美好生活的向往作为奋斗目标”[①]。落实到西部地区的城乡发展中，要尊重群众意愿，维护群众权益，把“政府想做的”和“群众想要的”有机统一起来，不断增强人民群众特别是广大农民的获得感、幸福感、安全感。要尊重和发挥人民特别是农村居民的主体地位和首创精神，调动亿万农民积极性、主动性、创造性，让广大农民共建共享城乡融合发展成果。第三，坚持守正创新，是完善西部城乡融合发展体制机制的本质要求。既要坚持农村基本土地制度和农村基本经营制度，坚持处理城乡关系中的社会主义方向不动摇，又要紧跟时代步伐，顺应实践发展，在城乡发展新的起点上推进理论创新、实践创新和制度创新；既要遵循普遍规律，又不能墨守成规；既要借鉴国际先进经验，又不能照抄照搬。第四，坚持问题导向，是完善西部城乡融合发展体制机制的根本方法。西部地区的城乡融合发展要坚持目标导向和问题导向相结合，奔着问题去、盯着问题改，坚决破除那些妨碍城乡融合发展的体制机制弊端。要科学把握西部发展阶段特征和区域特色与禀赋，充分考虑西部不同乡村自然条件、资源优势、文化传统等因素差异，因地制宜、精准施策。第五，坚持系统观念，是完善西部城乡融合发展体制机制的重要思

① 习近平：《决胜全面建成小康社会夺取新时代中国特色社会主义伟大胜利》，新华网，2017年10月18日。

想方法和工作方法。要加强改革的顶层设计、总体谋划，破立并举、先立后破。要处理好城市与乡村、一二三产业、政府和市场、效率和公平、活力和秩序、发展和安全等重大关系，增强城乡融合发展的系统性、整体性、协同性。

## （二）西部地区城乡融合发展的重点任务

### 1. 西部地区城乡空间融合发展的重点任务

西部地区在城乡空间融合发展方面，重在优化空间和信息基础设施，破除户籍制度障碍，实现各类要素自由流动。一方面，要优化空间基础设施。交通基础设施作为连接城乡的关键环节，直接关系人员、货物和信息的流动。当前，西部地区的交通网络相对滞后，尤其是乡村公路的规划和建设亟须加速。在农村人口密集区域，应优先提升公路的通行能力和安全性，以缩短城乡之间的时空距离。与此同时也需要加强对乡村公路的维护，按照“建好、管好、护好、运营好”的要求，推进“四好农村路”[①] 高质量发展。在持续推进乡村公路建设的同时，加强与铁路等交通方式的联动，以立体化的交通网络促进城乡之间的物流畅通，提升整体运输效率。另一方面，要优化信息基础设施。在信息化时代，通信基础设施的完善是实现城乡融合发展的重要条件。西部地区需继续完善互联网和通信网络的建设，提升网络覆盖率和信号质量，特别是在西部偏远的农村地区，需确保每个村庄都能接入互联网。西部地区实现互联网的普及不仅能改善农村居民信息获取的方式、降低信息壁垒、加强乡村与城市的沟通，还将为农村提供更多的经济活动机会。例如，开展电子商务和在线教育等新兴模式的培训将使农民能够更便捷地适应数字化时代，开拓新市场，提升收入水平，拓宽发展空间。

### 2. 西部地区城乡经济融合发展的重点任务

西部地区在城乡经济融合发展方面，重在统筹推进新型工业化、新型城

① “四好农村路”是习近平总书记于 2014 年 3 月 4 日提出的，他指出“要求农村公路建设要因地制宜、以人为本，与优化村镇布局、农村经济发展和广大农民安全便捷出行相适应，要进一步把农村公路建好、管好、护好、运营好，逐步消除制约农村发展的交通瓶颈，为广大农民脱贫致富奔小康提供更好的保障”，人民网，2014 年 5 月 19 日。

镇化和乡村全面振兴。首先，要加强顶层设计。一要建立跨部门合作机制，制定统一的战略规划，形成相关部门联席会议制度，确保新型工业化、新型城镇化和乡村全面振兴之间形成良性互动。二要明确西部不同地区的发展定位，因地制宜地发挥各自的优势，避免盲目竞争和重复建设。三要推进基础设施一体化。加强交通、通信等基础设施建设，实现西部城乡基础设施互联互通。四要促进公共服务资源的均衡分布，确保城乡居民都能享受到优质的教育、医疗等服务。

其次，健全推进西部地区新型城镇化体制机制。推进新型城镇化潜力巨大。据测算结果，2022 年西部地区常年外出劳动力达 7898.3 万人，明显高于东部地区的 4830 万人。这表明西部地区在农村劳动力流动方面具有较强的活力，但城镇化率仅为 58.81%，远低于东部的 73.38%[①]。因此，一要加快西部地区农业转移人口市民化。推进户籍制度改革，放开放宽除个别超大城市的落户限制外，因地制宜促进农业转移人口举家进城落户，建立新增建设用地配置同常住人口增加协调机制；促进要素、资源随人口流动而流动和集聚，健全由政府、企业、个人共同参与的农业转移人口市民化成本分担机制；推行由常住地登记户口提供基本公共服务制度，按照常住人口规模和服务半径统筹优化基本公共服务设施布局，确保符合条件的农业转移人口在社会保险、住房保障、子女教育等方面享有与户籍人口同等权利。二要优化西部地区城镇化空间布局和形态。引导大中小城市和小城镇协调发展、集约紧凑布局，强化“亩均论英雄”考核；加快转变城市增长和发展方式，以数智化技术赋能形成超大、特大城市智慧高效治理新体系；深化赋能特大镇同人口和经济规模相适应的经济社会管理权改革。

再次，推进西部乡村全面振兴。乡村全面振兴是实现西部地区城乡融合发展的重要保障。在统筹推进新型工业化、新型城镇化和乡村全面振兴要求下，一要统筹城乡基础设施规划，提高建设水平，引导社会资本参与乡村建设，形成多元化投融资机制，推动西部地区农村金融产品和服务方式创新；

---

① 2023 年各省份统计年鉴。

二要持续加大专项资金支持力度，保持一般公共预算投入规模，稳步提高土地出让收入用于农业农村比例；三要结合西部的资源和优势，因地制宜发展特色产业、优势产业和富农产业，推动西部地区农村一二三产业融合发展，提升农业产业链供应链现代化水平；四要完善人才引育政策，为管理和技术型人才提供住房、子女教育等方面的支持政策，鼓励大学生、返乡农民工等群体创业；五要建立健全农村基层党组织和村民自治组织，提高基层组织的凝聚力和战斗力，为乡村振兴提供良好的社会基础。

最后，以新型工业化赋能西部地区乡村全面振兴。一要促进城乡产业分工协作和优势互补，推动城市工业与农村农业的深度融合，加强城市产业对农村地区的辐射带动作用，保持城市技术、资金持续输出，延长农村产业链条，提升农业附加值，打造农村区域品牌，提高产品的知名度和影响力；二要以数字技术赋能农业，拓展农业物联网（IoT）、大数据、云计算、人工智能（AI）、遥感技术等信息技术手段利用的广度和深度，通过智能农业（如智能温室、智能供应链）、数字化农业服务、农业信息化管理等方式，提高农业生产的效率，提升农产品质量和安全性，并帮助农民更好地应对市场变化，降低生产风险；三要推广农业科技，创新科技下乡形式，拓展基因编辑、生物防治等技术在农业领域应用的广度和深度，通过发展有机农业、循环农业，提升西部地区农业可持续性；四要促进产业转移，引导劳动密集型和资源密集型产业向乡村转移，创新东中西部产业协作模式，提升西部城乡融合发展水平。

### 3. 西部地区城乡融合发展的重点任务

西部地区在城乡社会融合发展方面，重在缩小城乡公共服务差距。习近平总书记强调："城乡差距大最直观的是基础设施和公共服务差距大。"① 提升西部乡村的人力资本水平，教育和医疗是基础性、战略性的关键环节。针对西部地区教育与医疗资源的不平衡问题，应通过精准政策投入和长效机制建设，确保西部乡村能够享受与城市同等水平的公共服务。

---

① 习近平：《走中国特色社会主义乡村振兴道路》，中央农村工作会议，2017 年 12 月 28 日。

首先，通过双向人口迁徙政策，吸引优质人才向西部乡村流动。结合《国家城乡融合发展试验区改革方案》的要求，鼓励城市人才入乡，支持返乡创业者和支援乡村发展的人员。政府可以通过提供社保、职称评定、落户便利等激励措施，使人才不仅愿意入乡，更愿意长期扎根乡村，带动乡村教育、医疗等公共服务的提升。同时，允许符合条件的返乡人员加入农村集体经济组织，激活乡村内部经济活力，增强其参与感与归属感。

其次，加强西部乡村的教育基础设施建设，全面提高教学质量。教育是人力资本发展的核心，特别是在西部偏远地区，教育资源短缺直接影响人力资本的积累与输出。应当增加对乡村学校的财政支持，特别是在师资力量、教学设备和校舍建设等方面，加大投入力度。鼓励更多优秀教师到西部乡村任教，通过提高薪资、职称评定倾斜等措施，解决西部乡村教师流失问题。此外，应探索将常见的教师职业病纳入医疗保险，确保教师健康，减少其后顾之忧。

最后，提升西部乡村医疗服务水平，保障居民健康。健康是人力资本的基础。当前，西部乡村的医疗服务条件相对落后，无法满足居民日常医疗需求。政府应重点投入乡村医疗卫生基础设施建设，提升乡村医院的医疗设备水平，扩大医疗服务覆盖面，确保乡村居民能够获得基本的医疗保障。同时，加强西部乡村医生的职业培训，提高医疗服务质量。可以通过互联网医疗、远程诊疗等技术手段，增加西部乡村居民获得高质量医疗服务的机会，缩小城乡医疗差距。

**4. 西部地区城乡文化融合发展的重点任务**

西部地区在城乡文化融合发展方面，重在推动文化资源的共享与交流，建立健全保障西部乡村文化事业发展的体制机制。首先，应加大对西部地区文化事业费用的投入，只有在财政的充分支持下，西部乡村文化事业才能够真正实现可持续发展。因此，应当合理分配和使用文化事业经费，以确保每个农村居民都能享受到基本的文化服务，缩小西部地区城乡文化差距。文化事业费用的使用应注重实际效果，推动更多的文化活动落地生根，让农民在参与中感受到文化的力量与魅力。

其次，不断丰富西部地区乡村文化娱乐的形式与内容。提高有线电视覆盖率，帮助农村居民获取更丰富的文化信息和娱乐内容，拓宽视野。尤其是在偏远地区，有线电视可以作为重要的信息传播平台，增强农村与外界的联系。此外，鼓励西部乡村居民主动参与到各种文化活动中。通过举办文化节、艺术展览、农民文艺演出等活动，通过增加乡村文化供给、激发广大乡村居民创新创造活力、推动乡村文化消费转型升级，有效赋能乡村文化振兴。

最后，促进西部地区城乡文化融合发展还需要建立健全保障西部乡村文化事业发展的体制机制。应加强政策引导与资金支持，鼓励社会力量参与到城乡文化建设中来。通过搭建文化交流平台，推动城乡之间的艺术家、文化工作者和志愿者互动交流，形成共建共享的文化生态。并利用现代科技手段，推动文化数字化转型，使更多的文化资源通过网络平台传播，打破地域限制，让西部乡村居民更方便地接触到优质的文化产品和服务。

5. 西部地区城乡生态融合发展的重点任务

西部地区在城乡生态融合发展方面，重在构建可持续的生态体系，促进经济发展与环境保护的协调统一。首先，城乡节能减排是西部地区实现生态环境融合发展的重要基础。西部地区的工业化和城镇化进程迅速，能源消耗和污染排放逐渐加大，导致环境质量恶化。因此，必须实施严格的节能减排政策，推动传统产业的转型升级。通过推广清洁能源和节能技术，提高能源使用效率，减少二氧化碳和其他污染物的排放。加强对工业企业的环保监管，确保其符合环保标准，促进其在生产过程中采取清洁生产方式。此外，应当鼓励社会资本参与节能减排项目，利用市场机制推动技术创新，实现经济效益与环境效益的双赢。同时要增强西部农村居民的环保意识，在乡村普及环保知识，倡导绿色生活方式，鼓励居民积极参与环境保护活动，在经济发展与生态保护之间找到平衡点，实现可持续发展。

其次，城乡绿化工作是提升西部地区生态环境质量的有效手段。美化西部乡村环境，改善空气质量，增强生态系统的稳定性。在西部地区，必须加大对森林和草地的保护力度，提高森林覆盖率和农村绿化率。通过组织植树活动、推进生态修复工程，恢复和保护自然生态系统，促进生物多样性，城乡绿化的推进需要形成全民参与的良好局面。同时，加强对乡村绿化的管理，提升绿化工程的科学性和可持续性，确保绿化成果的长期保持，必须明确禁止的范围，《中华人民共和国乡村振兴促进法》也将一些禁止性规定纳入相关条文中，如在环境保护方面，禁止违法将污染环境、破坏生态的产业、企业向农村转移，禁止将有毒有害废物用作肥料或者用于造田和土地复垦等。[①]

最后，改善乡村卫生环境是西部地区实现城乡生态环境融合发展的基础。良好的卫生条件不仅关系农村居民的生活质量，更是生态环境建设的重要组成部分。必须着力提高乡村卫生厕所的普及率和安全饮用水的覆盖率。普及卫生厕所，改善农村的卫生条件，提高西部乡村居民的生活品质。同时，确保农村安全饮用水的供应。通过加强水源保护、提升水处理设施建设，确保西部每一个村庄都能获得安全、洁净的饮用水。开展卫生知识宣传教育，增强西部农民的卫生意识，使卫生环境的改善成为农村居民的共同责任。

## 四　新时代西部地区加快城乡融合发展的实现路径

### （一）以“三农”为本，是西部城乡发展的重中之重

习近平总书记指出，“尽管我们的‘三农’工作取得了显著成就，但农业基础还不稳固，城乡区域发展和居民收入差距仍然较大”“坚持把解决好‘三农’问题作为全党工作重中之重，举全党全社会之力推动乡村振兴”[②]。西部地区必须聚焦“三农”问题，切实把农业农村发展摆上优先位置，统筹新型工业化、新型城镇化和乡村全面振兴，以更有力的政策举措引导人

① 《全国人民代表大会常务委员会公报》，第681~682页。

② 习近平：《坚持把解决好“三农”问题作为全党工作重中之重举全党全社会之力推动乡村振兴》，《求是》2022年第4期。

才、资金、技术、信息等要素向农业农村流动，加快形成工农互促、城乡互补、协调发展、共同繁荣的新型工农城乡关系，开启西部城乡融合发展和现代化建设新局面。

首先，必须将乡村振兴战略作为推动城乡融合发展的核心抓手。针对西部地区农村资源闲置和利用不充分的问题，应加大力度推进农村资源的优化配置，通过完善农业支持政策，提升农业生产效率，激发农村经济活力，构建适合西部特色的现代农业体系，增强农业对城乡经济发展的支撑能力。特别是对西部地区的特色农业，应给予政策倾斜，形成区域竞争优势，以产业发展带动农村经济增长。

其次，巩固脱贫攻坚成果，解决相对贫困问题是促进西部地区城乡融合发展的基础。在已取得的脱贫成就基础上，政府应持续推出有效的扶持政策，特别是针对相对贫困人口，提供精准帮扶和支持措施，提高农村居民的收入，缩小城乡之间的收入差距。通过建立常态化的收入保障机制，确保西部农村低收入群体能够分享改革发展的红利，从而提升其经济安全感和稳定感。

最后，推动西部地区城乡市场、制度和治理的一体化建设，实现基础设施互联互通。政府应加大基础设施建设投入，重点完善西部农村交通、通信、水利等基础设施，使其与城市的基础设施相互衔接。同时，需提升西部地区农村教育、医疗、文化等公共服务水平，确保城乡居民能够共享优质的社会资源。通过这类措施，进一步提高西部地区农村居民的生活质量，增强其幸福感与获得感，进而推动城乡融合的深入发展。

### （二）以特色优势产业为基，大力推动西部产业振兴

缩小城乡居民收入差距是城乡高质量融合发展的重要目标，而实现这一目标的关键在于推动西部地区的产业振兴。必须立足于西部地区独特的资源禀赋，发展特色优势产业，形成区域经济的核心竞争力。

首先，要以市场为导向，优化政策支持体系。政府应完善服务业的体制机制，特别是支持生产性服务业和生活性服务业的融合发展。党的二十届三

中全会指出，应当“完善支持服务业发展政策体系，优化服务业核算，推进服务业标准化建设”①，西部地区可以通过推动产业互联网平台建设，打破跨地区经营壁垒，促进城乡资源的高效配置，提升服务业的竞争力和服务质量。广袤的中西部地区和很多农村地区拥有独特的自然景观和历史文化资源，但很多至今尚未被挖掘。随着交通更趋便利和信息传播提速，消费者对文化旅游的需求不断提升，西部地区可以结合自身资源禀赋，创新文旅产品和服务供给，与传统景区错位竞争，积极发展特色旅游、森林旅游、康养旅游、休闲农业等新兴体验项目，形成“以服务带动产业”的良性发展模式。

以农业科技创新为引擎，加大对农业技术研发的投入，推动农业产业链的延伸和优化。在特色农产品种植和畜牧业等领域，应推广绿色和智能化生产方式，提升产品的附加值和市场竞争力。通过引进先进技术和管理模式，推动传统农业向现代农业转型，实现产业化、规模化、市场化运营。此外，还应培育乡村新产业新业态，如农村电商、休闲农业、生态旅游等，发展特色农副产品加工产业，推动农业与第二、第三产业深度融合，提升农村产业链的完整性与抗风险能力，增强农村经济的多样化。政府在推进产业振兴过程中，应积极吸引外部资本进入农村，推动农村产业与市场深度对接。

最后，应加强农村集体经济的建设，深化农村集体产权制度改革，鼓励和支持农民参与到产业链中。“发展新型农村集体经济，构建产权明晰、分配合理的运行机制，赋予农民更加充分的财产权益”②。通过集体经济的壮大，不仅可以增加农民收入，还能提高农村的经济自主权，促进农村的长远发展。以特色优势产业为基，推动产业振兴。

### （三）以县域为空间重点，率先在县域内破除城乡二元体制机制

县域作为城乡联系最为紧密的区域，具有地域范围适中、文化同质性强

① 习近平：《中共中央关于进一步全面深化改革、推进中国式现代化的决定》，新华社，2024年7月18日。

② 习近平：《中共中央关于进一步全面深化改革、推进中国式现代化的决定》，新华社，2024年7月18日。

等特点，是推动西部城乡融合发展的关键空间。因此，必须在县域内破除城乡二元体制，完善体制机制，以振兴县域经济、发展县域产业和加快县域转型为重点，提升县域对城乡融合和乡镇振兴的引领作用。

其一，以县域为节点，强化整体谋划，加强西部城乡空间联系。要坚持把县、乡、村作为一个整体统筹谋划，促进城乡在规划布局、产业发展、公共服务、生态保护等方面相互融合和共同发展，实现县乡村功能衔接互补、资源要素优化配置。在西部，尤其需要注重发挥县城连接城市、服务乡村的枢纽作用，提升县城综合承载能力，发挥县城对人口和产业的吸纳集聚能力、对县域经济发展的辐射带动作用；构建以县城为中心、高效便捷、广泛覆盖的交通网络，同时提高乡村公路的等级和实际通勤与货运能力；加快建立覆盖西部城乡的信息化网络、数字经济体系，引导农民使用现代化信息技术。

其二，加速产业在县城布局，提高县域经济辐射带动能力。西部农村产业发展面临一个重要问题，就是产业和项目分散，这导致了资金和资源难以有效集聚，为此必须将产业向县城引导布局。一要引导西部产业和项目向西部县城集中，在县城及周边布局产业项目和产业园区，优化调整、撤并淘汰已有园区；将农村用地指标向县城倾斜，尽量在县城及周边建设移民安置点、新型农村社区。二要重视西部地区县域发展的多样性与不平衡性，因地制宜，针对西部地区的平原县、山区县、丘陵县的不同自然地貌，西部地区的富裕县、贫困县、发展中县并存的经济条件，农业型、资源开发型、工贸型、生态保护型等不同产业基础，以市场力量为主导、发挥好政府作用，在已有成功经验的基础上，推动西部县域经济的多元化发展。

其三，推进县域城乡公共服务一体配置，优化县城人居质量。将西部县级财政资源更多用于县城建设，调整医疗、教育、养老等公共服务资源在农村的空间布局，更多向县城集中，提升县城市政公用设施建设水平和基本公共服务功能，提高西部乡村基础设施完备度、公共服务便利度、人居环境舒适度。

## （四）以低收入群体为重点，构建常态化帮扶机制

构建针对低收入群体的常态化帮扶机制是实现西部地区城乡融合发展的关键步骤。西部地区的低收入群体帮扶机制应当具有长期性、精准性和多元化的特点，通过政策创新和区域协作，确保低收入群体能够实现稳定增收，持续改善生活水平，为西部地区的城乡融合发展提供持久动力，从而为西部地区社会和谐与经济发展奠定坚实基础。

实现城乡融合发展归根结底是要实现城乡居民的全面发展，而从人的角度考察，西部地区面临的最大短板就是数量庞大的农村低收入人口。党的二十届三中全会提出，要“完善覆盖农村人口的常态化防止返贫致贫机制，建立农村低收入人口和欠发达地区分层分类帮扶制度”，对于农村低收入人口而言，应构建“识别监测—长效机制—保障体系”三位一体的分层分类帮扶制度。第一步，设计识别监测制度。基于“个体差距”的角度，以收入和消费水平为基准指标，对西部地区农村低收入人口进行识别并分层，比如可以采取农村居民收入中位数水平的40%或50%作为低收入人口的判断标准，然后将纳入范围的低收入人口分为“高、中、低”三个层次。依照“资产情况—可行能力—发展韧性”三方面进行定量识别，对西部地区农村低收入人口，在分层基础上进行分类识别，找准导致他们收入偏低的原因。第二步，针对西部地区农村低收入人口的发展困境，从“增加收入—提高能力—提升韧性”三大路径出发，建设农村低收入人口常态化帮扶机制。第三步，构建西部地区农村低收入人口常态化帮扶机制的政策保障体系。先是制定政策清单；再是促进政策落地，包括明晰分层分类低收入人口的帮扶主体，厘清帮扶主体的功能定位、剖析并化解帮扶政策落地阻力、促进政策创新和落地等内容；最后是开展农村低收入人口分层分类帮扶机制的考核评价。

此外，在推进低收入群体常态化帮扶政策时，西部地区需从治标之策向治本之策升级。其一，对产业政策，引导西部地区由注重产业覆盖向注重产业长效发展升级。一要升级产业空间政策。对西部地区现有各类扶贫产业

园、示范园、创业园等进行摸排清理，以实现一二三产业融合发展为主要标准、以县城和中心镇为主要节点统筹优化产业布局，优质园区给予支持、同类同质园区予以合并、“僵尸园区”则予以清退。二要转变产业政策补贴对象。从以往更多补贴产业项目设立和生产，转向补贴先进技术创新研发、产后加工、产品营销、科技服务等环节；从以往补贴个人、企业等市场主体转向更多用于投入“环境营建”、改善产业发展的基础设施条件。三要面向扩大消费市场发展产业。围绕最终消费需求发展农产品加工流通业，重点解决产销脱节问题，促进营销企业、批发市场、大型超市、电商平台与西部贫困地区逐步建立长期稳定的供销关系。通过产业政策升级引导，逐渐形成“市场（企业）高效+政府自觉+能人引领+农户自发”的产业帮扶大格局。其二，对西部地区的教育扶贫政策，应从补助教育各环节向重点扶持乡村教师和乡村母亲升级。对西部乡村教师、贫困地区教师的各类补贴不低于相应职称公务员的补贴标准，并加强奖补政策落实；在职称晋升、评优、退休待遇等问题上向西部贫困农村地区教师倾斜，并督促落实；探索将常见的教师职业病纳入医疗保险计划，或专门建立针对教师职业病的职业医疗保险计划。让西部贫困地区农村教师留得住、用心教，也激励更多有志优秀青年投身西部农村教育事业。对乡村母亲，制定并实施农村母婴关爱计划；依托现有农村儿童福利机构，整合民政、卫计、教育等政府部门职能，充分发挥社区、企业、NGO 等力量，在村或社区建设养育中心和农村养育点，为婴幼儿和家庭提供科学育儿指导，既解决母亲个人发展，也有效阻断农村贫困代际传递。其三，对转移支付政策，从普惠型向正向激励型升级。尽快建立有利于激发西部地区内生动力的转移支付政策，发展“扶志”与“扶智”相结合的转移支付项目，如低收入人口的智慧发展、职业促进、创新创业项目。

### （五）以东中西部协作为机，助力西部高水平城乡融合发展

党的二十届三中全会通过的《中共中央关于进一步全面深化改革、推进中国式现代化的决定》，做出了“完善实施区域协调发展战略机制”的重

大部署，提出要“完善区域一体化发展机制，构建跨行政区合作发展新机制，深化东中西部产业协作”[①]。这一部署为深化东西部协作提供了基本遵循，本研究提出构建东西部协作长效机制的总思路：以构建优势互补的区域经济布局和国土空间体系为根本依据，将东西部协作拓展升级为东中西部协作，充分发挥市场在资源配置中的决定性作用，围绕东中西部产业协作和人才协作两大重点任务，形成东中西部协调发展战略机制。

首先，需要健全完善东中西部协作的顶层设计机制。国家应加强顶层设计，引导协作制度紧紧围绕“实现巩固拓展脱贫攻坚成果同乡村振兴有效衔接”和“推进乡村全面振兴”这一目标实质性转型升级，完善东西部协作的长效机制，推动“携手奔小康”行动升级为“携手促振兴”行动。同时，调整、丰富并完善东西部、中西部、中东部之间的多种形态的县域结对合作新模式，增强县域结对帮扶的持续性，构建全方位、宽领域的协作体系。

其次，完善纵向激励约束机制和横向政府间协同发展机制。围绕纵向治理，重点完善中央对地方政府的考核体系及考核指标的设定，既要突出重点，加大对“产业协作”“人才协作”的考核力度，又要激发地方政府创新协作方式的自主性。在横向治理方面，拓展结对帮扶格局，完善协作内容和作用机制，特别是增强东部参与东中西部协作的积极性。国家可设立专项基金或财政奖励机制，对积极参与协作的东部省份给予资金支持或税收减免等优惠政策，创新协作模式，建立信息共享平台，降低交易成本；建立宣传表彰制度，通过媒体报道、案例宣传等方式，展现东部地区参与东中西部协作的实际成效，提升东部企业在公众心中的形象和社会责任感，提升其品牌影响力。

再次，优化东中西部产业合作和人才协作机制。加大东部地区政府向对口协作中西部地区的转移支付力度和精度，引导各类主体积极参与，促成资

① 《中共中央关于进一步全面深化改革、推进中国式现代化的决定》，人民出版社，2024，第18页。

金引领发展。加大东中西部县域产业合作力度，破除要素资源流动的空间壁垒，加快中西部县域产业结构转型升级，注重特色产业的发展潜力，推动数字化升级，促进行业深度融合。通过激励机制设计，吸引东部地区优秀人才到中西部地区挂职工作，鼓励乡贤回归，加强农业农村技能人才队伍建设，实施人才双向流动计划，开展联合人才培养项目。

最后，差异化施策东中西部协作机制。针对中西部地区的生态县、农业主导县和革命老区县，按照“分类指导、区别对待”的原则，差异化对待具有不同禀赋特征的中西部协作县在经济发展中面临的问题和困难，通过精准施策提升政策效果。对于重点生态功能区县，应挖掘生态农业、生态旅游、农文旅融合等方面的潜力，探索并落实东西部横向生态补偿制度。对于农业主导县，实现粮食产销区省际横向利益补偿，加强农田水利和高标准农田建设，加快东部地区科技、人才、资本、信息等优势生产要素流入。对于革命老区县，加大资金援助力度，注重交通基础设施、生态环境修复、红色文旅等重点领域投资，培育革命老区县振兴发展新动能。

### （六）以土地制度创新为钥，激发西部城乡融合发展新活力

土地制度的创新是推动西部地区城乡融合发展的关键。党的二十届三中全会指出“保障进城落户农民合法土地权益，依法维护进城落户农民的土地承包权、宅基地使用权、集体收益分配权，探索建立自愿有偿退出的办法”①。西部地区土地资源丰富，但利用效率不高，深化土地制度改革能提升资源流动效率，优化资源配置，激发发展潜力。

首先，深化土地制度改革，构建城乡统一的建设用地市场。当前，西部地区的土地利用效率较低，部分土地资源未得到充分开发。通过建立城乡统一的建设用地市场，允许农村集体建设用地进入市场，能够打

① 《中国共产党第二十届中央委员会第三次全体会议公报》，于 2024 年 7 月 15~18 日中国共产党第二十届中央委员会第三次全体会议通过。

破城乡二元结构的限制，实现土地资源的市场化配置。这不仅可以提高土地利用效率，还可以促进城乡之间的资源流动。改革中应推行市场化定价机制，减少政府干预，健全市场规则，保障交易合法合规，推动市场健康发展。

其次，保障进城落户农民的土地权益，激发农村土地资源的活力。《国家城乡融合发展试验区改革方案》强调了依法、自愿、有偿原则，既要维护进城落户农民在农村承包地、宅基地、集体资产上的权益（简称“三权”），也要盘活这些权益所依附的资源（资产）。引导土地承包权、宅基地资格权和集体资产股权流转，激活闲置资源，增加财产性收入，优化资源利用。完善土地流转机制，探索多元化流转模式，盘活资源，依法操作，保护农民利益。推动土地承包权、宅基地资格权和集体资产股权的改革。当前，西部农村土地制度的核心是“三权分置”改革。通过进一步完善这一制度，能够更好地发挥土地作为生产要素的作用。一方面，应继续明确土地所有权、承包权和经营权之间的关系，确保农民在土地权益上的自主性和安全性；另一方面，要加快农村宅基地制度的改革，特别是在大城市周边，防止宅基地无序扩张，造成资源浪费。在改革中，要积极推动宅基地确权工作，明确产权关系，为宅基地流转和财产增值创造条件。

最后，完善土地流转和利用配套政策，确保改革合法性和可操作性。建立健全法律法规，确保土地使用权合法流转交易，防止资源过度开发和无序利用。完善农村土地承包经营权流转机制，推动土地资源市场自由流动，提高利用效率，促进城乡融合可持续发展。

# B.7

# 西部地区民生发展研究报告*

李 东 徐璋勇**

**摘 要：** 西部地区民生福祉的持续改善与发展水平的稳步提升，是缩小我国区域之间发展差距以实现整体公平的重要目标，也是完成中国式现代化建设以实现中华民族腾飞的重要内容。本报告通过构建包括收入、就业、教育、医疗和养老五个维度的民生发展指标体系，并利用熵权法进行数据赋权，在对1999年西部大开发战略提出以来西部地区民生发展成效进行总结评价的基础上，重点对新时期形成西部大开发新格局背景目标下西部地区民生发展的重点任务与提升路径进行分析，并提出建设性的政策建议。

**关键词：** 西部地区 民生发展 熵权法

## 一 西部大开发以来西部地区民生发展成效

### （一）西部地区民生发展成效的评价维度与指标体系

民生，关乎民众的生计。从其内涵讲，可以划分为依次递进的三个层面：第一层面主要是民众基本的“生存状态”，即社会要保障每一个社会成

* 本文为教育部人文社会科学重点研究基地——西北大学中国西部经济发展研究院项目（项目编号：XBLPS202507）阶段性研究成果。

** 李东，西北大学经济管理学院博士生，西北大学公共管理学院讲师，研究方向为区域经济发展和社会保障；徐璋勇，西北大学中国西部经济发展研究中心研究员，西北大学经济管理学院教授、博士生导师，研究方向为区域经济与金融发展。

员有尊严地生存，其具体内容包括社会救济、最低生活保障、基础性的公共卫生与义务教育等；第二层面主要指民众基本的发展机会与发展能力，即社会要保障每一个社会成员有能力和机会生活，其基本内容包括较为充分的就业机会、基本的职业培训、基本消除歧视、基本的权益保护等；第三层面主要是保障民众的生活质量，其具体内容包括民众能够享受到较高水平的社会福利（包括养老、医疗、教育等）、相对公平的收入分配以及社会权利的全面保护等。民生发展成效的具体体现就是随着社会经济的全面发展，这三个层面目标逐步得到实现。

为了客观衡量自西部大开发战略实施以来西部地区民生发展的成效，我们从能反映民生核心内涵的收入、就业、教育、医疗、养老五个维度，构建包括 17 个二级指标的民生发展综合评价指标体系，对自西部大开发战略实施以来西部地区民生发展的成效进行系统评价。

1. 收入维度

居民收入状况是衡量民生发展水平的首要指标，因为它是民众基本生存、谋求发展以及提升生活质量的重要保障。居民收入状况包括收入水平、收入差距以及收入分配公平性三个方面，分别用西部地区全体居民人均可支配收入、城乡居民人均可支配收入比以及居民收入泰尔指数三个指标来衡量。

2. 就业维度

就业不仅是居民收入的主要来源，也是社会稳定的重要基础。为民众提供充裕的就业机会是解决民生问题的重要抓手，这在目前我国处于经济转型升级的新时期、经济由高速增长阶段转向高质量发展阶段尤为重要。我们用城镇登记失业率和城镇就业人员平均月工资两个指标分别反映就业的数量与就业的质量。

3. 教育维度

教育不仅是使民众具备发展机会与发展能力的重要途径，也是实现民生状况持续改善和增强社会分层流动的重要手段。对于经济发展水平较为落后的西部地区来说，持续提升教育水平，强化民众知识储备与人力资本积累，无论对于阻断贫困的代际传递，还是推动区域经济增长都具有重大意义。由于西部地区教育水平提升的重要瓶颈在于教育基础设施落后，因此我们选用每10万人口幼儿园在园幼儿数、小学生师比、初中生师比、高中生师比以及特殊教育生师比五个指标来衡量。

4. 医疗维度

医疗保障是民生发展的核心维度之一。在民生改善中，医疗的作用不仅在于解决健康问题，还通过提升居民的生活质量、促进社会公平、增强经济发展潜力等功能为社会长远发展奠定坚实基础。在民生发展中，政府一般通过加强地区的医疗基础设施建设、推广公共卫生服务以及实施基本医疗保险制度来保障居民的健康权益。为此，我们采用每万人执业（助理）医师数、每万人拥有医疗机构床位数、每万农村人口拥有村卫生室数以及基本医疗保险参保人数四个指标来衡量。

5. 养老维度

随着人口老龄化加剧，养老日益成为民生问题的焦点之一。完善的养老服务体系不仅能够保障老年人的基本生活和健康需求，还能减轻家庭和社会的负担，促进代际和谐。此处用每万人拥有养老机构和设施数、每万人拥有养老服务床位数以及基本养老保险参保人数三个指标来衡量。

**表1　西部地区民生发展综合评价指标体系及指标权重**

| 维度 | 指标 | 指标说明与含义 | 属性 | 指标权重(%) | |
|---|---|---|---|---|---|
| 收入 | 全体居民年人均可支配收入(元) | 反映全体居民收入水平 | 正 | 7.65 | 18.21 |
| | 城乡居民人均可支配收入比 | 反映城乡居民收入差距 | 负 | 3.66 | |
| | 居民收入泰尔指数 | 反映居民收入分配的公平性 | 负 | 6.90 | |
| 就业 | 城镇登记失业率(%) | 反映就业数量 | 负 | 5.14 | 12.62 |
| | 城镇就业人员平均月工资(元) | 反映就业质量 | 正 | 7.48 | |

续表

| 维度 | 指标 | 指标说明与含义 | 属性 | 指标权重(%) | |
|---|---|---|---|---|---|
| 教育 | 每10万人口幼儿园在园幼儿数(人) | 反映学前教育基础设施水平 | 正 | 4.51 | 20.00 |
| | 小学生师比(教师=1) | 反映小学教育基础设施水平 | 负 | 2.86 | |
| | 初中生师比(教师=1) | 反映初中教育基础设施水平 | 负 | 3.34 | |
| | 高中生师比(教师=1) | 反映高中教育基础设施水平 | 负 | 6.91 | |
| | 特殊教育生师比(教师=1) | 反映特殊教育基础设施水平 | 负 | 2.38 | |
| 医疗 | 每万人执业(助理)医师数(人) | 反映医疗服务基础设施水平 | 正 | 10.47 | 26.23 |
| | 每万人拥有医疗机构床位数(张) | 反映医疗服务基础设施水平 | 正 | 4.93 | |
| | 每万农村人口拥有村卫生室数(个) | 反映农村医疗服务基础设施水平 | 正 | 2.99 | |
| | 基本医疗保险参保人数(万人) | 反映医疗保险服务普及水平 | 正 | 7.84 | |
| 养老 | 每万人拥有养老机构和设施数(个) | 反映养老服务基础设施水平 | 正 | 3.05 | 22.94 |
| | 每万人拥有养老服务床位数(张) | 反映养老服务基础设施水平 | 正 | 10.41 | |
| | 基本养老保险参保人数(万人) | 反映养老保险普及水平 | 正 | 9.48 | |

说明：指标权重计算所用数据来自马克数据网、中国人口与就业统计年鉴以及各类政府公报。

从上述指标体系及其权重分布可以看出，在西部地区民生改善中，五个维度的重要性依次为医疗、养老、教育、收入及就业，各维度所占权重分别为26.23%、22.94%、20.00%、18.21%和12.62%。这表明，在西部大开发战略实施以来，医疗、养老与教育是直接关系西部地区民生发展的三大首要问题。另外，在各维度的二级指标中，各指标的权重也不相同，这为改善西部地区民生发展水平的路径选择提供了基本思路。

## （二）西部大开发战略实施以来民生各维度发展成效的动态分析

### 1. 居民人均收入水平显著提升，城乡收入差距逐步缩小，收入分配公平性逐步改善

（1）居民人均收入水平显著提升。1999～2023 年西部地区居民年人均可支配收入从 1999 年的 2396.00 元增长到 2023 年的 31100 元（见图 1），年均增长速度达 11.27%，高出同期全国居民人均可支配收入增长率（10.61%）0.66 个百分点。

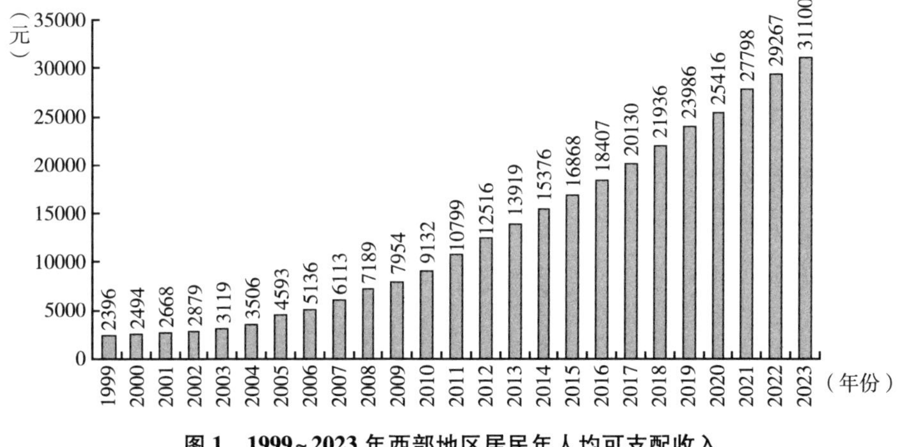


**图 1　1999～2023 年西部地区居民年人均可支配收入**

资料来源：《中国统计年鉴》（2021～2024 年）。

从西部大开发战略实施以来居民收入的动态变化来看，西部地区居民年人均收入在西部大开发战略实施的前 20 年（1999～2019 年）呈现出持续的高增长态势，年均增长率在 12%左右。其中，西部大开发战略实施的第一个十年（1999～2009 年），西部地区居民年人均可支配收入年均增长率为 12.75%，高出同期全国平均增长率 0.59 个百分点；第二个十年（2010～2019 年），西部地区居民年人均可支配收入年均增长率为 11.33%，高出同期全国平均增长率 0.49 个百分点。但 2020 年初新冠肺炎疫情突袭而至，对经济运行造成全面冲击，使得居民年人均收入增长率出现了快速下滑，

2020~2023年全国居民年人均可支配收入年均增长率为6.28%，西部地区居民年人均可支配收入年均增长率为6.96%，高出全国平均水平0.68个百分点（见表2）。

**表2　1999~2023年西部地区与全国居民年人均可支配收入年均增长率**

| 西部大开发阶段划分 | 西部地区居民年人均可支配收入年均增长率(%) | 全国居民年人均可支配收入年均增长率(%) |
|---|---|---|
| 1999~2023年 | 11.27 | 10.61 |
| 1999~2009年 | 12.75 | 12.16 |
| 2010~2019年 | 11.33 | 10.84 |
| 2020~2023年 | 6.96 | 6.28 |

说明：西部和全国的数据由各省（区、市）统计数据汇总计算得到。

这种动态变化特征，与西部大开发战略实施中不同阶段的战略重点与差别化措施有关。自从1999年西部大开发战略提出以后，至今可以划分为三个依次递进的开发阶段，每个阶段的政策重点存在差异。

第一阶段（1999~2009年），政策重点在于通过西部地区基础设施建设、生态环境建设等，为西部地区的快速发展奠定基础与创造条件，并推动了西部地区经济快速增长和居民收入水平大幅度提升，这突出体现在一系列政策文件中。如2000年国务院印发的《关于实施西部大开发若干政策措施的通知》、2001年发布的《关于西部大开发若干政策措施的实施意见》、2004年国务院发布的《关于进一步推进西部大开发的若干意见》、2006年《西部大开发“十一五”规划》等。

2010年《中共中央国务院关于深入实施西部大开发战略的若干意见》出台，标志着西部大开发战略实施进入第二个阶段（2010~2019年），该阶段的重点任务是要在基础设施建设、生态环境保护、产业发展、民生改善等方面持续加大力度。

2020年中共中央、国务院发布《关于新时代推进西部大开发形成新格局的指导意见》，提出强化西部基础设施规划建设、加快重大工程规划建设、提升创新发展能力、推动形成现代化产业体系、加大财税支持、实行更加优惠的产业政策、加强生态环境保护等36条具体意见，以更大力度、更强举措推进西部大开发形成新格局，西部大开发进入第三阶段。但是疫情的不良影响遍及全球，也导致我国西部地区人均收入增长趋缓。2024年8月23日，中共中央政治局召开会议，审议《进一步推动西部大开发形成新格局的若干政策措施》，会议指出要准确把握西部大开发在推进中国式现代化中的定位和使命，聚焦大保护、大开放、高质量发展，加快构建新发展格局，提升区域整体实力和可持续发展能力。

可见，西部大开发的重点目标与任务呈现出依次递进的特征，即由最初的加强基础设施建设、生态环境建设逐步转变为特色优势产业培育、民生改善、创新发展以及保护与开放发展。随着西部大开发过程中对民生问题的日益重视，西部地区居民人均可支配收入水平快速提升，1999~2023年西部地区居民年人均可支配收入年均增长率达到11.27%。

（2）城乡居民收入差距总体呈现缩小趋势。1999~2023年西部地区城乡居民人均可支配收入比呈现出以2006年为临界年份的前期升高而后期下降的趋势（见图2）。其中，1999~2006年城乡居民人均可支配收入比从3.16扩大到了3.75，其后逐年下降，到2023年城乡居民收入比下降到2.44。

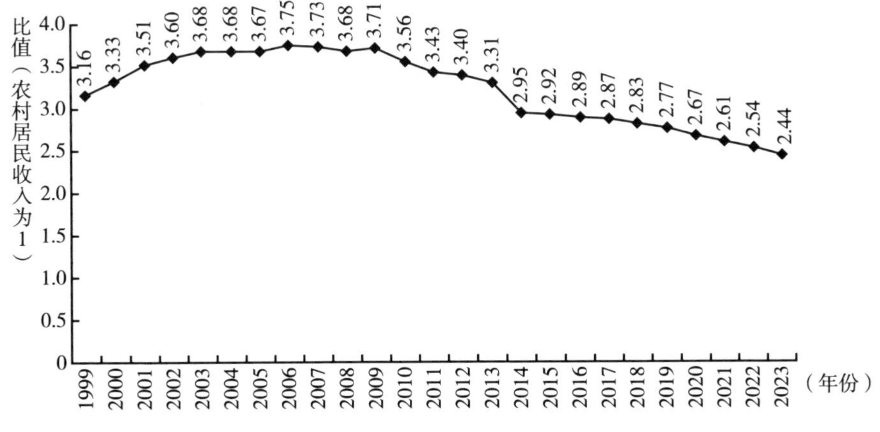


**图2　1999~2023年西部地区城乡居民人均可支配收入比**

资料来源：根据2000~2024年《中国统计年鉴》计算。

西部地区城乡居民收入差距显著缩小主要源于国家加大了对西部广大农村地区的扶贫和城乡发展政策的支持力度，包括增加农村基础设施建设、改善教育和医疗资源分配等，这些措施推动了农村居民收入的快速增加，从而缩小了城乡居民收入差距。1999~2023 年西部地区城镇居民年人均可支配收入年均增长率为 9.24%，而同期农村居民为 10.37%，高出城镇居民年人均可支配收入年均增长率 1.13 个百分点。

居民间收入分配的公平性有所改善。衡量居民收入分配公平性的常用指标是泰尔指数，其数值越大代表不平等程度越高，泰尔指数下降表明收入分配的公平性在改善。图 3 反映了 1999~2023 年西部地区居民收入的泰尔指数变化。可见，西部地区居民收入泰尔指数呈现出以 2009 年为临界点的前期升高而后期下降的趋势。1999~2009 年西部地区居民收入泰尔指数持续上升，从 0.021 上升到 0.057，表明在此阶段西部地区居民收入分配的公平性并没有得到提升，反而有所下降；在西部大开发战略实施进入第二个阶段（2010~2019 年），泰尔指数持续下降，由 2011 年的 0.056 持续下降至 2020 年的 0.020。此阶段提高西部地区居民收入水平、改善民生状况成为西部大开发的重要任务之一，各种提高居民收入、改善民生的政策措施相继出台，特别是扶贫开发政策以及针对较低收入阶层的社会保障政策，有效促进了低收入群体收入的快速增长，进而缩小了居民间收入差距，使居民收入分配的公平性获得显著改善；但进入 2021 年以来，泰尔指数又有所上升，到 2023 年上升到了 0.024。该现象的出现，与疫情出现后西部地区就业形势不容乐观有密切关系。

**2. 城镇职工工资水平稳步提升，城镇就业率基本稳定，但近几年就业压力有所加大**

（1）城镇职工工资水平稳步提升（见图 4）。西部地区城镇单位职工年人均工资从 1999 年的 9075 元增加到 2023 年的 113606 元，年均增长率为 11.10%；这不仅表明西部大开发战略的实施在实现西部地区经济快速增长的同时，也实现了城镇居民工资收入水平的大幅度增长，同时也表明西部地区城镇就业人员的就业质量在稳步提高，为西部地区城镇职工的生活水平提供了有力保障。

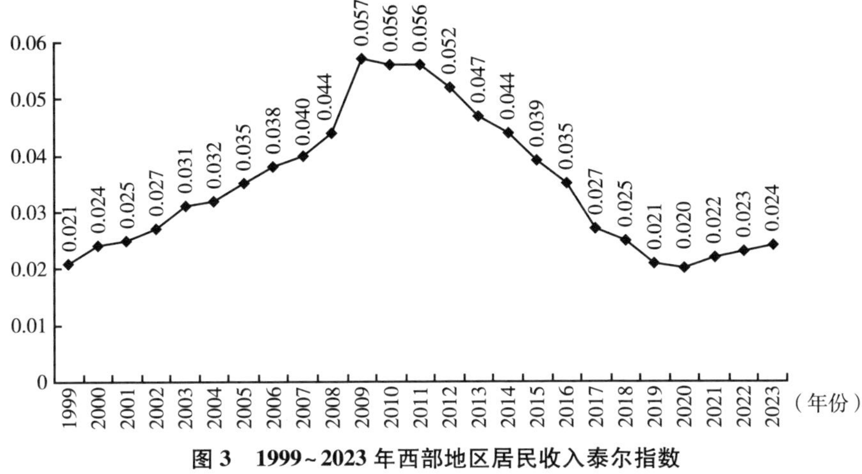


**图 3　1999~2023 年西部地区居民收入泰尔指数**

资料来源：根据 2000~2024 年《中国统计年鉴》数据计算。

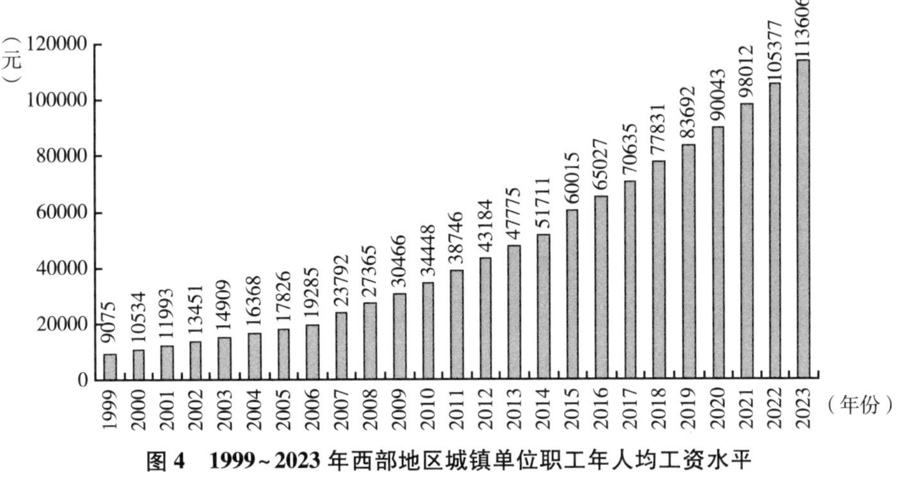


**图 4　1999~2023 年西部地区城镇单位职工年人均工资水平**

资料来源：根据 2000~2024 年《中国统计年鉴》各省（区、市）城镇职工工资水平加权计算得到。

（2）城镇就业率基本稳定，但 2020 年后就业压力有所加大。图 5 体现了西部地区 1999~2023 年的城镇就业率情况。可见，西部地区城镇就业率 2000~2019 年基本稳定，实现了充分就业的基本目标，特别是 2016~2019 年就业率持续高于全国平均水平。但 2020 年以来，西部地区与全国一样，就业率快速下降，到 2023 年西部地区城镇就业率下降到了 94.66%，这意味着 2020 年以来西部地区城镇就业承压严重。就业率的快速下降，一是与 2020 年初出现的新冠肺炎疫情对整个经济运行造成巨大冲击直接相关；二是与我国经济结构转型升级加快、大量吸收就业的传统产业被新兴产业替代有关。

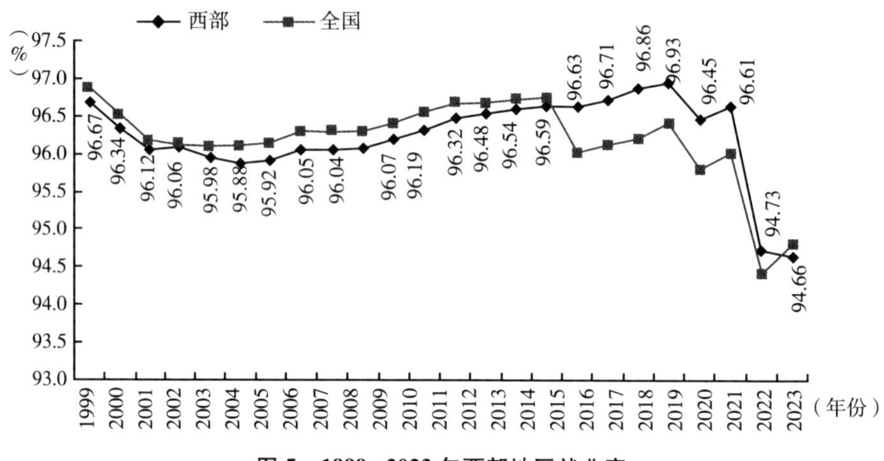


**图 5　1999～2023 年西部地区就业率**

说明：就业率计算公式为：就业率=1-城镇登记失业率/调查失业率。

资料来源：根据 2000～2024 年《中国统计年鉴》整理计算。

### 3. 教育基础条件不断改善，教育水平持续提高

（1）教育基础条件不断改善。教师是决定教育水平的关键因素，因此生师比是衡量教育基础条件的重要指标。图 6 显示了西部地区小学、初中、高中的生师比。可见，2000～2023 年西部地区的小学、初中、高中学校的生师比均稳步下降。这表明随着西部大开发战略的实施，西部地区教育基础设施水平获得显著改善。

从动态变化来看，2000～2009 年为教育资源基础建设阶段。这一时期，小学生师比从 22.19 降至 17.25，初中生师比从 20.72 下降到 15.40，高中生师比从 18.05 下降到 16.62。这一时期西部地区基础教育条件的持续改善源于国家加大了对西部地区涵盖交通、教育、卫生、生态等领域的基础设施

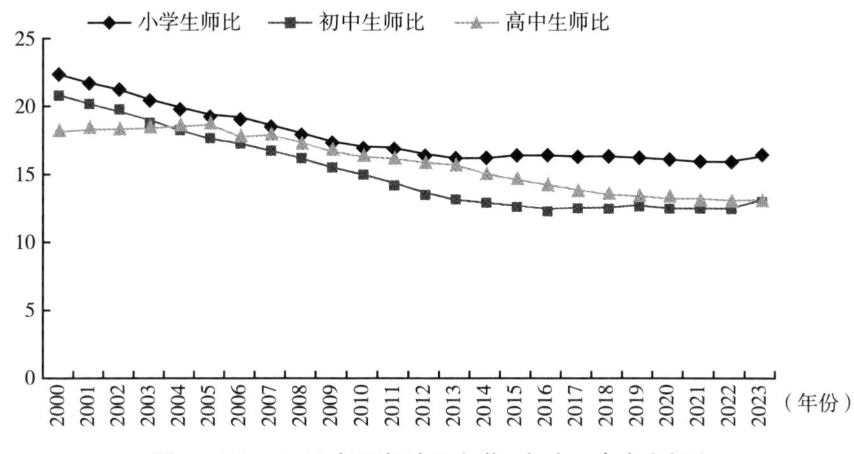


**图 6　2000～2023 年西部地区小学、初中、高中生师比**

说明：老师数为 1。

资料来源：马克数据网，《中国统计年鉴 2024》。

投资，尤其是加大了对农村和偏远地区的教育与医疗投资。

2010～2019 年为西部地区教育资源优化与质量提升阶段。小学生师比从 16.90 下降到 16.10 附近，初中生师比从 14.88 下降到 12.66，高中生师比从 16.21 下降到 13.35。这一时期的教育资源配置更加均衡，小学生师比趋于稳定，初中和高中生师比不断下降。这一阶段，国家在“十二五”和“十三五”期间通过多种促进西部地区教育加快发展的政策，如乡村教师支持计划和教育公平政策等，使西部地区基础教育的设施水平不断提升。

2020～2023 年为迈向高质量与优质均衡发展的深化期。2020～2023 年小学和初中生师比稍有提高，小学生师比从 15.98 提升到 16.13，初中生师比从 12.52 提高到 13.05，高中生师比从 13.11 下降到 13.04。尽管义务教育阶段的教育资源供给相比学生人数增长似乎有所下降，但高中生师比的下降和人均受教育年限的稳定增长表明，西部地区的教育资源配置和教育水平仍在稳步改善。通过数字化手段和远程教育的发展，教育的可及性得到了提升，特别是在疫情期间，政府通过线上教育确保了教育不中断。同时，“乡村振兴”战略的深入实施，使得偏远地区的教育资源更加充足，进一步推动了教育公平和质量提升。

（2）教育水平持续提高。随着西部地区教育基础条件的改善，西部地区人均受教育水平也显著提升。从人均受教育年限来看（见图7），2000～2022年西部地区人均受教育年限从6.48年提高到了9.28年，增加了2.8年。这表明西部地区教育水平正在迈向高质量发展阶段。

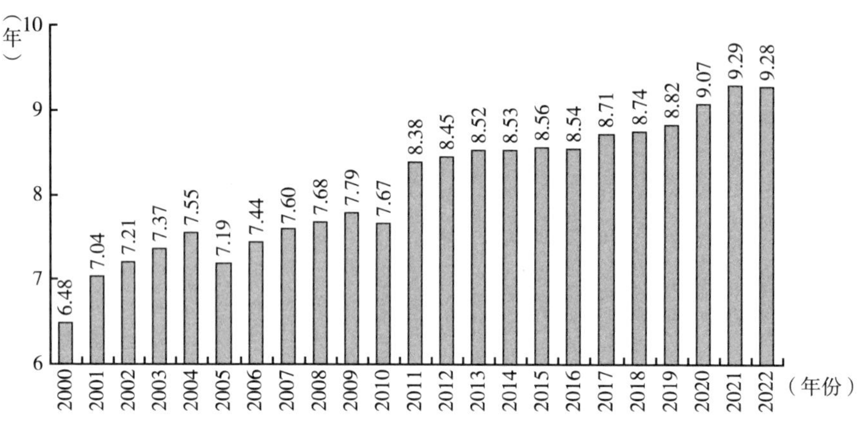


**图7　2000～2022年西部地区人均受教育年限**

资料来源：2001～2024年各省（区、市）统计年鉴，《人口统计年鉴》。

4. 医疗资源和保障水平持续改善，医疗服务可及性不断提升

（1）医疗资源和保障水平持续改善。2000～2022年西部地区的医疗资源和医疗保障经历了从基础薄弱到持续稳定发展再到不断完善的过程。

2000～2009年西部地区的医疗资源建设处于起步和基础设施奠基阶段。每万人口执业（助理）医师数从2000年的18.82人小幅下降至2009年的17.82人，而每万人拥有医疗机构床位数则从13.26张增至34.30张，显示出在床位数量方面的显著提升（见图8）。同期，西部地区每万乡村人口拥有村卫生室数量总体呈现持续稳定上升趋势，从2005年的7.46个增加到2009年的8.56个，增长了14.74%（见图9）。这一阶段是西部大开发政策的实施初期，西部地区医疗资源的改善主要集中在公共基础设施建设获得了更大支持，如显著增加医疗机构床位数。

2010～2019年西部地区医疗资源的增长加速，标志着进入资源扩张与服

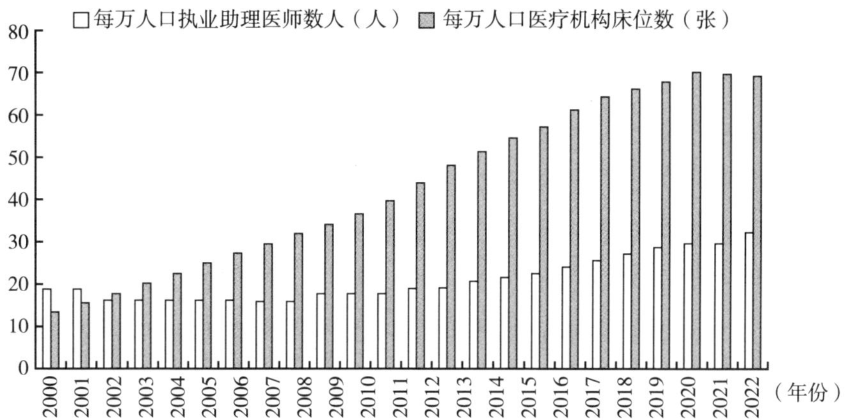


**图 8　2000~2022 年西部地区每万人口执业（助理）医师数和医疗机构床位数**

资料来源：马克数据网和《中国统计年鉴 2024》。

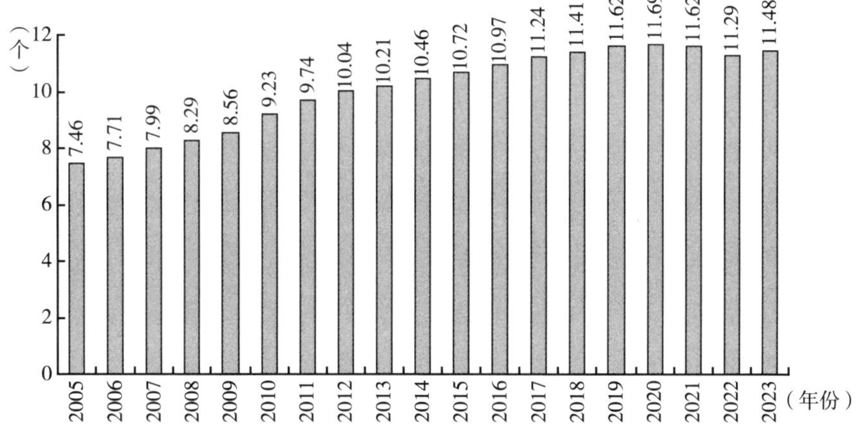


**图 9　2005~2023 年西部地区每万乡村人口拥有村卫生室数**

说明：2000~2004 年乡村人口数据缺失。2005~2023 年每万乡村人口村卫生室数为计算所得，村卫生室数/乡村人口数。

资料来源：马克数据网。

务能力提升阶段。每万人执业（助理）医师数从 2010 年的 17.64 人增至 2019 年的 27.09 人，增长了 53.57%；每万人拥有医疗机构床位数也从 36.64 张大幅增加到 66.24 张，增长了 80.79%；每万乡村人口拥有村卫生室数量从 9.23 个增长到 11.62 个，增长了 25.89%。这标志着西部地区进入医疗资源扩张与服务能力提升并举的阶段。这得益于国家在“十二五”和“十三五”规划期间，对西部地区基层医疗体系的投入增加，例如加强医务人员培训、扩大乡村医疗机构基础设施建设等政策的实施。

2020~2022 年，西部地区医疗资源建设进入高质量发展与资源优化配置阶段。每万人口执业（助理）医师数继续稳步上升，从 2020 年的 28.45 人增至 2022 年的 32.45 人，而每万人拥有医疗机构床位数从 2020 年的 67.8 张增加到 2022 年的 69.12 张。2020~2022 年，西部地区每万乡村人口拥有村卫生室数量出现微小降幅，但基本稳定在 11.5 个左右。这一阶段，国家进一步提出西部大开发形成新格局，强调高质量发展。在疫情背景下，西部地区医疗系统的应对能力得到了加强，但也凸显了医疗资源结构性调整的需求。因此，每万乡村人口拥有村卫生室数的微降与医疗资源优化配置相关，反映出在保障资源充足的前提下，更加注重医疗资源的合理分布和综合服务能力的提升。

（2）医疗保险服务可及性不断提升。医疗保险服务可及性可以用基本医疗保险参保人数来反映。图 10 体现了 2000~2023 年西部地区居民基本医疗保险参保人数的动态变化情况。可见，2000~2023 年西部地区基本医疗保险参保人数由 3402 万人增加到了 37489 万人，参保率从 9.57%提升到了 98.08%，基本实现了全民基本医疗保险。2016~2018 年基本医疗保险参保人数的大幅跃升，源于国务院 2016 年 1 月 12 日发布的《关于整合城乡居民基本医疗保险制度的意见》（国发〔2016〕3 号）的政策推动，该《意见》明确要求各省（区、市）于 2016 年 6 月底前对整合城乡居民医保工作做出规划和部署，明确时间表、路线图，健全工作推进和考核评价机制，严格落实责任制，确保各项政策措施落实到位。

5. 养老和社会保障服务体系逐步走向完善成熟

（1）养老服务床位数稳定增加。2000~2023 年西部地区每万人口养老服务床位数从 5.61 张增加到 29.24 张，增长了 4.21 倍，年均增长率为 7.44%（见图 11）。从西部大开发不同阶段的动态变化来看，2000~2009 年西部地区每万人口养老服务床位数从 5.61 张增加到 13.05 张，年均增长率

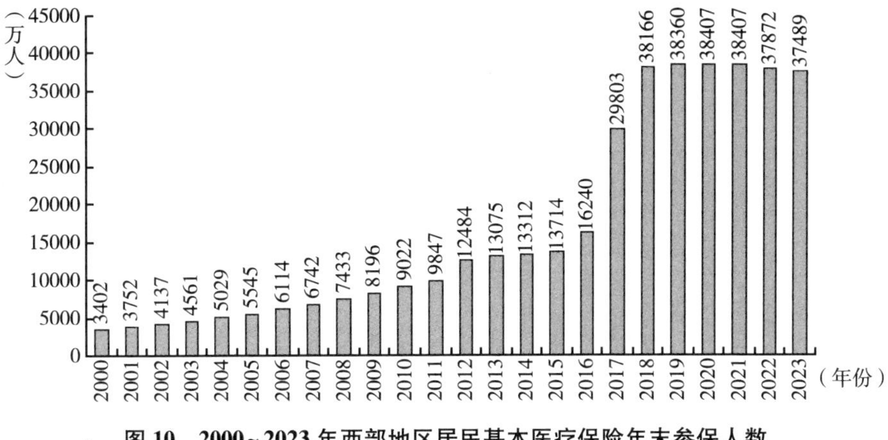


**图 10　2000~2023 年西部地区居民基本医疗保险年末参保人数**

资料来源：马克数据网、2001~2024 年《中国统计年鉴》。

为 9.83%；2010~2019 年这一阶段，每万人口床位数从 15.35 张增加到 28.02 张，年均增长率为 8.87%；2020 年至今，每万人口养老服务床位数略有下降，但基本稳定在 29 张左右。其主要原因在于：一是养老模式正在从传统的机构养老模式向机构养老、居家养老、居家式社区养老、乡村养老等多元化养老模式发展，使得对传统的机构养老模式的需求有所下降；二是新冠肺炎疫情对养老机构的运营和建设产生了负面影响，导致部分项目延期或取消。

（2）养老保障覆盖率大幅提升。图 12 显示了 2000~2023 年西部地区基本养老保险参保人数的变化情况。可见，2000~2023 年西部地区基本养老保险参保人数从 2327 万人增加到 28760 万人，年均增长率为 11.55%。从动态变化来看，从 2009 年开始，西部地区养老保险参保人数快速增长，2012 年参保人数相较 2008 年增长了 3.02 倍，年均增长率达到了 41.56%。这种高增长的驱动因素来自 2009 年 9 月 1 日国务院印发的《关于开展新型农村社会养老保险试点的指导意见》，提出要建立起全覆盖的统一的城乡居民社会养老保险制度，这标志着我国养老保险制度从原来的只惠及城镇职工开始惠及全体居民，从而打破了城乡二元化界限，使得社会养老保险向着城乡一体化转变，这是在社会公平方面迈出的重大一步。2011 年出台的《中国老龄

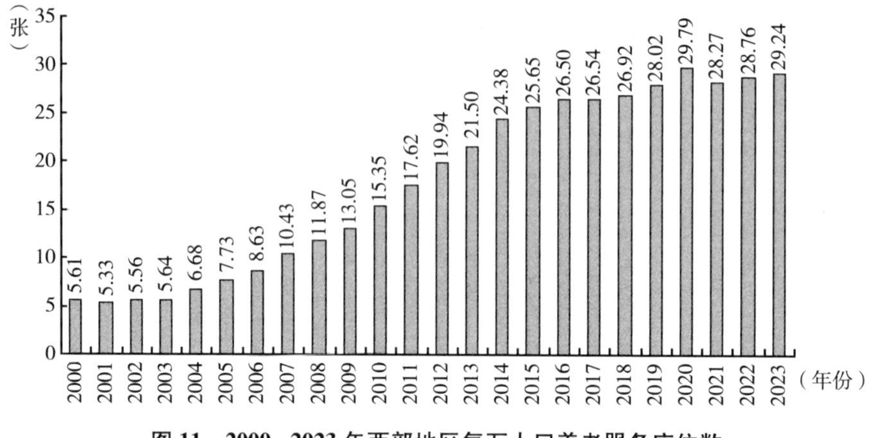


**图 11　2000～2023 年西部地区每万人口养老服务床位数**

说明：此处数据为各省数据汇总计算所得，其中养老服务床位数为民政部提供的养老服务床位数。

资料来源：中国统计局、民政部网站。

事业发展“十二五”规划》、《社会养老服务体系建设规划（2011－2015年）》以及《关于加快发展养老服务业的实施意见》等均强调我国养老保障及养老服务体系建设，国家大力推广全民参保计划，显著提高了养老保险的覆盖率，为老年群体提供了更强的社会保障，西部地区养老体系逐渐从基础设施扩展到全面的社会保障服务。

## （三）西部大开发战略实施以来西部地区民生发展成效的综合评价

为了综合反映西部大开发战略实施以来西部地区民生发展的成效，我们运用前文构建的评价指标体系，以 2000～2023 年西部地区经济运行数据为基础，采用熵权法计算出了西部地区民生发展综合指数（见图 13）。根据民生发展综合指数，可以看出自西部大开发战略提出并实施以来，西部地区民生发展水平得到了显著提升。但在西部大开发的不同阶段，民生发展水平提升的推动力存在不同特征。

1. 2000～2009年：民生改善的起步阶段

2000～2009 年是西部大开发战略提出后具体实施的第一个十年期。2000

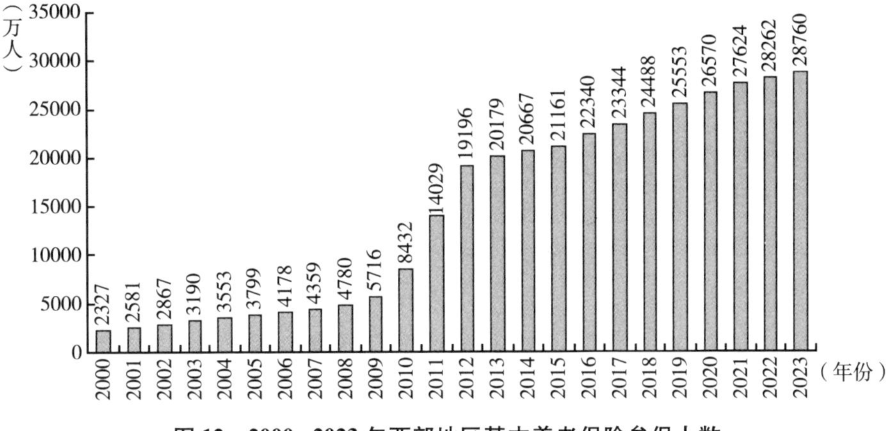


**图 12　2000~2023 年西部地区基本养老保险参保人数**

资料来源：根据 2001~2024 年《中国统计年鉴》整理。

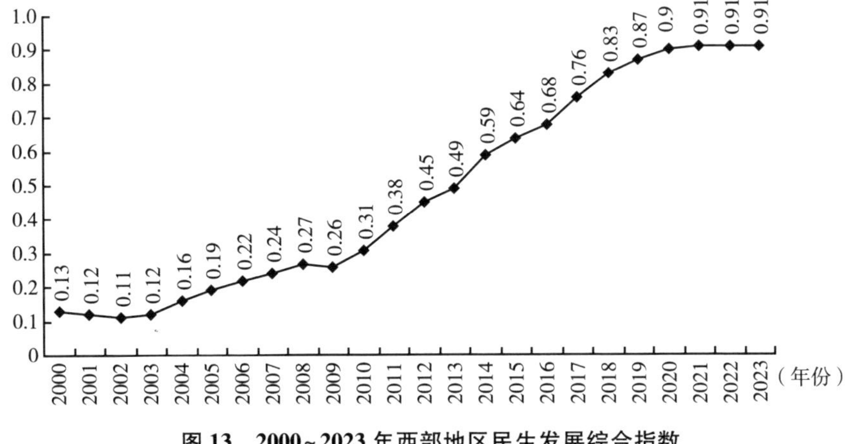


**图 13　2000~2023 年西部地区民生发展综合指数**

资料来源：马克数据网、民政部网站以及 2001~2024 年各省（区、市）统计年鉴。

年国务院印发了《关于实施西部大开发若干政策措施的通知》，就西部大开发中的资金投入、投资环境、对外对内开放、吸引人才和发展科技教育等制定了若干具体政策措施，并明确规定，力争用五到十年时间，使西部地区基础设施和生态环境建设取得突破性进展，使西部开发有一个良好开局；2001 年发布了《关于西部大开发若干政策措施的实施意见》，从加大建设资金投入力度、优先安排建设项目等方面对实施西部大开发战略进行了具体部署。

该阶段重点通过对西部地区基础设施建设与生态修复力度的加大，改善经济发展的基础条件与发展环境，为西部地区经济社会发展奠定良好基础。随着此阶段西部大开发各项政策的落实，西部地区的交通基础设施、基础教育条件、基层医疗等基本公共服务水平也得到了稳步提升，为西部地区民生改善奠定了基础，民生发展指数从 2000 年的 0.13 提升至 2009 年的 0.26，民生改善成效显著。但由于西部地区经济基础总体还比较薄弱，整体民生发展水平仍处于相对较低的起点。

2.2010~2019年：民生保障的深入推进阶段

进入 2010~2019 年，西部地区的民生发展指数迅速提高至 0.87，指数出现显著增长。这一时期，政策层面更加注重“精准扶贫”和社会保障的完善，通过产业扶贫、就业支持等多种措施，有效提升了居民收入水平，显著改善了整体生活质量。

在此阶段，政府在基础设施之外，重点加强了医疗保障和教育资源的均衡发展。新型农村合作医疗制度和城乡居民医保的推行，使得医疗保障的覆盖范围进一步扩大，尤其是在偏远地区，居民享有更普及的医疗服务。此外，通过推动职业教育和高等教育的发展，西部地区的年轻人获得了更多的就业机会和发展平台，从而带动了民生发展指数的持续上升。

3.2020年至今：向高质量民生服务转型阶段

2020 年之后，西部地区的民生发展指数持续维持在 0.90~0.91 的高水平，标志着西部地区民生发展已进入新阶段。这一时期的重点从以往的基础设施和基础民生服务转向了更高质量、更精细化的公共服务，政府在巩固教育、医疗、养老等基础服务的基础上，进一步推动了服务质量的提升。例如，推进教育公平，提高职业教育质量，加强城乡医疗设施建设，使得城乡居民在生活质量和社会保障上享受更加均衡的发展成果。同时响应“十四五”规划，推进绿色经济发展，为西部地区带来了新的就业机会。

通过对三个阶段的分析可以看出，西部地区的民生发展从 2000~2009 年的基础建设起步，到 2010~2019 年的快速发展，再到 2020 年至今的高质量转型，体现了西部地区民生改善的逐步深化过程。

## 二　西部地区民生发展中面临的主要困难和问题

### （一）西部地区民生发展中面临的主要困难

西部地区民生发展的短板，正是当前民生改善亟待解决的核心问题。这些短板不仅制约了区域内居民生活质量的提升，也影响了西部整体经济与社会的均衡发展。

我们基于2000~2023年西部地区发展数据，利用障碍因子诊断模型对制约西部地区民生发展的“短板”因素进行了甄别。诊断步骤可概括为：首先，计算西部地区每个年份的民生发展水平的障碍度并依照从大到小的顺序对其进行排序；其次，取每个年份障碍度排序前8位的障碍因素（指标），并找出其在所研究的24个年份中出现次数超过12次（超过50%的年份）的障碍因素作为影响西部地区民生发展水平的“短板”因素。由图14可知，西部地区民生发展的主要“短板”因素是小学生师比（出现23次）、城镇职工人均月工资水平（出现21次）、全体居民年人均可支配收入（出现21次）、基本医疗保险参保人数（出现17次）、基本养老保险参保人数（出现14次）、高中生师比（出现13次）。据此，笔者认为西部地区民生发展存在的突出困难主要为以下方面。

#### 1.基本医疗资源不足

西部地区的每万人口执业（助理）医师数量明显偏低，反映出以医师为代表的基本医疗资源严重不足。这种不足不仅影响居民基本医疗服务的可及性，还直接影响居民的健康保障水平。医疗资源不足的问题在偏远农村地区尤为明显，导致居民看病难、医疗服务水平较低等问题长期存在。同时，由于医疗资源集中于省会城市，而基层医疗条件较差与医疗水平较低，导致居民特别是广大农村居民获得优质医疗服务的机会显著不足。

#### 2.就业形势严峻

城镇就业职工月工资水平偏低凸显了西部地区就业形势严峻。一方面，

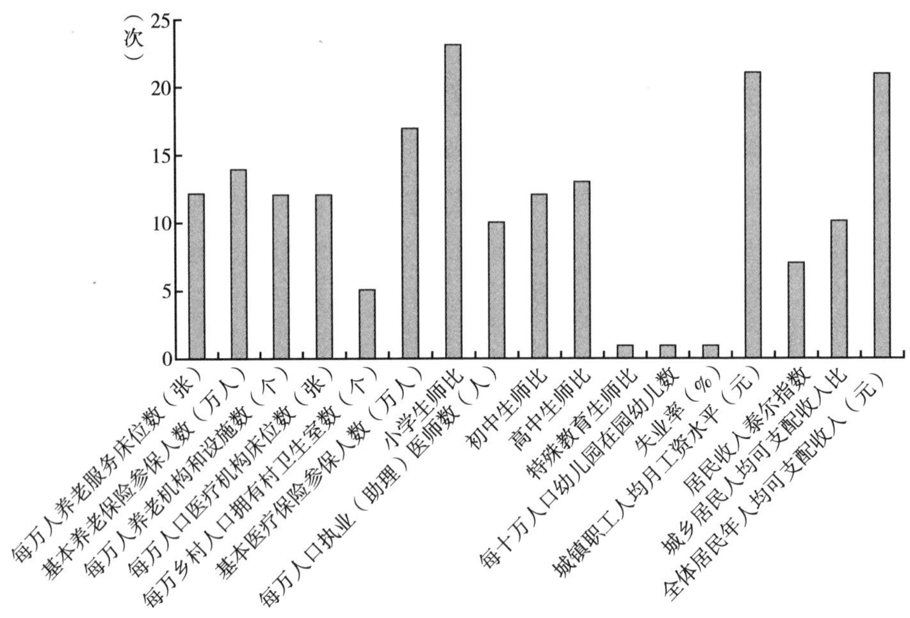


**图 14　2000~2023 年西部地区民生发展指标的诊断结果**

资料来源：根据 2000~2023 年西部地区数据计算所得。

低收入直接影响居民生活质量，限制消费能力，挤压了改善生活条件的空间；另一方面，低工资反映出西部地区城镇产业结构较为单一，新兴产业发展滞后，能提供较高薪资的就业岗位不多，许多职工仍从事着以体力劳动为主的工作，难以提升收入。此外，经济发展滞后导致市场活力不足，就业机会有限，进一步加剧了就业竞争和人才流失。因此，提高西部地区城镇就业职工工资不仅关乎民生，还揭示了西部地区在产业升级发展、就业结构优化和吸引人才等方面面临的极大挑战。

### 3. 居民收入水平偏低

收入水平是保障民生水平的基本前提条件。西部地区较低的居民人均可支配收入，一方面限制了居民在教育、医疗、住房等方面的消费支出，导致民生服务的可及性和质量难以满足需求，影响生活质量；另一方面，也难以吸引西部地区经济发展急需的人才，导致区域经济发展的人才瓶颈，形成“低收入-低发展”的低水平循环，成为民生改善的一大障碍。

4. 医疗和养老社会保障覆盖不足

在基本医疗保险和基本养老保险参保人数方面，西部地区明显低于全国平均水平，这反映了其社会保障体系的覆盖面和保障水平不足。由于地方财政资源有限，一些地方在为居民提供医疗保险和养老保险方面面临挑战，导致部分人群，特别是老年人和低收入群体，得不到充分的社会保障。这不仅增加了家庭和个人的生活压力，也对整个社会的稳定造成潜在影响。

5. 高级阶段的教育资源匮乏，分配不均

高中生师比偏高折射出西部地区高级教育阶段存在着较为严重的资源匮乏与分配不均。在教育资源供给的数量和质量上，西部地区与东部、中部地区皆存在较大差距，尤其是偏远地区，高级教育阶段教育资源有限，优质师资不足，限制了青少年进入大学获得更高水平教育的机会，影响了他们的未来发展。长期来看，这不仅影响个人发展，还会限制区域经济的转型升级和整体竞争力的提升。

从民生发展的五个衡量维度来看，西部地区民生发展面临的困难在不同阶段有所变化（见表3），其中，2000~2009年，医疗、养老和收入问题是主要障碍，反映出当时基本公共服务和收入水平的不足；2010~2019年，教育问题取代了养老问题，成为第二大障碍因素；2020年至今，教育、收入和养老依次成为前三大主要障碍。这也表明在西部大开发战略进入形成新格局时期，提升西部地区教育水平、持续增加居民收入、健全养老保障服务体系将是提升民生发展水平的重中之重。

**表3　西部大开发不同阶段民生发展障碍度排序**

| 障碍度排序 | 2000~2009年 | 2010~2019年 | 2020年至今 |
|---|---|---|---|
| 1 | 医疗 | 医疗 | 教育 |
| 2 | 养老 | 教育 | 收入 |
| 3 | 收入 | 收入 | 养老 |
| 4 | 就业 | 养老 | 医疗 |
| 5 | 教育 | 就业 | 就业 |

## （二）西部地区民生发展面临的问题

持续改善民生、提升民生发展水平是中国式现代化建设的永恒主题，也是西部大开发战略的核心目标之一。尽管自西部大开发以来，西部地区民生发展水平显著提高，但面对目前复杂的国内外经济环境，西部地区民生发展水平的进一步提升依然面临着诸多挑战与问题。

**1. 总体发展水平不高，与全国平均水平的差距依然较大**

从衡量民生发展状况的五个维度来看，西部地区的主要指标均明显低于全国平均水平（见表 4）。一是从收入维度来看，2023 年西部地区居民人均可支配收入为 31100. 00 元，仅为全国平均水平的 79. 30%。较低的收入水平直接影响了西部地区居民的生活质量，制约了消费能力的提升和民生服务的可及性。二是从就业维度来看，2023 年西部地区城镇就业率为 94. 66%，与全国平均水平基本持平，仅仅低 0. 14 个百分点；但城镇非私营单位就业人员年平均工资收入为 107975 元，为全国平均水平的 89. 46%；城镇私营单位就业人员年平均工资水平为 59037 元，仅为全国平均水平的 86. 39%；这表明西部地区不仅面临着与全国一样较为严峻的就业压力，而且就业质量较低。三是从教育维度来看，基础条件明显落后，除小学外，基础教育以及中高各个教育层次生师比均明显高于全国平均水平。尤其是高中教育层次，生师比的差距更大。由于高中教育是决定学生进入大学接受教育进而实现职业、身份转换的关键阶段，西部地区高中教育较高的生师比，不仅意味着西部地区教育资源相对匮乏，同时也意味着西部地区孩子接受大学教育并进一步实现身份、职业转换的难度更大。四是从医疗服务维度来看，2023 年西部地区每万人口的执业医师数为 32. 45 人，占全国平均水平的 95. 69%；万人医疗机构床位数为 69. 12 张，占全国平均水平的 95. 52%。西部地区的这两项指标与全国平均水平差距不太大，但由于西部地区医疗资源较高程度地集中于省会城市，资源分布与西部地区人口密度小、边远地区与边远山村较多、交通不便的客观现实不相适应，使得西部广大农村地区的医疗服务资源短缺与公共医疗基础设施水平较低的状况依然严重。五是从养老维度来看，

2023 年西部地区每万人口养老机构数为 0.28 个，与全国平均水平的 0.29 个基本持平，但每万人养老机构床位数仅为 29.24 张，为全国平均水平的 76.64%。这表明西部地区养老服务的供给与全国平均水平的差距依然较大。

**表 4　2023 年西部地区民生发展主要指标与全国的比较**

| 主要指标 | | 西部地区 | 全国平均 |
|---|---|---|---|
| 居民年人均可支配收入(元) | | 31100.00 | 39217.97 |
| 就业情况 | 城镇非私营单位就业人员年平均工资收入(元) | 107975 | 120698 |
| | 城镇私营单位就业人员年平均工资收入(元) | 59037 | 68340 |
| | 城镇就业率(%) | 94.66 | 94.80 |
| 教育基础条件 | 小学教育生师比 | 16.13 | 16.28 |
| | 初中教育生师比 | 13.05 | 12.84 |
| | 高中教育生师比 | 13.04 | 12.66 |
| | 特殊教育生师比 | 15.93 | 11.84 |
| 医疗基础条件 | 万人执业(助理)医师数(人) | 32.45 | 33.91 |
| | 万人医疗机构床位数(张) | 69.12 | 72.36 |
| 养老基础条件 | 万人养老机构数(个) | 0.28 | 0.29 |
| | 万人养老机构床位数(张) | 29.24 | 38.15 |

说明：西部和全国万人医疗机构床位数与万人执业（助理）医师数来自各省（区、市）统计公报加总计算。西部地区 2023 年万人养老机构数据根据其 2018～2022 年的复合增长率推算得到，万人养老机构床位数根据《中国统计年鉴 2024》计算得到。全国 2023 年万人养老机构数、万人养老机构床位数根据《2023 年民政事业发展统计公报》数据计算得出。其中，养老机构数据来自公报里“注册登记的养老机构数”数据，养老床位数据来自国家统计局“养老床位数”数据。

资料来源：马克数据网、《中国统计年鉴 2024》及 2001～2023 年各省（区、市）统计公报、统计年鉴。

### 2. 民生发展水平在城乡之间的不均衡较为突出

西部地区民生发展水平在城乡之间的不均衡主要体现为城乡之间居民收入差距较大和公共服务资源配置的不均衡。

（1）西部地区城乡居民可支配收入差距明显高于全国平均水平。2023 年全国城乡居民可支配收入比为 2.39，而西部地区为 2.44，高于全国平均水平。这表明，从收入维度上来看，西部地区民生发展水平的城乡差距更大，城乡发展的不均衡问题更为严重。

（2）农村基层医疗资源明显匮乏。随着西部大开发战略的实施及不断深入，西部地区城乡医疗条件均有显著改善，但城乡医疗资源分配及服务很不均衡，农村医疗服务体系依然薄弱。特别是在基层医疗方面，西部地区每万农村人口村卫生室数量 2018~2023 年从 11.41 个增加到 11.48 个，5 年仅增加了 0.07 个（见图 15），而同期全国每万农村人口村卫生室数量从 11.50 个增长到 12.20 个，5 年增加了 0.70 个。这说明全国不同区域的农村基层医疗资源供给配置不均衡，严重制约着农村居民基本医疗服务可及性的提升，这一问题在西部地区更为突出。

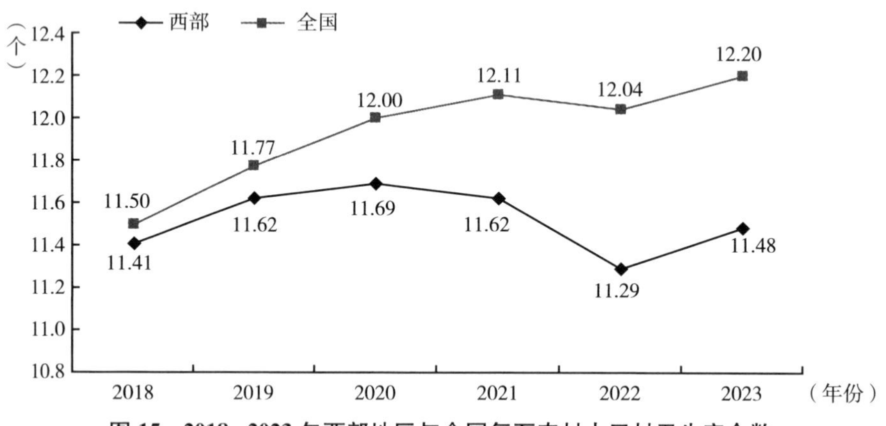


**图 15　2018~2023 年西部地区与全国每万农村人口村卫生室个数**

资料来源：马克数据网。

（3）教育资源城乡配置不均衡依然显著。根据《2020－2022 年中国农村教育发展报告》，西部地区的乡村小学教师配置远低于城市水平，乡村小学的生师比为 1.88∶1，而城区小学生师比则为 2.04∶1。这表明乡村学校的教师数量相对不足，不仅难以满足教学需求，而且影响教学质量。另外，随着城镇化的加速推进，乡村学校数量在持续减少，一些乡村学校由于生源减少而合并或关闭，进一步加剧了教育资源向城市集中的趋势。

（4）养老服务资源城乡配置显著不均衡。城市养老设施相对集中且服务完善，而农村地区的养老服务则因设施分散、服务资源不足而面临较大的压力。根据《中国老龄化研究报告 2022》(任泽平团队),农村养老资源质量和服务水平不足。许多农村地区的养老机构由于设施不完善、护理人员不足,难以提供高质量的护理和服务。这与城市相比,形成了明显的资源配置差距。此外,部分偏远农村地区虽然建立了基本的特困人员集中供养制度,但护理服务水平仍难以满足日益增长的需求。目前养老护理人才的缺口较大和服务质量参差不齐,仍是西部农村养老发展的主要难题。

3. 就业压力较大,就业形势严峻

传统产业是吸收劳动力就业的主要产业领域,且在西部地区经济中占有相当大的比例。但随着经济结构转型升级速度的加快,一些传统产业所提供的就业岗位大幅减少,而新兴产业发展带来的新增就业岗位因现有劳动力素质不能满足岗位要求而难以吸纳,使就业形势面临着较为严峻的挑战。

(1)失业率持续攀升。2019~2023 年西部地区城镇登记失业率从 3.07%增加到 5.34%,增加了 2.27 个百分点;同期全国城镇登记失业率从 3.60%增加到了 5.20%,增加了 1.60 个百分点。西部地区城镇登记失业率提高幅度远高于全国平均水平。特别是在 2023 年全国城镇登记失业率有所下降的情况下,西部地区城镇登记失业率还继续上升了 0.07 个百分点(见图 16)。这表明自 2019 年以来西部地区就业形势越来越严峻,且问题相较于全国来说更为严重。

(2)高校毕业生就业机会不足。2024 届全国普通高校毕业生数量为 1179 万,相较上届增加了 21 万人,全国范围内普通高等院校共 2756 所,其中西部地区的高校数量有 739 所,占全国的比例为 26.81%,这意味着西部地区高校毕业生人数多,就业难度增加;与此同时,西部地区因传统产业占比较大而新兴产业发展不足,导致就业岗位增加相对缓慢,难以满足庞大规模的毕业生的就业需求,这种供求矛盾导致了毕业生面临着更为严峻的就业问题。

(3)就业人员受教育程度低,难以适应新产业需求。2022 年西部地区就业人员中,未上过学的就业人员比例达到 3.9%,比全国平均水平高出

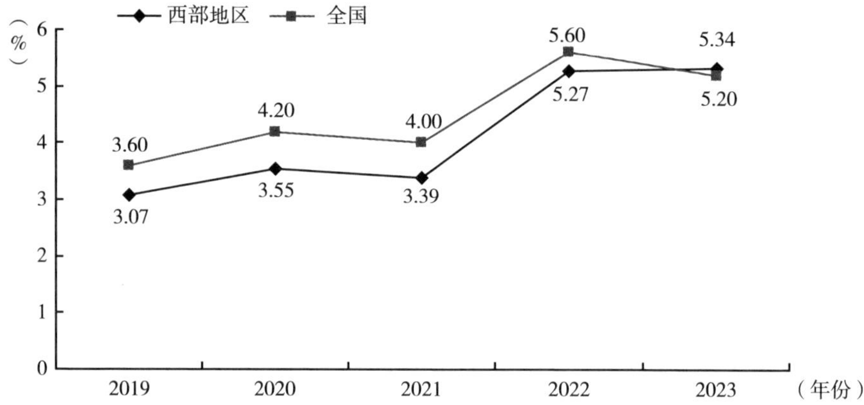


**图 16　2019~2023 年西部地区与全国城镇登记失业率/调查失业率**

资料来源：Wind 数据库。

1.5 个百分点；小学和初中学历的就业人员占全部就业人员的 62.8%，比全国平均水平高出 5.2 个百分点。大学本科和研究生学历的就业人员占就业人员的比例为 10%，比全国平均水平低 2.4 个百分点（见表 5）。西部地区大学以下教育程度的就业人员占比达 79.8%，比全国平均水平高出 3.9 个百分点。随着数字经济发展以及经济数字化转型的加速，部分传统产业就业岗位减少以及新兴产业发展对技能要求提高，使得难以找到合适工作岗位的人数增多，许多人因缺乏必要的技能和知识而难以适应现代化产业的需求，导致就业机会有限。

**表 5　2022 年西部地区及全国就业人员受教育程度构成**

单位：%

| 地区 | 未上过学 | 小学 | 初中 | 高中 | 大学专科 | 大学本科 | 研究生 |
|---|---|---|---|---|---|---|---|
| 西部 | 3.9 | 25.8 | 37.0 | 13.1 | 10.2 | 9.3 | 0.7 |
| 全国 | 2.4 | 18.4 | 39.2 | 15.9 | 11.7 | 11.1 | 1.3 |

说明：为与教育部学历划分一致，本文对受教育程度分类进行了合并调整，其中高中包括中等职业教育，大学专科包括高等职业教育。

资料来源：根据《中国统计年鉴 2023》数据计算。

4. 民生改善的某些政策没有真正落实到位

随着西部大开发战略的深入推进，国家对西部地区经济社会发展的支持重心也由第一阶段的基础设施与生态环境建设逐步转移到以产业培育、民生改善及经济高质量发展为重心，从而实现了由重点领域开发向全面发展的转变。但由于西部地区经济发展总体水平较低，地方财力有限，且西部各省区市之间经济实力存在较大差异等，国家出台的部分民生改善政策在西部地区难以真正落实到位。如在养老领域，尽管国家提出了多项改善老年人服务和增加养老金的政策，但资金落实和执行效果往往不如预期。2022 年，全国对 2021 年底前已办理退休手续的企业和机关事业单位人员的基本养老金水平统一提高了 4%，但西部地区特别是偏远地区由于财政压力大和经济基础薄弱，即使中央财政通过补贴支持这些地区，政策的持续性和稳定性仍存在问题。部分地区在实施过程中资金调配不足，导致养老资源供给无法持续保持稳定。再如在医疗服务领域，虽然有明确的政策支持提高基层医疗服务，但在部分农村和偏远地区，医疗设施和人力资源的配备仍未达到预期。西部地区的医院数量和优质医疗资源与全国平均水平相比依然处于较低水平。

## 三　新时代西部地区民生发展的重点任务

2020 年 5 月，中共中央、国务院发布了《关于新时代推进西部大开发形成新格局的指导意见》，提出强化举措抓重点、补短板、强弱项，形成大保护、大开放、高质量发展的新格局，这是党中央从全局出发做出的重大决策部署。在此决策部署下，面对复杂多变的国内外经济环境，未来西部地区的民生发展要坚持以高质量和可持续性为核心，重点围绕提高居民收入水平、扩大就业机会、优化教育资源配置、完善医疗服务体系、健全养老保障五大核心任务展开。

### （一）构建居民收入增长长效机制，实现居民收入水平的稳步增长

居民收入水平的稳步提高是居民生活质量持续改善的基本保障。西部地

区相对较低的居民收入水平，特别是过低的农村居民收入，是制约民生发展的首要因素。增加居民收入，不仅能改善居民基本生活条件，还能提升教育、医疗、住房等方面的保障水平，让居民享受到更高质量的民生服务，从而提高生活满意度，并有效缓解区域间发展的不平衡，逐步实现共同富裕的目标。同时，农村居民收入水平的提高将增强农村地区的吸引力，吸引更多人才留在农村或返乡创业，带动农村产业发展，加速农业现代化目标的实现。另外，在提高居民收入水平的同时，进一步缩小城乡收入差距，还可以促进社会和谐稳定，为西部地区的长远发展营造良好的社会环境。西部大开发战略实施以来，西部地区居民收入获得了长期持续的高增长，城乡收入差距也在缩小，但近几年随着国内外经济环境的日益复杂多变，居民收入增速出现了明显下降，这无疑对民生发展水平的提高构成约束。因此，构建居民收入增长长效机制，实现居民收入稳步提升，不仅是提升民生福祉的关键，更是推动西部地区经济高质量发展的重要基础。

### （二）全社会协同努力，实现居民充分就业

就业是民生之本，直接关系居民的收入水平和生活质量。西部地区由于经济发展相对滞后，居民人均可支配收入和城镇就业职工工资收入低于全国平均水平，特别是农村居民收入与东部和中部地区存在明显差距。因此，促进充分就业对于提高居民收入、缩小区域和城乡收入差距、增强社会公平具有现实迫切性。此外，充分就业有利于社会稳定，减少贫困，提升居民的获得感、幸福感和安全感，为西部地区的长治久安和可持续发展奠定坚实基础。在目前极其复杂且多变的国内外经济形势下，实现居民充分就业仅靠就业者本人的努力远远不够，还需要政府、企业、教育机构及就业者多方面的协同努力。为此，需要进一步加大相关投入，优化产业结构，强化教育与就业培训的针对性，完善就业服务体系，一方面为就业者创造更多的就业机会，另一方面提高劳动者在数字经济时代下适应新产业、新业态的就业能力，确保居民实现充分就业，进而提升整体民生发展水平。

### （三）优化教育资源配置，提高城乡居民共享水平

教育不仅是个人发展的基础，是社会发展的基石，更是推动区域经济和社会转型的核心引擎，直接影响区域经济增长、社会进步和居民生活质量。西部地区由于地理、经济等因素，教育资源相对匮乏，城乡之间存在明显差距。为此，必须在持续加大教育投资的前提下，优化教育资源配置，确保城乡居民享有公平的教育机会，不仅有助于提升整体教育水平，提升居民的文化素质和就业能力，还能增强区域创新能力，推动经济高质量发展。同时，教育公平的实现和高质量发展将使西部能够主动承接东部地区的产业转移，优化区域产业结构，更好地实现大保护、大开放与高质量发展的目标。

### （四）完善医疗服务体系，不断提升居民健康水平

健康是民生之本，直接关系人民群众的生活质量和幸福感，高质量的医疗服务和全面的健康保障不仅影响个人福祉，也是吸引人才、支持区域经济发展的重要支撑，因此完善医疗服务体系对于提升居民生活质量、促进社会和谐稳定至关重要。另外，随着人口老龄化进程加快和健康需求多样化，西部地区面临的医疗服务压力日益增大，现有医疗服务体系难以满足居民日益增长的健康需求，特别是在基层医疗服务和公共卫生领域存在短板。为此，必须加快完善医疗服务体系，优化医疗资源配置，提升基层医疗服务能力，确保居民能够获得及时、有效的医疗服务。

### （五）健全居民养老服务保障体系

社会保障和公共服务的完善是实现社会公平和包容性发展的基石。随着人口老龄化趋势的加剧，健全居民养老服务保障体系并提供高质量的养老服务，是使居民获得尊重感、满足感与幸福感的重要前提。对于西部地区来说，随着老年人口数量不断增加，养老服务保障的供给不足、结构不平衡的问题日益突出。健全养老服务体系，有助于弥补服务缺口，提升老年居民的生活质量，促进老年群体的身心健康，确保老年人生活需求得到

最大满足。其次，养老服务体系的健全将带动养老服务相关产业的发展，创造新的就业机会，形成新的经济增长点，从而推动区域经济的可持续发展。与此同时，健全养老保障体系可以减轻年轻一代的赡养压力与后顾之忧，提升他们的生活质量和工作效率，促进家庭和社会的和谐稳定。因此，健全居民养老服务保障体系不仅是保障老年人福祉的重要措施，更是推动西部地区民生和经济协调发展的关键，对构建和谐社会、实现可持续发展具有深远意义。

## 四　新时代西部地区加快民生发展的政策建议

基于以上分析，结合新时代西部大开发的特点和西部地区民生发展的需求，特提出以下五项综合性政策建议。

### （一）推进新型城镇化与乡村振兴的融合发展，加快居民收入水平显著提升

#### 1. 加快农村现代化建设，做强做大县域经济

实现农村现代化是提升民生发展水平的重要途径，而县域经济是实现农村现代化的主战场。为此，一是要推动农村一二三产业深度融合，通过引进先进农业技术，推广高效种植和养殖模式，提高农产品附加值，促进农牧业全产业链、价值链转型升级，以此加快推进农业现代化。二是要发展特色乡村产业，支持农村合作社和农业企业，通过现代农业技术推广、农产品品牌化以及农文旅结合，做大做强县域经济，为农村居民提供更多的就业机会，增加收入。三是加强现代物流服务体系建设，大力度发展乡村物流和电商平台，实现城乡物流的高效快捷流通。四是完善农村基础设施建设，加大对农村公路、供水、能源和通信网络的投资，提高农村居民的生活便利性和生产效率。

#### 2. 统筹推进新型城镇化，促进乡村全面振兴

通过新型城镇化和乡村振兴的协调发展，促进农村地区人口的就地城镇

化，打破城乡结构性失衡。一是因地制宜优化城镇布局，培育发展一批特色小城镇，科学规划城镇发展，避免盲目扩张，在保护耕地和生态环境的前提下，促进城乡协调发展。二是提升公共服务水平，在中小城镇和农村地区加大教育、医疗、文化等公共服务投入，鼓励城市优质教育和医疗资源向乡村延伸，推动“城乡学校共同体”模式，确保乡村人口享受均等的教育和医疗服务资源，不断缩小城乡差距，提高居民生活质量。三是有序推进农业转移人口市民化，实现基本公共服务常住人口全覆盖，保障符合条件的未落户农民工在流入地平等享受城镇基本公共服务。四是加快推动“数字乡村”建设，以一二三产业融合发展为抓手，积极培育发展乡村旅游等新业态，拓宽农民增收渠道。

**3. 深化农村领域改革，增加居民财产性收入**

一是深化农村土地制度改革，推进农村土地承包经营权、宅基地使用权和集体建设用地使用权“三权分置”改革，赋予农民更加完整的土地财产权利。通过完善土地流转机制，鼓励农民依法依规将土地经营权流转给专业大户、家庭农场或农业企业，获取租金收入。同时，探索农村集体经营性建设用地入市举措，增加农民财产性收入。二是发展新型农村集体经济，鼓励农村集体经济组织通过资源入股、合作经营等方式，参与现代农业、乡村旅游、农产品加工等产业，增加集体经济收益。完善集体资产管理和分配机制，确保收益公平分配，增加农民财产性收入。三是盘活农村闲置资产，鼓励农民将闲置的房屋、宅基地等资产通过租赁、合作等方式进行开发利用，如发展乡村民宿、农家乐等，获取租金或经营收入。同时，完善相关政策，保障农民合法权益，降低资产利用风险。四是完善农村金融服务体系，鼓励农村金融机构开发适合农民的金融产品和服务，满足农民投资理财需求。同时，推进农村信用体系建设，提升农民的金融素养和信用水平，拓宽农民投资渠道，增加财产性收入。五是加强农村产权交易市场建设，建立健全农村产权交易平台，规范农村产权交易行为，确保交易公开、公平、公正。通过完善交易机制，促进农村资源资产化、资产资本化，增加农民财产性收入。

### （二）推动就业和产业融合发展，扩大就业机会，确保居民稳定持续的充分就业

**1. 积极发展民生产业，扩大就业机会**

一是根据西部各地资源禀赋，培育农业强县、工业大县、旅游名县，因地制宜发展特色产业，促进农民群众就近就业增收。二是通过税收优惠、融资支持等财政金融政策，切实降低企业特别是中小企业运营成本，以增加吸收更多就业岗位。三是通过完善交通、通信等基础设施，以大开放的视野吸引区域外及国际投资，带动相关产业发展，创造更多就业机会。

**2. 加强职业技术培训，提高劳动力再就业能力**

针对西部地区劳动力技能水平相对较低的现状，完善城乡劳动者终身职业技能培训政策和组织实施体系。一是政府要加大对职业院校的财政投入和民办职业培训机构的补贴，更新培训教学设备，提升师资力量。二是开展多层次、多形式的技能培训，特别是针对失业人员和农村富余劳动力，提供免费或低成本的培训机会，提升其就业竞争力。三是鼓励企业与职业院校合作，开展订单式培养，确保培训内容与市场需求相匹配。四是加强东部与西部职业教育合作，实施职业教育东西协作行动计划，促进就业提升。

**3. 优化高校专业设置，提高大学毕业生就业率**

一是根据西部地区经济社会发展的实际需求，高校应积极调整和优化专业设置，增加应用型、技术型专业，扩大应用型、复合型人才的培养。二是加强校企合作，建立实习实践基地，提升学生的实践能力和就业适应性。三是完善就业指导服务体系，提供职业规划、就业信息和创业支持，帮助大学毕业生顺利就业。四是政府应出台相关政策，鼓励高校毕业生到基层和中小企业就业，提供相应的补贴和优惠政策，缓解就业压力。五是鼓励大学生创新创业，为大学生提供创业培训、资金支持和政策优惠，鼓励自主创业，拓宽就业渠道。

### （三）增加教育资源供给，优化教育资源配置，推动数字化教育

**1. 增加教育资源供给，优化城乡教育资源配置**

一是加强普惠性幼儿园建设。通过定向委托培养，增加贫困地区幼儿园教师数量，以解决教师不足。二是推进基础教育公平发展。增加对农村和边远地区的教育资源投入，提供教育设施，加快改善贫困地区义务教育薄弱学校基本办学条件，减少城乡间教育机会的不平等。三是大力支持发展教师队伍。加大对乡村教师的定向培养和待遇保障，减少农村教师流动性，鼓励更多优秀教师扎根乡村，提高乡村教育质量。四是大力发展职业技能教育培训。职业教育发展需要与产业需求紧密结合，通过构建校企合作平台和产业园区内的培训基地，培养契合市场需求的技术工人和专业人才。

**2. 推动数字技术和人工智能在教育中大力应用，推动数字化教育**

一是构建智能教育基础设施。加大对教育信息化基础设施的投入，建设高速、稳定的校园网络环境，确保城乡学校均能接入互联网。同时，配备智能教学设备，为数字化教学提供硬件支持。二是推动数字化教育。通过信息化手段，提供远程教育服务，尤其是对偏远地区，利用数字化技术缩小教育资源的鸿沟。通过提供在线课程、远程教学设备，确保偏远农村地区的学生获得与城市学生相当的教育机会。鼓励教育机构与科技企业合作，开发适合不同学段和学科的数字教材、慕课（MOOC）等资源。三是推广个性化学习模式。利用人工智能技术，分析学生学习数据，提供个性化学习方案，满足不同学生的学习需求，提升学习效果。支持智能教育设备的普及和使用，提高教学效率和个性化教育的可及性。

### （四）优化医疗资源配置，提升医疗服务水平，以人工智能、数字化技术推动医疗服务高质量发展

**1. 提升西部地区基层医疗救治能力**

一是改善县级医院医疗基础设施和装备条件，提高医护人员专业技术水平。二是普及乡村卫生室，加快完善其标准化建设，持续改善农村医疗卫生

基本条件。

2. 构建分级诊疗服务格局

加快建立基层首诊、双向转诊、急慢分治、上下联动的分级诊疗体系。通过完善基层医疗卫生机构的服务能力，确保常见病、多发病在基层得到有效诊治。同时，建立健全转诊机制，确保疑难重症患者能够及时转至上级医院接受治疗。加强医疗联合体建设，促进各级医疗机构之间的协同合作，提升整体医疗服务效率。

3. 推进“智慧医疗”

利用信息技术，构建覆盖城乡的智慧医疗服务网络。一是推广远程医疗服务，推动人工智能在医疗诊断、疾病预测等方面的应用，提升偏远地区居民的医疗可及性。二是利用 AI 技术的远程医疗平台帮助偏远地区的医院与城市大型医疗中心实时连接，使患者能够获得及时的专家诊断和治疗建议，解决偏远地区看病难问题。三是建立居民电子健康档案，实现医疗信息共享，提升诊疗效率。

4. 深化医保支付方式改革

推进按疾病诊断相关分组（DRG）和按病种分值付费（DIP）等支付方式改革，提升医保基金使用效率。通过调整医保支付政策，引导患者合理就医，促进分级诊疗体系的建立。同时，完善医保支付标准，确保医疗机构提供优质服务的积极性。

5. 强化疾控机构与机制建设

加强疾病预防控制机构的能力建设，提升公共卫生应急响应能力。完善传染病监测预警体系，确保重大疫情能够及时发现和处置。加强公共卫生人才队伍建设，提升专业技术水平。同时，健全多部门协作机制，形成联防联控的工作格局，保障人民群众的健康安全。

### （五）构建完善的改善型社会保障和养老服务体系

1. 构建完善的改善型社会保障体系

一是加快推进养老保险省级统筹，并结合各省（区、市）实际情况及财政负担能力，推进落实城乡居民基本养老保险待遇确定和基础养老金正常调整机制，合理确定基本医疗保险保障水平。二是完善失业保险制度，逐步提高失业保障水平。

2. 完善社会救助政策

一是健全分层分类的社会救助体系，构建以基本生活救助、专项社会救助、急难社会救助为主体，社会力量参与为补充的综合救助格局，完善体制机制，运用现代信息技术推进救助信息聚合、救助资源统筹、救助效率提升，实现精准救助、高效救助、温暖救助、智慧救助。二是完善基本生活救助制度，规范完善最低生活保障制度，分档或根据家庭成员人均收入与低保标准的实际差额发放低保金。对无劳动能力、无生活来源、无法定赡养抚养扶养义务人或者其法定义务人无履行义务能力的城乡老年人、残疾人、未成年人，给予特困人员救助供养。三是促进社会力量参与：鼓励支持自然人、法人及其他组织以捐赠财产、设立项目、提供服务等方式，自愿开展慈善帮扶活动。动员引导慈善组织加大社会救助方面支出。

3. 健全完善养老服务体系

一是加大对西部地区养老服务设施建设支持力度，拓展县级特困人员供养服务机构功能，推进乡镇（街道）区域养老服务中心建设，增加村级养老服务点，提升县域养老机构资源使用效能。二是加快构建以居家为基础、社区为依托、机构为补充、医养相结合的多元化养老模式，推动养老服务与物业、家政、医疗等行业融合发展，实现“一站多能”“一点多用”。三是加强医养结合，在社区和乡镇建设综合性养老服务中心，增加护理型养老床位，为老年人提供全面的医疗和生活照护。四是做实乡镇医疗机构与农村养老服务机构签约合作机制，建立就医绿色通道，支持医疗机构执业医师、乡村医生到村级邻里互助点、农村幸福院、老年人家庭巡诊，上门提供健康监测、医疗护理、康复指导等服务。

# 西部地区经济社会发展动态数据（1999～2023）

## B.8
## 西部地区宏观经济动态数据

1. 地区生产总值

**表 1　1999～2023 年西部地区生产总值数据**

| 年　份 | 地区生产总值(亿元) | 地区生产总值增长率(%) | 人均地区生产总值(元) | 人均地区生产总值增长率(%) |
|---|---|---|---|---|
| 1999 | 15354. 02 | 7. 26 | 4312 | 6. 20 |
| 2000 | 16654. 62 | 8. 49 | 4638 | 7. 55 |
| 2001 | 18248. 44 | 8. 76 | 5045 | 7. 98 |
| 2002 | 20080. 93 | 10. 02 | 5520 | 9. 31 |
| 2003 | 22954. 66 | 11. 35 | 6317 | 11. 22 |
| 2004 | 27585. 17 | 12. 75 | 7720 | 14. 39 |
| 2005 | 33493. 31 | 13. 22 | 9300 | 11. 72 |
| 2006 | 39527. 14 | 13. 29 | 10900 | 12. 15 |
| 2007 | 47864. 14 | 14. 59 | 13138 | 13. 70 |
| 2008 | 58256. 58 | 12. 51 | 16000 | 11. 99 |
| 2009 | 66973. 48 | 13. 55 | 18286 | 12. 43 |
| 2010 | 81408. 49 | 14. 22 | 22476 | 15. 22 |
| 2011 | 100234. 96 | 14. 05 | 27731 | 13. 85 |

续表

| 年　份 | 地区生产总值(亿元) | 地区生产总值增长率(%) | 人均地区生产总值(元) | 人均地区生产总值增长率(%) |
|---|---|---|---|---|
| 2012 | 113904. 80 | 12. 46 | 31357 | 11. 96 |
| 2013 | 126002. 78 | 10. 73 | 34491 | 10. 27 |
| 2014 | 138099. 79 | 9. 07 | 37591 | 8. 47 |
| 2015 | 145018. 92 | 8. 61 | 39210 | 7. 89 |
| 2016 | 156828. 17 | 8. 27 | 42076 | 7. 43 |
| 2017 | 168561. 57 | 7. 79 | 44885 | 7. 01 |
| 2018 | 184302. 13 | 7. 38 | 48725 | 6. 70 |
| 2019 | 205185. 18 | 6. 79 | 53900 | 6. 12 |
| 2020 | 213291. 87 | 3. 38 | 55773 | 3. 01 |
| 2021 | 239710. 10 | 7. 44 | 62596 | 7. 28 |
| 2022 | 256985. 00 | 3. 27 | 67109 | 3. 23 |
| 2023 | 269324. 88 | 5. 57 | 70308 | 5. 54 |

说明：本表绝对数按当年价格计算，增长率按不变价格计算；表中所有增长率均为实际增长率，绝对数据均为当年名义数据。

## 2. 地方财政收支

**表 2　1999~2023 年西部地区地方财政数据**

| 年　份 | 财政收入(亿元) | 财政支出(亿元) | 财政赤字(亿元) | 赤字率(%) |
|---|---|---|---|---|
| 1999 | 1028. 94 | 2166. 36 | 1137. 42 | 7. 41 |
| 2000 | 1127. 29 | 2601. 09 | 1473. 80 | 8. 85 |
| 2001 | 1300. 74 | 3422. 46 | 2121. 72 | 11. 63 |
| 2002 | 1430. 45 | 4075. 70 | 2645. 25 | 13. 17 |
| 2003 | 1649. 51 | 4344. 84 | 2695. 33 | 11. 74 |
| 2004 | 1982. 89 | 5133. 09 | 3150. 20 | 11. 42 |
| 2005 | 2464. 82 | 6252. 71 | 3787. 89 | 11. 31 |
| 2006 | 3059. 36 | 7626. 84 | 4567. 48 | 11. 56 |
| 2007 | 4085. 49 | 9850. 26 | 5764. 77 | 12. 04 |
| 2008 | 5159. 19 | 13765. 73 | 8606. 54 | 14. 77 |
| 2009 | 6056. 39 | 17580. 15 | 11523. 76 | 17. 21 |
| 2010 | 7873. 42 | 21403. 60 | 13530. 18 | 16. 62 |
| 2011 | 10819. 03 | 27396. 68 | 16577. 65 | 16. 54 |

续表

| 年　份 | 财政收入(亿元) | 财政支出(亿元) | 财政赤字(亿元) | 赤字率(%) |
|---|---|---|---|---|
| 2012 | 12762. 79 | 32269. 09 | 19506. 30 | 17. 13 |
| 2013 | 14444. 94 | 35564. 20 | 21119. 26 | 16. 76 |
| 2014 | 15874. 99 | 38796. 72 | 22921. 73 | 16. 60 |
| 2015 | 17213. 81 | 43434. 66 | 26220. 85 | 18. 08 |
| 2016 | 17265. 16 | 46291. 30 | 29026. 14 | 18. 51 |
| 2017 | 17787. 28 | 50155. 04 | 32367. 76 | 19. 20 |
| 2018 | 19022. 22 | 54619. 65 | 35597. 43 | 19. 31 |
| 2019 | 19562. 21 | 59341. 87 | 39779. 66 | 19. 39 |
| 2020 | 19574. 87 | 61506. 64 | 41931. 77 | 19. 66 |
| 2021 | 21856. 66 | 60109. 34 | 38252. 68 | 15. 96 |
| 2022 | 22409. 81 | 64025. 67 | 41615. 86 | 16. 19 |
| 2023 | 24805. 72 | 68388. 14 | 43582. 42 | 16. 18 |

## 3. 社会固定资产投资

**表 3　1999～2023 年西部地区社会固定资产投资数据**

| 年　份 | 社会固定资产投资(亿元) | 社会固定资产投资增长率(%) |
|---|---|---|
| 1999 | 5421. 30 | 7. 71 |
| 2000 | 6110. 72 | 13. 23 |
| 2001 | 7158. 76 | 17. 52 |
| 2002 | 8515. 36 | 19. 44 |
| 2003 | 10843. 51 | 28. 61 |
| 2004 | 12256. 40 | 14. 62 |
| 2005 | 15907. 80 | 30. 76 |
| 2006 | 20098. 30 | 26. 59 |
| 2007 | 25772. 80 | 28. 52 |
| 2008 | 32790. 30 | 27. 36 |
| 2009 | 44326. 00 | 35. 46 |
| 2010 | 55946. 70 | 26. 42 |
| 2011 | 69743. 20 | 25. 58 |
| 2012 | 86410. 10 | 24. 23 |
| 2013 | 106278. 20 | 23. 09 |

续表

| 年 份 | 社会固定资产投资(亿元) | 社会固定资产投资增长率(%) |
|---|---|---|
| 2014 | 126000. 20 | 18. 66 |
| 2015 | 137353. 20 | 10. 62 |
| 2016 | 154053. 60 | 12. 49 |
| 2017 | 166571. 30 | 10. 04 |
| 2018 | 172829. 59 | 5. 68 |
| 2019 | 182608. 81 | 5. 79 |
| 2020 | 190280. 32 | 4. 37 |
| 2021 | 198203. 80 | 4. 45 |
| 2022 | 207268. 50 | 4. 91 |
| 2023 | 207338. 63 | 1. 05 |

## 4. 房地产投资

**表 4 1999~2023 年西部地区房地产投资数据**

| 年 份 | 房地产投资(亿元) | 房地产投资增长率(%) |
|---|---|---|
| 1999 | 581. 54 | 25. 18 |
| 2000 | 743. 38 | 27. 83 |
| 2001 | 1010. 17 | 35. 89 |
| 2002 | 1216. 91 | 20. 47 |
| 2003 | 1626. 60 | 33. 67 |
| 2004 | 1985. 40 | 22. 06 |
| 2005 | 2666. 20 | 34. 29 |
| 2006 | 3488. 70 | 30. 85 |
| 2007 | 4863. 20 | 39. 40 |
| 2008 | 6042. 40 | 24. 25 |
| 2009 | 7198. 10 | 19. 13 |
| 2010 | 9743. 40 | 35. 36 |
| 2011 | 12876. 90 | 32. 16 |
| 2012 | 15499. 60 | 20. 37 |
| 2013 | 18997. 00 | 22. 56 |
| 2014 | 21432. 90 | 12. 82 |
| 2015 | 21709. 50 | 1. 29 |

续表

| 年　份 | 房地产投资(亿元) | 房地产投资增长率(%) |
|---|---|---|
| 2016 | 23061.10 | 6.23 |
| 2017 | 23876.70 | 3.54 |
| 2018 | 26004.06 | 8.91 |
| 2019 | 30179.38 | 16.06 |
| 2020 | 32643.09 | 8.16 |
| 2021 | 33363.09 | 2.21 |
| 2022 | 27476.16 | -17.65 |
| 2023 | 22055.73 | -19.73 |

## 5. 对外贸易与外商直接投资

**表 5　1999~2023 年西部地区对外经济数据**

| 年　份 | 进出口贸易额(亿美元) | 外商直接投资额(亿美元) |
|---|---|---|
| 1999 | 138.56 | 22.69 |
| 2000 | 164.50 | 23.43 |
| 2001 | 172.69 | 23.21 |
| 2002 | 210.50 | 27.31 |
| 2003 | 280.76 | 30.07 |
| 2004 | 368.54 | 34.05 |
| 2005 | 452.14 | 44.92 |
| 2006 | 573.39 | 60.87 |
| 2007 | 781.89 | 79.14 |
| 2008 | 1059.15 | 122.63 |
| 2009 | 911.18 | 143.70 |
| 2010 | 1275.08 | 176.56 |
| 2011 | 1825.97 | 257.46 |
| 2012 | 2329.43 | 247.60 |
| 2013 | 2747.92 | 275.35 |
| 2014 | 3320.28 | 277.01 |
| 2015 | 2902.44 | 276.93 |
| 2016 | 2567.28 | 231.17 |
| 2017 | 3088.10 | 221.71 |

续表

| 年　份 | 进出口贸易额(亿美元) | 外商直接投资额(亿美元) |
|---|---|---|
| 2018 | 3681.88 | 248.66 |
| 2019 | 3906.40 | 184.71 |
| 2020 | 4270.64 | 179.38 |
| 2021 | 5502.60 | 195.78 |
| 2022 | 5768.56 | 109.34 |
| 2023 | 5296.71 | 106.24 |

# B.9
# 西部地区产业发展动态数据

## 1. 三次产业增加值

**表 6 1999~2023 年西部地区三次产业增加值数据**

| 年 份 | 第一产业增加值(亿元) | 增长率(%) | 第二产业增加值(亿元) | 增长率(%) | 第三产业增加值(亿元) | 增长率(%) |
|---|---|---|---|---|---|---|
| 1999 | 3652. 40 | 2. 91 | 6297. 03 | 7. 75 | 5404. 59 | 9. 71 |
| 2000 | 3706. 78 | 2. 86 | 6913. 24 | 9. 90 | 6034. 60 | 10. 40 |
| 2001 | 3833. 07 | 2. 92 | 7430. 58 | 10. 04 | 6984. 79 | 10. 92 |
| 2002 | 4025. 76 | 4. 86 | 8294. 79 | 12. 56 | 7760. 38 | 10. 09 |
| 2003 | 4450. 37 | 5. 24 | 9836. 13 | 15. 67 | 8668. 17 | 9. 68 |
| 2004 | 5368. 82 | 6. 39 | 12229. 98 | 17. 17 | 9986. 37 | 10. 87 |
| 2005 | 5924. 63 | 6. 26 | 14331. 62 | 17. 10 | 13237. 06 | 11. 73 |
| 2006 | 6396. 07 | 4. 28 | 17879. 62 | 17. 83 | 15251. 44 | 12. 38 |
| 2007 | 7645. 08 | 4. 98 | 22172. 11 | 18. 57 | 18046. 94 | 13. 81 |
| 2008 | 9065. 13 | 5. 67 | 28018. 59 | 15. 24 | 21172. 86 | 11. 67 |
| 2009 | 9198. 33 | 4. 49 | 31782. 86 | 16. 22 | 25992. 29 | 13. 04 |
| 2010 | 10701. 31 | 4. 95 | 40693. 90 | 18. 92 | 30013. 27 | 11. 43 |
| 2011 | 12771. 16 | 5. 11 | 51039. 27 | 17. 88 | 36424. 54 | 12. 01 |
| 2012 | 14332. 55 | 5. 83 | 57104. 21 | 14. 76 | 42468. 04 | 11. 23 |
| 2013 | 15700. 82 | 5. 00 | 62356. 54 | 12. 24 | 47945. 42 | 10. 22 |
| 2014 | 16432. 75 | 4. 72 | 65440. 52 | 10. 12 | 56226. 52 | 8. 81 |
| 2015 | 17362. 24 | 4. 67 | 64735. 90 | 8. 28 | 62920. 78 | 9. 96 |
| 2016 | 18612. 84 | 4. 46 | 67355. 70 | 8. 13 | 70859. 63 | 9. 37 |
| 2017 | 19201. 94 | 4. 62 | 69428. 57 | 6. 83 | 79931. 06 | 9. 15 |
| 2018 | 20358. 30 | 4. 73 | 74645. 54 | 6. 78 | 89298. 29 | 8. 53 |
| 2019 | 22470. 95 | 4. 37 | 77797. 27 | 6. 58 | 104916. 96 | 7. 29 |
| 2020 | 25349. 56 | 4. 78 | 78548. 82 | 3. 62 | 109393. 49 | 2. 78 |
| 2021 | 27437. 20 | 7. 41 | 92570. 50 | 6. 78 | 119702. 80 | 7. 87 |
| 2022 | 29341. 10 | 4. 57 | 102604. 30 | 4. 52 | 125039. 70 | 2. 09 |
| 2023 | 30500. 77 | 4. 72 | 104044. 76 | 5. 27 | 134779. 38 | 5. 94 |

## 2. 三次产业结构

表 7　1999~2023 年西部地区三次产业结构数据

| 年　份 | 第一产业增加值占比(%) | 第二产业增加值占比(%) | 第三产业增加值占比(%) |
|---|---|---|---|
| 1999 | 23.79 | 41.01 | 35.20 |
| 2000 | 22.26 | 41.51 | 36.23 |
| 2001 | 21.00 | 40.72 | 38.28 |
| 2002 | 20.05 | 41.31 | 38.65 |
| 2003 | 19.39 | 42.85 | 37.76 |
| 2004 | 19.46 | 44.34 | 36.20 |
| 2005 | 17.69 | 42.79 | 39.52 |
| 2006 | 16.18 | 45.23 | 38.58 |
| 2007 | 15.97 | 46.32 | 37.70 |
| 2008 | 15.56 | 48.10 | 36.34 |
| 2009 | 13.73 | 47.46 | 38.81 |
| 2010 | 13.15 | 49.99 | 36.87 |
| 2011 | 12.74 | 50.92 | 36.34 |
| 2012 | 12.58 | 50.13 | 37.28 |
| 2013 | 12.46 | 49.49 | 38.05 |
| 2014 | 11.90 | 47.39 | 40.71 |
| 2015 | 11.97 | 44.64 | 43.39 |
| 2016 | 11.87 | 42.95 | 45.18 |
| 2017 | 11.39 | 41.19 | 47.42 |
| 2018 | 11.05 | 40.50 | 48.45 |
| 2019 | 10.95 | 37.92 | 51.13 |
| 2020 | 11.88 | 36.83 | 51.29 |
| 2021 | 11.45 | 38.62 | 49.94 |
| 2022 | 11.42 | 39.93 | 48.66 |
| 2023 | 11.32 | 38.63 | 50.04 |

3. 工业增加值

表 8　1999~2023 年西部地区工业增加值数据

| 年　份 | 工业增加值(亿元) | 工业增加值增长率(%) |
| --- | --- | --- |
| 1999 | 5010. 10 | 7. 4 |
| 2000 | 5470. 60 | 9. 2 |
| 2001 | 5926. 83 | 9. 5 |
| 2002 | 6560. 52 | 12. 1 |
| 2003 | 7654. 57 | 14. 5 |
| 2004 | 9381. 57 | 16. 0 |
| 2005 | 11248. 00 | 16. 4 |
| 2006 | 14005. 82 | 17. 5 |
| 2007 | 17479. 81 | 18. 9 |
| 2008 | 21704. 08 | 15. 3 |
| 2009 | 22981. 91 | 12. 7 |
| 2010 | 28710. 23 | 18. 3 |
| 2011 | 35077. 40 | 18. 2 |
| 2012 | 39405. 24 | 14. 3 |
| 2013 | 42763. 97 | 11. 2 |
| 2014 | 45634. 56 | 9. 5 |
| 2015 | 45174. 05 | 7. 2 |
| 2016 | 46372. 82 | 7. 2 |
| 2017 | 50493. 33 | 7. 2 |
| 2018 | 54979. 98 | 6. 8 |
| 2019 | 57987. 24 | 6. 2 |
| 2020 | 58265. 37 | 3. 0 |
| 2021 | 71819. 58 | 9. 2 |
| 2022 | 79659. 09 | 4. 5 |
| 2023 | 81349. 30 | 5. 8 |

## 4. 三次产业贡献率

表 9　1999~2023 年西部地区三次产业贡献率数据

| 年　份 | 第一产业贡献率(%) | 第二产业贡献率(%) | 第三产业贡献率(%) |
| --- | --- | --- | --- |
| 1999 | 10.3 | 44.3 | 45.4 |
| 2000 | 8.1 | 48.3 | 43.6 |
| 2001 | 7.4 | 47.5 | 45.1 |
| 2002 | 10.2 | 51.2 | 38.6 |
| 2003 | 9.3 | 57.5 | 33.2 |
| 2004 | 9.8 | 57.9 | 32.3 |
| 2005 | 9.3 | 58.1 | 32.5 |
| 2006 | 5.7 | 57.4 | 36.9 |
| 2007 | 5.5 | 57.8 | 36.7 |
| 2008 | 7.3 | 57.1 | 35.6 |
| 2009 | 5.3 | 58.9 | 35.8 |
| 2010 | 4.8 | 63.7 | 31.5 |
| 2011 | 4.8 | 63.7 | 31.6 |
| 2012 | 6.0 | 60.9 | 33.1 |
| 2013 | 5.9 | 58.0 | 36.0 |
| 2014 | 6.6 | 56.0 | 37.5 |
| 2015 | 6.5 | 46.0 | 47.5 |
| 2016 | 6.5 | 44.1 | 49.4 |
| 2017 | 7.2 | 38.5 | 54.3 |
| 2018 | 7.3 | 37.9 | 54.8 |
| 2019 | 7.2 | 39.9 | 52.9 |
| 2020 | 15.8 | 41.4 | 42.9 |
| 2021 | 11.9 | 33.7 | 54.4 |
| 2022 | 15.8 | 52.7 | 31.5 |
| 2023 | 9.7 | 38.0 | 52.2 |

# B.10

# 西部地区企业发展动态数据

## 1. 工业企业数量

**表 10　1999~2022 年西部地区工业企业数量数据**

| 年　份 | 国有控股工业企业数(家) | 私营工业企业数(家) | 外商和港澳台商投资工业企业数(家) |
|---|---|---|---|
| 1999 | 14317 | 1538 | 1008 |
| 2000 | 12692 | 2332 | 1091 |
| 2001 | 11064 | 3609 | 1179 |
| 2002 | 10162 | 4422 | 1256 |
| 2003 | 8654 | 6226 | 1369 |
| 2004 | 8283 | 6008 | 1497 |
| 2005 | 6943 | 11598 | 1815 |
| 2006 | 6526 | 13951 | 1986 |
| 2007 | 5280 | 16851 | 2175 |
| 2008 | 5587 | 24198 | 2510 |
| 2009 | 5615 | 25159 | 2444 |
| 2010 | 5716 | 27370 | 2486 |
| 2011 | 4961 | 19929 | 2105 |
| 2012 | 5295 | 20579 | 2167 |
| 2013 | 5475 | 21861 | 2236 |
| 2014 | 5853 | 24088 | 2299 |
| 2015 | 6100 | 25451 | 2309 |
| 2016 | 6255 | 26874 | 2249 |
| 2017 | 6173 | 27483 | 2204 |
| 2018 | 6125 | 29687 | 2256 |
| 2019 | 6710 | 31337 | 2093 |
| 2020 | 7270 | 37701 | 2210 |
| 2021 | 8302 | 41473 | 2282 |
| 2022 | 8903 | 43948 | 2347 |

## 2. 规模以上工业企业资产利润

表 11　1999~2022 年西部地区规模以上工业企业资产利润数据

| 年　份 | 资产额(亿元) | 利润额(亿元) | 利润率(%) |
|---|---|---|---|
| 1999 | 20261.71 | 76.15 | 0.38 |
| 2000 | 21500.28 | 393.80 | 1.83 |
| 2001 | 23421.97 | 444.50 | 1.90 |
| 2002 | 24706.32 | 540.28 | 2.19 |
| 2003 | 27683.13 | 868.74 | 3.14 |
| 2004 | 31561.86 | 1451.18 | 4.60 |
| 2005 | 38081.75 | 2057.63 | 5.40 |
| 2006 | 45458.28 | 2925.86 | 6.44 |
| 2007 | 56640.20 | 4231.69 | 7.47 |
| 2008 | 73090.18 | 4665.97 | 6.38 |
| 2009 | 84958.37 | 5039.31 | 5.93 |
| 2010 | 105343.85 | 8441.80 | 8.01 |
| 2011 | 123997.99 | 10634.83 | 8.58 |
| 2012 | 146935.00 | 10525.30 | 7.16 |
| 2013 | 170931.97 | 10702.83 | 6.26 |
| 2014 | 192310.51 | 10085.51 | 5.24 |
| 2015 | 206554.79 | 8875.94 | 4.30 |
| 2016 | 220759.15 | 10096.89 | 4.57 |
| 2017 | 229260.19 | 12590.20 | 5.49 |
| 2018 | 233268.86 | 12472.84 | 5.35 |
| 2019 | 251869.85 | 11603.85 | 4.61 |
| 2020 | 268964.05 | 12813.82 | 4.76 |
| 2021 | 300308.42 | 21011.62 | 7.00 |
| 2022 | 330905.84 | 23195.09 | 7.01 |

### 3. 规模以上工业企业研发经费

表 12　1999～2022 年西部地区规模以上工业企业研发数据

| 年　份 | R&D 经费(亿元) | 占主营业务收入比例(%) |
|---|---|---|
| 1999 | 20261. 71 | 0. 57 |
| 2000 | 21500. 28 | 2. 04 |
| 2001 | 23421. 97 | 0. 76 |
| 2002 | 24706. 32 | 0. 74 |
| 2003 | 27683. 13 | 0. 73 |
| 2004 | 31561. 86 | 0. 64 |
| 2005 | 38081. 75 | 0. 63 |
| 2006 | 45458. 28 | 0. 64 |
| 2007 | 56640. 20 | 0. 66 |
| 2008 | 73090. 18 | 0. 47 |
| 2009 | 84958. 37 | 0. 51 |
| 2010 | 105343. 85 | 0. 66 |
| 2011 | 123997. 99 | 0. 48 |
| 2012 | 146935. 00 | 0. 54 |
| 2013 | 170931. 97 | 0. 56 |
| 2014 | 192310. 51 | 0. 58 |
| 2015 | 206554. 79 | 0. 63 |
| 2016 | 220759. 15 | 0. 66 |
| 2017 | 229260. 19 | 0. 74 |
| 2018 | 233268. 86 | 0. 82 |
| 2019 | 251869. 85 | 0. 88 |
| 2020 | 268964. 05 | 0. 95 |
| 2021 | 300308. 42 | 0. 89 |
| 2022 | 330905. 84 | 0. 94 |

# B.11
# 西部地区科技教育发展动态数据

## 1. R&D 人员全时当量

**表 13　1999~2022 年西部地区 R&D 人员全时当量数据**

| 年　份 | R&D 人员全时当量(人年) |
| --- | --- |
| 1999 | 167156 |
| 2000 | 208859 |
| 2001 | 187554 |
| 2002 | 208660 |
| 2003 | 201113 |
| 2004 | 205733 |
| 2005 | 231701 |
| 2006 | 247462 |
| 2007 | 276969 |
| 2008 | 295845 |
| 2009 | 321369 |
| 2010 | 339025 |
| 2011 | 355629 |
| 2012 | 400610 |
| 2013 | 441202 |
| 2014 | 465580 |
| 2015 | 467762 |
| 2016 | 489047 |
| 2017 | 522625 |
| 2018 | 549603 |
| 2019 | 609946 |
| 2020 | 649040 |
| 2021 | 705283 |
| 2022 | 797999 |

## 2. R&D经费支出

**表14　1999~2022年西部地区R&D经费支出数据**

| 年　份 | R&D经费内部支出（亿元） | R&D经费内部支出增长率（%） | R&D经费投入强度（%） |
|---|---|---|---|
| 1999 | 98. 03 | 15. 93 | 0. 64 |
| 2000 | 140. 84 | 43. 67 | 0. 85 |
| 2001 | 158. 60 | 12. 61 | 0. 87 |
| 2002 | 183. 99 | 16. 01 | 0. 92 |
| 2003 | 223. 05 | 21. 23 | 0. 97 |
| 2004 | 252. 85 | 13. 36 | 0. 92 |
| 2005 | 312. 13 | 23. 44 | 0. 93 |
| 2006 | 357. 49 | 14. 53 | 0. 90 |
| 2007 | 441. 38 | 23. 46 | 0. 92 |
| 2008 | 540. 83 | 22. 53 | 0. 93 |
| 2009 | 724. 87 | 34. 03 | 1. 08 |
| 2010 | 874. 27 | 20. 61 | 1. 07 |
| 2011 | 1040. 97 | 19. 07 | 1. 04 |
| 2012 | 1240. 28 | 19. 15 | 1. 09 |
| 2013 | 1420. 44 | 14. 53 | 1. 13 |
| 2014 | 1559. 97 | 9. 82 | 1. 13 |
| 2015 | 1731. 61 | 11. 00 | 1. 19 |
| 2016 | 1944. 34 | 12. 28 | 1. 24 |
| 2017 | 2196. 64 | 12. 98 | 1. 30 |
| 2018 | 2490. 64 | 13. 38 | 1. 35 |
| 2019 | 2858. 53 | 14. 77 | 1. 39 |
| 2020 | 3212. 94 | 12. 40 | 1. 51 |
| 2021 | 3681. 78 | 14. 59 | 1. 54 |
| 2022 | 3961. 84 | 7. 61 | 1. 54 |

## 3. 科技产出

**表 15　1999~2022 年西部地区科技产出数据**

| 年　份 | 科技论文(篇) | 国内专利申请数(件) | 国内专利授权数(件) |
|---|---|---|---|
| 1999 | 5226 | 13148 | 10968 |
| 2000 | 4994 | 16381 | 11299 |
| 2001 | 6156 | 17497 | 11360 |
| 2002 | 7604 | 20527 | 11496 |
| 2003 | 9640 | 25376 | 14297 |
| 2004 | 12039 | 25912 | 15834 |
| 2005 | 19661 | 34053 | 16272 |
| 2006 | 22193 | 40587 | 22082 |
| 2007 | 26323 | 50941 | 28611 |
| 2008 | 33750 | 64152 | 33353 |
| 2009 | 37063 | 84721 | 47633 |
| 2010 | 48371 | 112713 | 72877 |
| 2011 | 47796 | 153545 | 76200 |
| 2012 | 53398 | 206046 | 106991 |
| 2013 | 63731 | 271064 | 129843 |
| 2014 | 73385 | 304711 | 138702 |
| 2015 | 82649 | 391038 | 201038 |
| 2016 | 97211 | 435112 | 216169 |
| 2017 | 102298 | 514622 | 205680 |
| 2018 | 118134 | 501590 | 277208 |
| 2019 | 133537 | 492400 | 284005 |
| 2020 | 153287 | 586166 | 388488 |
| 2021 | 166729 | 605107 | 529653 |
| 2022 | — | 628369 | 482432 |

## 4. 技术市场成交额

**表 16　1999~2022 年西部地区技术市场成交额数据**

| 年　份 | 技术市场成交额（亿元） | 技术市场成交额增长率（%） |
|---|---|---|
| 1999 | 83. 92 | 45. 52 |
| 2000 | 85. 87 | 2. 32 |
| 2001 | 97. 97 | 14. 10 |
| 2002 | 111. 03 | 13. 33 |
| 2003 | 146. 50 | 31. 94 |
| 2004 | 160. 37 | 9. 47 |
| 2005 | 138. 92 | -13. 37 |
| 2006 | 151. 76 | 9. 24 |
| 2007 | 161. 86 | 6. 66 |
| 2008 | 214. 53 | 32. 54 |
| 2009 | 237. 51 | 10. 71 |
| 2010 | 346. 48 | 45. 88 |
| 2011 | 482. 82 | 39. 35 |
| 2012 | 764. 51 | 58. 34 |
| 2013 | 1009. 92 | 32. 10 |
| 2014 | 1238. 38 | 22. 62 |
| 2015 | 1345. 01 | 8. 61 |
| 2016 | 1589. 93 | 18. 21 |
| 2017 | 1845. 81 | 16. 09 |
| 2018 | 2928. 48 | 58. 66 |
| 2019 | 3375. 07 | 15. 25 |
| 2020 | 3824. 20 | 13. 31 |
| 2021 | 5633. 91 | 47. 32 |
| 2022 | 6563. 01 | 16. 49 |

## 5. 高等教育在校学生数

**表 17　1999~2022 年西部地区高等教育在校学生数量数据**

| 年　份 | 高等教育在校生数（人） | 每十万人口高等教育平均在校生数（人） |
|---|---|---|
| 1999 | 869830 | 242. 66 |
| 2000 | 1188016 | 333. 38 |

续表

| 年　份 | 高等教育在校生数(人) | 每十万人口高等教育平均在校生数(人) |
|---|---|---|
| 2001 | 1537311 | 431.46 |
| 2002 | 1932636 | 540.33 |
| 2003 | 2354426 | 654.06 |
| 2004 | 2830796 | 784.75 |
| 2005 | 3318201 | 923.81 |
| 2006 | 3687300 | 1023.79 |
| 2007 | 4019040 | 1113.68 |
| 2008 | 4401791 | 1214.61 |
| 2009 | 4739561 | 1302.61 |
| 2010 | 5026937 | 1393.70 |
| 2011 | 5318078 | 1463.02 |
| 2012 | 5668554 | 1550.01 |
| 2013 | 5940866 | 1616.17 |
| 2014 | 6205800 | 1677.56 |
| 2015 | 6453416 | 1733.25 |
| 2016 | 6723917 | 1791.71 |
| 2017 | 7000179 | 1851.16 |
| 2018 | 7321851 | 1927.06 |
| 2019 | 7993312 | 2093.70 |
| 2020 | 8728863 | 2278.71 |
| 2021 | 9408872 | 2457.84 |
| 2022 | 9914476 | 2588.23 |

**B**.12

# 西部地区金融发展动态数据

## 1. 存贷款额

表 18　1999~2022 年西部地区存贷款数据

| 年　份 | 存款额(亿元) | 贷款额(亿元) | 贷存比(%) |
|---|---|---|---|
| 1999 | 17601. 05 | 16969. 89 | 96. 41 |
| 2000 | 20318. 44 | 17632. 04 | 86. 78 |
| 2001 | 23973. 83 | 19671. 30 | 82. 05 |
| 2002 | 27853. 11 | 22552. 26 | 80. 97 |
| 2003 | 33225. 18 | 26905. 53 | 80. 98 |
| 2004 | 38607. 96 | 30042. 96 | 77. 82 |
| 2005 | 45433. 71 | 32636. 07 | 71. 83 |
| 2006 | 53467. 80 | 37784. 44 | 70. 67 |
| 2007 | 62485. 78 | 44187. 59 | 70. 72 |
| 2008 | 78211. 83 | 51977. 21 | 66. 46 |
| 2009 | 102857. 32 | 71495. 07 | 69. 51 |
| 2010 | 125764. 35 | 88306. 73 | 70. 22 |
| 2011 | 146203. 02 | 105104. 58 | 71. 89 |
| 2012 | 173081. 36 | 123837. 73 | 71. 55 |
| 2013 | 200663. 37 | 145379. 55 | 72. 45 |
| 2014 | 222173. 42 | 169591. 75 | 76. 33 |
| 2015 | 254448. 58 | 194721. 04 | 76. 53 |
| 2016 | 284534. 79 | 219688. 16 | 77. 21 |
| 2017 | 308498. 67 | 247598. 77 | 80. 26 |
| 2018 | 322193. 47 | 275921. 34 | 85. 64 |
| 2019 | 341729. 80 | 306854. 40 | 89. 79 |
| 2020 | 369237. 52 | 339095. 11 | 91. 84 |
| 2021 | 397739. 08 | 378378. 60 | 95. 13 |
| 2022 | 444070. 52 | 420179. 59 | 94. 62 |

## 2. 居民储蓄额

表 19　1999~2022 年西部地区居民储蓄额数据

| 年　份 | 居民储蓄额（亿元） | 居民人均储蓄额（元） |
|---|---|---|
| 1999 | 10186. 82 | 2861 |
| 2000 | 11413. 96 | 3178 |
| 2001 | 13345. 21 | 3690 |
| 2002 | 15662. 58 | 4305 |
| 2003 | 18493. 29 | 5090 |
| 2004 | 21230. 60 | 5942 |
| 2005 | 24937. 71 | 6924 |
| 2006 | 28656. 27 | 7902 |
| 2007 | 33893. 65 | 9303 |
| 2008 | 38919. 95 | 10689 |
| 2009 | 47296. 87 | 12913 |
| 2010 | 57345. 98 | 15833 |
| 2011 | 66546. 95 | 18411 |
| 2012 | 79565. 89 | 21904 |
| 2013 | 92418. 15 | 25298 |
| 2014 | 101581. 25 | 27650 |
| 2015 | 114551. 21 | 30972 |
| 2016 | 127417. 31 | 34185 |
| 2017 | 138986. 30 | 37010 |
| 2018 | 153624. 39 | 40614 |
| 2019 | 171285. 98 | 44995 |
| 2020 | 191890. 94 | 50177 |
| 2021 | 212304. 38 | 55440 |
| 2022 | 244622. 00 | 63880 |

## 3. 保险情况

**表 20　1999~2022 年西部地区保险数据**

| 年　份 | 保费收入(亿元) | 赔付支出(亿元) | 保险密度(元/人) | 保险深度(%) |
|---|---|---|---|---|
| 1999 | 243. 31 | 82. 16 | 68 | 1. 58 |
| 2000 | 280. 13 | 97. 90 | 78 | 1. 68 |
| 2001 | 340. 33 | 116. 25 | 94 | 1. 86 |
| 2002 | 478. 92 | 129. 16 | 132 | 2. 38 |
| 2003 | 602. 33 | 145. 91 | 166 | 2. 62 |
| 2004 | 673. 43 | 173. 94 | 188 | 2. 44 |
| 2005 | 761. 43 | 190. 78 | 211 | 2. 27 |
| 2006 | 918. 80 | 238. 35 | 253 | 2. 32 |
| 2007 | 1192. 94 | 390. 40 | 327 | 2. 49 |
| 2008 | 1731. 80 | 502. 87 | 476 | 2. 97 |
| 2009 | 2011. 48 | 543. 03 | 549 | 3. 00 |
| 2010 | 2606. 17 | 588. 65 | 720 | 3. 20 |
| 2011 | 2684. 30 | 722. 80 | 743 | 2. 68 |
| 2012 | 2922. 36 | 907. 48 | 805 | 2. 57 |
| 2013 | 3320. 72 | 1191. 52 | 909 | 2. 64 |
| 2014 | 3829. 56 | 1424. 30 | 1042 | 2. 77 |
| 2015 | 4629. 25 | 1697. 92 | 1252 | 3. 19 |
| 2016 | 5807. 59 | 2021. 91 | 1558 | 3. 70 |
| 2017 | 6849. 73 | 2224. 00 | 1824 | 4. 06 |
| 2018 | 7416. 44 | 2496. 86 | 1961 | 4. 02 |
| 2019 | 8135. 82 | 2609. 90 | 2137 | 3. 97 |
| 2020 | 8626. 65 | 2816. 53 | 2256 | 4. 04 |
| 2021 | 8466. 08 | 3070. 21 | 2211 | 3. 53 |
| 2022 | 8619. 99 | 3109. 36 | 2251 | 3. 35 |

## 4. 社会融资额

**表 21　2013~2023 年西部地区社会融资数据**

| 年　份 | 社会融资规模增量(亿元) |
|---|---|
| 2013 | 37899 |
| 2014 | 38844 |

续表

| 年　份 | 社会融资规模增量(亿元) |
| --- | --- |
| 2015 | 32537 |
| 2016 | 30963 |
| 2017 | 38783 |
| 2018 | 34466 |
| 2019 | 44909 |
| 2020 | 59520 |
| 2021 | 53357 |
| 2022 | 54297 |
| 2023 | 69741 |

# B.13
# 西部地区人民生活动态数据

## 1. 城乡居民收入

表 22　1999~2023 年西部地区城乡居民收入数据

| 年　份 | 居民人均可支配收入(元) | 城镇居民人均可支配收入(元) | 农村居民人均可支配收入(元) | 城乡居民收入比 |
|---|---|---|---|---|
| 1999 | 2395. 53 | 5271. 53 | 1668. 96 | 3. 16 |
| 2000 | 2494. 21 | 5611. 06 | 1686. 41 | 3. 33 |
| 2001 | 2668. 04 | 6121. 34 | 1746. 20 | 3. 51 |
| 2002 | 2879. 00 | 6635. 50 | 1843. 72 | 3. 60 |
| 2003 | 3119. 09 | 7176. 00 | 1951. 36 | 3. 68 |
| 2004 | 3505. 90 | 7984. 67 | 2170. 86 | 3. 68 |
| 2005 | 4592. 66 | 8770. 55 | 2390. 14 | 3. 67 |
| 2006 | 5136. 12 | 9720. 60 | 2591. 73 | 3. 75 |
| 2007 | 6113. 15 | 11348. 83 | 3038. 62 | 3. 73 |
| 2008 | 7180. 48 | 13012. 36 | 3532. 87 | 3. 68 |
| 2009 | 7953. 61 | 14225. 44 | 3831. 11 | 3. 71 |
| 2010 | 9132. 17 | 15777. 13 | 4429. 45 | 3. 56 |
| 2011 | 10799. 61 | 18110. 45 | 5275. 29 | 3. 43 |
| 2012 | 12516. 17 | 20552. 35 | 6051. 41 | 3. 40 |
| 2013 | 13882. 51 | 22638. 76 | 6849. 47 | 3. 31 |
| 2014 | 15334. 02 | 24339. 03 | 8255. 42 | 2. 95 |
| 2015 | 16823. 06 | 26404. 94 | 9057. 68 | 2. 92 |
| 2016 | 18356. 01 | 28532. 15 | 9876. 27 | 2. 89 |
| 2017 | 20074. 19 | 30896. 89 | 10783. 88 | 2. 87 |
| 2018 | 21876. 35 | 33293. 32 | 11780. 00 | 2. 83 |
| 2019 | 23924. 87 | 35953. 09 | 12970. 18 | 2. 77 |
| 2020 | 25349. 54 | 37464. 07 | 14036. 34 | 2. 67 |
| 2021 | 27728. 95 | 40492. 13 | 15525. 39 | 2. 61 |
| 2022 | 29191. 48 | 42076. 15 | 16538. 05 | 2. 54 |
| 2023 | 30969. 32 | 43407. 27 | 17808. 83 | 2. 44 |

## 2. 恩格尔系数及城市化率

**表 23　1999~2023 年西部地区恩格尔系数及城市化率数据**

| 年　份 | 城镇居民<br>恩格尔系数(%) | 农村居民<br>恩格尔系数(%) | 城市化率(%) |
|---|---|---|---|
| 1999 | 41. 80 | 58. 65 | 20. 17 |
| 2000 | 39. 24 | 53. 83 | 20. 58 |
| 2001 | 37. 85 | 52. 46 | 21. 07 |
| 2002 | 37. 38 | 51. 28 | 21. 61 |
| 2003 | 37. 48 | 50. 27 | 22. 35 |
| 2004 | 38. 51 | 52. 33 | 22. 96 |
| 2005 | 38. 10 | 50. 57 | 34. 52 |
| 2006 | 37. 13 | 47. 47 | 35. 69 |
| 2007 | 38. 68 | 47. 59 | 37. 00 |
| 2008 | 40. 68 | 48. 61 | 38. 48 |
| 2009 | 38. 58 | 43. 42 | 39. 66 |
| 2010 | 37. 64 | 44. 83 | 41. 44 |
| 2011 | 38. 25 | 42. 85 | 43. 04 |
| 2012 | 38. 14 | 41. 85 | 44. 58 |
| 2013 | 37. 29 | 39. 73 | 46. 14 |
| 2014 | 32. 04 | 36. 24 | 47. 71 |
| 2015 | 31. 78 | 35. 31 | 49. 50 |
| 2016 | 31. 31 | 34. 04 | 51. 24 |
| 2017 | 30. 62 | 32. 65 | 52. 94 |
| 2018 | 29. 30 | 31. 13 | 54. 44 |
| 2019 | 29. 48 | 31. 06 | 55. 94 |
| 2020 | 31. 26 | 33. 53 | 57. 27 |
| 2021 | 30. 66 | 33. 54 | 58. 25 |
| 2022 | 31. 34 | 33. 49 | 58. 81 |
| 2023 | 30. 52 | 32. 43 | 59. 90 |

# B.14

# 西部地区社会发展动态数据

## 1. 卫生技术人员及床位

表 24　1999~2022 年西部地区卫生技术人员及床位数据

| 年　份 | 卫生技术人员(人) | 每千人卫生技术人员(人) | 医疗卫生机构床位(万张) | 每千人医疗卫生机构床位(张) |
|---|---|---|---|---|
| 1999 | 1148000 | 3. 20 | 82. 84 | 2. 31 |
| 2000 | 1147291 | 3. 22 | 82. 87 | 2. 33 |
| 2001 | 1142602 | 3. 21 | 83. 61 | 2. 35 |
| 2002 | 1089473 | 3. 05 | 81. 52 | 2. 28 |
| 2003 | 1091676 | 3. 03 | 82. 85 | 2. 30 |
| 2004 | 1098720 | 3. 05 | 85. 46 | 2. 37 |
| 2005 | 1113778 | 3. 10 | 87. 66 | 2. 44 |
| 2006 | 1137347 | 3. 16 | 91. 26 | 2. 53 |
| 2007 | 1184998 | 3. 28 | 98. 67 | 2. 73 |
| 2008 | 1237641 | 3. 42 | 108. 13 | 2. 98 |
| 2009 | 1384627 | 3. 81 | 119. 75 | 3. 29 |
| 2010 | 1468477 | 4. 07 | 130. 62 | 3. 62 |
| 2011 | 1576777 | 4. 34 | 142. 66 | 3. 92 |
| 2012 | 1715761 | 4. 69 | 160. 96 | 4. 40 |
| 2013 | 1891688 | 5. 15 | 176. 82 | 4. 81 |
| 2014 | 2017208 | 5. 45 | 190. 01 | 5. 14 |
| 2015 | 2139079 | 5. 75 | 201. 99 | 5. 43 |
| 2016 | 2280454 | 6. 08 | 213. 98 | 5. 70 |
| 2017 | 2456572 | 6. 50 | 231. 88 | 6. 13 |
| 2018 | 2606428 | 6. 86 | 246. 29 | 6. 48 |
| 2019 | 2814524 | 7. 37 | 261. 19 | 6. 84 |
| 2020 | 2964388 | 7. 74 | 267. 16 | 6. 97 |
| 2021 | 3122692 | 8. 16 | 277. 24 | 7. 24 |
| 2022 | 3235226 | 8. 45 | 285. 78 | 7. 46 |

## 2. 居民医疗保险

表 25　2009~2014 年西部地区新型农村合作医疗数据

| 年　份 | 参加新农合人数(万人) | 本年度筹资总额(亿元) | 人均筹资(元) |
|---|---|---|---|
| 2009 | 25894.90 | 272.29 | 105 |
| 2010 | 26409.88 | 393.18 | 149 |
| 2011 | 26767.06 | 628.42 | 235 |
| 2012 | 26776.85 | 804.80 | 301 |
| 2013 | 26740.75 | 962.67 | 360 |
| 2014 | 26944.05 | 1109.46 | 412 |

表 26　2017~2022 年西部地区城乡居民基本医疗保险数据

| 年　份 | 城乡参加基本医疗保险人数(万人) | 城乡居民基本医疗保险基金收入(亿元) | 人均基金收入(元) |
|---|---|---|---|
| 2017 | 23950.84 | 1370.27 | 572 |
| 2018 | 31926.55 | 2361.74 | 740 |
| 2019 | 31765.62 | 2573.36 | 810 |
| 2020 | 31485.66 | 2723.73 | 865 |
| 2021 | 31197.87 | 2829.00 | 907 |
| 2022 | 30604.06 | 2997.97 | 980 |

## 3. 卫生费用

表 27　1999~2022 年西部地区卫生费用数据

| 年　份 | 西部卫生总费用(亿元) | 政府卫生支出(亿元) | 社会卫生支出(亿元) | 人均卫生费用(元) | 卫生费用占GDP 比例(%) |
|---|---|---|---|---|---|
| 1999 | 966.28 | 125.90 | 24.24 | 270 | 6.29 |
| 2000 | 1094.98 | 140.66 | 21.87 | 307 | 6.57 |
| 2001 | 1199.86 | 169.52 | 20.63 | 337 | 6.58 |
| 2002 | 1382.28 | 189.26 | 22.76 | 386 | 6.88 |

续表

| 年　份 | 西部卫生总费用(亿元) | 政府卫生支出(亿元) | 社会卫生支出(亿元) | 人均卫生费用(元) | 卫生费用占GDP比例(%) |
|---|---|---|---|---|---|
| 2003 | 1571.85 | 222.82 | 23.25 | 437 | 6.85 |
| 2004 | 1812.06 | 242.85 | 25.10 | 502 | 6.57 |
| 2005 | 2067.41 | 311.77 | 25.56 | 576 | 6.17 |
| 2006 | 2349.94 | 387.47 | 27.92 | 652 | 5.95 |
| 2007 | 2763.10 | 623.01 | 28.80 | 766 | 5.77 |
| 2008 | 3470.09 | 878.87 | 29.83 | 958 | 5.96 |
| 2009 | 4187.85 | 1326.52 | 30.03 | 1151 | 6.25 |
| 2010 | 4770.00 | 1645.64 | 30.83 | 1322 | 5.86 |
| 2011 | 5967.74 | 2189.66 | 29.59 | 1642 | 5.95 |
| 2012 | 6879.85 | 2464.83 | 30.55 | 1881 | 6.04 |
| 2013 | 7965.40 | 2795.44 | 31.43 | 2167 | 6.32 |
| 2014 | 8802.30 | 3092.56 | 33.83 | 2379 | 6.37 |
| 2015 | 10179.25 | 3632.21 | 35.24 | 2734 | 7.02 |
| 2016 | 11758.40 | 4038.09 | 37.21 | 3133 | 7.50 |
| 2017 | 13342.42 | 4412.50 | 39.15 | 3528 | 7.92 |
| 2018 | 14823.77 | 4707.39 | 40.52 | 3902 | 8.04 |
| 2019 | 16149.95 | 5135.33 | 40.63 | 4230 | 7.87 |
| 2020 | 17669.28 | 6265.23 | 37.45 | 4613 | 8.28 |
| 2021 | 18812.55 | 6255.56 | 40.62 | 4914 | 7.85 |
| 2022 | 20889.16 | 7034.98 | 40.12 | 5453 | 8.13 |

# B.15

# 西部地区环境治理动态数据

## 1. 废水废气排放量

**表 28　1999~2022 年西部地区废水废气排放数据**

| 年　份 | 化学需氧量排放量(万吨) | 二氧化硫排放量(万吨) | 氮氧化物排放量(万吨) | 颗粒物排放量(万吨) |
|---|---|---|---|---|
| 1999 | 353.01 | 743.93 | — | 366.24 |
| 2000 | 395.67 | 693.40 | — | 400.77 |
| 2001 | 375.60 | 646.30 | — | 359.50 |
| 2002 | 358.60 | 653.60 | — | 338.18 |
| 2003 | 375.49 | 785.60 | — | 353.04 |
| 2004 | 381.31 | 812.50 | — | 375.00 |
| 2005 | 396.19 | 896.80 | — | 395.60 |
| 2006 | 406.14 | 929.90 | 339.20 | 339.60 |
| 2007 | 392.69 | 888.00 | 407.70 | 312.58 |
| 2008 | 379.74 | 848.50 | 387.00 | 283.70 |
| 2009 | 372.10 | 819.00 | 428.80 | 270.43 |
| 2010 | 366.86 | 817.50 | 515.00 | 276.88 |
| 2011 | 631.91 | 808.98 | 678.57 | 387.61 |
| 2012 | 617.96 | 780.86 | 679.35 | 402.30 |
| 2013 | 604.36 | 759.27 | 665.20 | 421.84 |
| 2014 | 595.59 | 741.00 | 620.49 | 518.57 |
| 2015 | 580.07 | 689.99 | 551.69 | 444.24 |
| 2016 | 168.02 | 302.55 | 406.32 | 548.62 |
| 2017 | 152.24 | 230.34 | 360.66 | 477.74 |
| 2018 | 148.44 | 204.88 | 344.62 | 434.56 |
| 2019 | 145.32 | 184.65 | 334.62 | 433.58 |
| 2020 | 783.22 | 138.81 | 457.37 | 280.26 |
| 2021 | 759.98 | 120.41 | 265.96 | 266.96 |
| 2022 | 749.08 | 108.39 | 251.70 | 257.94 |

## 2. 一般工业废弃物

表 29　1999~2022 年西部地区一般工业废弃物数据

| 年　份 | 一般工业废弃物产生量(万吨) | 一般工业废弃物综合利用量(万吨) | 一般工业废弃物综合利用率(%) |
|---|---|---|---|
| 1999 | 22282 | 6892 | 30. 93 |
| 2000 | 21842 | 7497 | 34. 32 |
| 2001 | 21740 | 8638 | 39. 73 |
| 2002 | 24229 | 9802 | 40. 46 |
| 2003 | 27617 | 11384 | 41. 22 |
| 2004 | 32197 | 13967 | 43. 38 |
| 2005 | 38073 | 16683 | 43. 82 |
| 2006 | 44423 | 20264 | 45. 62 |
| 2007 | 53143 | 26754 | 50. 34 |
| 2008 | 55661 | 28228 | 50. 71 |
| 2009 | 59600 | 31963 | 53. 63 |
| 2010 | 73694 | 40835 | 55. 41 |
| 2011 | 106461 | 58610 | 55. 05 |
| 2012 | 109759 | 58651 | 53. 44 |
| 2013 | 107857 | 58531 | 54. 27 |
| 2014 | 109531 | 61499 | 56. 15 |
| 2015 | 111069 | 58816 | 52. 95 |
| 2016 | 135144 | 63872 | 47. 26 |
| 2017 | 142543 | 58510 | 41. 05 |
| 2018 | 151326 | 61250 | 40. 48 |
| 2019 | 166703 | 70008 | 42. 00 |
| 2020 | 139948 | 63495 | 45. 37 |
| 2021 | 151487 | 69159 | 45. 65 |
| 2022 | 160120 | 77050 | 48. 12 |

## 3. 万元 GDP 能耗

**表 30　1999~2022 年西部地区万元 GDP 能耗数据**

| 年　份 | 万元 GDP 能耗(吨标煤) |
|---|---|
| 1999 | 2. 23 |
| 2000 | 2. 15 |
| 2001 | 2. 02 |
| 2002 | 1. 97 |
| 2003 | 2. 03 |
| 2004 | 1. 98 |
| 2005 | 1. 87 |
| 2006 | 1. 76 |
| 2007 | 1. 60 |
| 2008 | 1. 41 |
| 2009 | 1. 32 |
| 2010 | 1. 19 |
| 2011 | 1. 08 |
| 2012 | 1. 02 |
| 2013 | 0. 90 |
| 2014 | 0. 86 |
| 2015 | 0. 84 |
| 2016 | 0. 80 |
| 2017 | 0. 77 |
| 2018 | 0. 73 |
| 2019 | 0. 68 |
| 2020 | 0. 68 |
| 2021 | 0. 63 |
| 2022 | 0. 61 |

## 4. 森林及农作物受灾情况

表 31　1999~2022 年西部地区森林及农作物受灾数据

| 年　份 | 森林面积（万公顷） | 森林覆盖率（%） | 农作物受灾面积（千公顷） |
|---|---|---|---|
| 1999 | 9863.78 | 14.42 | 17505 |
| 2000 | 9863.78 | 14.42 | 15773 |
| 2001 | 9863.78 | 14.42 | 18965 |
| 2002 | 9863.78 | 14.42 | 14738 |
| 2003 | 9863.78 | 14.42 | 15691 |
| 2004 | 11681.29 | 17.06 | 14183 |
| 2005 | 11681.29 | 17.06 | 13279 |
| 2006 | 11681.29 | 17.06 | 17212 |
| 2007 | 11681.29 | 17.06 | 15821 |
| 2008 | 11681.29 | 17.06 | 15493 |
| 2009 | 12417.01 | 18.13 | 15347 |
| 2010 | 12417.01 | 18.13 | 15533 |
| 2011 | 12417.01 | 18.13 | 13825 |
| 2012 | 12417.01 | 18.13 | 9186 |
| 2013 | 12417.01 | 18.13 | 10395 |
| 2014 | 13291.57 | 19.40 | 10660 |
| 2015 | 13291.57 | 19.40 | 8299 |
| 2016 | 13291.57 | 19.40 | 9055 |
| 2017 | 13291.57 | 19.40 | 7300 |
| 2018 | 13291.57 | 19.40 | 6004 |
| 2019 | 13291.57 | 19.40 | 5310 |
| 2020 | 13291.57 | 19.40 | 6690 |
| 2021 | 13291.57 | 19.40 | 5065 |
| 2022 | 13291.57 | 19.40 | 5435 |

# 权威报告·连续出版·独家资源

# 皮书数据库

**ANNUAL REPORT(YEARBOOK) DATABASE**

## 分析解读当下中国发展变迁的高端智库平台

### 所获荣誉

- 2022年，入选技术赋能“新闻+”推荐案例
- 2020年，入选全国新闻出版深度融合发展创新案例
- 2019年，入选国家新闻出版署数字出版精品遴选推荐计划
- 2016年，入选“十三五”国家重点电子出版物出版规划骨干工程
- 2013年，荣获“中国出版政府奖·网络出版物奖”提名奖

皮书数据库

“社科数托邦”
微信公众号

WWW.PISHU.COM.CN

### 成为用户

登录网址www.pishu.com.cn访问皮书数据库网站或下载皮书数据库APP，通过手机号码验证或邮箱验证即可成为皮书数据库用户。

### 用户福利

- 已注册用户购书后可免费获赠100元皮书数据库充值卡。刮开充值卡涂层获取充值密码，登录并进入“会员中心”—“在线充值”—“充值卡充值”，充值成功即可购买和查看数据库内容。
- 用户福利最终解释权归社会科学文献出版社所有。

数据库服务热线：010-59367265
数据库服务QQ：2475522410
数据库服务邮箱：database@ssap.cn
图书销售热线：010-59367070/7028
图书服务QQ：1265056568
图书服务邮箱：duzhe@ssap.cn

社会科学文献出版社 皮书系列
SOCIAL SCIENCES ACADEMIC PRESS (CHINA)
卡号：254819915719
密码：

## 中国社会发展数据库（下设 12 个专题子库）

紧扣人口、政治、外交、法律、教育、医疗卫生、资源环境等 12 个社会发展领域的前沿和热点，全面整合专业著作、智库报告、学术资讯、调研数据等类型资源，帮助用户追踪中国社会发展动态、研究社会发展战略与政策、了解社会热点问题、分析社会发展趋势。

## 中国经济发展数据库（下设 12 专题子库）

内容涵盖宏观经济、产业经济、工业经济、农业经济、财政金融、房地产经济、城市经济、商业贸易等 12 个重点经济领域，为把握经济运行态势、洞察经济发展规律、研判经济发展趋势、进行经济调控决策提供参考和依据。

## 中国行业发展数据库（下设 17 个专题子库）

以中国国民经济行业分类为依据，覆盖金融业、旅游业、交通运输业、能源矿产业、制造业等 100 多个行业，跟踪分析国民经济相关行业市场运行状况和政策导向，汇集行业发展前沿资讯，为投资、从业及各种经济决策提供理论支撑和实践指导。

## 中国区域发展数据库（下设 4 个专题子库）

对中国特定区域内的经济、社会、文化等领域现状与发展情况进行深度分析和预测，涉及省级行政区、城市群、城市、农村等不同维度，研究层级至县及县以下行政区，为学者研究地方经济社会宏观态势、经验模式、发展案例提供支撑，为地方政府决策提供参考。

## 中国文化传媒数据库（下设 18 个专题子库）

内容覆盖文化产业、新闻传播、电影娱乐、文学艺术、群众文化、图书情报等 18 个重点研究领域，聚焦文化传媒领域发展前沿、热点话题、行业实践，服务用户的教学科研、文化投资、企业规划等需要。

## 世界经济与国际关系数据库（下设 6 个专题子库）

整合世界经济、国际政治、世界文化与科技、全球性问题、国际组织与国际法、区域研究 6 大领域研究成果，对世界经济形势、国际形势进行连续性深度分析，对年度热点问题进行专题解读，为研判全球发展趋势提供事实和数据支持。

# 法律声明

“皮书系列”（含蓝皮书、绿皮书、黄皮书）之品牌由社会科学文献出版社最早使用并持续至今，现已被中国图书行业所熟知。“皮书系列”的相关商标已在国家商标管理部门商标局注册，包括但不限于LOGO（ ）、皮书、Pishu、经济蓝皮书、社会蓝皮书等。“皮书系列”图书的注册商标专用权及封面设计、版式设计的著作权均为社会科学文献出版社所有。未经社会科学文献出版社书面授权许可，任何使用与“皮书系列”图书注册商标、封面设计、版式设计相同或者近似的文字、图形或其组合的行为均系侵权行为。

经作者授权，本书的专有出版权及信息网络传播权等为社会科学文献出版社享有。未经社会科学文献出版社书面授权许可，任何就本书内容的复制、发行或以数字形式进行网络传播的行为均系侵权行为。

社会科学文献出版社将通过法律途径追究上述侵权行为的法律责任，维护自身合法权益。

欢迎社会各界人士对侵犯社会科学文献出版社上述权利的侵权行为进行举报。电话：010-59367121，电子邮箱：fawubu@ssap.cn。

社会科学文献出版社